PERCHÉ LEGGERE I CLASSICI
by Italo Calvino

Copyright ⓒ 2002 by The Estate of Italo Calvino
All rights reserved.

Korean Translation Copyright ⓒ 2008 by Minumsa.
Korean translation edition is published by arrangement with
The Estate of Italo Calvino c/o The Wylie Agency (UK) Ltd.
through Eric Yang Agency

이 책의 한국어 판 저작권은 에릭양 에이전시를 통해
The Wylie Agency (UK) Ltd.와 독점 계약한 (주)민음사에 있습니다.
저작권법에 의해 한국 내에서 보호를 받는 저작물이므로 무단 전재와 무단 복제를 금합니다.

왜 고전을 읽는가

ITALO CALVINO
WHY READ THE
CLASSICS?

민음사

차례

서문 7

왜 고전을 읽는가 9　『오디세이아』 속의 여러 오디세이아 21
크세노폰의 『아나바시스』 34　오비디우스와 우주의 인접성 43　하늘, 인간, 그리고 코끼리 61
네자미의 일곱 공주 78　티랑 로 블랑 89　『광란의 오를란도』의 구조 98
아리오스토의 명시선 111　지롤라모 카르다노 121
갈릴레오와 자연이라는 거대한 책 129　달나라의 시라노 140
로빈슨 크루소와 상인으로서 갖춰야 할 덕목에 관한 일기 148
『캉디드』의 서술 속도에 관하여 155　드니 디드로의 『운명론자 자크』 162
자마리아 오르테스 171　스탕달과 먼지구름으로서의 지식 180
스탕달의 『파르마의 수도원』의 새로운 독자들을 위하여 199

발자크와 소설로서의 도시 209　찰스 디킨스의 『우리 서로의 친구』 217

플로베르의 『세 편의 이야기』 226　톨스토이의 『두 경기병』 230

마크 트웨인의 『해들리버그를 타락시킨 사나이』 236　헨리 제임스의 『데이지 밀러』 244

로버트 루이스 스티븐슨의 『해변의 별장』 249　콘래드와 선장 256　파스테르나크와 혁명 263

카를로 에밀리오 가다의 아티초크와도 같은 세계 290　가다의 『메룰라나 가(街)의 무서운 혼란』 294

에우제니오 몬탈레의 시 「어느 날 아침」 304　몬탈레의 절벽 317　헤밍웨이와 우리 세대 323

프랑시스 퐁주 335　호르헤 루이스 보르헤스 344　레몽 크노의 철학 356

파베세와 인간 희생 제의 381

편집자 주 387

옮긴이의 말 — 칼비노의 문학 지도를 따라서 389

일러두기
이 책의 본문에 달린 주석 가운데, '원주'라는 표시가 있는 것은
지은이에 의한 것이고, 그 밖의 것은 모두 옮긴이가 붙인 것이다.

서문

    1961년 9월 27일 이탈로 칼비노는 니콜로 갈로에게 보낸 편지에서 다음과 같이 적고 있다. "내 에세이들처럼 여기저기 산만하게 흩어져 있는 글들을 모으려면, 작가가 죽거나 아주 고령이 될 때까지 기다리는 것밖에는 도리가 없다."
    그러나 이러한 언급과는 달리 칼비노는 자신의 에세이들을 1980년 『돌멩이 하나 위에(*Una Pietra Sopra*)』라는 제목의 단행본으로 묶어 내기 시작했으며, 이후 1984년 『모래 수집(*Collezione di sabbia*)』으로 다시 펴냈다. 칼비노는 그사이에 이탈리아어 판본과 내용이 다른 『돌멩이 하나 위에』의 영국, 미국, 프랑스 판을 비롯한 해외 판본을 확정해 주는 작업을 하기도 했다. 이후 출간된 이탈리아어 판본 『왜 고전을 읽는가』(1991)는 다른 판본에는 없는 호메로스, 플리니우스, 아리오스토, 발자크, 스탕달, 몬탈레에 대한 에세이들을 포함하고 있으며, 이 책의 표제작인「왜 고전을 읽는가」를 추가로 싣고 있다. 그는 에세이들의 제목 몇 개를 추후에 발간할 이탈리아어 판본을 위해 수정하기도 했다. 오비디우스에 관한 에세이는 발표하지 않았던 원고를 추가한 유일한 경우다.

  이 판본에서 독자들은 칼비노가 '자신만의' 고전을 비롯해, 자신이 인생의 각 단계들을 거치며 영향을 받았던 작가나 시인, 과학에 관심을 두었던 작가들에 대해 쓴 평론과 논문들을 두루 살펴볼 수 있을 것이다. 20세기 작가들의 경우는 칼비노가 특별히 존경을 표했던 작가와 시인들을 우선적으로 배치했다.

에스테르 칼비노

왜 고전을 읽는가

고전에 대한 이야기를 다음과 같은 정의로 시작해 보자.

1. 고전이란, 사람들이 보통 "나는 ……를 다시 읽고 있어."라고 말하지, "나는 지금 ……를 읽고 있어."라고는 결코 이야기하지 않는 책이다.

이러한 정의는 젊은 사람들보다는, 책 좀 읽었다는 사람들에게 해당된다. 이제 막 세계를 접하는 젊은이들은, 세상의 일부라 할 고전 작품을 처음 대하는 시기에 있기 때문이다. 세계와 고전을 처음 마주한다는 점에서 젊은이들은 매우 중요한 시기에 있다고 할 수 있다.

동사 '읽다' 앞에 붙은 '다시'라는 말은 유명 저작을 아직 읽지 않았음을 부끄러워하는 사람들의 궁색한 위선을 드러낸다. 그들이 안심하도록 해 줄 수 있는 일이란 아무리 청소년기부터 폭넓게 책을 읽어 왔다 해도, 항상 읽지 못한 중요한 작품들이 무수히 많다는 사실을 지적해 주는 것이다.

헤로도토스와 투키디데스의 저작을 모두 읽은 사람은 손을 들어 보라. 생시몽[1]은? 레츠 추기경[2]의 회고록은? 위대한 소설의 시대라 할 수 있는 19세기의 작품들조차 사실은 언급되는 것만큼 많이 읽히지 않는다. 프랑스인들은 학교에서부터 발자크를 읽기 시작하는데, 발자크의 작품들이 하나같이 쇄를 거듭해 출간되는 걸 보면, 프랑스인들은 학교를 졸업하고 난 이후에도 계속해서 그의 작품을 읽는 모양이다. 그러나 이탈리아에서 발자크에 대한 선호도를 공식적으로 조사해 본다면, 아마도 순위에서 한참 뒤에 밀려나 있음을 보게 될 것이다. 이탈리아에서 디킨스 애독자들은 소수의 엘리트들로 서로 만나기만 하면 디킨스 소설의 등장인물들을 진짜로 아는 사람이라도 되는 양 언급하고, 작품 속 에피소드들을 끄집어내어 이야기를 풀어 놓는다. 미셸 뷔토르[3]는 미국에서 문학을 강의하는 수년 동안, 사람들이 자꾸만 자신이 한 번도 읽은 적이 없는 에밀 졸라에 대해 질문해 오는 통에 지쳐 버렸다고 한다. 이 때문에 뷔토르는 『루공 마카르 총서』를 통독하기로 결심했다. 그리고 그 책이 자신이 상상하던 것과는 완전히 다른 작품임을 깨닫게 되었다고 한다. 『루공 마카르 총서』는 신화적인 인간의 계보학과 우주기원론을 다룬 너무나 멋진 책이었던 것이다. 뷔토르는 자신의 이러한 발견을 이 작품을 주제로 한 훌륭한 논문으로 남겼다.

이러한 사례를 통해 우리는 위대한 작품을 처음 읽을 때 매우 독특한

---

1) 17세기 프랑스 군인이자 작가. 루이 14세 시대의 궁정 생활을 생생하게 기록한 회고록이 유명하다.
2) 17세기 프랑스 성직자. 프롱드의 난을 주도했으며, 그가 남긴 회고록은 17세기 프랑스 문학의 고전으로 일컬어진다.
3) 프랑스의 소설가(1926~). 1950년대 새로운 소설 형식을 내세운 '누보 로망'의 대표적인 작가로 활동했다.

즐거움을 느낄 수 있으며, 그러한 즐거움에는 어린 시절 읽을 때 느끼는 것과는 매우 다른 기쁨이 있다는 점을 알 수 있다. 모든 경험이 그러하겠지만 어린 시절에는 읽는 책 모두에 독특한 흥미와 중요성을 부여하게 마련이다. 반면 성인이 되어 읽으면 더욱 세밀한 부분과 다양한 면모, 또 그 의미를 감상하게 된다. 따라서 다음과 같은 또 다른 정의를 내려 볼 수 있다.

2. 고전이란 그것을 읽고 좋아하게 된 독자들에게는 소중한 경험을 선사하는 책이다. 그러나 가장 좋은 조건에서 즐겁게 읽을 수 있는 기회를 얻은 사람들만이 그런 풍부한 경험을 할 수 있다.

어린 시절에는 인내심도 부족하고 집중력도 약한 데다, 읽는 기술도 서툴며, 인생 경험도 많지 않기 때문에, 청소년기의 독서를 통해서는 그다지 큰 가치를 얻지 못할 수도 있다. 이러한 어린 시절의 독서가 실제로 삶에 근본적인 도움을 주는 것은 그러한 독서가 앞으로 하게 될 경험을 미리 보여 줄 때, 혹은 세상을 경험하는 데 일종의 모델이 되어 줄 때다. 말하자면 그러한 경험들에 대처하는 방법이나 실제 경험을 책에서 읽은 것과 비교하거나, 그것을 기준으로 경험을 범주화하는 방법, 또는 가치를 가늠해 볼 수 있는 기준이나 아름다움에 대한 패러다임을 제공할 때다. 다시 말해 어린 시절의 독서가 우리 내면에서 작동하는 모든 것들을 이끌어 줄 때를 말한다. 설령 어린 시절에 읽은 책의 내용을 거의 기억하지 못하거나 전혀 떠올릴 수 없다 해도 그렇다. 성인이 되어 책을 다시 읽으면서 우리는 내면에 자리 잡고 있는 이러한 변치 않는 핵심들을 재발견하게 된다. 어디에서 왔는지 기억하지 못한다 해도, 이러한 내면의 핵심들은 이제 우리의 내적 메커니즘의 일부로 남아 있다. 기억 속에서 사라질지 몰라도 어린 시절의 독서 경험은 특별한 잠재력을 품고 있을 뿐만 아니라, 우리에게 그 씨앗을 남겨 둔다. 우리는 이제 다음과 같은 정의를 내릴 수 있다.

3. 고전이란 특별한 영향을 미치는 책들이다. 그러한 작품들은 우리의 상상력 속에 잊을 수 없는 것으로 각인될 때나, 개인의 무의식이나 집단의 무의식이라는 가면을 쓴 채 기억의 지층 안에 숨어 있을 때 그 특별한 영향력을 발휘한다.

따라서 우리는 성인이 되어서도 어린 시절에 가장 인상 깊게 읽은 작품을 재발견하는 경험을 반드시 하게 된다. 작품은 그대로지만, (작품 역시 역사적인 관점에 따라 변하기는 하지만) 우리 자신이 작품 자체를 바꾸어 놓기도 한다. 또 작품을 다시 읽을 때마다 그 작품을 완전히 새로운 것으로 받아들이기도 한다.

따라서 '읽는다'라고 말하느냐, '다시 읽는다'라고 말하느냐는 그렇게 중요한 것이 아니다. 우리는 사실 다음과 같이 이야기해야 한다.

4. 고전이란 다시 읽을 때마다 처음 읽는 것처럼 무언가를 발견한다는 느낌을 갖게 해 주는 책이다.

5. 고전이란 우리가 처음 읽을 때조차 이전에 읽은 것 같은, '다시 읽는' 느낌을 주는 책이다.

정의 4는 다음과 같은 명제의 자연스러운 결론으로 볼 수 있다.

6. 고전이란 독자에게 들려줄 것이 무궁무진한 책이다.

정의 5는 다음과 같은 보다 정교한 공식을 제공한다.

7. 고전이란 이전에 행해졌던 해석의 그림자와 함께 다시 찾아오기 마련이며, 그것이 한 문화 혹은 여러 다른 문화들에(더 단순하게는 언어나 관습들에) 남긴 과거의 흔적들을 우리의 눈앞으로 다시 끌어오는 책들이다.

이러한 정의는 고대와 현대의 고전 모두에 해당된다. 『오디세이아』를 다시 읽는다면, 나는 분명 호메로스의 글을 읽는 것이겠지만 오디세우스의 모험이 수세기에 걸쳐 사람들에게 의미했던 모든 것들을 떠올리게 된다. 또한 원전이 그러한 의미들을 포함하고 있는지, 거기에 덧붙여지거나 변형되거나 확대된 것은 없는지 찾아보게 될 것이다. 카프카를 다시 읽는다면 나는 사람들이 아무 데나 끌어다 쓰는 '카프카적인'이라는 형용사가 의미하는 것에 동의하거나 거부할 이유를 작품 속에서 찾고자 할 것이다. 투르게네프의 『아버지와 아들』이나 도스토예프스키의 『악령』을 읽는다면 나는 책 속의 인물들이 우리 시대에 어떠한 모습으로 끊임없이 부활하고 있는지 생각해 볼 것이다.

고전을 읽을 때마다 우리는 이전에 그 책에 대해 생각했던 이미지와 비교해 보면서 새삼 놀라게 된다. 이것이 바로 작품에 대한 이차 서적이나 주석본, 해설서 들을 가능한 피하고, 원전을 직접 읽으라고 계속해서 충고할 수밖에 없는 이유이다. 중고등학교나 대학교에서는 다른 책을 해설하는 어떠한 책도 해당 원전보다 많은 이야기를 해 주지 못한다는 점을 강조해야만 한다. 그러나 학교는 실제로 학생들이 이러한 사실을 반대로 기억하게 만든다. 이와는 상반되는 이야기가 널리 퍼져 있기 때문이다. 즉 원전의 의미를 원전 자체보다 더 풍부하게 말해 준다고 떠벌리는 매개물들이 없을 때만 읽어 낼 수 있는 것들을, 수많은 서문, 비평문, 참고 서적 들이 연막처럼 차단하는 것이다. 따라서 다음과 같은 결론을 내릴 수 있다.

8. 고전이란 그것을 둘러싼 비평 담론이라는 구름을 끊임없이 만들어 내는 작품이다. 그리고 그러한 비평의 구름들은 언제나 스스로 소멸한다.

고전이라고 해서 반드시 우리가 미처 알지 못하는 것들을 가르쳐 줄 필요는 없다. 우리는 고전에서 잘 아는 어떤 것을(혹은 우리가 잘 안다고 믿는 사실들을) 발견하기도 하는데, 고전 작품이 그것들을 처음으로 가르쳐 준 것이라는 사실을(혹은 그것들이 작품과 모종의 방식으로 연결되어 있다는 사실을) 깨닫지는 못한다. 잘 아는 사실을 고전 작품에서 발견할 때 우리는 놀라워하면서도 큰 만족감을 느낀다. 우리가 그러한 사실들의 원천을 발견할 때나 작품과 맺는 관계를 알게 될 때, 어떤 저자가 그런 이야기를 처음 했는지를 알게 될 때처럼 말이다. 이러한 사실들로부터 우리는 다음과 같은 정의를 끌어낼 수 있다.

9. 고전이란, 사람들로부터 이런저런 얘기를 들어 알고 있다고 생각하면 생각할수록, 실제로 그 책을 읽었을 때 더욱 독창적이고 예상치 못한 이야기들, 창의적인 것들을 발견하게 해 주는 책이다.

물론 이러한 일들은 고전 작품이 고전으로 '기능'할 때, 다시 말해 그 작품이 독자와 개인적인 관계를 맺을 때 일어난다. 작품을 대할 때 아무런 불꽃도 일지 않는다면, 독서는 아무런 의미가 없다. 의무감이나 무조건적인 경외의 관점에서 고전을 읽는 것은 아무런 소용이 없다. 오직 그 작품이 좋아서 읽어야 한다. 학교에서 읽는 경우는 제외하고 말이다. 그 작품을 좋아하든 좋아하지 않든 일정한 양의 고전을 습득하도록 가르치는 것은 학교 교육이 해야 하는 일이기 때문이다. 그러한 작품들 가운데서(혹은 그러한 작품들을 기준 삼아) 우리는 나중에 '나만의' 고전이 될 작품을 발견하게 된다. 학교는 우리가 스스로 선택할 수 있도록 기본적인 방법 틀을 가르쳐 줄 뿐 정작 자신만의 고전을 진정으로 선택하는 일은 학교를 졸업한 후나, 학교 바깥에서 일어난다.

자유롭게 읽는 그때에야 우리는 각자 '자신만의' 책을 발견할 수 있다. 내가 아는 뛰어난 미술사가 한 명은 대단히 교양이 풍부한 사람인데, 그는 많은 책 중에서도 『피크위크 문서』를 특히 아끼는 책으로 꼽는다. 그는 항상 디킨스의 작품에 나오는 이야기를 인용하면서 자기 삶의 모든 부분을 이 책에 등장하는 에피소드와 연관시키곤 했다. 그가 바라보는 우주며, 세계를 보는 철학은 조금씩 전체적인 동일화 과정을 거치더니 『피크위크 문서』 그 자체가 되어 갔다. 이로부터 우리는 고전에 대한 매우 고차원적이면서도 까다로운 개념에 이르게 된다.

10. 고전이란 고대 전통 사회의 부적처럼 우주 전체를 드러내는 모든 책에 붙이는 이름이다.

이러한 정의는 말라르메가 꿈꾸었던 것과 같은 '전체로서의 책(livre total)'이라는 개념으로 우리를 이끈다.

그러나 고전은 또한 개인과 동일 관계뿐만 아니라 반대 혹은 반정립의 관계를 정립하기도 한다. 나는 장 자크 루소가 행하고 생각했던 것을 모두 마음에 간직하고 있지만, 한편으로 그것을 반박하고 비판하며 맞붙어 논쟁하고픈 열망을 시시때때로 느낀다. 물론 이는 그와 나의 기질이 달라서일 수도 있다. 그러나 여기서 멈춘다면 나는 단지 그의 작품을 읽지 않으면 그만일 것이다. 하지만 나는 그를 역시 '나의' 작가로 인정할 수밖에 없다. 따라서 나는 다음과 같이 말한다.

11. 고전이란 우리와 무관하게 존재할 수 없으며, 그 작품과 맺는 관계 안에서, 마침내는 그 작품과 대결하는 관계 안에서 우리가 스스로를 규정할 수 있도록 도와주는 책이다.

내가 여기서 '고전'이라는 단어를 예스러운 것이나 어떠한 양식, 혹은 그것이 지닌 권위에 따라 구별하지 않고 있음을 굳이 증명할 필요는 없으리라 믿는다.(이 단어의 의미가 바뀌어 온 역사를 살펴보면, 프랑코 포르티니의 『에이나우디 백과사전』 3권에 나와 있듯, '고전(Classico)'의 기준을 두고 극히 소모적인 논쟁이 있어 왔다.) 여기서 내가 고전을 구분하는 기준은 문화적 연속체 속에서 고유의 자리를 확보하고 있는 작품, 옛날 책이든 현시대의 책이든 상관없이, 바로 그 작품이 우리에게 미치는 반향의 효과뿐이다.

따라서 다음과 같이 말할 수 있을 것이다.

12. 고전이란 그것들 사이에 존재하는 일련의 위계 속에 속하는 작품이다. 다른 고전을 많이 읽은 사람은 고전의 계보에서 하나의 작품이 차지하는 지위를 쉽게 알아차린다.

이쯤 되면 근본적인 문제를 더 이상 피할 수 없을 것 같다. 즉 고전을 읽은 체험을, 고전이 아닌 책을 읽은 경험과 어떻게 관련시킬 것인가 하는 문제다. 이 문제는 다음과 같은 질문과 직접적으로 연결된다. '동시대를 잘 이해하게 해 주는 다른 책들을 제쳐 두고 왜 굳이 고전을 읽어야 하는가?' 여기에 다음과 같은 질문이 이어질 수 있다. '오늘날 홍수처럼 쏟아지는 수많은 정보들 사이에서 허우적거리는 우리는 고전을 읽을 수

있는 정신적인 여유와 시간을 어디에서 찾을 수 있는가?'

물론 일상에서 자신만의 '독서 시간'을 루크레티우스, 루키아누스, 몽테뉴, 에라스무스, 케베도, 말로, 『방법서설』, 괴테의 『빌헬름 마이스터』, 콜리지, 러스킨, 프루스트, 발레리에게 바치는, 그리고 때론 심심풀이로 무라사키 시키부[4]의 작품과 아이슬란드 사가(saga)에 투자하는 행복한 사람도 있을 것이다. 신간 서평을 쓰거나 논문 심사를 받기 위해, 급박한 마감에 맞춰 편집부에 원고를 넘기기 위해서가 아니라도 말이다. 이 축복받은 사람은 자신의 식단을 흩뜨리지 않으려고 신문을 읽는 것도 절제하고, 신간 소설이나 근래에 실시된 설문 조사 따위에도 결코 현혹되지 않는다. 이 같은 엄격주의가 얼마나 옳은 것이며 유용한 것인지는 다시 생각해 볼 필요가 있다. 물론 현재 일어나는 일에 대한 글들이 모두 진부하거나 골치 아픈 것일 수도 있다. 그러나 언제나 우리에겐 뒤를 돌아보거나 앞을 내다볼 수 있도록 스스로를 자리 매김할 수 있는 하나의 지점이 존재한다. 고전을 읽기 위해서는 그것을 '어떤 관점에서' 읽을지를 설정해야만 한다. 그렇지 않으면 작품도 독자도 무(無)시간적인 구름 속에서 길을 잃고 말 것이다. 따라서 고전을 읽으면서 최대한의 성과를 거두기 위해서는 동시대에 쏟아지는 글들을 적절한 분량만큼 섭취해 가면서 읽어야 한다. 이것이 반드시 평화로운 정신적 균형을 유지하는 사람을 전제로 하는 것은 아니다. 신경이 예민하고 조급하며, 항상 불만족스러워하면서 화를 내는 사람도 그러한 성과를 거둘 수 있다.

이상적인 상황은 한 고전 작품에서 잘 구성된 음악처럼 울리는 이야기를 따라가면서, 현재에 관한 모든 것들은 창밖의 자동차 소음, 날씨의

---

[4] 일본 헤이안 시대의 작가. 일본 문학의 고전인 『겐지 이야기』의 저자다.

변화와 같은 저 바깥의 잡음처럼 인식하는 것이다. 그런데 실제로 사람들은 이와는 반대로 행동하기 일쑤다. 대다수의 사람들은 고전의 실체를 먼 메아리처럼 듣는다. 지금 발생하는 일들과 관련한 소식들은 쩌렁쩌렁 울리는 텔레비전 소리처럼 듣고, 고전은 그 바깥에서 들려오는 머나먼 메아리로 인식하는 것이다.

따라서 다음과 같은 정의를 덧붙여야 한다.

13. 고전이란 현실을 다루는 모든 글을 배경 소음(잡음)으로 물러나게 만드는 책이다. 그렇다고 해서 고전이 이 소음을 없앨 수 있는 것은 아니다.

14. 고전이란 배경 소음처럼 존속해서 남는 작품이며, 이는 고전과 가장 거리가 먼 현재에 대한 글들이 그 주위를 에워싸고 있을 때도 마찬가지다.

어쨌든 고전을 읽는 일은 분명 장기적인 시간 단위나 인간적인 여유(otium)를 누리지 못하는 삶의 일상적 리듬과는 맞지 않아 보인다. 또한 우리 시대에 고전적인 것이란 무엇인가라는 개념을 정립하는 데 게을러 빠진 현 문화 특유의 절충주의와도 맞지 않는다.

한편 자코모 레오파르디[5]는 이러한 불가능한 조건들을 충분히 실현 가능한 것으로 만들 수 있다. 그리스 로마 고전에 심취해 있던 그는 아버지 모날도의 저택에 살면서, 아버지의 거대한 서가를 이용했다. 레오파르디는 그 서가에 당시까지 나온 이탈리아 책들이며 소설만 제외한 프랑스 책들을 모두 더했으며, 예외적으로 자신의 여동생이 여가 삼아 읽도록 신간 소설을 따로 채워 놓았다.(여동생인 파올리나에게 전하는 글에 그는

---

5) 19세기의 시인. 단테와 페트라르카와 함께 이탈리아를 대표하는 시인이다.

항상 "너의 스탕달"이라고 서명하곤 했다.)

레오파르디는 과학과 역사에 대한 자신의 섬세한 열정을 '최근 유행하는 책'이 아닌 옛날 책들로 충족시켰다. 뷔퐁[6]의 글에서 새의 행동 양식을 읽고, 퐁트넬[7]의 글에서 시체를 연구한 프레데릭 로이스[8]의 기록을 읽었으며, 로버트슨의 글에서 콜럼버스의 여행에 대한 기록을 읽었던 것이다.

오늘날에는 청년 레오파르디가 흡수했던 것과 같은 고전 교육은 생각할 수 없다. 더구나 그의 아버지가 소유했던 것과 같은 서가는 더 이상 존재하지 않는다. 오래된 글들은 대부분 사라졌고, 근대 문학 및 문화의 산물은 기하급수적으로 증가했기 때문이다. 이제 우리가 할 수 있는 일은 각자 자신이 생각하는 고전으로 채운 서가를 만드는 것뿐이다. 이 서가의 반은 읽은 책들과 의미 있는 책들로, 그 나머지 반은 읽을 것과 의미 있을 책들로 채워질 것이다. 또한 우연한 발견과 경이를 선사할 책들을 위해 빈 책장도 마련해 두어야 할 것이다.

레오파르디는 내가 여기서 인용한 작가 중에 유일한 이탈리아 작가인 것 같다. 이 역시 레오파르디가 누렸던 것과 같은 고전으로 가득한 서가가 사라져 버린 오늘날의 상황 때문일 것이다. 이제 나는 지금까지 쓴 글을 다시 써야 할 듯하다. 고전이란, 우리가 누구이며 우리가 어디에서 왔는지를 이해할 수 있게 도와주는 것이라고. 그리하여 이탈리아의 고전이 이탈리아인들이 자신의 문화 속 고전 작품들을 다른 외국의 고전들과 비교하는 데 필수적이며, 외국의 고전 또한 우리가 이탈리아 문학을 가

---

6) 18세기의 프랑스 박물학자, 계몽주의 철학자, 저서로 『박물지』가 있다.
7) 18세기의 프랑스 계몽주의 철학자.
8) 네덜란드의 해부학자(1638~1731).

능하는 데 필수적이라는 사실 또한 보다 명확하게 지적하고 싶다.

그러고 나서 이 글을 진정으로 다시 써야만 할 것이다. 고전은 무언가에 '유용하기' 때문에 읽어야 하는 것이 아니라고. 우리가 인정할 수 있는 단 한 가지 사실은 고전은 읽지 않는 것보다 읽는 것이 낫다는 것이다.

혹여 누군가가 고전을 구태여 읽을 필요가 있느냐고 반문한다면, 나는 시오랑[9]의 다음 글을 인용할 것이다.(시오랑의 저서는 아직 고전은 아니지만 현재 이탈리아어로 번역된 유일한 동시대 철학자다.) "소크라테스는 독약이 준비되고 있는 동안 피리로 음악 한 소절을 연습하고 있었다. '대체 지금 그게 무슨 소용이오?' 누군가 이렇게 묻자, 소크라테스는 다음과 같이 답했다. '그래도 죽기 전에 음악 한 소절은 배우지 않겠는가.'"

(1981)

---

9) 루마니아 출신의 프랑스 사상가(1911~1995).

『오디세이아』 속의 여러 오디세이아

『오디세이아(Odysseia)』 안에는 얼마나 많은 오디세이아들이 있는 걸까? 『오디세이아』의 앞부분에서 텔레마코스는 아직 존재하지 않는 이야기를, 앞으로 이 서사시를 채우게 될 이야기를 찾아 헤맨다. 이타카의 가인(歌人) 페미오스는 이미 다른 영웅들의 노스토이(트로이로부터의 귀환을 읊은 노래)를 알고 있었다. 그러나 단 한 사람, 즉 자신이 섬기는 이타카 왕 오디세우스의 행적만은 알지 못한 탓에, 오디세우스의 노스토이는 읊을 수가 없었다. 이 때문에 페넬로페는 정작 오디세우스의 귀환에 대해서는 말해 주지 않는 페미오스의 노래를 더 이상 듣고 싶어 하지 않았다. 그리하여 텔레마코스는 아버지의 소식을 들려줄 이야기를 찾아 출항하여, 트로이 전쟁에서 귀환한 그리스의 영웅들을 찾아가기로 한 것이다. 텔레마코스가 그 이야기를 듣게 되면, 행복한 결말이건 불행한 결말이건 이타카는 비로소 수년 동안 나라 전체를 병들게 했던, 법이 사라진 혼란한 상황에서 벗어나게 될 것이다.

　모든 전쟁 영웅들이 그러하듯 네스토르와 메넬라오스는 해 줄 이야기가 많았다. 그러나 텔레마코스가 찾던 이야기는 들려줄 수가 없었다. 결국 메넬라오스가 자신이 겪은 진기한 모험 이야기를 꺼내 놓았을 때에야, 텔레마코스는 원했던 이야기를 겨우 듣게 된다. 메넬라오스는 물개로 변장한 후에 '바다 노인', 즉 프로테우스[1]를 붙잡은 이야기를 들려준다. 프로테우스는 메넬라오스의 손에 붙잡힌 뒤 수없이 변신을 거듭하다가, 그의 협박에 못 이겨 과거와 미래에 대한 이야기를 털어놓게 된다. 프로테우스는 분명 『오디세이아』의 모든 내용을 샅샅이 알고 있었다. 그는 호메로스(Homeros)가 『오디세이아』를 시작하는 바로 그 지점에서부터 오디세우스가 칼립소의 섬에 붙들리는 이야기까지를 풀어 놓기 시작한다. 그리고 호메로스는 프로테우스가 말을 끝마친 지점에서 이야기를 넘겨받고는 나머지 이야기를 시작한다.

　오디세우스가 파이아케스인들의 궁정에 도착했을 때, 그는 호메로스와 같은 눈먼 가인이 자신의 모험을 노래하고 있는 것을 듣는다. 오디세우스는 울음을 터뜨리고, 결국 자신의 이야기를 털어놓기로 결심한다. 그는 테이레시아스에게 물음을 던지기 위해 하데스까지 먼 여정을 떠났던 일, 앞으로 겪게 될 사건들을 테이레시아스에게서 들은 일에 대해 이야기한다. 그 후 오디세우스는 노래하는 세이렌을 만나게 된다. 세이렌은 무엇을 노래하고 있었는가? 다시 한 번 『오디세이아』는 우리가 읽고 있는 서사시 자체와 거의 같은 것이면서 또 다른 것이 된다. 이러한 '오디세우스의 이야기'는 오디세우스의 귀환이 완전히 끝나기도 전에 존재하고 있

---

[1] 포세이돈의 신하로 갖가지로 변신할 수 있는 해신이자 예지 능력이 있는 현인이다.

었던 것이다. 그의 모험은 사건이 서술되기 이전에 이미 존재했다. 텔레마코스가 서두를 시작하는 부분에서 이미, "귀환에 대해 생각하다", "귀환에 대해 이야기하다"와 같은 표현들이 등장했던 것도 그 때문이다. 제우스는 아트레우스의 두 아들인 아가멤논과 메넬라오스의 "귀향을 생각하지 않고"[2] 있었다.(3권 160절) 그리고 메넬라오스는 프로테우스의 딸에게 "(자신에게) 귀향할 수 있겠는지"(4권 381절)[3] 이야기해 달라고 청한다. 그러자 프로테우스의 딸은 메넬라오스에게 자신의 아버지가 귀향에 대해 이야기하도록 만드는 방법을 알려 준다. 그리하여 메넬라오스는 프로테우스를 붙잡게 되고, 그에게 다음과 같이 묻는다. "어떻게 하면 내가 물고기가 많은 바다로 나가, 귀향할 수 있겠는지"(4권 470절)라고.[4]

귀향은 실행되어야 했고, 생각되고 기억되어야만 했다. 귀향이 실제로 이뤄지기도 전에 잊히는 것은 위험한 일이었다. 실제로 오디세우스는 연(蓮)을 먹는 사람들이 사는 나라에서 귀환의 여정이 첫 번째로 중단되었던 일을 서술한다. 그는 연 열매를 먹고 나서, 귀환해야 한다는 사실을 망각하게 되는데, 이러한 위기가 여정이 끝날 무렵이 아니라 오히려 시작되는 지점에서 일어났다는 사실은 기묘하게 보일 수도 있다. 그러나 오디세우스가 수많은 시련을 거치며 고통을 겪은 뒤에 모든 일을 잊었다면 그러한 망각이 가져온 손실은 훨씬 컸을 것이다. 그러했다면 그는 고통으로부터 어떠한 경험도 이끌어 내지 못하고, 자신이 겪은 바로부터 어떠한 교훈도 얻지 못했을 것이기 때문이다.

그러나 자세히 살펴보면 알 수 있듯이, 이러한 망각의 위기는 9권에서

---

2) 호메로스, 『오디세이아』(단국대학교출판부, 2000), 천병희 옮김, 33쪽.
3) 같은 책, 56쪽.
4) 같은 책, 58쪽.

부터 12권에 이르기까지 몇 차례나 찾아온다. 연을 먹는 나라의 사람들로부터 초대를 받았을 때, 그리고 키르케의 독약을 먹었을 때, 이후 세이렌의 노래를 들었을 때가 바로 그러한 위기의 순간들이었다. 이러한 각각의 사건들 속에서 오디세우스가 단 한 순간도 잊고 싶지 않았던 것은 무엇에 대한 기억이었을까? 트로이 전쟁? 트로이 포위 공격? 트로이의 목마? 모두 아니다. 그것은 바로 자신의 고향, 귀향의 여정, 여행의 모든 순간들이었다. 호메로스는 이를 두고 "귀환을 잊는" 것이라고 표현했다.

오디세우스는 자신이 가야 할 여정과 운명의 표지를 잊어서는 안 되었다. 다시 말해 자신의 『오디세이아』를 잊어서는 안 되었다. 그러나 즉흥시를 읊는 시인조차도, 혹은 다른 가인들이 노래했던 시들을 기억해 암송해야 하는 음유시인들조차도 "귀환에 대해 이야기하기"를 원한다면 이야기를 잊지 않도록 조심해야만 했다. 문자로 기록된 글 없이 시를 노래하는 사람들에게 "잊는다는 것"은 살아가는 데 가장 위험한 말이었다. "귀환을 잊는다"는 것은 노스토이라는 서사시, 그러니까 레퍼토리의 가장 빛나는 부분을 잊는 것과 같았던 것이다.

'미래를 잊는다'라는 이러한 주제에 대해 나는 수년 전 몇몇 생각을 정리해 쓴 적이 있다.(1975년 8월 19일자 《코리에레델라세라》 게재) 그 글의 결론은 다음과 같다.

오디세우스가 연 열매가 지닌 망각의 힘이나 키르케의 마법, 세이렌의 노래로부터 지켜 낸 것은 단순히 과거의 사건이나 미래의 일만이 아니었다. 기억이란 진실로 개인이나 사회, 문화가 과거의 흔적과 미래에 대한 계획을 한데 연결해 줄 때에만, 또한 한 사람이 자신이 의도했던 행위를 잊지 않으며, 무엇인가로 끊임없이 존재하면서 되어 가는 것, 무엇인가로 끊임없이 되어 가면서 존재하는 것을 가능하게 해 줄 때에만 중요하다고 할 수 있다.

에도아르도 상귀네티는 《파에제세라》(『지오날리오 1973~1975』(에이나우디, 1976)로 출간됐다.)에 내 글에 대한 일종의 응답 글을 실었다. 이 글을 시작으로 우리는 서로 응답을 주고받았다. 상귀네티는 다음과 같이 반박했다.

> 우리는 오디세우스의 여행이 단순한 여행이 아니라 귀환 여행임을 잊어서는 안 된다. 그리하여 우리는 어느 순간 스스로에게 그가 어떠한 미래를 마주하게 될 것인지를 물을 필요가 있다. 사실 서사시 안에서 오디세우스가 바라보는 자신의 미래는 실제로 그의 과거이기도 하다. 오디세우스는 '퇴행'의 유혹을 극복한다. 그는 '복원'이라는 목표를 향해 전속력으로 나아갔기 때문이다.
>
> 물론 그가 진정한 오디세우스, 위대한 오디세우스, '마지막 여행'을 하는 오디세우스가 되는 날에는, 미래가 단순히 하나의 과거가 아니라 예언의 실현, 유토피아의 실현이 될 수도 있다. 그러나 호메로스의 오디세우스는 과거를 현재로서 복원하는 것을 목표로 삼는다. 오디세우스가 지닌 지혜란 '반복'이고, 우리는 이것을 그가 감당하고 있을 뿐 아니라 영원히 새기고 있는 '상처의 흔적'을 통해 알아볼 수 있다.

상귀네티의 이 글에 대해 나는 다음과 같이 지적했다.(1975년 10월 14일자 《코리에레델라세라》)

신화의 언어란 정의나 옳고 그름의 문제를 복원하며 사람들을 가난에서 구제하는 민담이나 대중 로맨스, 또는 온갖 모험에서처럼, 과거에 속한 하나의 이상을 복원하는 일로 제시된다. 우리가 손에 넣고자 하는 미래에 대한 열망은 우리가 잃어버린 과거에 대한 기억으로 보상받곤 한다.

민담을 자세히 살펴보면 사회적 변환의 두 유형이 드러남을 알 수 있다. 이 변환의 유형은 모두 행복한 결말로 끝이 난다. 부자에서 거지가 되었다가, 다시 부자로 되돌아오거나, 혹은 단순히 거지가 부자가 되는 식이다. 첫 번째 유형에서 왕자는 보통 어떤 불운으로 인해 돼지치기나 천한 신분으로 전락한다. 그리고 종국에는 고귀한 신분을 회복한다. 두 번째 유형에서는 대개 가진 것 없이 태어난 젊은이나 용기마저 없는 양치기, 혹은 농부가 등장해서는 자신의 힘으로 혹은 마술적인 힘의 도움으로 공주와 결혼하면서 왕이 된다.

이와 같은 도식은 여자가 주인공으로 등장하는 이야기에도 적용된다. 첫 번째 유형에서는 고귀한 신분에서 추락했거나 아니면 부유한 집안에서 태어난 소녀가 계모나 계모가 데려온 딸의 질투를 사서(『백설 공주』나 『신데렐라』에서처럼) 가난한 처지에 놓이게 된다. 어느 날 그녀와 사랑에 빠진 왕자가 다시 그녀를 사회 계층의 맨 꼭대기로 돌려놓는다. 두 번째 유형에서는 양치기 소녀나 촌뜨기 소녀가 비천한 신분이라는 난관을 극복하고 귀족 신분의 남자와 결혼하는 것으로 끝을 맺는다.

사람들은 보통 두 번째 유형의 민담이 사회적 신분과 한 사회 내에서의 개인의 운명을 바꾸고자 하는 민중의 열망을 가장 직접적으로 드러내고 있다고 생각하기 쉽다. 반면 첫 번째 유형의 민담은 앞서 존재했던 것으로 추정되는 어떤 질서를 복원함으로써 이러한 열망들을 보다 순화된 형식으로 걸러 내고 있다고 생각한다. 그러나 좀 더 자세히 들여다보면, 양치기 소년이나 양치기 소녀의 엄청난 행운은 단순히 현실에 대한 위안으로, 기적이나 꿈을 반영한 것에 지나지 않는다. 그리고 이러한 사례들은 대중적인 로맨스에서도 널리 발견된다. 반면 왕자나 공주의 불행한 운명은 가난을 '짓밟힌 정의'나 바로잡아야 할 부정과 연결시킨다. 다시 말해 두 번째 유형의 이야기는(환상담에서 추상적인 생각은 보통 원형적 인물의 형상을 취한다.) 프랑스대혁명 이후로 근대의 사회적 의식 전체에 자리하는 어떤 근본적인 지점을 가리키고 있다.

집단적 무의식 안에서 거지 옷을 입은 왕자는, 거지가 모두 실제로는 과거에 왕위를 빼앗기고, 잃어버린 왕국을 되찾아야 하는 왕자였다는 사실을 증명한다. 오디세우스나 구에리노 메스치노[5], 로빈 후드는 모두 불운에 빠진 왕이거나 왕의 아들 혹은 고귀한 기사들로, 마침내 적을 무찌르고 나서는 자신의 진정한 정체성이 인정받는 사회를 정상적으로 회복하게 된다.

그러나 그들이 되찾은 정체성이 과연 이전의 것과 같은 것일까? 아무도 알아보지 못하는 늙은 거지 차림으로 이타카로 돌아온 오디세우스는 트로이로 출발하던 그 오디세우스와 같은 사람이 아닐 것이다. 그가 "아무도 아닌 자"라는 이름을 댐으로써 자신의 목숨을 구했던 것도 우연은 아니었던 것이다.[6] 오디세우스를 알아보는 유일한 존재는 그의 개 아르고스뿐이었다. 마치 한 개인이 지닌 연속적인 정체성의 표지는 오직 동물

---

5) 이탈리아의 중세 시대 작가인 안드레아 다 바르베리노의 『구에리노 메스치노』의 주인공. 구에리노는 왕이었던 자신의 신분을 되찾기 위해 온갖 위기를 극복하여, 부모를 구출하고 페르시아 공주와 결혼하여 행복하게 산다.
6) 눈이 하나 달린 키클롭스족이 사는 동굴에 포박당한 오디세우스는 동굴의 주인인 폴리페모스에게 "아무도 아닌 자"라고 대답함으로써 위기를 모면한다.

만이 알아볼 수 있다고 암시하듯 말이다.

    오디세우스의 늙은 유모가 그의 정체성을 확인할 수 있는 증거는 멧돼지의 턱에 받혀 생긴 상처다. 오디세우스의 아내에게는 그것이 오디세우스가 이전에 올리브 나무 뿌리로 만든 부부 침상이었고, 그의 아버지에게는 열매 나무의 목록이었다. 이들은 모두 왕이라는 신분보다는, 사냥꾼이나 목수나 정원사와 더 잘 어울리는 증거들이다. 이러한 증거 중 특히 눈에 띄는 것은 오디세우스의 용기와 적을 향해 돌진하는 용맹함이다. 그리고 무엇보다 그에게는 신들의 가호라는 증거가 있다. 결국 신들의 가호를 받는 오디세우스를 보고서야 텔레마코스는 자신의 아버지를 알아본다.

    반대로 정체성의 위기를 맞은 오디세우스는 이타카에 도착하지만, 자신의 고향을 알아보지 못한다. 그리하여 아테네 여신은 그에게 지금 이 이타카가 진짜 이타카가 맞다며 그를 안심시킨다.『오디세이아』의 후반부에서는 정체성의 위기가 여러 번 나타난다. 오직 하나의 이야기만이 인물과 장소가 예전과 다르지 않다는 사실을 보증한다. 그러나 그 이야기조차도 변한다. 오디세우스가 돼지치기 에우마이오스와 페넬로페의 구혼자 안티노오스 그리고 페넬로페에게 전하는 이야기는 '오디세이아(Odyssey)'와는 완전히 다른 이야기다. 이는 크레테에서 이타카로 온 것처럼 꾸민 허구적 인물을 끌어들인 방랑의 이야기이자, (오디세우스가 파이아케스인의 왕에게 들려주었던 이야기보다는 훨씬 더 믿음이 가는 것으로) 오디세우스가 폭풍에 난파당하고 재물을 모았다는 이야기다. 누가 이 이야기를 진짜 '오디세이아'가 아니라고 말할 수 있겠는가? 그러나 이 새로운 오디세이아는 또 다른 오디세이아로 이어진다. 오디세우스가 꾸며 낸 여행담 속에서는 크레타 출신의 한 나그네가 오디세우스를 만나는 것으로 되어 있다. 우리가 여기서 보는 것은 여러 나라를 전전하는 오디세우스에 관한 이야기를 전하는 오디세우스다. 그러나 진짜 『오디세이아』, 그러니까 우리가 진실한 것으로 여기는 이야기에서는 그의 방랑 이야기가 한 번도 나오지 않는다.

오디세우스가 대단한 거짓말쟁이라는 것은 『오디세이아』에 앞서 잘 알려진 사실이다. 그는 트로이의 목마라는 그 유명한 속임수를 꾸며 낸 자가 아니던가. 『오디세이아』에서 오디세우스가 처음으로 언급된 것은 헬레나와 메넬라오스가 차례로 트로이 전쟁을 회고하며 묘사하는 부분이다. 모두 오디세우스가 속임수를 쓰는 이야기다. 첫 번째는 그가 변장한 차림으로 포위된 도시 안으로 숨어 들어가서는 학살을 자행한 일이고, 두 번째는 전우들과 함께 목마 안에서, 헬레나가 자신들에 대해 이야기하여 그들의 존재를 알리지 않도록 손을 쓴 일이다.

(이 두 가지 에피소드에서 오디세우스는 헬레나를 만난다. 첫 번째 에피소드에서 헬레나는 변장을 도와준 공모자이며, 두 번째 에피소드에서는 트로이 군의 편에 속해 있으면서도 오디세우스와 그의 군대의 존재를 폭로하지 않는 아카이아의 여인으로 등장한다. 따라서 헬레나의 이러한 두 역할은 모순적인 것으로 비친다. 그러나 이것은 모두 어떤 속임수와 연루되어 있다. 페넬로페 역시도 베를 짜는 전략을 이용하며, 무언가를 속이는 자로 등장한다. 페넬로페가 짠 베는 트로이의 목마와 대칭을 이루며, 트로이의 목마처럼 손수 꾸며 낸 기술이자 위장품이다. 따라서 오디세우스의 두 가지 특징은 그의 아내에게도 해당하는 것이다.)

오디세우스가 속임수에 능한 자라면, 그가 파이아케스인의 왕에게 했던 이야기도 전부 거짓말일 것이다. 사실 그의 이러한 바다 모험은 오디세이의 중심을 이루는 네 권[7]에 포함되어, 일련의 환상적인 존재들과 만는 이야기가 빠르게 전개된다.(환상적인 존재와의 만남은 어느 나라, 어느 시대의 민담에서든지 공통적으로 나타난다. 오디세우스는 바다를 모험하면서 외눈박이 거인 폴리페모스와 가죽 부대에 담긴 네 가지 바람, 키르케의 주문, 세이렌과 바다 괴물들을 만난다.) 그리고 이는 보다 진지하고 심리적인 긴장으로 팽팽한 서사시의 나머지 부분이나, 오디세우스가 자신의 왕국과 아내를 구혼자 무리로부터 구해 낸다는 결론으로 이어지는 흥미로운 절정 부분과는 대조를 이룬다. 이때 등장하는 페넬로페의 베 짜기와 활쏘기 시합과 같은 것도 다른 민담과 공통되는 부분이다. 그러나 근대의 리얼리즘과 사실성이라는 기준에 보다 가까운 우리는 초자연적인 요소가 개입한다는 말을 들으면 기껏해야 올림포스 신들의 출현을, 그것도 대개 인간의 모습으로 변장한 채 나타나는 모습을 떠올리는 것이 고작이다.

그러나 우리는 이와 같은 모험들이 이 서사시의 다른 부분에서도 등장한다는 사실을 기억해야 한다. 따라서 호메로스는 스스로 이 모험 이야기의 진정성에 확신을 부여해야 한다. 호메로스뿐만 아니라 신들 역시 이 모험 이야기의 진정성에 대해 올림포스 산에서 논의를 벌인다. 또한 우리는 텔레마키아, 즉 텔레마코스의 이야기에서 메넬라오스 역시 오디세우스가 서술한 것과 같은 민담 유형의 이야기를 되풀이한다는 점을 기억해야 한다.(늙은 해신과 만난 이야기 같은 것들 말이다.) 우리가 할 수 있는 것이란 이러한 환상담 유형의 다양한 이야기들이 각기 다른 기원에서 유래한 전통이 서로 혼합된 역사로부터 온 것이라고 추측해 보는 일뿐이다. 각기 다른 기원을 가진 이 전통들은 고대 시인들에 의해 전수되어 오

---

7) 오디세우스가 파이아케스의 통치자인 알키노오스에게 들려주는 이야기는 9권에서부터 12권까지 계속된다.

다가, 호메로스의 시 속에 함께 섞여 들었을 것이다. 따라서 서사의 층위에서 가장 오래된 것은 오디세우스가 자신의 모험을 일인칭 시점으로 서술하는 층위일 것이다.

정말 가장 오래된 것일까? 앨프리드 휴백에 따르면 이는 완전히 반대일 수도 있다.(『오디세이아』, 1~4권, 앨프리드 휴백 서문, 스테파니 웨스트 본문 번역 및 주석(몬다도리, 1981.))

오디세우스는 『오디세이아』 전부터, (그리고 『일리아드』 전부터도) 항상 서사시의 주인공이었다. 그리고 오디세우스와는 달리 『일리아드』의 주인공들인 아킬레우스나 헥토르는 괴물이나 마술 등이 개입된 모험담을 이야기하지 않았다. 그러나 『오디세이아』의 저자는 오디세우스를 10년 동안이나 집에 돌아가지 못하게 만들었다. 그의 가족과 그와 함께했던 이전의 전우들은 그가 사라진 것인지, 영영 찾을 수 없게 된 것인지를 걱정한다. 저자는 이것을 가능하게 하기 위해 그를 익숙한 세계에서 떨어뜨려, 다른 공간을 가로지르게 했다. 인간적인 세상 너머의 세계, '저 너머의 세계'로.(그의 여행이 '지하 세계'를 방문하는 부분에서 정점에 이르는 것은 우연이 아니다.) 서사시의 영역을 넘어서는 이 여행을 위해 『오디세이아』의 저자는 이아손과 아르고 호 원정대의 모험과 같은 (분명 서사시보다 더 오래된) 전통적인 이야기로 돌아간다.

따라서 『오디세이아』의 독창성은 오디세우스와 같은 서사시의 주인공을 "마녀나 거인, 괴물과 연을 먹는 사람들"과 대결하게 만든 데 있다고 할 수 있다. 그리고 이것은 전설과 같은 보다 오래된 종류의 이야기에 나오는 상황이며, 그 뿌리는 "고대 민담과 원시적인 마술과 샤먼들의 세계"에 있다.

휴벡에 의하면 이것이 바로 『오디세이아』의 저자가 우리에게 보여 주고자 한 것이며, 이것이 바로 현대 독자들이 『오디세우스』의 저자를 좀 더 친근하게 느끼도록 만들어 주는 요소다. 오디세우스는 전통적으로 서사시의 주인공이 갖추어야 할 귀족적이며 군사적인 덕목의 패러다임에 합치되는 인물인 동시에, 이와 더불어 모든 거친 경험과 노동, 고통과 고독을 견디는 자라 할 수 있다. "호메로스는 확실히 자신의 청중들을 신화적인 꿈의 세계로 이끌고 간다. 하지만 동시에 이 꿈은 우리 모두가 살고 있으며 필요와 고통, 공포와 고통이 지배하는 세계, 즉 인간이 피할 수 없이 매몰되어 있는 현실 세계를 비추는 거울의 이미지로 변화한다."

같은 책에서 본문과 주석을 쓴 스테파니 웨스트는 휴백과 전적으로 다른 전제에서 출발하고 있긴 하지만, 그의 주장을 긍정하는 듯한 가정을 해 보기도 한다. 그 가정이란 호메로스의 것보다 앞선 또 다른 귀환의 이야기, 또 다른 『오디세이아』가 존재한다는 것이다. 호메로스가 (『오디세이아』의 저자가 누구이건 간에) 이 귀환의 이야기가 너무 얄팍한 데다 산만하다는 사실을 알고, 이를 놀라운 모험 이야기로 대체했다는 것이다. 또한 한편으로는 변장한 크레타인의 이야기 안에 여전히 이 앞선 판본, 그러니까 원래의 귀환 이야기의 흔적이 남아 있다고 주장한다. 사실 오디세우스가 크레타인으로 변장한 채 풀어 놓는 이야기의 첫 줄은 이 서사시 전체를 요약하는 것처럼 보이기도 한다. "그는 수많은 도시들을 보았고 많은 이들의 생각을 알게 되었다." 어떠한 도시들인가? 또 어떠한 생각들인가? 이 구절은 진짜 오디세우스보다, 오디세우스가 변장한 가짜 크레타인이 했던 여행에 더 적합한 것처럼 보인다…….

그러나 페넬로페가 남편 오디세우스가 둘만이 아는 침상을 되찾는 것을 보고 그를 알아보았을 때, 오디세우스는 키클롭스와 세이렌의 이야기를 다시 시작한다……. 『오디세이아』는 이 모든 여행을 둘러싼 신화가 아닐까? 오디세우스-호메로스에게는 진실과 거짓의 경계가 존재하지 않을지도 모른다. 그는 단순히 같은 경험을 한 번은 현실의 언어로, 또 한 번은 신화의 언어로 되풀이한 것 뿐일인지도 모른다. 그리하여 오늘날 우리가 겪는 크고 작은 모험들이 여전히 『오디세이아』 안에 들어 있는 것처럼 말이다.

(1983)

크세노폰의 『아나바시스』

오늘날 크세노폰(Xenophon, B.C. 431~350)의 『아나바시스(*Anabasis*)』를 읽다 보면, 영화나 텔레비전에서 이따금씩 접하는 옛날 전쟁 다큐멘터리를 보는 듯한 느낌을 강하게 받게 된다. 예를 들어 다음과 같은 문단에서 우리는 빛바랜 흑백영화의 매력, 거친 음영의 대비와 민첩한 동작이 주는 것과 같은 매력을 직접적으로 느낄 수 있다.

그곳으로부터 그들은 황무지를 지나 사흘 동안 15파라상게스[1]를 행군했다. 사흘째 행군은 힘들었다. 북풍이 앞에서 불어와 모든 것을 얼어붙게 만들고 사람들을 뻣뻣하게 만들었기 때문이다. ……눈〔雪〕으로부터 눈〔目〕을 보호하는 방법은 눈앞에다 검은 것을 붙이고 행군하는 것이

---

1) 페르시아의 거리 단위.

고, 발을 보호하자면 쉬지 않고 계속해서 움직이되 밤에는 신발을 벗는 것이었다. …… 이러한 어려움들 때문에 어쩔 수 없이 낙오병이 몇몇 생겼던 것이다. 그래서 그들은 눈이 사라진 검은 지점을 보면 눈이 녹았겠거니 추측했다. 아닌 게 아니라 눈들이 녹긴 녹았으나, 그것은 인근의 협곡에서 김을 내뿜고 있던 샘 때문이었다.

(제4권 5장 3, 13, 15절)[2]

그러나 크세노폰의 작품을 인용하는 것은 쉬운 일이 아니다. 『아나바시스』에서 중요한 것은 바로 끝없이 이어지는 시각적 세밀함과 행위 묘사이기 때문이다. 따라서 크세노폰의 텍스트에서 발견할 수 있는 다양한 즐거움을 하나로 요약해 제시할 수 있는 문단을 찾기란 어려운 일이다. 두 페이지 정도 앞에 나오는 다음과 같은 부분이 그러한 문단에 해당하지 않을까 싶다.

그러나 숙소에서 이탈했던 몇 사람은 밤에 수많은 화톳불이 비치는 것을 보았다고 말했다. 그래서 장군들은 부대들을 따로따로 숙영시키는 것은 안전하지 못한 것 같아 부대들을 다시 집결시키기로 결정했다. 그래서 그들은 다시 모였다. 날도 다시 개는 것 같았기 때문이다. 그러나 그들이 야영하고 있는 동안 엄청나게 많은 눈이 내려 무구들도 누워 있던 사람들도 모두 완전히 덮여 버렸다. 눈은 또 짐 나르는 짐승들의 발도 묶어 버렸다. 그래서 모두들 일어나기 싫어했다. 왜냐하면 땅바닥에 누워 있는 사람에게는 눈이 미끄러져 내리지만 않으면 몸을 따뜻하게 해 주기 때문이다. 그

---

2) 크세노폰, 『아나바시스』(단국대학교 출판부, 2001), 천병희 옮김.

러나 크세노폰이 외투도 입지 않고 과감히 일어나 장작을 패기 시작하자, 다른 사람도 얼른 일어나 그에게서 도끼를 빼앗더니 장작을 팼다. 그러자 그 밖에 다른 사람들도 일어나 불을 피우고 몸에 기름을 바르기 시작했다. 그곳에는 돼지비계와 깨와 쓴 아몬드와 테레빈[3]으로 만든 기름이 많이 있어 그들은 이것을 올리브유 대신 사용했던 것이다. 그 밖에 이것들을 재료로 해서 만든 향유도 있었다.

(제4권 4장 9~13절)

우리는 여기서 시각적 묘사가 한 장면에서 다른 장면으로, 하나의 일화에서 다른 일화로 진행되며, 거기에서 또다시 이국적인 관습에 대한 묘사로 전개되는 양상을 확인할 수 있다. 이것이 바로 흥미로운 모험들과 행군을 가로막는 뜻밖의 장애물들이 연속적으로 이어지는 배경이 되고 있다. 이 각각의 장애물들은 대부분 크세노폰의 뛰어난 지략으로 극복된다. 공격을 감행해야 하는 성벽 도시며, 전쟁터에서 대치하고 있는 적군이며, 길을 가로막는 강물이며, 악천후 등 이 모든 장애물 앞에서 '화자-주인공-용병'은 돌파구를 마련하고, 뛰어난 지략을 생각해 내며, 전략을 고안해 낸다. 때때로 크세노폰은 각 에피소드마다 수없이 이어지는 어려운 시련들을 딛고 살아남는, 어린이 만화의 등장인물처럼 보이기도 한다. 실제로 에피소드의 주요 인물이 대부분 두 명으로 설정된 것이나, 아테네인인 크세노폰과 스파르타인인 케이리소포스의 경우처럼 두 장군이 경쟁 관계로 등장하는 것, 크세노폰의 지략이 항상 가장 훌륭하고 포용력이 넓으며 결정적인 해결책으로 고정된 것 등, 이 모두가 마치 어린이를

---

[3] 송진의 일종.

위한 이야기처럼 전개되고 있다.

주제적인 측면에서 볼 때 『아나바시스』는 피카레스크적 서사[4]나 희극 영웅담에 가까워 보이기도 한다. 소아시아 내륙을 탐험하기 위한 출정이라고 둘러댄 페르시아 왕세자 키루스의 거짓말에 속아 그리스 용병 1만 명이 전선에 뛰어들지만, 이 전쟁은 사실 그의 형인 아르타크세르크세스 2세의 왕위를 찬탈하기 위한 것이었다. 그리하여 용병들은 쿠낙사 전투에서 패배하고 지도자도 없이 고향 땅으로부터 멀리 떨어지게 된다. 사방이 적들로 가득한 가운데 길을 찾아야만 하는 상황에 놓인 것이다. 그들이 원하는 것은 오로지 집으로 돌아가는 일이었지만, 그들이 벌이는 모든 일들은 곧 집단적인 위협이 되곤 했다. 굶주린 채 무장한 이 그리스의 1만 용병들은 마치 메뚜기 떼처럼 발길 닿는 곳마다 약탈과 파괴를 일삼았던 것이다. 그리고 가는 곳마다 자신들 뒤로 수많은 여자들을 끌고 다녔다.

그러나 크세노폰은 서사시의 영웅적인 양식을 좋아하거나, 그러한 양식의 어둡고 그로테스크한 면모에 취미가 있는 작가는 아니었다. 그의 글은 한 무관의 상세한 기록으로, 모든 거리며 지리학적 위치에 대한 정보를 담은 여행 일지라 할 수 있다. 따라서 그 일지는 그곳에서 관찰할 수 있는 동식물들에 대한 정보, 외교적인 문제나 병참술, 군사전략 및 각각의 경우의 책략에 대한 보고의 형식을 띠고 있다.

크세노폰의 글에는 본국의 사령부에서 내려온 '공문'과 자신이 이끄는 군대의 병사들이나 이국의 외교 대사에게 했던 연설들까지 섞여 있다. 고등학교 시절, 나는 이 연설문들의 발췌문을 배우면서 정말 진저리를 쳤

---

[4] 16~17세기 스페인에서 유행했던 악한 소설의 일종. 이상적인 영웅보다는 구체적인 인물을 중심으로, 풍자적인 유머와 해학을 담은 것이 특징이다.

지만, 지금에 와서야 이것이 오해였음을 깨닫는다. 『아나바시스』를 제대로 읽기 위해서는 띄엄띄엄 건너뛰지 말고, 한 줄 한 줄 따라가며 끝까지 읽어야 했다. 크세노폰의 말들은 저마다 정치적인 문제를 포함하고 있다. 국외 정치 문제건(여러 왕들이나, 그의 군대가 지나가야만 하는 영토의 지도자와 외교 관계를 정립하고자 하는 경우), 국내 정치 문제건(아테네인과 스파르타인 사이에 늘 있어 왔던 경쟁 관계로 그리스 군 지도자들 내부에서 논쟁을 벌이는 경우) 간에 말이다. 이 책은 다른 장군과의 논쟁, 혹은 후퇴시 각자 어떤 역할을 해야 하는지에 대한 논의를 담은 글이기 때문이다. 그리고 이렇게 공공연히 드러나거나 암시적으로 숨어 있는 논쟁의 맥락을 통해서만 이 책의 수사학적인 부분을 이해할 수 있다.

인간의 행위를 묘사하는 작가로서 크세노폰은 하나의 선례를 제시하고 있다. 크세노폰에 필적하는 현대의 작가라 할 수 있는 영국의 T. E. 로렌스[5]는 각 사건들과 그 이미지를 전달할 때, 사실을 정확히 서술하는 문장 아래에 마치 흔적처럼 새겨진 미학적 아우라와 윤리적 경이를 탁월하게 조합해 냈다. 그러나 그리스 작가 크세노폰에게는 그러한 것이 전혀 없었다. 그의 글에는 건조하고 정확한 서술 이면에 어떤 것도 숨어 있지 않았다. 군인의 엄격한 덕목은 군인의 덕목 이외에 그 어떤 것도 아니었던 것이다.

물론 『아나바시스』에도 정서적 파토스 같은 것이 있긴 하다. 그 파토스는 집으로 돌아가고자 하는 군인들의 갈망과 이국의 땅을 떠도는 방황, 서로 함께할 때만이 조국을 간직할 수 있기에 제각기 흩어지지 않으려는 필사적인 노력에서 나온다. 자신의 책임과는 상관없이 전쟁에서 패하고

---

[5] T. E. Lawrence(1888~1935). 영국의 고고학자이자 군사전략가로 활동했으며, 아랍의 독립 전쟁에 뛰어든 체험을 바탕으로 현대의 서사시적 작품이라 할 수 있는 『지혜의 일곱 기둥』을 썼다.

외따로 떨어진 그들은 귀환을 위해 투쟁을 벌인다. 그것은 이제 오직 과거의 연합군과 적군들 모두로부터 탈출할 수 있는 길을 찾는 투쟁이 된다. 『아나바시스』의 이러한 상황은 오늘날의 현대 이탈리아 문학의 한 경향과도 비교해 볼 수 있다. 러시아 군에 밀려 후퇴했던 이탈리아 알프스 군대에 대한 회상록이 이에 해당한다. 이러한 비교가 비단 최근에만 행해졌던 것은 아니다. 1953년 엘리오 비토리니는 이러한 유형의 문학에 있어 고전으로 남을 만한 작품으로 마리오 리고니 스턴[6]의 『눈 속의 병사들(*Il sergente nella neve*)』을 꼽으면서, 이를 "지역 방언으로 쓴 소(小) 아나바시스"로 규정한 바 있다. 크세노폰의 『아나바시스』에 나오는 눈 속의 후퇴 장면(앞에서 인용한 부분)들은 『눈 속의 병사들』에서 찾아볼 수 있는 많은 에피소드와 사실상 같은 것이라고 할 수 있다.

스턴의 작품과 러시아에서 퇴각하는 이탈리아 군대에 대한 훌륭한 책들의 특징으로 꼽을 수 있는 것은, 화자인 주인공이 크세노폰과 마찬가지로 훌륭한 군인이라는 점이다. 그리고 그러한 덕망 높은 군인인 화자가 자신의 참전 경험을 토대로 군사적 행동에 대해 능숙하게 말해 준다는 점이다. 이러한 작품들에서, 크세노폰에게 그러했듯이 화려했던 야망이 무너졌을 때 발휘할 수 있는 군사적 덕목은 현실적인 판단과 단결력에 있다. 그리고 이에 비추어, 군인들 각각이 그 자신에게뿐 아니라 다른 군인들에게도 도움이 될 수 있는 능력을 지니고 있는지를 측정할 수 있게 된다.(여기서 우리는 환멸을 맛본 장교가 겪는 고통을 묘사한 누토 레벨리의 『헐벗은 자들의 전쟁(*La guerra dei poveri*)』을 떠올릴 수도 있겠다. 또한 제대로 평가받지 못한 명작 크리스토포로 M. 네그리의 『긴 총(*I lunghi fucili*)』을 떠올

---

[6] Mario Rigoni Stern(1921~). 이탈리아 작가. 2차 세계대전에 참전했던 경험을 기록으로 남긴 『눈 속의 병사들』이 유명하다.

릴 수도 있을 것이다.)

그러나 비교는 여기서 그치도록 하자. 이탈리아 알프스 군대에 대한 회고록은, 초라해졌지만 선한 양심으로 가득한 이탈리아와 전쟁과 대학살의 광기를 대조시키면서 시작한다. 5세기 한 장군의 회고록에서는 이러한 대조가 대지를 파괴하는 한낱 메뚜기 떼로 전락한 그리스 군의 상황과, 크세노폰의 군대가 이러한 상황에서 실행하고자 했던 고전적인 덕목들, 그러니까 철학적이며 그리스 시민답고, 그리스 군에 걸맞은 그러한 덕목들로 드러난다. 스턴의 책에서는 이러한 대조가 결코 폐부를 찌르는 듯한 비극적인 면모를 띠지 않는다. 반면 크세노폰은 이 두 편을 화해시키는 데 확실히 성공하는 것처럼 보인다. 크세노폰은 인간이 한낱 메뚜기와 같은 존재로 변할 수도 있지만, 그러나 기식자(寄食者)와 같은 이러한 상황에서도 규범과 위엄의 법칙이라는 일정한 '양식'을 적용할 수 있으며, 그러는 자신에 대해 자부심을 느낄 수 있는 존재라고 말한다. 즉 한 마리 메뚜기와 같은 비천한 현실에 대해서는 일절 언급하지 않은 채, 오직 존재하기 위한 최상의 방식만을 논하는 것이다. 크세노폰은 이미 기술적인 측면에서 완벽한 효율성이라는 근대적 윤리를 뚜렷하게 묘사해 내고 있다. 보편적인 도덕의 관점에서 자신의 행위를 평가하는 것과는 독립적으로 '어떠한 사태에 대처할 수 있는 능력', '자신의 임무를 잘 수행하는 것'과 같은 근대적 윤리를 말이다. 나는 계속해서 이러한 윤리를 근대적이라고 부르고자 하는데, 우선 내가 젊었을 때 그러했기 때문이며, 또한 헤밍웨이의 소설뿐만 아니라 많은 미국 영화에서 우리 세대가 볼 수 있었던 교훈이기 때문이다. 나로서는 이렇게 전적으로 기술적이며 실용적인 윤리에 대한 믿음과 그 윤리 아래에는 오직 공허만이 자리하고 있다는 사실에 대한 자각 사이에서 갈등하는 편에 속한다. 오늘날에는 매우 이질적으로 느껴질 수도 있겠지만, 그러한 윤리에는 여전히 긍정적인 측면이 있다고 나는 생각한다.

윤리적 측면에서, 크세노폰이 지닌 가장 큰 장점은 자신과 그가 이끌었던 군대가 누렸던 지위를 결코 신비화하거나 이상화하지 않는다는 점이다. 그가 '이국의 야만인(barbari)'의 관습을 바라보면서 '문명화된 인간'으로서 느끼는 거리감과 혐오감을 자주 표출한다고 지적하자면, '식민주의자(colonialista)'의 위선적인 태도 역시 그에게는 낯선 것이었음을 동시에 말해야만 한다. 그는 자신이 이국의 영토를 약탈하는 무리의 선두에 서 있음을 알고 있었으며, 이성이 자신의 편이 아닌 침략당한 야만인들의 편에 있다는 사실 또한 잘 알고 있었다. 그는 자신의 군인들에게 적들이 정당성을 확보하고 있다는 점을 상기시키면서 다음과 같이 권고한다. "그대들은 다른 방식으로 생각할 필요가 있다. 적들은 우리를 강탈할 것이며, 우리가 그들의 재산을 차지하고 있는 한, 그들로서는 우리를 공격할 정당한 이유가 있다……." 어떠한 행위를 하든 바로 이러한 하나의 양식을 추구한다는 점에, 즉 아나톨리아 지방의 산과 들판을 가로지르는 탐욕스럽고 폭력적인 인간의 파괴적인 행위에도 일정한 '양식'이나 규범을 부여하고자 하는 시도에 바로 크세노폰의 위엄이 자리한다. 그리하여 그의 위엄은 고대의 비극에서 찾아볼 수 있는 위엄이라기보다는 어느 정도 한계가 있는 위엄, 근본적으로 부르주아적인 위엄이다. 잘 알다시피, 필요의 욕구에 의해 지배되는 행위가 아닐지라도 인간이 기본적인 행위에 대해서 하나의 양식이나 위엄을 부여하는 것은 그리 어려운 일이 아니니까 말이다.

끊임없는 매복과 공격의 위협 속에서 험준한 산과 강을 헤쳐 나갔던 그리스 군은 더 이상 어느 편이 희생자이고 어느 편이 승리자인지 구별할 수 없는 상황에까지 이르렀고, 무심한 전쟁의 포화나 우연한 자연재해로 인한 끔찍한 대학살의 현장에 갇히곤 했다. 그리고 그들의 이러한 이야기는 전쟁을 체험한 오늘날의 독자들만이 이해할 수 있는 일종의 고통의 표상을 불러일으킨다.

(1978)

오비디우스와 우주의 인접성

하늘에는 맑은 날이면 인간의 눈에도 보이는 길이 있다. '우유의 길'[1]이라는 이름의, 환하기로 소문난 길이 그것이다. 신들은 이 길을 통하여 이 위대한 벼락 신[2]의 신궁으로 온다. 이 '우유의 길' 양쪽으로는 주신(主神)들[3]의 신궁이 줄지어 있는데, 이 주신들 신궁의 열린 문으로는 늘 손들이 들락거린다. 지위가 낮은 신들은 다른 곳에 산다. 따라서 이 '우유의 길' 양옆에는 세도가 당당하고 문벌이 좋은 신들의 신궁만이 있을 뿐이다. 불경(不敬)한 말이 용서된다면, 천궁의 팔라티움[4]이라고 부르고 싶은 곳이 바로 이곳이다.[5]

1) 은하수를 가리킨다.
2) 유피테르의 별명.
3) 올림포스의 열두 신.
4) 로마의 아우구스투스 대제의 궁전이 있는 곳.
5) 오비디우스, 『변신 이야기』(민음사, 1998), 이윤기 옮김, 25쪽.

이 구절은 오비디우스(Ovidius, B.C. 43~A.D. 17)가『변신 이야기(*Metamorphoses*)』의 도입부에서 천상의 신들이 사는 세계를 소개하는 부분이다. 오비디우스는 이 신들의 세계를 그가 살았던 로마처럼 그려 냄으로써 우리를 그 세계 가까이로 인도한다. 오비디우스는 천상의 세계를 로마라는 도시의 지형과 당시의 계급별 구분, 당대 로마의 풍습들(예를 들어 '손님'들이 매일 찾아오는 것), 심지어 종교적인 면에 이르기까지 로마의 여러 면모와 동일하게 묘사한다. 신들은 로마의 시민들처럼 집에서 가정의 수호신, 즉 페나테스를 섬긴다. 하늘과 대지의 신들도 각자 자기 가정의 작은 수호신들에게 경의를 바치는 것이다.

오비디우스는 이러한 클로즈업을 사용하여(클로즈업이 신의 권위를 떨어뜨리거나 조롱하려는 뜻은 아니다.), 우주 안의 공간은 크기와 성질이 끊임없이 변화하는 여러 형태로 빽빽이 들어차 있으며, 시간의 흐름은 끝없이 증식하는 이야기들과 이야기들의 순환으로 가득 차 있음을 말하고 있다. 지상의 모든 형태들과 이야기들은 천상의 형상들을 반복하지만, 이 두 세계는 이중나선처럼 서로 얽혀 있다. 이러한 천상과 지상, 신과 인간들의 인접성이『변신 이야기』의 중심 주제다. 『변신 이야기』에 등장하는 인간들은 신과 연관되어 있으며, 신들의 변덕스러운 욕망의 대상이 된다. 그러나 천상과 지상의 이러한 인접성은 특수한 예에 불과할 뿐, 사실 세계 내에 존재하는 모든 형상과 형태들 사이에는 변신을 비롯한 여러 방식을 통한 인접성이 자리하고 있다. 동물과 꽃, 광물의 세계 그리고 하늘은 모두 그 실체 안에 우리가 흔히 인간적이라고 규정하는 일련의 물질적이고 정신적이며 도덕적인 성질들을 포함하고 있다.

『변신 이야기』는 특히 서로 다른 세계 사이의 흐릿한 경계선에 뿌리를 두고 있다. 제2부 앞부분에서 태양 수레의 고삐를 쥐고자 한 파에톤의 신화는 이러한 경계를 잘 보여 주는 예다. 이 신화에서 천상은 한계 없는 공간이자 추상적인 기하학적 형태로 묘사된다. 동시에 인간의 모험은 읽는 이가 한 순간도 흐름을 놓치지 않고 매 순간 감정적으로 공감하며 가슴을 두근거릴 만큼 섬세하게 묘사된다.

오비디우스는 구체적이고 정확한 세부 묘사를 하고 있는데, 포에부스가 아닌 파에톤이 올라타자 훨씬 가벼워진 데다 고삐를 쥔 젊은 파에톤이 서투른 탓에 태양 수레가 빈 수레처럼 이리저리 흔들리는 장면을 이야기할 때뿐만 아니라, 하늘의 지리 구조라 할 수 있는 천상의 공간적 형태를 시각적으로 묘사할 때도 그러하다. 그러나 사실 이러한 정확성은 하나의 환상에 불과하다. 서술 효과라는 일반적인 관점에서 서로 아귀가 맞지 않는 이 세부 묘사들은 각각 떼어 놓고 바라보면 매력적인 설득력이 있지만, 한데 결합하면 하나의 일관된 형상을 이루지 못하는 것이다. 하늘은 십자꼴로 나누어진 공간이다. 바퀴 자국이 선명하게 난 오르막길과 내리막길이 있고, 또한 태양 수레가 달리는 방향에서 굽어보면 어질어질할 정도로 소용돌이치는 모양새를 하고 있다. 또한 천상은 땅과 바다가 멀리 보일 정도로 아득히 높은 곳에 자리하고 있다. 그러나 다른 한편 이 공간은 별들이 박혀 있는 둥근 궁륭으로 묘사되기도 한다. 또 다른 곳에서는 빈 공간 위에 수레를 떠받치고 있는 다리 모양으로 이야기되기도 한다. 파에톤은 이 까마득한 공간 때문에 여행을 계속하는 것도 돌아가는 것도 두려워하게 된다.("그는 손을 쓸 수도 없었고 손을 쓸 여지도 없었다. 온 거리가 적지 않았으나 가야 할 길은 이보다 훨씬 더 멀었다. 그는 도저히 이를 가망이 없을 듯한 서쪽 하늘과, 두고 온 동쪽 하늘을 번갈아 보면서 그 거리를 마음속으로 가늠해 보았다."[6]) 천상은 비어 있고 황량했다.(이는 제1부에서 로마 도시와 유사하게 묘사했던 것과 다르다. 따라서 태양신인 아폴로는 이렇게 말한다. "너는 하늘에도 신들의 숲, 신들의 도성, 신들의 사당이 있다고 생각할 게다."[7]) 또한 '허상(simulacra)'일 뿐이지만 천상에는 사나운 괴수들만이 우글거렸다. 괴수만큼이나 위협적인 성좌도 포진해 있었다. 따라서 극남, 극북 권역을 피해 그 사이에 나 있는 샛길로 된 오르막길을 가야 한다. 그러나 만약 궤도를 놓치면 가파른 절벽 가운데서 길을 잃고 달 아래로 추락하여 구름의 끝을 태우고 대지를 불타게 만들게 된다.

허공에 떠 있는 하늘을 가로지르는 이 운행 장면 다음에는 대지가 불타고, 바다 위로 해표들의 시체가 뒤집힌 채 떠오르는 끔찍한 광경이 묘사된다. 이 이야기 중 가장 암시적인 장면인 이 부분은 대재앙의 시인인 오비디우스의 시 가운데서 가장 널리 알려진 구절이기도 하며, 대홍수를 묘사했던 제1부의 뒤를 잇는 일종의 속편이라 할 수 있다. 모든 물줄기가 뜨거운 열기를 피해 알마 텔루스, 즉 대지의 여신의 발밑으로 흘러들었다. 말라붙은 샘물이 대지의 여신의 어두운 품 안으로 숨고자 되돌아온 것이다.("샘의 물이/열기를 피해 대지의 품 안으로 스며들어 와 잔뜩 몸을 사리고 있었던 것이었다."[8]) 불꽃에 머리가 타들어 가고 휘날리는 재에 눈을 뜰 수 없게 된 대지의 여신은 유피테르 신에게 갈증으로 타는 듯한 목소리로, 남극권과 북극권에까지 불길이 번지면, 마침내 신궁까지 무너져 내릴 것이라고 경고하며 호소한다.(그러나 이것은 지구의 남극과 북극일까? 천국의 남극권과 북극권일까? 여기에는 또한 지축을 떠받치고 있는 아틀라스가 달아오른 대지를 더 이상 버텨 내지 못할 것이라는 이야기도 나온다.

6) 같은 책, 71쪽.
7) 같은 책, 65쪽.
8) 같은 책, 75쪽.

그러나 오비디우스가 살던 시대에 남극과 북극은 천상에 해당하는 개념이었다. 그러나 다음 구절에 나오는 '신궁'이라는 단어는 매우 구체적이다. 신궁은 진정 천상에 있는 것일까? 그렇다면 아폴로는 왜 천상에는 신궁이 없다고 이야기하고, 파에톤은 왜 수레를 모는 도중에 신궁을 우연히라도 볼 수 없었던 것일까? 어쨌든 이러한 모순은 오비디우스의 이야기에 명시적으로 드러나 있지 않다. 베르길리우스의 이야기에서도 마찬가지다. 우리로서는 고대의 다른 정전에서와 마찬가지로 고대인들이 실제로 세계를 어떻게 '바라보았는지' 알 수 없다.)

파에톤의 신화는 유피테르가 내린 번개에 맞아 태양 수레가 산산조각 나면서 흩어지는 이야기에서 정점에 다다른다. "마구와 수레의 바퀴, 굴대, 뼈대, 바퀴살 파편이 사방으로 날았다."[9] (이것 말고도 『변신 이야기』에는 또 다른 교통사고가 등장한다. 전속력으로 달리던 또 다른 운전사는 바로 마지막 권에 나오는 히폴리토스다. 사건을 재서술하는 탁월한 세부 묘사는 기계적이라기보다는 해부학적이다. 뼈가 부서지고 사지가 여기저기 멀리 흩어지는 것과 같은 피 튀기는 묘사가 등장하기 때문이다.)

오비디우스는 신과 인간과 자연을 위계적인 질서로 나누어 보지 않고, 서로 연결된 정밀한 체계로 해석한다. 정도는 다르지만 각 차원은 나머지 두 차원에 영향을 준다. 오비디우스의 작품에서 신화는 이러한 힘이 서로 부딪치고 균형을 잡아 가는 긴장의 역학이 운동하는 영역이다. 모든 것은 신화가 서술되는 어조에 달려 있다. 주요한 역할을 맡고 있을 경우 신들은 인간에게 도덕적인 선례를 제시하기 위해 자신의 신화를 스스로 다시 들려주기도 한다. 한편 인간은 신들에 대항하는 도전과 논쟁

---

9) 같은 책, 77쪽.

을 펼치기 위해 같은 신화를 이용하기도 한다. 신들을 조롱하는 노래를 부르며 무사이 아홉 자매와 겨루던 피에리테스의 자매들과, 미네르바 여신과 베 짜기 시합을 벌이면서 신들의 결점을 폭로한 아라크네의 경우가 바로 그러한 경우에 해당한다. 또 신들이 다시 이야기되는 것을 좋아하는 신화들이 있는가 하면, 결코 다시는 언급되지 않기를 원하는 신화들도 있다. 피에로스의 딸들은 올림포스의 신들과 기간테스 거인족들의 전쟁을 거인족들의 편에서 파악하고 있었으며, 올림포스의 신들이 그 전쟁에서 공포에 떨었다는 사실을 잘 알고 있었다.(제5부) 피에로스의 딸들은 이것을 무사이 아홉 자매와 노래 솜씨를 겨루는 자리에서 다시 이야기한다. 그리고 무사이 여신들은 올림포스 신들의 권위를 재정립하는 또 다른 신화들로 이들의 노래에 응답한다. 결국 무사이 여신들은 피에리테스의 자매를 까치로 만들어 버린다. 신들에 대한 도전은 불손하며 불경한 의도를 내포하고 있다. 베를 잘 짜기로 이름난 아라크네가 미네르바 여신과 베 짜기 시합을 벌이면서, 욕정에 불타는 신들의 치부를 태피스트리에 수놓았던 것도 그러한 경우에 해당한다.

베 짜기 시합에서 베틀 작업을 그려 내는 오비디우스의 정확한 묘사는 색색의 실로 태피스트리를 짜는 작업과 같다고 할 수 있다. 그렇다면 그의 텍스트는 어떤 태피스트리라고 할 수 있을까? 한가운데에는 위대한 올림포스 신들의 훌륭한 업적을, 네 귀퉁이에는 신에게 도전했던 인간들이 처벌받는 장면을 조그맣게 짜 넣고는, 올리브 나무 장식으로 테를 두른 미네르바 여신의 태피스트리? 아니면 담쟁이덩굴과 꽃으로 장식한 테두리 안에(오비디우스가 이미 다른 곳에서 부분적으로 이야기한 바 있는) 유피테르와 넵투누스, 아폴로가 행했던 음흉한 유혹을 암시적으로 비꼬는 상징물을 다시 그려 낸 아라크네의 태피스트리? (이 이야기들 각각에는 몇 가지 세밀한 부분들이 추가되어 있다. 예를 들어 에우로파의 경우, 황소의 등에 실려 바다를 건널 때 바닷물에 젖지 않도록 발을 조심스레 들고 있는 것으로 묘사되고 있다. "에우로파는 바닷물이 차가웠던지 발을 움츠리고 있었다."[10])

그러나 오비디우스가 짠 태피스트리는 이 둘 중 그 어느 것과도 같지 않다. 수많은 신화들을 배열하여 구성한 서사시 전체에서 미네르바 여신과 아라크네의 신화는 차례로 태피스트리 안에 두 가지 가능성을 축약적으로 보여 주며, 이는 각각 서로 반대되는 이데올로기를 표현한다. 하나는 성스러운 공포를 불러일으키고자 하는 것이며, 다른 하나는 신에게도 허점이 있다는 점을 통해 불경함과 도덕적 상대성을 환기시키고자 하는 것이다. 그러나 아라크네의 도전이 잔인하게 처벌받았다는 사실 때문에 서사시 전체가 공포를 불러일으키려는 의도로 씌었다거나, 죄를 지은 희생자들의 편을 들고 있다는 점에서 도덕적 상대성을 강조하려는 의도로 씌었다고 말할 수는 없다. 『변신 이야기』는 신화가 가진 전형적인 양가성에 따라 어떠한 방식의 읽기에도 특권을 부여하지 않는다. 그저 문헌으로 전해진 모든 인상적인 이미지와 뜻을 지닌 서술 가능한 이야기 모두를 재현하고자 할 뿐이다. 오비디우스는 서사시 안의 모든 이야기들과 다양한 의미들을 단순히 받아들임으로써, 시행의 정연한 운율 안에 그것들을 모두 밀어 넣고 끼워 넣는 작업을 통해서만, 어느 한편의 의도에 끌려가지 않고 잘 알려진 신을 비롯해 알려지지 않은 신까지도 두루 아우르는 다양성을 살릴 수 있다고 확신했던 것이다.

『변신 이야기』에는 앞에서 나온 신들에 비해 별로 눈에 띄지 않는, 새

---

10) 같은 책, 245쪽.

로 유입된 이방 신도 등장한다. 아름답고 덕망을 갖춘 신들과는 다른 이 이방의 신은 바로 바쿠스(디오니소스)로, 오비디우스는 그에 대해 풍부한 묘사를 남기고 있다. 미네르바 여신을 섬기는 여자들(미니아스의 딸들)은 소란스러운 바쿠스 축제에 참여하기를 거부하고 축제가 벌어지는 동안 서로 이야기를 나누면서 베를 짜고 양털 빗는 일을 계속한다. 여기에서 우리는 이야기 자체가 또 다른 쓸모가 있다는 것을, 즉 세속적인 의미에서 순수한 즐거움을 주고 생산성을 높여 주기도 한다는 사실을 확인할 수 있다. "우리도 이 하루를 재미있게 보내어야 하지 않겠어? 손은, 저 바쿠스보다 더 거룩하신 팔라스 여신의 직무[11]에 맡기고 입으로는 차례로 옛이야기나 하면서 시간을 보내는 게 좋겠다."[12] 미니아스의 딸들이 풀어 내는 이야기는 팔라스, 즉 미네르바 여신과 '거룩하신 여신'의 마음을 흡족하게 한다. 그리스가 동방을 정복한 이후 나라 전역을 휩쓸었던 디오니소스 신에 대한 과열된 도취와 열광을 혐오하며 고된 노동을 지속하는 이 여인들로서는 당연한 일이었다.

    베 짜는 여자들이 즐겨 했던 이야기하기의 기법은 미네르바 여신을 숭배하는 일과 연관된 것이 분명하다. 우리는 아라크네가 미네르바 여신을 업신여긴 죄로 거미로 변하게 되었던 것에서도 이와 같은 연관성을 볼 수 있었다. 그러나 또한 이러한 연관성이 정반대편에서 확인된 경우도 있다. 미네르바 여신을 과도하게 숭배한 나머지 다른 신들을 무시하게 된 경우가 이에 해당한다. 자신의 판단을 과도하게 신뢰하고, "시류에 맞지 않는 미네르바 여신"만을 섬김으로써 결국 죄를 짓게 되는 미니아스의 딸들 역시 끔찍한 처벌을 받게 된다.(제4부) 노동보다는 술을 중시하고, 이야기

---

[11] 미네르바 여신은 여성들이 맡은 일의 신으로서 베 짜기의 신이기도 하다.
[12] 같은 책, 155쪽.

보다는 정신을 압도하는 음침한 노래만을 듣는 신, 즉 바쿠스에 의해 박쥐로 변하게 된 것이다. 오비디우스는 자신도 신의 미움을 사 박쥐로 변하지 않도록 시구를 여는 모든 도입부가 과거와 현재와 미래의 신, 토착신과 이방의 신, 신화의 수준이라면 그리스를 넘어 세계 전체와 우열을 다투었던 동방에서 유입된 신들 모두에게 열려 있도록 배려했다. 오비디우스는 또한 당대의 정치적, 학문적 경향을 지배했던 아우구스투스 황제 시대에 일어났던 이탈리아의 토착 종교를 부활시키고자 하는 복고적 움직임에 대해서도 개방적이었다. 그러나 이러한 오비디우스도 자신을 총애했던 아우구스투스 황제의 환심을 끝까지 사지는 못했다. 아우구스투스 황제는 결국 모든 것을 손안에 넣고자 했던 오비디우스를 영원히 먼 나라로 추방하고 만다.

피라무스와 티스베의 아름다운 사랑 이야기도(미니아스의 딸 중 한 명은 신비한 여러 이야기 중 이 이야기를 선택한다.) 동방으로부터 온 것이다. 피라무스와 티스베는 서로 사랑하지만 부모의 반대에 부딪혀, 서로 집 사이 담장에 난 작은 틈새로만 사랑을 속삭일 수 있었다. 결국 이들은 성을 빠져나가 달빛에 잠긴 어느 날 밤 하얀 오디가 열린 뽕나무 아래서 만나기로 한다. 이 이야기는 엘리자베스 시대의 영국의 '한여름 밤'에까지 그 메아리를 전하게 된다.[13]

알렉산드리아 로맨스를 거쳐 동방의 이야기로부터 오비디우스는 이야기 속의 이야기와 같은 방식으로 작품 속의 공간을 확장하는 기술을 끌어 왔다. 이러한 기술은 작품 속 공간을 꽉 차고 풍성하며 복잡하게 얽힌 공간처럼 보이게 만든다. 멧돼지 사냥을 위해 모여든 여러 유명한 전사들

---

13) 셰익스피어는 오비디우스를 매우 좋아했다고 한다. 오비디우스의 작품은 셰익스피어뿐만 아니라 엘리자베스 시대의 문인들에게 널리 읽혔다.

의 운명이 엇갈리는 숲이 그런 이야기에 해당된다.(제8부)[14] 이 숲 바로 근처에는 사냥을 마치고 집으로 돌아가는 전사들의 앞길을 가로막는 강의 신 아켈로오스의 물길이 흘렀다. 이들은 거센 물길을 피해 잠시 머물고 가라는 아켈로오스의 권고를 받아들인다. 아켈로오스의 환대는 영웅들을 가로막는 장애물이자 피난처이며, 행위가 중지되고 이야기가 다시 시작되며, 앞서 했던 이야기를 다시 되돌아볼 수 있는 기회를 제공한다. 그 사냥꾼들 중에는 테세우스가 있었는데, 그는 항상 주변의 모든 사물의 기원을 밝혀내고자 할 만큼 호기심이 강했다. 그의 호기심은 신을 의심하는 오만한 페이리토오스 못지않았다.("신을 믿지 않는, 오만하고 냉소적인 페이리토오스"[15]) 이에 흥이 난 아켈로스는 갖가지 진기한 변신 이야기를 하고 싶은 기분을 느끼고 테세우스 일행이 말을 꺼내자마자 곧 이야기를 시작한다. 이러한 방식으로 마침내는 하나의 진주를 만들어 내는 조가비처럼, 새로운 차원의 이야기가 『변신 이야기』 안으로 끊임없이 끼어들게 된다. 이 경우에 진주라 할 수 있는 이야기의 마지막 결정체는 세상의 온갖 세밀한 부분들이 완전히 다른 운율로 노래되는 바우키스와 필레몬의 소박한 이야기[16]라 할 수 있을 것이다.

오비디우스가 이러한 복잡한 구조를 의도적으로 자주 이용했다고 보기는 힘들다. 그의 서술 기법을 지배하는 것은 유기적 체계성이 아니라 축적이다. 이렇게 축적된 이야기는 다각도에서 변주되며 다양한 운율로 서술된다. 결코 백 개의 눈을 전부 다 감는 법이 없는 아르고스를 재우려

---

14) 제8부의 다섯 번째 이야기 '칼리돈의 멧돼지 사냥'에 나온다.
15) 같은 책, 366쪽.
16) 노부부인 바우키스와 필레몬은 인간의 모습을 한 유피테르와 그의 아들 메르쿠리우스를 극진히 대접하고, 소원대로 같은 날 나무로 변하여 죽게 된다.

애쓰며 갈대로 변신한 요정 시링크스 이야기를 들려줄 때, 메르쿠리우스가 직접화법을 취했다가, 다시 한 문장으로 축약하는 방식을 사용하고는 나머지 이야기를 남겨 두는 식으로 다양하게 서술하는 것은 바로 이 때문이다. 메르쿠리우스는 아르고스가 결국 백 개의 눈을 전부 감고 잠에 드는 것을 확인하자마자, 이야기를 멈춘다.

『변신 이야기』는 속도감이 넘치는 서사시다. 각 에피소드는 끊임없이 다르게 이어지는 운율로 흐르며 상상력을 자극하고, 각 이미지들은 다른 이미지들과 겹치면서 이전의 이미지가 사라지기 전에 일정한 밀도를 얻는다. 이는 영화의 원리와 같다. 하나의 포토그램에 해당하는 하나의 구절은 끊임없는 운동 속에서 시각적인 자극을 풍부하게 전달할 수 있어야 한다. '텅 빈 공간에 대한 공포(horror vacui)'가 작품 속의 시공간을 압도한다고 할 수 있다. 매 페이지마다 동사는 모두 현재형으로 쓰인다. 모든 일들이 우리 눈앞에서 일어나는 것처럼 말이다. 새로운 사건들이 재빨리 밀려오고, 사건과 사건 사이의 거리가 모두 사라진다. 또한 운율을 바꾸고 싶은 욕구를 느낄 때면 오비디우스는 시제가 아닌 동사의 주어를 바꿨다. 삼인칭에서 이인칭으로 옮겨 가면서, 언급하고자 하는 작중 인물을 끌어들이는 것이다. 즉 작중 인물을 이인칭 단수로 직접 호명하며 말하는 식이다. "넵투누스여, 그대는 이제 사나운 황소의 낯빛을 하고 있구나." 동사의 시제만 현재형인 것이 아니라, 등장인물들의 실제적인 존재감도 이러한 방식으로 표현된다. 동사가 과거형을 취하고 있을 때에도 이러한 호격의 사용은 갑작스러운 운동의 효과를 불러일으킨다. 이러한 과정은 여러 행위자가 유사한 행동을 수행할 때 단조로움을 피하려는 의도로도 종종 사용된다. 오비디우스는 티티오스[17]를 삼인칭으로 이야기하는가 하면, 탄탈로스[18]와 시시포스[19]에게는 호격인 '너'로 직접 말을 건

낸다. 심지어 식물에게조차 이인칭 호격을 사용할 때가 있다. "담쟁이 덩굴아, 그대가 이제 왔다." 특히 아내를 잃은 오르페우스가 리라를 연주하여 지중해의 온갖 나무들이 사람처럼 줄지어 가지를 드리울 때도 이러한 인칭이 사용되는데, 이는 그리 놀라운 일도 아니다.(제10부) 또한 서사의 속도가 느려지거나, 서사의 시간이 유보되고 먼 거리를 둔 채 베일에 싸인 듯한 느낌을 줄 때도 종종 있다. 오비디우스는 이렇게 정지한 것처럼 느껴지는 시간 동안 무슨 일을 하는가? 서사가 급하게 흐르는 듯한 느낌을 주지 않기 위해서, 그는 매우 섬세한 세부 묘사에 주의를 기울이며 멈추어 선다. 예를 들어 바우키스와 필레몬이 낯선 과객으로 변장한 유피테르와 메르쿠리우스 신을 초라한 집 안에 맞아들이는 장면을 묘사하는 부분을 보자. "식탁의 다리 네 개 중 한 개는 나머지 세 개에 비해 조금 짧았네. 하지만 바우키스 할멈이 기와 조각을 하나 주워 이 짧은 다리 밑에다 괴자 식탁은 평평해졌지. 식탁이 바로잡히자 바우키스 할멈은 박하 이파리로 이 식탁을 닦고는 여기에다 미네르바 여신께서 좋아하시는 알락달락한 따락, 가을에 따서 겨우내 포도주에 절여 두었던 버찌, 꽃상추, 순무, 건락(치즈) 한 덩어리, 뜨겁지 않은 재에다 구운 계란을 토기 접시에 얹어 내어놓았네."(제8부)[20]

오비디우스는 계속해서 세부 묘사를 더해 감으로써 이야기의 희박화와 정지 효과를 얻는다. 그는 직관적으로 어떤 것을 더해 갈 뿐 결코 빼

---

17) 티티오스는 두 손이 묶인 채 저승에서까지 독수리에게 영원히 간을 파먹는 형벌을 받은 거인이다.
18) 탄탈로스는 늪에 목까지 몸이 잠겨, 물을 마시려 하면 물이 다시 아래로 내려가는, 영원한 갈증에 시달리는 형벌을 받는다.
19) 시시포스는 산꼭대기에서 계속해서 내려오는 바위를 다시 굴려 올려야 하는 형벌을 받는다.
20) 같은 책, 368쪽.

는 법이 없다. 어떠한 장면도 흐릿하게 처리하지 않고, 더욱 자세하고 또 자세한 세부 묘사를 향해 나아가는 것이다. 이러한 과정은 어조에 따라 서로 다른 효과를 가져온다. 바우키스와 필레몬의 에피소드를 묘사할 때는 소박한 분위기와 어울리는 절제된 문체를 사용하지만, 다른 부분에서는 다소 흥분된 어조로 자연현상을 현실적으로 관찰해서 얻은 진기한 사실들로 이야기를 급히 이어 나가려는 의도를 뚜렷이 내보이기도 한다. 예를 들어 페르세우스가 등이 조개껍질로 덮인 바다 괴물과 싸우고 나서, 뱀이 우글거리는 메두사의 머리를 날카롭고 까칠한 모래와 닿지 않도록 부드러운 해초를 깐 후 내려놓는 장면이 그렇다. 해초가 메두사의 머리와 닿자마자 돌로 변하는 것을 보고, 바다 요정들은 장난삼아 다른 해초를 메두사의 머리에 대어 보고는 마찬가지로 돌로 변하는 것을 지켜본다. 이것이 바다 밑에서는 부드럽지만, 공기와 닿으면 바로 석화되는 산호가 생겨난 배경이다. 이로써 오비디우스는 멋진 모험담을 이야기하다가, 자신의 취향대로 자연의 기이한 생물들의 기원을 설명하는 전설로 끝을 맺는다.

겉으로 보기에 무절제하게 확장하는 듯 보이는 이 서사시는 극대화라는 내적 경제의 법칙을 따르고 있다. 이것은 특히 '변신'이라는 과정에 적용되는 경제 법칙이다. 변신은 이전에 취했던 옛 형상에서 새로운 형상이 되살아남을 의미한다. 홍수가 난 후 돌이 인간으로 변하는 과정(제1부)을 보자. "잠시 뒤 습기가 있는 부분, 돌 중에서도 눅눅한 흙이 묻은 부분은 살이 되기 시작했고 딱딱한 부분은 뼈가 되기 시작했다. 돌의 결은 이름이 같은 베인으로[21] 변했다."[22] 변신의 경제 법칙이 '베인'이라는 이

---

21) vein. '돌의 결'이라는 뜻과 '혈관'이라는 뜻을 동시에 가지고 있다.
22) 같은 책, 38쪽.

름에까지 적용되고 있는 것이다. 다프네의 가장 매력적인 부분은 바람에 흐트러진 머리카락이다.(아폴로는 다프네를 처음 보자마자 "아, 빗질이라도 하면 얼마나 더 아름다워 보일까?'라고 생각한다.("이성에 눈먼 아폴로는, 목 위로 아무렇게나 흘러내린 다프네의 머리카락을 보면서 이렇게 탄식했다. '아, 빗질이라도 하면 얼마나 더 아름다워 보일까?' "23))그리고 그녀는 처음부터 이미 구불구불한 길을 따라 도망치다가 나무로 변신하게끔 되어 있었다.("머리카락은 나뭇잎이 되고 팔은 가지가 되기 시작했다. 조금 전까지만 해도 그렇게 힘 있게 달리던 다리는 뿌리가 되고, 얼굴은 이미 나무 꼭대기가 되고 있었다."24)) 키아네(제5부)의 몸은 자신이 흘린 눈물로 변하면서, 이전에 자신이 수호했던 샘물에 녹아 들어간다. 그리고 리키아의 농부들(제6부)은 라토나가 두 쌍둥이 아이들을 데리고 이 땅 저 땅을 배회하며 극심한 갈증으로 목말라할 때, 호수 바닥의 진흙을 휘저어 물을 더럽혀 놓은 벌로 개구리로 변하는데, 그들 또한 원래부터 이러한 개구리의 모습과 크게 다르지 않았다. 그들에게 일어난 일이란 그저 목이 사라지고 머리가 어깨에 달라붙으며, 등이 초록색으로 변하고 배가 하얗게 된 것뿐이었다.

이러한 변신의 기술에 대해 스켈글로프는 매우 명징하고 설득력 있는 에세이를 쓴 바 있다.

> 이러한 변신들은 모두 육체의 특징적인 부분, 그리고 공간적인 특색들과 관련되어 있다. 오비디우스는 변신과 상관없는 부분들조차 자주 강조하곤 한다.("딱딱한 바위", "긴 몸체", "휘어진 등")……사물의 성질과 관

---

23) 같은 책, 44쪽.
24) 같은 책, 48쪽.

련된 지식이 풍부했던 시인은 변신의 과정을 통해 일종의 단축적인 과정을 설명해 낸다. 그는 인간이 돌고래와 어떠한 공통점을 지녔는지, 또한 인간이 돌고래와 비교해 볼 때 어떠한 부분이 부족한지, 또 돌고래는 인간에 비해 어떤 점이 부족한지를 잘 알고 있었던 것이다. 중요한 것은 오비디우스는 세계를 근본적인 구성 요소들로 이뤄진 체계로 묘사하기 때문에, 도저히 있을 법하지 않은 환상적인 현상이라 생각되는 변신의 과정도 매우 단순한 일련의 과정들로 환원시킬 수 있었다는 점이다. 변신의 사건은 환상적인 동화라기보다는 일상적이고 현실적인 사실들이다.(자라고, 줄어들고, 딱딱해지고, 부드러워지고, 휘어지고, 곧게 펴지고, 합체되고, 분리되고 등등.)

오비디우스의 글쓰기는 스켈글로프가 설명했듯, 그 자체에 하나의 모델 혹은 적어도 하나의 기획을 품고 있는 듯 보인다. 로브그리예가 자신의 차갑고 엄격한 글쓰기에서 그러했듯이 말이다. 물론 그의 이러한 설명이 우리가 오비디우스의 작품에서 발견할 수 있는 많은 것들을 고갈시키는 것은 아니다. 그러나 중요한 것은 (생물이든 무생물이든) 각각의 대상을 객관적으로 묘사하는 이러한 방식, 즉 상대적으로 매우 간단하고 기본적인 요소들이 서로 다른 식으로 합쳐져 이루어진 여러 대상을 묘사하는 방식은, 결국 서사시 전체를 지배하는 단 하나의 확고한 철학으로 요약된다는 사실이다. 다시 말해 "살아 있는 생물이든 사물이든 세상에 존재하고 있는 모든 것들 사이에 자리하는 내적 연결성과 통일성의 철학"으로 말이다.

오비디우스는 제1부를 우주발생론으로 시작하고, 마지막 장에서는 피타고라스의 사상에 대한 확고한 믿음을 내보인다. 그럼으로써 고대 철학자 루크레티우스와 경쟁이라도 하듯 자신의 자연철학을 이론적인 기초와 함께 명확하게 보여 주고자 했다. 이러한 신념에 얼마만 한 무게를 부여했는가에 대해서는 논의의 여지가 있겠지만, 결국 중요한 문제란 오비디우스가 세계를 묘사하고 서술하는 방식에 드러난 시적 일관성일 것이다. 즉 비슷해 보이지만 항상 다른 사건들이 우글거리고 서로 얽히는 세계에서 모든 연속적인 대상들과 유동하는 것들을 예찬하는 그의 일관적인 철학이 중요한 것이다.

오비디우스는 세계의 기원과 초기에 있었던 대재앙에 대한 장을 끝내기 전에 요정이나 인간과 사랑을 나누는 신들에 대해 이야기를 시작한다. 이 사랑 이야기에는 몇 가지 공통되는 요소가 있다.(이 사랑 이야기들은 전체 서사시 중 초반 11부까지 중에서 가장 생기가 넘치는 부분이기도 하다.) 베르나르디니가 지적했듯 이 이야기들은 첫눈에 반한 사랑, 끓어오르는 욕망, 그리고 어떠한 문제도 즉시 해결되기를 바라는 욕구를 포함하고 있다. 여기에 복잡한 심리적인 설명 같은 것은 없다. 그리고 욕망의 대상은 보통 거부하고 달아나기 때문에, 숲을 가로지르는 추격 모티프가 계속해서 등장한다. 하지만 변신은 각기 다른 시간에 일어난다. 앞서 일어나거나(유혹한 자가 변장하는 경우), 추격하는 동안에(쫓고 있는 처녀가 도망간 경우), 아니면 그 이후에(질투하는 다른 신이, 신을 매혹시킨 처녀에게 벌을 가하는 경우) 일어나는 등 각기 다른 순간에 벌어지는 것이다.

남성이 지닌 욕망이 지속적인 데 비해, 여성이 먼저 사랑을 시작하는 경우는 비교적 드물다. 대신 여성에게는 보다 더 복잡한 욕망이 자리한다. 여성의 사랑은 보통 갑작스러운 변덕보다는 진정한 열정의 양상으로 나타난다. 여성의 이러한 진정한 사랑의 열정은 심리적으로 풍부한 면모를 보이며(아도니스와 사랑에 빠진 베누스의 경우), 종종 병적일 만큼 성애적인 요소(헤르마프로디토스에게 사랑을 느낀 요정 살마키스는 그를 성적으로 포옹하고 이내 그의 육체 중 일부가 되어, 양성적 존재로 변한 헤르마프로디토스의 반쪽이 된다.)를 포함하기도 한다. 어떤 경우에는 법이 금지한 근친상간의 열정이나(미라와 비블리스 같은 비극적인 운명의 경우가 그러하다. 비블리스는 무언가를 계시하는 듯한 혼란스러운 꿈을 꾸고 나서 자신이 친오빠를 욕망한다는 사실을 깨닫게 된다. 이 부분은 오비디우스의 작품 중에서도 섬세한 심리 묘사가 가장 두드러지는 구절들이다.) 동성애적 사랑(이피스), 혹은 독한 질투심(메데이아) 등을 포함하기도 하는 것이다. 이아손과 메데이아의 이야기는 서사시의 한가운데(제7부) 지점에서 시작하며, 진정한 사랑 이야기라 할 만한 로맨스가 펼쳐지는 공간을 형성한다. 이 이야기는 갖가지 모험과 음침한 열정에, 『맥베스』에서처럼 이후의 분위기를 완전히 전환시키는 마법의 묘약이 나오는 '어둡고' 그로테스크한 장면이 한데 얽혀 있다.

『변신 이야기』가 하나의 이야기에서 다음 이야기로 어떠한 간격도 없이 이동하는 것은 윌킨슨이 지적한 대로, 중요한 의미를 지닌다.

한 이야기의 결말이 한 장의 결말과 일치하는 경우는 거의 없다. 오비디우스는 한 이야기가 끝나기 전 마지막 몇 줄 안에서 새 이야기를 시작하기도 한다. 이는 연재물 작가가 독자들이 다음 회의 글을 궁금해하도록 하기 위해 오래전부터 써 왔던 기법이다. 그러나 이는 또한 작품의 연속성을 가리키는 표지이기도 하다. 각 권의 길이가 많은 수의 두루마리를 필요로 하는 것이 아니라면 이 작품은 결코 각 권으로 나누지 말았어야 했던 것이다. 따라서 이것은 보통 개별적으로 생각했던 사건들이 상호 작용하는, 실제적이고 일관적인 세계의 흔적을 보여 준다.

종종 유사한 이야기가 등장하기도 하지만, 결코 같지는 않다. 가장 가슴 아픈 이야기가 젊은 나르키소스의 말을 반복해야만 했던 에코의 불운한 사랑 이야기(제3부)라는 것은 단순한 우연이 아니다. 한편 나르키소스는 자신의 모습을 비추는 호수에서 자신의 반복된 상(像)만을 바라보는 벌을 받는다. 오비디우스는 모두 같으면서 또한 다른 이러한 사랑 이야기들의 무성한 숲을 가로지르며 달아난다. 그의 뒤로는 바위에서 되돌아오는 에코의 목소리가 따라다닌다. "만나자!" "만나자!" "만나자!"[25]

(1979)

---

[25] 라틴어 Coëamus를 옮긴 말. 에코는 나르키소스에게 사랑을 고백하고 싶어 하지만 그의 말을 되울려 말하는 수밖에 없다. 나르키소스는 숲 속에서 헤어진 친구들을 부르며 "이리 와, 만나자!"라고 말하고, 에코는 그의 말에 "만나자!"라는 말만 반복할 뿐이다.

하늘, 인간, 그리고 코끼리

읽기의 진정한 즐거움을 찾는 이들에게 나는 플리니우스(Plinius, 23~79)의 『자연사(Natural History)』를 권하고 싶다. 그중에서도 특히 플리니우스의 근본적인 철학을 담은 2권(천문학)과 7권(인간), 그리고 백과사전적인 지식과 환상을 독특하게 결합해 놓은 8권(육지 동물)을 권하고 싶다. 물론 책의 어느 쪽이든 펼치기만 하면 경이로운 발견을 할 수 있지만 말이다. 사실 지리학을 다루는 3권에서 6권까지, 그리고 수중 생물과 곤충학, 비교해부학을 다루는 9권에서 11권까지, 식물학과 농학, 약학을 다루는 12권에서 32권까지, 그리고 광물학과 진기한 보석과 미술에 관해 논하는 33권에서 37권까지 모두 펼칠 때마다 놀라지 않을 수 없다.

보통은 플리니우스의 원전을 읽지 않고, 그저 참고만 하는 경우가 대부분일 것이다. 고대인들이 아는 지식이란 무엇이었는지 알아보기 위해서, 혹은 고대인들이 특정 주제에 대해 알았던 것들을 조사하기 위해서, 기이한 사실을 알아내거나 호기심으로 파고들기 위해서. 그러나 호기심 어린 열정으로 파고드는 경우라면 1권을 지나칠 수 없을 것이다. 책 전체를 설명해 주는 1권은 엉뚱한 병치(竝置)가 펼쳐지는 점이 매력이다. "머리에 작은 혹이 있는 물고기, 물속에 숨는 물고기, 별에 영향을 받는 물고기, 최고가에 팔리는 물고기." 또는 "장미: 열두 가지 품종, 서른두 가지 약품, 백합: 세 가지 품종, 즙을 먹고 자란 식물들, 수선화: 세 가지 품종, 열여섯 가지 약품, 색색가지 꽃으로 피어날 씨를 염색할 수 있는 식물, 사프란: 스무 가지 약품, 가장 싱싱한 꽃이 자랄 수 있는 장소, 트로이전쟁이 있던 당시 알려진 꽃들, 옷에 새기는 꽃무늬 장식." 혹은 "금속의 성질에 관하여, 금에 관하여, 고대인이 소지하고 있던 금의 총량, 기병대의 등급과 금반지를 낄 수 있는 지위, 기병대의 등급이 바뀐 횟수." 그러나 살아 있는 모든 것들을 인정하고 무한히 다양한 현상들을 존중함으로써 그 생기를 잃지 않게 했다는 점에서, 그리고 그 글의 신중한 흐름을 자세히 읽어 내야만 한다는 점에서, 플리니우스는 좀 더 깊이 파고들어 볼 만한 작가다.

우주에 대한 자각, 지식과 경이에 대해 공감하는 시인이자 철학자로서의 플리니우스와, 신경증적인 자료 수집가이자 자신이 구성한 거대한 색인 목록에서 어떠한 부분도 놓치지 않는 데 온 관심을 쏟는 강박적인 정보 수집가로서의 플리니우스를 구별해야 한다.(때로는 무차별적으로, 때로는 절충적인 방식으로 기존의 글을 인용하면서도 그는 자신만의 관점을 유지했다. 어떤 것은 맞는 이야기라고 기록해 놓았는가 하면, 어떤 것은 거의 사실이라고 말하고, 또 어떤 것은 명백한 오류라고 기록해 놓기도 했다. 문제는 그의 이러한 가치 평가의 방식이 전혀 일관적이지 않고, 예상을 벗어난다는 점이다.) 그러나 이러한 두 면모를 인정하기만 하면, 그가 묘사하고자 한 세계가 수없이 다양한 형태를 아우르고 있지만 결국 하나의 세계이듯,

그 역시 한 명의 저자일 뿐이라는 것을 깨닫게 된다. 그는 자신의 목적을 이루기 위해 세상에 있는 무한한 존재들을 주저없이 껴안는다. 그리고 이러한 모든 형상들은 다시, 존재하는 모든 형상들에 대한 무한한 기록들로 증식된다. 형상들과 기록들은 둘 다 자연사를 구성할 수 있는 것이며, 사람들은 세상에 존재하는 그 형상들의 궁극적인 존재 이유를 형상과 기록들 그 자체 안에서 찾을 수 있기 때문이다.

플리니우스에게 세계는 그 누가 창조한 것이 아니라, 그저 영원한 하늘일 뿐이다. 그리고 그 하늘을 이루는 회전하는 구형의 궁륭은 모든 지상의 존재들을 덮는다.(2.2) 그러나 세계와 신은 명확히 구별되지 않는다. 신은 플리니우스와 그가 포용했던 스토이시즘의 문화에서는 특정한 면모나 특징으로 규명할 수 없는 독특한 성질이다. 그러한 신은 올림포스의 어떠한 신들과도 같지 않다.(영혼이자 마음이며, 하늘의 영혼이라 할 수 있는 태양신만 제외하고.(2.3)) 그러나 동시에 하늘은 신만큼이나 영원한 별로 이루어져 있다.(별들은 하늘을 수놓는 동시에 하늘이라는 직물 속에 섞여 짜여 있다.(2.30)) 또한 하늘은 공기이기도 하다. 공기는 비어 있고 지상의 살아 있는 영혼에게까지 퍼지는 것으로 구름과 우박과 천둥, 번개와 폭풍우를 만들어 내기도 한다.(2.102)

플리니우스가 전개하는 사상들이 어느 정도까지 정확히 그의 것인지는 알 수 없다. 그는 자신의 생각을 기록하는 일에 매우 신중을 기하며, 그러한 생각을 말할 때도 자신이 수집한 자료에 철저히 근거한다. 이것은 자신의 독창성을 배제한 채 지식을 바라보는 그의 객관적인 관점과도 일치한다. 자연을 바라보는 그의 관점을 진정으로 이해하고자 한다면, 그러니까 은밀한 규칙을 따라 일어나는 일들이나, 요소들의 물질 활동으로 일어나는 일들에 대한 그의 관점을 알고자 한다면, 정확히 플리니우스만의 견해를 찾아, 즉 그의 저서가 전하는 것만 보아야 한다. 예를 들어 그는 달에 대해서도 두 가지 자료를 섞어 이야기한다. 한편으로는 "궁극의 별, 지상에 사는 것들과 가장 유사한 별, 어둠을 물리치는 것"과 달이 변화하는 모습, 월식이 가르쳐 주는 모든 것들에 대해 깊이 감사를 표하는 기록을 남기고, 다른 한편으로는 민첩하고 실용적인 서술을 전개하는 것이다. 이러한 두 부분이 결합하여 달의 기능을 투명하고 선명하게 전해 준다. 이렇듯 천문학에 대해 쓴 2권만 보아도 플리니우스는 단순히 우리가 보통 생각하듯 기이한 취향을 과시하는 정보 수집가가 아님을 스스로 입증한다. 여기서 그는 훌륭한 과학 저술가가 지녀야 할 중요한 능력을 갖추고 있음을 보여 준다. 가장 복잡한 논제에서조차 조화와 아름다움의 감각을 끌어내면서도 투명한 간결함으로 설명해 낼 줄 아는 능력을 갖추고 있음을.

이 모든 것들은 어떠한 추상적인 사유를 거쳐 이루어지는 것이 아니다. 플리니우스는 언제나 사실만을 고집한다.(그와 그의 자료들이 사실이라고 간주하는 것까지만.) 그는 세계의 무한을 수용하지 않는다. 이 세계를 이해하는 것만 해도 어려운 일이며, 하나의 무한이 문제를 단순하게 해 주지도 않기 때문이다.(2.4) 그는 천상의 구체들이 소리를 낸다고 믿지 않는다. 너무나 커서 으르렁거리는 것처럼 들리는 소리이건 말로 표현할 수 없는 지고의 조화로운 소리이건 간에 말이다. 그것은 우리가 사는 세계는 밤낮으로 조용히 왔다가 사라질 뿐이라고 보았기 때문이다.(2.6)

플리니우스는 신화 속에서 불멸의 올림포스 신에게 부여된 인격화된 모습을 제거하는데, 그의 이러한 논리는 오히려 신을 다시 인간에 더 가까운 모습으로 만든다. 이러한 논리라면 필연적으로 신의 힘을 제한할 수밖에 없기 때문이다.(사실 어떤 관점에서 보면 신은 인간보다도 자유롭지 않다. 신은 원한다고 해서 자살할 수 없기 때문이다.) 신은 죽은 자를 부활시킬 수도 없고, 살아 있는 사람을 죽게 할 수도 없다. 또한 신은 지나간 과거나 불가역적인 시간에 어떠한 힘도 쓸 수 없다.(2.27) 칸트가 말한 신처럼, 플리니우스의 신도 자율적인 이성과 싸울 수 없다.(신은 10 더하기 10이 20이 되는 것을 막을 수 없다.) 그러나 이러한 방식으로 신을 한정짓게 되면, 자연의 내재적인 힘과 신을 동일시했던 플리니우스의 범신론적 사유와 멀어지게 된다.("이러한 사실은 필연적으로 자연의 힘을 증명한다. 자연의 힘이야말로 우리가 신이라 부르는 것이다."(2.27))

서정적인 정조를 띠는 2권은, 아니 철학적 사유와 서정적인 문체의 혼합이라 해야 할 이 부분은 우주적인 조화의 관점을 반영한다. 하지만 이는 곧 깨지고 만다. 이 저서의 상당 부분은 천상의 놀라운 힘에 할애되고 있다. 플리니우스의 과학적인 방법은 자연 안에서 질서를 발견하고자 하는 갈망과 기이하고 독특한 것을 기록하는 것 사이를 떠돈다. 그러나 결국 승리를 거두는 것은 후자 쪽이다. 자연은 영원하며 성스럽고 조화롭다. 그러나 자연에는 기적적이고 설명할 수 없는 현상들이 발생할 만한 여지가 많다. 이러한 모든 것에서 어떠한 일반적인 견해를 끌어낼 수 있을까? 사실 자연의 질서는 기이하며, 규칙을 배반하는 예외로만 구성된 것은 아닐까? 아니, 자연의 규칙은 너무나 복잡해서 우리의 이해 범위를 벗어나 있는 것은 아닐까? 어떠한 경우라도, 모든 사건에는 분명 설명이 존재할 것이다. 그것이 아직 우리에게 알려지지 않았다 해도 말이다. "모든 사건은 불확실하지만 설명할 수 있는 것들이며, 위대한 자연에 숨어 있는 것들이다."(2.101) 그리고 조금 뒤에 그는 다음과 같이 말한다. "여기에는 분명 어떤 이유가 있다."(2.115) 이는 곧 이유 없는 현상이란 없다는 의미다. 우리는 해당 사건에 대한 일정한 설명을 발견할 수 있다. 그러나 플리니우스의 합리주의는 인과관계의 논리를 지지하지만 동시에 그것을 최소화하기도 한다. "우리가 놀라운 사실에 대해 하나의 설명을 제시할 수 있게 되었다 해서 그 사실의 경이로움이 아주 사라지는 것은 아니다."

이 마지막 경구는 바람의 신비한 기원에 대해 기록한 장의 결론이다. 산의 주름들, 움푹 들어간 계곡에서 불어오는 돌풍은 메아리처럼 다시 돌아온다. 달마티아의 작은 동굴에서는 가장 가벼운 물체를 던지기만 해도 바다에 폭풍우를 일으킬 수 있으며, 키레나이카에 있는 바위는 손을 대기만 해도 모래폭풍이 휘몰아치게 할 수 있다. 플리니우스는 이처럼 기이하고 잘 연결되지 않는 사실들을 끝없이 열거한다. 치명적인 부상을 입히는 등 번개가 사람에게 미치는 영향(번개에 아무 해도 입지 않는 식물은 월계수이며, 동물의 경우는 독수리다.(2.146)), 하늘에서 비 오듯 떨어지는 기이한 것들(우유, 피, 고기, 철 혹은 철로 만든 물건, 양모, 벽돌(2.147))의 목록들을.

그러나 플리니우스는 전조로서의 유성과 같은 환상적인 이야기들은 거부한다. 말하자면 별자리의 외음부 사이에 있는 유성의 모습은(고대인들이 하늘에서 관찰하지 '못한' 게 대체 무엇일까.) 도덕이 해이해지는 시기를 예언한다는 식의 이야기를 말한다. 그가 보기에 이 모든 기이한 사건들은 자연의 문제다. 자연 안에서 그러한 사건들은 정상(norm)에 대한 하나의 변주를 표현할 뿐이다. 플리니우스는 또한 미신을 거부한다. 그러나 자기가 잘 알고 있다고 생각하는 사실이 미신일 수도 있다는 것까지는 생각하지 못했다. 이는 특히 인간의 본성에 대해 논한 7권에서 잘 드러난다. 플리니우스는 지극히 쉽게 알 수 있는 사실들을 말하면서도 가장 이해하기 어려운 믿음을 인용한다. 생리에 관한 장은 이를 잘 보여 준다.(7.63~66) 그러나 플리니우스의 설명은 여성의 생리혈에 관한 가장 오래된 종교적 믿음의 일부라는 사실을 염두에 둘 필요가 있다. 플리니우스 특유의 합리주의와 배치되지 않는, 유비와 전통적인 가치들로 이루어진 체계가 있는 것이다. 마치 같은 뿌리에서 나온 것처럼 말이다. 이에 따라 플리니우스는 때때로 시적이거나 심리적인 유비에 기초한 설명들을 구축하는 경향을 보이기도 한다. "남자의 시체는 자연의 등을 떠돌고, 여자의 시체는 자연의 배 위를 떠돈다. 마치 자연이 사후에도 여성의 정숙함을 존중하는 것처럼 말이다."(7.77)

플리니우스가 자신이 직접 목격한 사실을 인용하는 일은 매우 드물다. 그가 직접 목격했다고 말하는 것은 다음과 같은 부분들이다. "나는 밤에 참호 앞에서 경비를 서고 있는 보초병들을 보았는데, 그 병사들의 창에서 별 모양으로 빛나는 불빛을 보았다."(7.35) "클라우디우스가 황제이던 시절 이집트로부터 켄타우로스를 벌꿀에 담아 보존한 채 가져오도록 주문한 것을 보았다."(7.35) "나는 아프리카에서, 고대 도시 티스드루스의 한 시민이 결혼식 날 남자에서 여자로 바뀌는 모습을 직접 보았다."

경험과학의 첫 순교자라 할 플리니우스(그는 베수비오 화산이 폭발할 당시 연기에 질식해 숨졌다.)와 같은 연구자에게 있어 직접적인 관찰은 저서에서 매우 미미한 위치를 차지했으며, 책에서 읽은 사실보다 더 중요하게 여겨지지도 않았다. 책에서 읽은 사실들이 더 오래되면 오래될수록 더 믿을 만한 것이라고 보았기 때문이다. 그는 다음과 같이 자신이 직접 본 것의 불확실함을 시인한다. "그러나 나는 이러한 수많은 사실들 대부분에 대해 확신할 수 없으며, 모든 경우를 미심쩍어하며 전하는 바이다. 나는 자료들에 의지하는 방식을 선호한다. 나는 계속해서 그리스어로 씌어진 자료들을 인용할 것이다. 그 자료들은 가장 오래된 것일 뿐만 아니

라 가장 정확한 관찰을 담고 있기 때문이다."(7.8)

이러한 서문에 이어 플리니우스는 이제, 중세와 그 이후에 크게 유행하게 되는 이민족들의 "기적적이고 믿을 수 없는" 사례들의 목록을 만들어 나간다. 이러한 목록 만들기는 이후 지리학이 일종의 생생하고도 기이한 일들의 구경거리가 되게 하는 데 선례 역할을 하기도 했다.(이러한 목록들은 이후에도 계속 열거되었고 그 흔적은 마르코 폴로의 여행기처럼 '실제로' 일어난 여행의 기록에서도 찾아볼 수 있다.) 지구 끝에 위치한 미지의 대륙에는 인간에 가까운 기이한 존재들이 살고 있다는 사실을 이야기하는 부분을 보라. 금광을 놓고 그리핀과 싸우는 이마에 눈이 하나 달린 아리마스피 족[1], 거꾸로 달린 다리로 전속력으로 달리는 아바리몬 숲에 사는 사람들, 결혼할 때면 서로 성(性)이 바뀌는 나사모나에 사는 양성인들, 한쪽 눈은 동공이 두 개이고 다른 한쪽 눈은 동공이 말 모양인 티비안 사람들. 이 거대한 서커스는 인도를 설명하는 부분에 이르러서 화려한 정점에 다다른다. 인도에는 개의 머리를 한 사냥꾼들이 사는 산도 있고, 한쪽 다리로만 뛰면서 춤을 추는 사람들이 사는 곳도 있으며, 그늘에 앉아 쉬고 싶을 때면 한쪽 다리를 파라솔처럼 펴 든 채 눕는 사람들이 사는 곳도 있다. 유랑하며 사는 종족도 있는데 이들은 다리가 뱀 모양이며, 아스토미 족은 입이 없고 코로 냄새를 맡음으로써 생명을 유지한다. 이러한 것 가운데 우리가 사실로 알고 있는 것에 대한 설명도 등장한다. 예를 들면 (플리니우스가 인도의 고행승이라고 불렀던) 인도의 탁발승에 대한 묘사나, 우리가 신문에서 기이한 소식으로 접하게 되는 진기한 기

---

[1] 아리마스피 족은 스키타이 북부에 살던 사람들로, 그리스 사람들은 이들 종족의 이마에 눈이 한 개 달렸다고 상상했다.

록들(플리니우스가 거대한 발자국을 언급하는 부분은 히말라야의 예티[2]를 가리키는 것일 수도 있다.), 왕이 지닌 치유력에 대한 이야기(피로스 왕[3]이 큰 발가락을 올려놓으면 우울증이 치료되었다고 하는 전설)처럼 수세기 동안 전해 내려오는 전설들이 그것이다.

  이 모든 것들은 인간 본성에 대한 극단적인 관점을 제공한다. 말하자면 인간의 형상과 운명은 매우 가는 실에 매달려 있을 뿐이라서 인간은 매우 불확실하고 불안정한 존재라는 관점이다. 『자연사』의 어떤 부분은 출산의 예측 불가능성, 즉 출산의 어려움과 위험, 예외적인 사례들에 대해서도 이야기한다. 출산이란 또한 경계의 지점이기도 하다. 존재하는 것들은 존재하지 않았을 수도 있으며, 또는 다른 형태가 될 수도 있었다. 출생은 모든 것이 결정되는 순간이다.

  임신한 여자의 모든 것들은, 예를 들면 걷는 방식조차 아이의 생명에 영향을 미칠 수 있다. 임산부가 음식을 너무 짜게 먹으면, 아이는 손발톱이 없이 태어날 것이다. 또한 임산부가 숨을 참는 방법을 모른다면, 출산은 훨씬 더 힘든 일이 될 것이다. 출산 중에 하품을 하면 치명적인 결과를 가져올 수 있다. 이와 유사하게 성교 중에 재채기를 하면 유산을 유발할 수도 있다. 가장 훌륭한 존재조차 태어나는 순간에는 얼마나 불확실했는가를 생각할 줄 아는 사람이라면 스스로에게 오직 연민과 수치만을 느끼게 될 것이다. 램프가 막 켜질 때의 냄새를 맡기만 해도 유산이 될 수 있다. 그러한 연약한 기원으로부터 막강한 독재자나 살인자가 나올 수 있는

---

[2] 눈사나이 혹은 설인(雪人)이라 불리는 동물로, 히말라야 산맥 고지에서 처음 발자국이 발견되었으나 아직까지도 실체가 확인되지 못한 미지의 동물이다.
[3] 기원전 3세기 그리스 북부의 에페이로스의 왕.

것이다. 육체의 정력에만 의지하는 사람, 부의 행운을 즐기는 사람, 그리고 자신의 어머니의 일시적인 돌기가 아니라 그의 자랑스러운 아들이라고 생각하는 사람, 약간의 성공으로 우쭐해 가슴을 내밀며 자신을 신이라고 생각하는 사람이라면, 얼마나 사소한 것만으로도 자신이 죽을 수 있었는지를 생각해 보라.(7.42~44)

위와 같은 구절을 보면, 플리니우스가 중세에 왜 그렇게 인기를 누렸는지를 쉽게 이해할 수 있을 것이다. 플리니우스는 다음과 같은 경구를 만들기도 했다. "삶의 무게를 재려면 스스로 인간의 연약함을 떠올려야만 한다."

인간 존재는 살아 있는 세계의 영역을 형성한다. 살아 있는 세계란 조심스럽게 경계를 그려 봄으로써 규정할 수 있는 것이다. 이것이 바로 플리니우스가 모든 영역에 대해 인간이 닿을 수 있는 한계를 기록한 이유이기도 하다. 그리하여 7권은 오늘날의 『기네스북』과 같은 내용을 담게 된다. 무엇보다 양적으로 어마어마한 기록, 무거운 것을 들어 올리는 힘에 대한 기록, 가장 빠른 달리기 기록, 가장 우수한 청력과 가장 우수한 기억력에 대한 기록, 정복당한 땅에 대한 기록까지. 그러나 또한 순수하게 인간의 도덕, 덕성과 관대하고 선한 행동만을 기록한 것도 있다. 또한 매우 기괴한 행동에 대한 기록도 다룬다. 드루수스의 아내 안토니아[4]는 단 한 번도 침을 뱉지 않았으며, 시인 폼포니우스는 한 번도 트림을 한 적이 없다고 한다.(7.80) 혹은 노예 값으로 가장 큰 값이 치러진 사례도 언

---

4) 클레오파트라에게 매혹되어 로마를 등진 안토니우스와 아우구스투스의 누나 옥타비아 사이에서 태어나, 티베리우스의 동생인 드루수스와 결혼한 여인이다.

급된다.(문법 교수 다프니스는 70만 세 스테르티우스[5]를 노예 값으로 치렀다고 한다.)

그러나 플리니우스도 기록을 인용하거나 측정하거나 비교하는 시도를 하지 않은 부분이 하나 있다. 바로 인간의 행복에 대한 부분이다. 누가 행복하고 행복하지 않은지를 가늠하기란 불가능하다. 행복이란 주관적이고 확정할 수 없는 기준에 의존하기 때문이다.(7.130) 누군가 환상 없이 진실만을 마주하기를 원한다면, 어느 누구도 행복하다는 이야기를 들을 수 없을 것이다. 여기서 플리니우스는 가장 좋은 운명을 타고난 사람도 상당한 불행과 불운을 견뎌 내야 했다는 사실을 입증하기 위해, 인류학적으로 (대부분 로마 역사에서 취한) 저명한 인물들의 운명을 조사하여 열거한다.

그러한 고르지 못한 기복을 인간의 자연스러운 역사에 집어넣는 것은 불가능하다. 플리니우스가 자신의 저서에서 운명의 흥망성쇠, 수명의 불확실함, 점성학의 무의미함, 질병과 죽음에 대해 지면을 할애하는 것은 바로 이러한 의미를 담고 있다. 점성학이 연결하고 있는 두 가지 지식의 형태, 즉 계산 가능하며 예측할 수 있는 현상이 발생하는 객관적인 자연과, 불확실한 미래를 앞둔 개별적인 존재의 느낌. 근대 과학의 전제라 할 만한 이러한 지식의 분리가 이미 플리니우스의 기록에 존재했다고도 볼 수 있다. 아직은 확실히 해결되지 않은 물음의 형태로서 말이다. 그리고 이를 해결하기 위해서는 소모적이라 할 만큼 많은 양의 기록을 수집해야 했다. 여러 사례들을 이러한 분야의 예증으로 들 때 플리니우스는 쓰러질 것처럼 보인다. 발생하는 모든 사건, 모든 이들의 생애, 모든 일화

---

[5] 고대 로마의 화폐 단위.

들은 그러한 삶을 증명하는 데 쓰일 수 있다. 그러한 삶을 사는 한 사람의 관점에서 보면, 이러한 것들은 양 혹은 질의 측면에서 평가될 수 없으며, 측정되거나 다른 이들의 삶과 비교될 수도 없는 것이다. 그 가치는 삶 자체에 내재해 있는 것이다. 그러므로 사후의 삶에 대한 희망과 공포는 환영에 불과하다. 플리니우스는 죽음 뒤에는, 탄생 이전의 비(非)존재와 같은 것이자 대칭적인 것으로서의 다른 비존재가 이어질 뿐이라는 관점을 공유했다.

이것이 바로 플리니우스가 이 세계의 사물들에, 그러니까 동물, 식물, 광물뿐만 아니라 천체와 지구의 영역들에 집중한 이유이다. 죽음을 이겨 낼 수 없는 영혼은 다시 돌아온다고 해도 오직 현재에만 살아 있음을 즐길 수 있다. "사는 것이 달콤하다면, 그 누가 삶을 끝내는 순간을 달콤하다고 하겠는가. 오직 자기 자신에게만 의지한 채 탄생 이전의 경험에 비추어 마음의 평화의 패턴을 찾는 것은 얼마나 쉽고 안전한 일인가."(7.190) '탄생 이전의 경험에 비추어 마음의 평화의 패턴을 찾는 일.' 이는 다시 말해 자기 자신의 부재를 사색하는 데 집중하라는 말과 같다. 우리가 세상에 태어나기 전에, 그리고 우리가 죽은 뒤에 맞게 되는 유일한 현실인 부재를. 이와 똑같은 이유로 우리는 이러한 우리의 근본적인 부재와는 반대로, 플리니우스의 『자연사』가 눈앞에 펼쳐 보이는 무한한 다양성에 기뻐하게 된다.

그러나 인간이 인간 자신의 한계로 정의된다면, 이와 마찬가지로 인간의 월등한 부분으로도 규정될 수 있는 것 아닐까? 플리니우스는 7권에서 인간의 덕성에 대한 찬양을 집어넣어야 한다는 의무감을 느낀다. 그는 자신이 모든 덕목의 준거로 삼는 로마의 역사로 돌아가, 아우구스투스의 덕성에 대해 영광의 찬가를 읊는 데 몰두함으로써 화려한 결론을 맺는다.

그는 아우구스투스에게서 완벽한 인간의 정점을 읽어 낼 수 있다고 보았다. 그러나 나는 여기서 이러한 어조가 플리니우스가 자료를 다루는 전형적인 태도가 아니라는 점을 지적하고 싶다. 다소 모호하고 극단적이면서도, 통렬한 것이 그의 기질에 가장 잘 어울리기 때문이다.

바로 여기서 인류학을 과학으로 설정할 때 동반되는 문제를 알 수 있다. 인류학적인 과학은 자연과학의 객관성을 얻기 위해 '인간주의적인' 관점을 피해야만 하는가? 7권에 등장하는 인간들이 훨씬 더 중요하고, 더욱 다르며, 우리보다 훨씬 '타자적'인 존재라면, 그들은 더 이상 그들 자신이 아니거나 인간이 아닌 것은 아닌가? 그러나 인간이 스스로 과학의 대상이 될 수 있을 정도로 주관적인 관점을 벗어나는 일이 가능한가? 플리니우스가 반복해서 말하는 도덕은 일종의 경고와 경계의 성격을 띠고 있다. 어떠한 과학도 행복과 행운, 삶에서의 선과 악이 교차되는 순간들, 존재의 가치에 대해서 우리를 깨우쳐 주지 못하며, 모든 개별적 존재들은 죽기 마련이며, 자기 운명의 비밀을 무덤까지 가지고 갈 뿐이라는.

플리니우스는 음울한 어조로 7권의 결론을 맺는다. 그러나 그는 진실이든 전설에만 존재하는 것이든, 자신이 발견하고 발명한 갖가지 것들의 목록을 덧붙이는 것을 선호한다. 생물학적인 진화와 구석기 시대의 도구에서부터 전자공학의 시대에 이르는 기술적인 발전 사이에 연관성이 있다고 주장하는 현대의 인류학자들보다 앞서서, 플리니우스는 내재적으로 인간이 발명하여 자연 상태에 더한 것들이 자연 자체에 필수적인 부분이 될 것임을 인정한다. 그러나 이는 인간의 진정한 본성이 문명이라고 주장하는 것과는 약간 다른 이야기다. 플리니우스는 자신이 수집한 자료를 일반화하는 방법을 알지 못하고, 인간이 발명에서 이룬 성취나 보편적인 것으로 간주되는 규칙을 마련한 성과에서 특수성을 찾고자 한다.

플리니우스(플리니우스의 기록)에 따르면, 문화에는 세 가지 사실이 있으며, 이러한 사실을 토대로 사람들 사이에 암묵적인 동의가 이루어진다.(7. 210) (그리스인과 로마인들이) 알파벳을 쓰기로 한 일, 이발사에게 면도를 맡기는 일, 해시계로 하루의 시간을 표시하는 일이 바로 그것이다.

이 세 가지 사실은 어색한 조합이라는 점에서 기이하면서 논란거리가 될 만하다. 사실 모든 사람들이 글쓰기에 있어서 유사한 체계를 사용하는 것도 아니고, 모든 사람들이 수염을 이발소에서 깎는 것도 아니며, 또 모든 사람이 하루의 시간을 기록하는 것도 아니다. 플리니우스는 시간을 나누는 다양한 방식을 포괄하는 간략한 역사를 다루는 데 여러 페이지를 할애한다. 나는 여기서 플리니우스의 '유럽 중심주의'를 강조하려는 것이 아니다. 유럽 중심주의적인 관점은 플리니우스의 특징적인 관점도 아니었으며 당대에 널리 퍼진 신념도 아니었다. 물론 플리니우스가 그러한 방향 안에서 움직인 것은 분명하다. 인간의 특수성을 규정하기 위해, 가장 다양한 문화권 안에서 지속적으로 반복되어 온 요소들을 정의하고자 했던 그의 취지는 근대 이후의 모든 민속지학이 활용한 방법의 토대가 되었다. 인간이 암묵적으로 동의한 것들에 대한 관점을 정립하고자 했던 플리니우스는 인간성에 대한 소논문을 끝내고 다른 살아 있는 생물체를 연구하기 시작한다.

지상의 살아 있는 생명체를 살피는 8권은 코끼리에 대한 언급으로 시작된다. 플리니우스는 8권의 가장 많은 부분을 코끼리에 할애하고 있다. 코끼리가 가장 큰 동물이기 때문일 뿐만 아니라(플리니우스가 살아 있는 생명체에 관해 쓴 논문에서 그 차례는 다루는 동물의 물리적인 크기와 대개 일치한다.) 정신적으로 '인간과 가장 가까운' 동물이라고 보았기 때문이다. "코끼리는 가장 큰 육지 동물이고, 정신적인 면에서 인간과 가장 가깝다."

8권은 위와 같은 문장으로 시작한다. 사실 코끼리는 (이어지는 문장에서 설명되지만) 태어난 땅의 언어를 인지하고, 질서를 따르며 배운 것을 기억하며 사랑의 열정과 명예를 좇는 야망을 경험할 수 있으며, 고결함과 신중함, 공평함 같은 "인간에게도 드문" 덕성까지 실천한다. 또한 별과 해와 달에 종교적인 경배를 바치기도 한다. 플리니우스는 이 동물에 대해 묘사하면서 ('최고로'라는 최상급의 표현만 제외하면) 단 하나의 단어도 낭비하지 않으면서, 단지 책에서만 읽은 기묘한 전설들을 인용한다. 플리니우스는 코끼리 나름의 제의적인 행동들과 습관들을 언급하면서 다른 문화 사람들의 것을 이야기하는 것처럼, 그러나 여전히 존중하고 이해해야 할 것처럼 묘사한다.

『자연사』에서 인간은 다양한 세계의 한가운데에서 인간 고유의 불완전성에 갇힌 채, 길을 잃는다. 그러나 한편으로 인간은 신 역시 전능한 것만은 아니라는 사실에서 위안을 받기도 한다.("인간 본성의 결핍에 대해 가장 큰 위안을 주는 것은 신조차 모든 것을 할 수 있는 것은 아니라는 사실이다."(2.27)) 다른 한편 인간은 가까운 이웃이자, 정신적인 면에서 인간에게 모델이 될 수 있는 코끼리에게서 위안을 받을 수도 있다. 신과 코끼리라는 매우 뛰어나면서도 온화한 존재 사이에 위치한 인간은 위상이 낮아진 것처럼 보일 수도 있지만, 완전히 추락하는 것은 아니다.

동물원에 놀러 간 아이처럼, 코끼리에서부터 사자, 표범, 호랑이, 낙타, 코뿔소, 악어 순으로 플라니우스는 육지 동물들을 계속해서 탐구해 나간다. 그리고 몸집이 큰 동물에서 작은 동물로 가는 순서를 따르면서 하이에나, 카멜레온, 호저, 굴에서 사는 동물들, 그리고 이내 달팽이와 도마뱀에까지 이른다. 집짐승들은 말미에 가서 한데 묶여 이야기된다.

여기에 주로 활용한 자료는 아리스토텔레스의 『동물사』다. 그러나 플리니우스는 아리스토텔레스가 거부하거나 반박하려고 인용한, 상상력을 발휘하는 변덕스러운 작가들의 저서에서도 자료를 수집한다. 우리에게 익숙한 동물들을 설명할 때나, 환상적인 동물을 언급하고 묘사할 때나 이는 마찬가지다. 환상 동물의 목록은 익숙한 동물들의 목록과 혼재되어 있다. 그리스인들의 전설을 별로 신뢰하지 않으면서도, 그는 코끼리에 대해 논의하는 와중에 다른 이야기로 빠져서 코끼리의 천적인 용에 대해 말하기도 하며, 또한 늑대에 대해 이야기하면서 늑대 인간에 얽힌 전설을 기록해 놓기도 한다. 이러한 종류의 동물학에는 머리가 둘 달린 뱀, 바실리스크[6], 카토블레파스[7], 크로코타스, 코로코사트, 류코크로타스, 레온토폰스, 만티코레스 등이 등장하며, 이러한 플리니우스의 기록에서부터 중세의 동물우화집이 유행하게 된다.

인간을 다루는 자연사는, 8권 전체에서 동물을 다루는 자연사로 이어진다. 이는 단지 인용된 개념들이 집짐승을 기르는 방법과 야생동물을 사냥하는 방법을 넓게 다루고 있어서뿐만 아니라, 이러한 두 종류의 동물로부터 인간이 얻을 수 있는 실리적인 유용성 때문이기도 하다. 그러나 플리니우스가 이끌어 가는 여행은 또한 인간의 상상력을 탐험하는 여행이기도 하다. 동물은 실제로 존재하는 것이건 상상 속에 있는 것이건 간에 환상의 영역에서 특별한 자리를 차지한다. 이름이 붙여지기만 하면 그 동물은 환영으로서의 힘을 부여받기 시작하며, 하나의 알레고리이자 상징, 혹은 표상이 되는 것이다.

이것이 가장 철학적이라 할 만한 부분인 2권과 7권뿐만 아니라 8권을 자세히 읽어 보기를 권하는 이유이다. 이 부분들은 37권으로 이루어진

---

[6] 이집트의 코브라로 추측되는 그리스 전설에 나오는 뱀. 코카트리케라고도 불린다.
[7] 그리스어로 '아래를 보는 자'라는 뜻으로, 그 눈을 보는 것만으로도 죽게 된다는 야생 들소.

책 전체를 통틀어 플리니우스가 일관되게 이야기하는, 자연에 대한 개념을 가장 잘 드러내 주고 있기 때문이다. 자연은 인간에게 외재적인 어떤 것이지만, 또한 인간 정신의 가장 심층적인 것과 동일한 것이기도 하다. 또한 자연은 플리니우스가 꿈을 나열한 사전, 환상을 열거한 목록과도 같다. 이러한 꿈과 환상의 목록이 없다면 우리는 어떠한 추론도 사유도 할 수 없다.

(1982)

네자미의 일곱 공주

일부다처제 문화는 일부일처제 문화와는 많은 점이 다르다. 적어도 그 문화에서 나오는 이야기 구조만을 본다면(이것이 내가 의견을 제시할 수 있다고 생각하는 유일한 영역이다.) 일부다처제 문화는 서구 문화에서 무시해 왔던 수많은 가능성들을 열어 놓고 있다.

예를 들어 주인공이 어떤 아름다운 여자의 초상화를 보자마자 사랑에 빠지게 되는 이야기는 서구 우화에서 가장 널리 퍼진 모티프 중 하나로 동양권에서도 흔히 찾아볼 수 있는 이야기지만, 동양의 이야기는 훨씬 복잡한 양상을 띤다. 12세기 페르시아의 시 한 편에는 바흐람 왕이 일곱 공주의 초상화를 차례로 보고, 이 일곱 공주 모두와 동시에 사랑에 빠지는 이야기가 나온다. 공주 각각은 일곱 대륙을 지배하는 통치자들의 딸이다. 바흐람 왕은 이들 각각에게 청혼을 한 뒤 결혼한다. 그리고 다른 색깔의 천막 일곱 개를 세우도록 명령하는데, "일곱 행성의 본질을 반영하도록 천막을 세운다." 일곱 공주는 이 천막 각각에, 천막의 색깔과 그것이 상징하는 행성에, 한 주의 7일에 각각 대응한다. 왕은 신부를 한 주에 한 번씩 돌아가면서 방문하고, 이들이 각각의 목소리로 전해 주는 이야기를 듣는다. 왕은 그날의 행성이 띠는 색깔로 옷을 차려입고, 그가 찾아간 신부가 들려주는 이야기는 그날의 색조를 띠며, 그날의 행성이 지닌 특수한 힘을 발휘하게 된다.

이들이 들려주는 일곱 가지 이야기는 『천일야화』처럼 진기한 이야기들로 가득 차 있다. 그러나 『천일야화』와는 달리 각 이야기는 도덕적인 결론으로 끝을 맺는다.(이러한 결말은 이야기의 상징적인 장치에 가려 있기 때문에 항상 눈에 잘 띄는 것은 아니다.) 막 결혼한 신랑으로서 왕이 맞는 일주일의 순환은 우주의 본질에 대응하는 인간의 도덕적 본성을 인지하는 절차에 해당한다.(유일무이한 존재로서 남성-왕은 육체적인 면에서나 정신적인 면에서나 일부다처제를 누리면서, 자신이 거느리는 수많은 시녀들에게 권력을 행사한다. 이러한 문화에서 성 역할은 고정되어 있으며, 어떠한 예외도 기대할 수 없다.) 일곱 가지 이야기에는 서구 이야기의 모델과 비교했을 때 보다 다층적인 형식으로 전개되는 사랑 이야기가 담겨 있다.

예를 들어, 첫 이야기에는 영웅이 수많은 시련을 거치고 사랑하는 여인의 결혼 승낙을 얻어 내는, 그리고 왕의 권좌를 차지할 자격을 얻는 과정이 전형적으로 그려진다. 서구에서 이러한 도식은 결혼이 결말에 이를 때까지 유예되며, 이야기 도중 결혼이 이뤄진다면 고난을 겪거나 마법에 걸리는 등의 또 다른 변화가 도입된다. 그러는 동안 신부(혹은 신랑)는 다른 곳에 잡혀갔다가 다시 돌아오게 된다. 그러나 우리가 읽고자 하는 이 이야기의 주인공은 장애를 극복해 낼 때마다 매번 새 신부를 맞이하고, 새로 맞이하는 신부는 언제나 이전의 신부보다 더 신분이 고귀한 사람이다. 그리고 이 신부들은 모두 앞선 신부들을 밀어내지 않고, 삶에서 얻는 경험과 지혜가 축적되듯, 계속 더해지기만 한다.

여기서 이야기하고자 하는 작품은 중세 페르시아의 고전인 네자미(Nezami, 1141~1209)의 『일곱 공주(Le sette principesse)』다. 알레산드로 바우사니와 지오반나 칼라소가 번역하고, 서문을 붙인 이 작품은 매우 훌륭한 전문가들이 펴낸 얇은 책으로, 리졸리 출판사의 비블리오테카 유니베르살레 리졸리 시리즈(BUR) 중 하나로 출간되었다. 동양 문학의 대작을 접하는 데 있어 장애가 되는 것은, 보통 우리처럼 사전 독서 경험이 없는 사람들에게는 독서 체험이 만족스럽지 못한 것으로 남을 수 있다는 점이다. 번역과 편집을 거친 원전을 어렴풋이 이해하는 것조차 매우 힘든 일이기 때문이다. 또한 하나의 작품을 우리에게 낯선 문화의 맥락 안에 놓고 이해하는 일 역시 언제나 인내심을 요하는 과제다. 이 작품은 특히 형식적인 구성과 그것이 암시하는 정신적인 내용이 매우 복잡한 텍스트다. 그러나 바우사니의 번역은 대단히 은유적인 이 텍스트에 매우 꼼꼼하게 밀착해서는, 작품 속의 언어 유희까지 살려 내고 있다.(이 번역본은 원전에 해당하는 페르시아어를 괄호 안에 삽입해 두고 있다.) 이에 더하여 (꼭 필요한 삽화와 함께) 풍부한 각주와 서문을 덧붙인 이 텍스트는, 적어도 산문 번역이 할 수 있는 범위 내에서 이 작품이 다루고 있는 내용을 최대한 이해하고 있으며, 매혹적인 시구의 맛을 넘어선 그 무언가를 독자들에게 전달하고 있다.

그리하여 이제 우리는 세계문학의 대작을 꽂아 놓는 서재에, 값진 유산이자 매우 재미있기까지 한 작품을 하나 더 추가하는 흔치 않은 행운을 누리게 되었다. 내가 흔치 않은 행운이라 하는 것은 책에 명시된 참고문헌이 정확하다면, 이러한 특권이 여러 서구 독자 중 오직 이탈리아 독자들에게만 허용되었기 때문이다. 프랑스어 판본은 지금까지 나오지 않았고, 유일하게 축약하지 않은 판본인 1924년 영어 번역본은 부정확하며, 독일어 판본은 불완전한 데다 다소 자유로운 번역을 택하고 있다.(참고문헌에는 없는 내용이지만 이야기해 두자면, 바우사니의 번역은 몇 년 전 레오나르도 다빈치 출판사에서 주석이 훨씬 더 적게 달려 출간된 적이 있다.)

네자미(1141~1204)는 수니파 이슬람 교도로(당시 시아파 교도들은 아직 이란에서 지배력을 얻지 못하고 있었다.) 지금으로 치면 러시아의 아제르바이잔[1]에 해당하는 간제에서 태어나고 죽었다. 따라서 네자미는 이란인과 쿠르드 족, 그리고 터키 사람들이 함께 살고 있던 지역에서 살았던 셈이다. 『일곱 공주』에서(원제인 Haft Peikar는 문자 그대로 '일곱 개의 초상화'를 뜻한다. 이 작품은 그가 쓴 다섯 편의 시 중 하나로 서기 1200년경에 쓴 것이다.) 네자미는 15세기 사산 왕조의 다섯 번째 왕이었던 바흐람에 관한 이야기를 전하고 있다. 따라서 그는 이슬람 신비주의의 영향 아래서 페르시아 조로아스터교의 과거를 불러낸 셈이다. 그의 시는 인간이라면 전적으로 따라야 할 신의 의지 및 이교도와 그노시스교가 미친 영향을 포함하여(그리스도교의 영향 또한 찾아볼 수 있는데, 이 시에서 그는 위대한 기적을 행한 자인 예수에 대해 언급하고 있다.) 세속의 세계가 지닌 다양한 잠재력을 두루 찬양한다.

일곱 개의 천막 각각에서 일곱 가지 이야기를 전후로, 네자미는 바흐람 왕의 삶과 자라 온 과정, 사냥 취미(그는 사자와 야생 당나귀, 용을 사냥하곤 한다.), 몽고 제국의 킵차크한국 대칸이 이끄는 군대에 맞서 전쟁을 벌였던 이야기, 바흐람 왕국의 건축물에 대한 이야기, 그가 벌이는 축

---

[1] 현재는 러시아로부터 독립하여 정식 명칭은 아제르바이잔 공화국이다.

제며 술을 곁들인 향연, 심지어 그의 시시콜콜한 사랑 이야기까지 묘사한다. 따라서 이 시는 무엇보다 이상적인 군주의 초상을 그리고 있다고 할 수 있다. 역자인 바우사니는 이러한 이상적 군주의 상이 고대 이란 전통에서의 세속의 왕과 이슬람 전통, 즉 신의 법칙에 전적으로 순종하는 종교적인 술탄이 혼합된 형태라고 지적한다.

우리는 이상적인 군주란 안정된 치세를 행하며 백성들이 행복을 누리도록 이끌어야 한다고 생각한다. 그러나 천만의 말씀! 이는 왕권의 기본적인 개념을 말할 때 떠올리는 바람에 불과하다. 왕이 아무리 완벽한들, 탐욕스러운 모리배인 대신[2]이 저지르는 잔인한 부정이 훌륭한 왕의 치세를 방해하지 말라는 법은 없다. 그러나 왕이 신의 가호 아래 있는 한, 왕국의 이러한 잔혹한 현실은 곧 드러나게 마련이다. 이제 그는 사악한 대신들을 처벌하고, 그들의 부정행위로 인해 고통받았다고 고하는 누구에게든 보상을 베풀기로 한다. 따라서 이 시에는 '희생자들의 이야기'가 등장하는데, 이 희생자들 역시 일곱 명으로 추려져 있다. 물론 이 시에 등장하는 다른 일곱 개의 무엇보다는 다소 매력이 떨어지지만 말이다.

바흐람은 왕국의 정의를 다시 바로잡고 나서, 이제 군대를 재정비하고, 대칸이 이끄는 몽고 제국의 군대를 무찌른다. 그리하여 자신의 운명을 완수하고, 더 이상 할 일이 없어지자 조용히 사라진다. 실제로 그는 문자 그대로 사라지는데, 사냥 길에 나서서 들판의 야생 당나귀를 쫓다가 동굴로 말을 몰아 들어가 버린다. 바우사니의 표현대로라면 왕은 '최고의 인간'이다. 중요한 것은 왕 자신이 우주적 조화의 화신(化身)이라는 점인데, 이 조화란 그의 치세와 백성들에게 어느 정도 반영되어 있지만 무엇보다

---

2) Visier. 이슬람교의 지배자인 칼리프를 수호하는 고관.

그의 인격에 내재하고 있다.(어느 경우에나 심지어 오늘날에도 국민들이 아무리 비참하게 생활해도, 스스로 훌륭한 체제라고 주장하는 정부가 존재한다.)

『일곱 공주』에는 동방의 '놀라운 이야기(meraviglioso)'에서 흔히 볼 수 있는 두 가지 유형이 혼합되어 있다. 즉 왕의 업적을 찬양하는 피르두시(네자미보다 앞선 10세기의 시인)의 『왕의 기록(libro dei re)』과, 고대 동방에서 수집한 이야기에서 발생하여 마침내 『천일야화』로 완성된 소설적 전통이라는 두 유형이 말이다. 물론 독자인 우리로서는 후자의 서술 유형에서 보다 쉽게 즐거움을 맛볼 수 있다.(따라서 나는 액자 틀에 해당하는 이야기보다는 그 속의 일곱 개의 이야기부터 읽으라고 충고하고 싶다.) 그러나 액자 틀에 해당하는 이야기 역시 매우 환상적이며 마술적이며 선정적인 세부 묘사로 가득하다.(예를 들어 매우 진귀하게도 발로 애무하는 장면이 묘사되기도 한다. "왕은 매우 아름다운 여자의 수놓은 비단 치마 안에 발을 넣어서는 그녀의 엉덩이 사이로 바로 지나가게 했다.") 환상 이야기처럼 우주적이고 종교적인 감성은 곧이어 새로운 정점에 다다른다. 예를 들어, 여행을 떠난 두 남자의 이야기에서, 한 사람은 신의 의지에 자신을 모두 맡기는 한편, 다른 한 사람은 모든 것을 합리적으로 설명하고자 한다. 이 두 남자의 심리적인 성격은 매우 설득력 있게 묘사되며, 독자들은 그러한 묘사 속에서 첫 번째 남자에게 더 공감할 수밖에 없게 된다. 그는 모든 것에 존재하는 복잡성을 놓치지 않고 세심하게 주의를 기울이는 반면, 두 번째 남자는 악한에다 영악한 인물로 모든 것을 다 아는 체한다. 여기서 끌어낼 수 있는 교훈이란, 중요한 것은 철학적 태도 그 자체가 아니라, 자신이 믿는 진실과 조화를 이루며 사는 것이라는 점이다.

그러나 「일곱 공주」에 수렴된 다양한 전통들을 구별해 내는 것은 불가능한 일이다. 네자미의 민첩한 조형적 언어 구사는 다양한 창조성 안에서 그러한 전통들을 혼합하고, 매 페이지를 눈부신 목걸이에 진귀한 보석처럼 박혀 있는 은유를 동원해 고색창연한 금빛으로 장식한다. 그 결과 작품 전체의 형식적인 통일성이 세밀한 부분에까지 모두 스며들었으며, 그러한 통일성은 지혜와 신비주의에 관해 이야기하는 서두 부분에서도 찾아볼 수 있다.(서두에 나오는 신비주의에 대해서라면 마호메트가 계시를 받는 부분에 대해 이야기하고 싶다. 마호메트는 날개 달린 천사 너머에 있는 하늘로 올라가, 모든 삼차원의 공간이 사라지는 지점까지 이른다. "예언자 마호메트는 알라를 보았으나 그는 어떠한 공간에도 거하고 있지 않았으며, 그의 말씀을 들었으나 그것은 입술에서 흘러나오지도 않았으며, 어떠한 소리로 들려오지도 않았다.")

이러한 언어적 태피스트리의 장식은 너무도 화려해서, 이에 비견할 만한 문구들을 서구 문학에서 찾고 싶다면, 중세 문학과 르네상스 시대 셰익스피어나 아리오스토의 풍부한 환상적 이야기, 또는 웅장한 바로크 시대의 작품들을 읽어 봐야 할 것이다. 마리노[3]의 『아도네』와 바실레[4]의 『펜타메로네』도, 이야기를 외피처럼 둘러싼 채 모든 이미지마다 서사의 실마리를 풀어내는 네자미의 화려한 은유들에 비교한다면, 간결하게 절

---

3) Giambattista Marino(1569~1625). 17세기 이탈리아 시문학에서 마리니즘(Marinism)을 창시한 인물. 프랑스의 프레시오지테와 비슷하게 은유, 과장법, 말장난, 독창적인 신화를 특징으로 하며, 관능적이며 재기 넘치는 문체를 구사했던 마리니즘은 많은 모방작을 낳았다.
4) Giambattista Basile(1575~1632). 나폴리 출신의 시인이자 소설가. 지방색이 강한 나폴리어로 쓴 50편의 이야기가 실린 『이야기 속의 이야기(Lo cunto de li cunti)』는 최초의 민담집 중 하나로 프랑스의 샤를 페로, 독일의 그림 형제, 18세기 이탈리아의 코메디아 델라르테 작가들에게 모두 중요한 영향을 끼친 작품이다. 당시 유행하던 마리노의 수사적인 문체의 영향을 찾아볼 수 있는 『이야기 속의 이야기』는 열 명의 여자가 들려주는 50가지 이야기를 왕자와 그의 아내로 가장한 노예가 함께 듣는다는 내용으로 『데카메론』의 구성과 유사하다는 점에서 『펜타메로네』로도 불렸다.

제된 작품이라 할 수 있다.

이러한 은유의 우주는 그만의 특징과 특유의 일관성을 지니고 있다. 백과사전이나 동물원에서(내 기억이 정확하다면) 본 바에 의하면, 이란의 고지대에 사는 야생 당나귀는 보통 크기의 당나귀에 지나지 않는다. 그러나 네자미의 시 속에서 야생 당나귀는 무엇보다 고귀하고 상서로운 동물로 거의 모든 페이지에 등장하곤 한다. 바흐람 왕이 사냥하는 데 있어서 당나귀는 가장 진귀하고도 잡기 어려운 사냥감이며, 사자와 마찬가지로 사냥꾼이 힘과 기술을 가늠해 볼 수 있는 공포심의 척도로도 자주 인용된다. 또한 우월한 힘과 남성의 정력을 은유하기도 한다. 또한 일반적인 의미로는 사랑스러운 먹잇감(사자에 쫓기는 당나귀)이면서, 여성의 아름다움과 젊음을 뜻하기도 한다. 야생 당나귀는 맛 또한 매우 좋기 때문에 "당나귀처럼 눈이 큰 소녀들이 당나귀의 허벅지 살을 굽고 있는" 장면이 등장하기도 한다.

사이프러스 나무에서도 다의적인 은유를 찾아볼 수 있다. 사이프러스 나무는 남근의 상징일 뿐 아니라 남성의 정력을 연상시키기도 하지만 여성미의 전형으로도 쓰인다.(높은 것은 특히 언제나 칭송의 대상이다.) 또한 여성의 머리카락과 관련될 뿐 아니라 흐르는 물, 떠오르는 태양과도 연관이 된다. 사이프러스 나무의 은유적 기능 대부분은 몇 가지를 제외하면 촛불의 불꽃에도 똑같이 적용될 수 있다. 사실상 이러한 유사한 사물 사이의 어지러운 광란은 모든 사물이 동시에 다른 것을 의미할 수도 있음을 뜻한다.

은유가 연이어지는 화려한 구절들은 여러 곳에서 발견된다. 예를 들어 겨울을 묘사하는 부분은 얼음에 관한 이미지들이 연속적으로 이어진다.("추위의 공격이 날카로운 칼을 물로, 물을 칼로 바꾸어 놓았다." 주석에서는 이 구절을 날카로운 칼처럼 내리꽂히는 태양의 빛이 빗물로 바뀌고, 빗물이 칼과 같은 빛의 광선으로 되는 것으로 설명한다. 이러한 설명이 정확하지 않다고 해도, 이 구절은 여전히 아름다운 이미지로 남는다.) 이후 불의 신성함에 대한 이야기가 이어지고, 여기에 상응하여 봄에 대한 묘사가 뒤따른다. 여기에는 식물을 인격화하는 다양한 구절들이 등장한다. "이제 봄바람은 바질의 싱그러운 향기에 인질로 잡혀 있게 되었다."

또 다른 은유의 결정체는 이야기 각각에 등장하는 지배적인 일곱 가지 색깔들이다. 어떻게 하나의 색깔로 하나의 이야기를 전체적으로 서술할 수 있을까? 구상할 수 있는 가장 단순한 서술 체계란 모든 등장인물들이 각 이야기의 색깔에 해당하는 옷을 입는 것이다. 예를 들어, 검은색이 지배적인 이야기는 언제나 검은 옷을 입고 다니는 여자가 이야기를 풀어 놓는다. 여자는 항상 검은 옷을 입는 왕의 시녀였는데, 그것은 그 왕이 검은 옷차림의 낯선 사람을 만났는데 그가 말하길 중국 어느 지역에서는 모든 사람들이 항상 검은 옷을 입고 다닌다고 했기 때문에⋯⋯ 등등으로 이어지는 것이다.

모든 곳에서 색깔과 이야기는 각 색깔에서 유래하는 의미에 기초를 둔 단순한 상징을 통해 연결된다. 노란색은 태양의 색이므로 왕을 상징한다. 따라서 노란색 이야기는 왕에 대한 이야기이며, 유혹에 넘어가 금이 든 보석함을 빼앗아 손에 넣는 이야기로 끝이 난다.

놀랍게도 흰색 이야기는 가장 에로틱하다. 흰색 이야기에는 이야기 전체가 우윳빛에 적셔진 듯, "백합 같은 가슴에 은빛 다리를 한" 소녀가 걸어가는 장면이 나온다. 그러나 이 이야기는 또한 정절에 관한 이야기이기도 하다. 내용을 요약하면 잃는 것이 많지만, 기억나는 대로 이야기해 보겠다. 자신의 순수함을 특히 자랑으로 삼던 완벽한 성품을 두루 갖춘 한 젊은이가 있었다. 어느 날 젊은이는 정원에서 아름다운 소녀들이 들어와 춤추는 것을 본다. 그를 도둑으로 착각한 두 소녀가 그를 채찍질하다가 (여기에는 약간의 마조히즘적인 요소도 있다.) 그가 정원의 주인임을 알고 그의 손과 발에 입을 맞추고 여러 소녀들 중 누가 가장 좋은지 직접 선택하라고 제안한다. 이에 젊은이는 소녀들이 목욕하는 것을 지켜본 뒤 선택한다.(이야기 속에서 두 명의 '여자 감시관'이 그의 모든 행동을 지켜본다.) 그리고 그는 자신이 가장 좋아하는 여자를 만나게 된다. 그러나 첫 만남에서뿐만 아니라 이후 이어지는 다른 만남에서도 항상 결정적인 순간에 어떤 일이 일어나서 이들의 결합을 방해한다. 방의 마루가 갑자기 푹 꺼진다든지, 포옹하고 있는 이들 연인 사이에 작은 새를 쫓던 고양이가 갑자기 들어온다든지, 그들이 있던 정자의 지붕 위에서 쥐가 호박 줄기를 갉아먹는다든지, 갑자기 호박이 굴러 떨어져서 일을 그르친다든지⋯⋯ 등등. 이러한 일들은 결국 도덕적인 결론으로 끝을 맺는다. 즉 알라신께서 결혼하기 전에 결합하는 것이나 죄를 저지르는 것을 원치 않으시므로, 먼저 그 소녀와 결혼부터 해야 함을 깨닫게 되는 것이다.

성적 결합을 방해하는 이러한 일련의 에피소드들은 서양에서 널리 전해지는 이야기에서도 종종 발견된다. 그러나 서구의 민담은 이와 달리 그러한 이야기를 항상 그로테스크하게 다룬다. 바실레의 『펜타메로네』에 등장하는 그러한 예상치 못한 사건들은 네자미의 이야기에 나오는 사건들과 놀랍도록 비슷하지만, 네자미의 이야기와는 달리 인간의 더러움이나 배설, 성적인 것에 대한 공포를 끔찍한 이미지로 드러낸다. 반면 네자미는 가시적인 세계를 에로틱한 긴장과 전율로 그려 내고 있다. 이 에로틱한 긴장과 전율은 인간 심리의 양면을 승화해 표현한 것이자, 동시에 이러한 과정 속에서 풍부한 의미를 내포하게 된다. 네자미가 그리는 이러한 세계는 미녀로 가득한 천국과도 같은 일부다처제의 꿈과 현실에서 일어나는 남녀의 결합 장면 사이를 오간다. 또한 화려한 수식으로 가득한 고삐 풀린 음탕한 언어는 미숙한 젊은이가 좌충우돌하는 이야기에 적합한 문체로 쓰이고 있다.

(1982)

티랑 로 블랑[1]

스페인 최초의 기사도 로망[2]의 주인공인 티랑 로 블랑은 말에 탄 채 잠이 든 모습으로 등장한다. 그의 말이 샘물을 마시려고 멈춰 서자, 그 바람에 잠이 깬 티랑은 흰 수염을 기른 노인이 샘물 근처에 앉아 책을 읽

---

1) Tirant lo Blanc. 15세기에 카탈루냐어로 쓴 중세 기사도 로망. 발렌시아 출신의 조아노 마르토렐이 1460년경에 지은 것으로 알려져 있다. 그의 생전에는 출간되지 않았고, 마르티 조한 드 갈바가 이차 저자로서 책의 마지막 4분의 1 정도를 쓴 것으로 되어 있다. 1511년 스페인어로 옮긴 축약본이 나왔으며 이후 20세기에 이르러서야 재출간되었다. 이탈리아어로는 16세기에, 프랑스어로는 17세기에 번역되었으며 영어 번역본은 20세기에야 나왔다. 주인공 티랑 로 블랑은 영어로는 'the White knight', 'Tirant the white(white tyrant)', 즉 '백기사' 정도로 옮길 수 있다. 이러한 주인공의 이름은 그 자체로 모순적이면서, 양가적이다. 이름이 '티랑(tyrant)'이라 해서 난폭하거나 사악한 인물도 아니며, 그렇다고 흰색이 상징하듯 순수하고 선한 인물도 아니기 때문이다. http://www.gutenberg.org/etext/378에서 영어판 서문 및 번역본 참조. Caroline A. Jewers, "Romance into Novel: Tirant lo Blanc", *Chivalric Fiction and the History of the Novel*(UP of Florida, 2000), 130~161쪽 참조.
2) 중세 유럽에서 유행했던 기사를 주인공으로 하는 무용담, 애정담을 아우르는 이야기.

고 있는 모습을 본다. 티랑은 노인에게 기사도의 세계에 입문하고 싶다며 자신의 의중을 밝힌다. 과거에 기사였던 노인은 젊은이에게 기사가 준수해야 할 질서의 규칙에 대해 가르침을 전한다.

노인이 말했다. 젊은이여,
기사도의 모든 규칙이 이 책에 쓰어 있네.
신이 지상의 내게 내리신 은총을 되새기기 위해
나 또한 때때로 이 책을 읽는다네.
나는 온 힘을 다해 기사도를 존중하며 지키고자 했으니 말일세.

이 최초의 스페인 기사도 로망은 첫 페이지에서부터 다음과 같은 사실을 우리에게 알려 주는 듯하다. 이러한 로망의 주인공이 기사가 되기 위해서는 이전에 나온 기사도 로망을 읽어야 한다는 사실을 말이다. "기사도의 모든 규칙이 이 책에 쓰어 있네." 이 말로부터 다양한 결론을 이끌어 낼 수 있다. 어쩌면 중세의 기사는 기사에 관한 로망이 있기 전에는 존재하지 않았거나, 오직 책 속에서만 존재했을지도 모른다.

이렇게 볼 때, 기사도 정신이 갖추어야 할 모든 미덕의 마지막 집합체라 할 돈 키호테가 어떻게 오로지 책을 읽은 것만으로 자신의 존재와 자신을 둘러싼 세계를 구축할 수 있었는지도 어렵지 않게 이해할 수 있다. 사제와 이발사, 질녀와 하녀가 그의 서재에 있던 책들을 몽땅 불에 던져 버리자, 그 순간 기사도의 역사도 끝이 난다. 돈 키호테는 기사라는 인간 유형의 마지막 견본이 되며, 이후 그의 뒤를 잇는 사람은 아무도 없었다.

집 안에서 일어난 이러한 '분서' 사건 속에서 사제는 보이아르도[3]와 아리오스토[4]의 운문시와 더불어 『아마디스 데 가울라』[5]와 『티랑 로 블랑』이라는 주요한 텍스트를 구해 낸다.(그가 구해 낸 보이아르도와 아리오스토의 텍스트는 이탈리아 원본이었는데, 번역본에서는 "작품의 자연스러운 맛"을 찾기 어렵기 때문이다.) 당시의 도덕에 부합한다 하여 제외된 다른 책들(예를 들어 『팔메린 데 인글라테라』[6]와 같은 책)과 달리, 이 책들이 면죄될 수 있었던 이유는 미학적인 동기에 있는 것처럼 보인다. 도대체 어떤 미학적 동기가 있었던 것일까? 우리는 곧 세르반테스에게 중요한 가치들이란(그러나 세르반테스의 가치관이 돈 키호테보다 사제와 이발사의 관점과 일치한다고 확신할 수는 없다.) 문학적인 독창성(『아마디스 데 가울라』는 "독창적인 예술"을 선보인 것으로 평가받는다.)과 인간적인 진실(『티랑 로 블랑』에서는 "기사들이 먹고, 자고, 자신의 침대에서 죽으며, 죽기 전에 유언도 남긴다. 다른 기사도 로망이 생략하고 있는 많은 것들을 이야기하는 것이다.")임을 알게 된다. 따라서 세르반테스는(적어도 세르반테스 자신과 일치하는 부분에 있어서는) 기사도 로망이 장르의 규칙에서 많이 벗어날수록 더 높이 평가하는 것이다. 중요한 것은 이제 기사에 관한 신화가 아니라 책이 하나의 텍스트로서 갖는 가치이다. 이것은 책과 삶을 구분하지 않고 책 바깥에서도 신화를 찾고자 하는 돈 키호테의 가치관과는(그리고 세르반테스가 그의 주인공과 일치하는 면에 대해서는) 반대되는 가치관이라 할 수 있다.

　분석적 정신이 도입된 이후, 다시 말해 기적적인 일이 벌어지는 세계,

---

3) Matteo Maria Boiardo. 15세기 이탈리아 시인. 『사랑에 빠진 오를란도』를 썼다.
4) Ludovico Ariosto. 15세기 이탈리아 시인. 보이아르도의 『사랑에 빠진 오를란도』의 속편 격인 『광란의 오를란도』를 썼다.
5) 몬탈보가 1508년 출간한 기사도 로망. 이후 16세기 유행했던 기사문학의 원형이 되었다.
6) 포루투갈 출신 작가 프란시스코 데 모라에스가 1540년대에 쓴 것으로, 『아마디스 데 가울라』의 성공 후에 나온 속편 격의 기사도 로망이다.

도덕적인 가치를 수호하는 세계와 현실 세계와 개연적인 일들만 일어나는 세계 사이에 명확한 경계선이 세워진 후, 기사도 로망의 운명은 어떻게 되었을까? 라 만차의 거리에 쏟아지는 햇볕 아래 기사도의 신화가 갑작스레 눈 녹듯 사라지는 이 거대한 재앙은 보편적인 사건이라 할 수 있지만, 다른 문학에서는 찾아볼 수 없는 양상으로 일어났다. 이탈리아에서, 보다 정확하게는 이탈리아 북부에서도 이와 같은 현상이 일어났지만, 기사문학이라는 전통을 존중하는 차원에서, 보다 덜 극적인 형태로 일어났을 뿐이었다. 풀치,[7] 보이아르도와 아리오스토는 르네상스의 축제 분위기 속에서 기사문학의 쇠퇴를 다소 패러디적인 어조로 노래했다. 그러나 거기에는 또한 '노래 이야기(cantastorie)'라는 소박하고 대중적인 이야기에 대한 일정한 노스탤지어가 담겨 있었다. 기사문학의 낡아 빠진 유산은 이제 관습적으로 반복되는 모티프로서만 인정될 뿐이었다. 그러나 기사문학의 정신만큼은 적어도 서사시라는 천상의 세계에서는 여전히 환대받았다.

사실은 세르반테스보다 수년 앞선 1526년, 기사도 로망의 화형식, 그러니까 불길에 던져 넣을 책과 구해 낼 책을 결정하는 사건이 있었다. 여기서 내가 말하고자 하는 것은 거의 알려지지 않은 텍스트로, 테오필로 폴렝고[8]가 이탈리아어로 쓴 짧은 운문시 『오를란디노(Orlandino)』다.(폴렝고는 메를린 코카이라는 필명으로, 만토바[9] 방언이 섞인 라틴어 아속 혼합

---

7) Luigi Pulci(1432~1484). 메디치 가의 후원을 받았던 르네상스 시대의 이탈리아 시인. 대표작 『모르간테』(1483년)을 비롯한 여러 편의 작품을 남겼다. 『모르간테』는 프랑스 기사도 로망의 내용을 피렌체 특유의 희극 정신으로 그려 낸 작품으로, 영웅 서사시에 대한 풍자시의 형식으로 정착된다.
8) Teofilo Folengo(1491~1544). 이탈리아어와 라틴어를 결합한 아속 혼합체광시를 창안했다. 대표작은 시집 『발두스(Baldus)』다. '발두스'는 중세 서사시의 주인공인 롤랑의 사촌인 리날도의 뒤를 잇는 영웅으로, 『발두스』는 그의 모험을 풍자와 유머를 곁들여 그려 낸 것이다.

체로 쓴 『발두스(*Baldus*)』의 저자로 더 잘 알려져 있다.) 『오를란디노』를 여는 첫 번째 칸토[10]에서 폴렝고는 숫양 위에 올라탄 마녀에게 붙들려 알프스 산자락의 어느 동굴로 끌려갔던 일을 회상한다. 그 동굴에는 진짜 대주교 투르핀이 쓴 것으로 보이는 연대기[11]가 보존되어 있었는데, 투르핀의 이 연대기는 카롤링거 왕조 전반에 걸쳐 모든 이야기의 주요 원천이 되는 전설 모음집이었다. 폴렝고는 자신이 발견한 이 진짜 연대기를 토대로 살펴볼 때, 보이아르도, 아리오스토, 풀치와 키케로 다 페라라가 쓴 시들이 진정 진실한 것임을 발견하게 된다. 물론 그들이 시에 임의로 다른 구절을 첨가하긴 했지만 말이다.

> 그러나 트레비순다, 안크로자, 스파그나와 보만보를 비롯한
> 모든 다른 작가들은 화형에 처해야 한다.
> 그들은 모두 거짓을 떠벌렸을 뿐,
> 나는 이들 모두를 진실의 적대자로 고발한다.
> 오직 보이아르도, 아리오스토, 풀치와 키케로만이 진짜다.
> 나는 그들을 따르겠노라.

9) 이탈리아 북부 롬바르디아 지방.
10) 서사시를 나누는 장의 단위인 '곡'에 해당. 라틴어 cantus, 즉 '노래'라는 말에서 유래한 것으로 단테, 보이아르도, 아리오스토 등이 처음으로 사용했다.
11) 카롤링거 왕조, 즉 샤를마뉴 황제 시대의 영웅들을 모험담으로 쓴 폴렝고, 풀치, 보이아르도, 아리오스토 등의 15세기 이탈리아 작가들은 음유시인들의 노래를 비롯한 각종 출처로부터 자료를 수집하거나 자신이 지어낸 이야기로 작품을 썼다. 그들은 작품 안에서 실존 인물로 일컬어지는 '라임즈의 대주교 투르핀'을 자주 전고(典故)로 삼았다. 투르핀은 샤를마뉴와 그의 군대의 영웅들의 여정에 동참하고, 그들의 전설을 모아 『샤를마뉴 황제와 오를란도의 연대기』를 쓴 것으로 알려져 있었는데, 그가 이 책의 저자라는 사실은 하나의 허구에 불과했다. 그러나 당대 기사도 로망의 작가들은 진위가 의심되는 내용이 나오거나 자신의 작품에 권위를 부여하고자 할 때, 이 연대기의 저자라는 '투르핀'의 이름을 관례적으로 인용하곤 했다.

세르반테스 역시 "진정한 역사가 투르핀"이라 언급한 바 있듯, 투르핀은 이탈리아 르네상스 시대의 기사문학에 있어서 시작(詩作)의 규칙이라도 되는 양 관례적으로 인용되곤 했다. 아리오스토조차 자기가 너무 과장 섞인 이야기를 한다는 생각이 들면 투르핀이라는 이름을 내세워 이야기를 보호했다.

> 선인 투르핀은 자신이 진실을 말하고 있음을 알고 있지만
> 사람들이 자신의 말을 원하는 방식대로 믿도록 내버려 두곤 한다.
> 그는 루지에로에 대한 놀라운 이야기를 들려주는데,
> 사람들이 이 이야기를 듣는다면 모두 그를 거짓말쟁이라고 할 것이다.
> (아리오스토, 『광란의 오를란도』, 제26곡 23행[12])

세르반테스는 투르핀과 같은 이러한 허구적인 저자를 '데 아메테 베넨헬리'라는 아랍인 연대기 사가(史家)로 설정하고, 자신은 다만 그가 쓴 아랍어 원본을 번역했을 뿐이라고 주장하기까지 했다. 그러나 세르반테스가 살았던 세계는 이와는 전적으로 다른 세계였다. 세르반테스가 살던 시대에 진실이란 일상적인 경험과 상식, 반(反)종교개혁의 규율과 비교되어야만 하는 것이었다. 그러나 15~16세기의 이탈리아 시인들에게 진실은 여전히 신화와 구분되지 않은 채 남아 있었으며(그러나 타소[13]의 경우는 포함되지 않는다. 이러한 진실과 신화의 구분의 문제가 그에게는 매우 복

---

12) Ludovico Ariosto, *Orlando Furioso*, trans. Guido Waldman(Oxford UP, 1998)를 참조하여 옮겼다.
13) Torquato Tasso(1544~1595). 이탈리아 르네상스 시대의 시인. 대표작으로 『해방된 예루살렘』 등이 있다.

잡한 성격을 띠기 때문이다.) 이는 라 만차의 기사에게도 역시 마찬가지였다.

우리는 이들의 후계자라 할 수 있는 폴렝고의 작품에서도 이를 확인할 수 있다. 그의 작품은 민중의 시와 교양인의 서사시, 그 중간에 위치한다고 할 수 있다. 태곳적부터 내려온 신화의 정신은 투르핀이 쓴 한 권의 책으로 상징된다. 투르핀의 책은 곧 모든 책들의 기원이자, 오직 마법에 의해서만 확인할 수 있는 책이며, 마법에 관한 책을 넘어 마법 그 자체이기도 하다.

기사문학의 전통은 기사도 로망의 태생지였던 프랑스와 영국에서부터 소멸되어 갔다. 영국에서는 1470년 토머스 맬러리[14]가 쓴 작품이 기사문학 최후의 결정적인 형태로 남았다. 물론 스펜서가 엘리자베스 여왕치하를 요정의 세계에 빗대어 쓴 작품[15]에서 다시 한 번 부활하긴 했지만 말이다. 반면 프랑스에서 기사문학은 천천히 쇠퇴해 갔다. 12세기에 크레티앵 드 트루아가 다섯 편의 아서 왕 이야기로 기사문학을 한차례 신격화한 덕분이었다.[16] 16세기에 이르자 기사문학은 주로 이탈리아와 스페인을 무대로 부활한다. 베르날 디아스 델 카스티요[17]는 아스텍 제국의 황

---

14) 정확한 신원은 알려져 있지 않지만 1470년경에 활동한 웨일스 출신의 잉글랜드 작가로 알려져 있다. 아서 왕과 원탁의 기사들에 대한 최초의 영어 산문인 『아서의 죽음(Le Morte D'Arthur)』을 썼다.

15) 에드먼드 스펜서가 1589년부터 1596년까지 쓴 서사시 『페어리 퀸(The Faerie Queene)』을 가리킨다.

16) 아일랜드와 웨일스, 브르타뉴 등지로부터 전수된 성배 신화를 다섯 편의 아서 왕 이야기, 즉 『에레크(Erec)』, 『클리제스(Cliges)』, 『수레 탄 기사 랑슬로(Lancelot, ou Le Chevalier à la charrette)』, 『사자를 이끄는 기사 이뱅(Yvain, ou Le Chevalier au lion)』, 『페르스발, 성배 이야기(Perceval, ou Le conte du Graal)』로 쓴 프랑스의 시인. 흔히 궁정 로망스 소설을 완성한 시인으로 불린다.(『성배 이야기』의 기원과 역사에 대해서는, 다음을 참조할 수 있다. 『성배의 탐색』(문학동네, 1999), 알베르 베갱·이브 본푸아 엮음, 장영숙 옮김)

17) 코르테스와 함께 멕시코 정복에 나섰던 스페인 출신의 군인으로, 당시의 원정에 대한 목격담

제였던 몬테수마[18]가 다스리던 멕시코라는, 전혀 상상할 수 없었던 세계를 맞닥뜨린 후, 스페인 정복자가 느낀 놀라움을 있는 그대로 전하려 애썼다. "이것은 마치 『아마디스 데 가울라』에 나오는 마법 같은 세상과도 같았다."[19] 우리는 그가 오직 전통적인 텍스트에 의거하여 이 새롭고 낯선 현실을 비교했다고 짐작할 수도 있다. 그러나 날짜를 자세히 살펴보면, 디아스 델 카스티요가 1519년에 일어났던 사건을 회상하며 서술하는 것임을 알 수 있다. 1519년이라면 『아마디스 데 가울라』가 여전히 출간된 지 얼마 안 된 것으로 여겨질 만한 시기다.[20] 따라서 집합적인 상상력 속에서 신세계의 발견과 정복이라는 주제는 당대의 출판 시장이 대규모로 공급했던, 거인과 마법의 주문이 등장하는 이야기들과 궤를 같이하고 있음을 알 수 있다. 이는 이보다 몇 세기 전 프랑스 무훈시들이 유럽에 처음으로 유통되던 시기가 십자군을 모집하던 선전 활동의 시기와 겹치는 것과 마찬가지다.

 11세기부터 20세기까지 천 년의 시대는 소설의 시대(로망의 후계자로서)였다. 11~13세기에 기사도 로망은 최초의 대중서였다. 기사도 로망은 단순히 식자들에만 영향을 준 것이 아니라, 널리 유포되어 일반 사람들의 삶에까지 깊은 영향을 주었다. 단테 자신도 프란체스카 다 라미니에

을 구어체로 남겼다.
18) 멕시코의 아스텍 제국의 황제로, 스페인 정복자였던 코르테스와 극적인 대결을 벌인 것으로 유명하다.
19) 유럽의 구석에 있던 스페인이 16세기 카를 5세 시대에 이르러 이탈리아와 아프리카 및 신대륙 정복에 이르기까지 팽창하며 누렸던 제국으로서의 자신감은 16세기에 유행했던 기사도 로망에서도 대중적으로 표현되었다. 칼비노는 기사도 로망의 황금기가 팽창일로에 있던 에스파냐의 황금기와 연관되어 있음을 이러한 역사적 사실을 통해 지적하고 있다.
20) 『아마디스 데 가울라』는 『돈키호테』가 나오기 3년 전인 1602년까지 계속해서 나왔다. 따라서 1519년 역시 『아마디스 데 가울라』가 활발히 출간되고 읽히던 시기였다.

대해 쓰면서 이에 대한 증거를 제시하고 있다. 『신곡』에서 프란체스카는 돈 키호테나 엠마 보바리보다 훨씬 앞서, 자신의 삶이 기사도 로망을 읽은 후 바뀌었음을 자각한 세계문학의 첫 번째 인물이었다. 기사 갈르오는 프랑스 로망인 『랑슬로(Lancelot)』에서 그니에브르 부인에게 입맞춤하라고 랑슬로를 설득한다. 『신곡』에서는 이 『랑슬로』라는 책이 기사도 로망에서 갈르오가 했던 역할을 맡아, 파올로가 입맞춤하는 것을 허락하도록 프란체스카를 설득한다. 다른 인물에게 영향을 미친 책 속의 인물과 읽는 이에게 영향을 미치는 책을 동일시하면서("갈레오토가 그 책이요 또한 그걸 쓴 사람"[21]), 단테는 현란한 메타 문학적인 작업을 최초로 수행한 것이다. 밀도와 절제미가 매우 빼어난 『신곡』에서 "거리낄 건 하나도 없"[22]이 책을 읽고 있던 파올로와 프란체스카는 책을 읽으면서 생겨나는 감정들에 자신들을 맡긴 채 때때로 시선이 마주치면서 얼굴빛이 창백해진다. 이내 랑슬로가 그니에브르에게 입을 맞추는 지점에 이르러서는 책에서 묘사된 욕망으로 인해 그들 역시 실제 현실에서 어떤 욕망을 느끼고 있음을 알아차리게 된다. 그 순간 삶 자체는 책 안에서 서술되고 있는 형식으로 변모하게 된다.("이 사람은…… 온통 부들부들 떨면서 나의 입술에 입 맞추었소."[23])

(1985)

---

21) 단테 알리기에리, 『신곡』(서해문집, 2000), 지옥편 제5곡 137행. 한형곤 옮김. 85쪽. 『랑슬로』 안에서 갈르오가 그니에브르와 랑슬로의 입맞춤을 중개한 것처럼, 『랑슬로』라는 책이, 그리고 그 책을 쓴 이가 파올로와 프란체스카의 입맞춤을 이끌었다는 점에서 '갈르오'와 같다는 뜻. '갈레오토'는 갈르오의 이탈리아식 이름.
22) 같은 책, 129행, 85쪽.
23) 같은 책, 135~146행, 85쪽.

『광란의 오를란도』의 구조

『광란의 오를란도(*Orlando Furioso*)』는 시작을 거부하는 서사시이자, 결말을 거부하는 서사시다. 이 서사시는 다른 서사시의 속편, 즉 보이아르도가 미완으로 남긴 『사랑에 빠진 오를란도(*Orlando Innamorato*)』의 속편이라는 점에서 시작을 거부한다. 또한 아리오스토(Ludovico Ariosto, 1474~1533)가 시 쓰기를 결코 멈추지 않는다는 점에서 결말을 거부한다. 아리오스토는 1516년『광란의 오를란도』를 40곡으로 된 한 편의 서사시로 처음 출간하고 나서도, 계속해서 이 작품을 확장하고자 했다. 처음에는 속편을 써서 확장하고자 했지만, 이 또한 미완성으로 남게 되었고(이 속편은 흔히『다섯 편의 노래(*Cinque canti*)』로 알려졌으며, 그의 사후에 출간되었다.) 그 이후로는 중간에 새로운 에피소드를 삽입함으로써 확장을 시도했는데, 그 결과 1532년에 나온 제3판과 결정판은 46곡까지 늘어났다. 이 사이에는 1521년에 나온 제2판이 있는데, 이 판본 또한 이 서사시가 미완으로 남을 수밖에 없는 특유의 성격을 드러내고 있다. 제2판은 첫 번째 판본을 수정한 것으로, 아리오스토가 심혈을 기울여 오직 언어와 운율을 정제하는 데 힘쓴 결과물이었다. 그는 이러한 노력을 죽을 때까지 계속했다고 할 수 있는데, 실제로 그는 16년간 작업하여 1516년 제1판을 내놓았고, 1532년 제3판을 출간하기까지 또다시 16년이란 시간을 보냈다. 그리고 1년 후 그는 숨을 거둔다. 하나의 에피소드에서 다른 에피소드가 끊임없이 증식하면서 새로운 대칭과 대조법을 만들어 내는 시 내부로부터의 이러한 확장은 아리오스토의 시작(詩作) 기법을 매우 집약적으로 보여 주는 듯하다. 그에게 이러한 기술은 각 에피소드들이 모든 방향으로 소용돌이치며 뻗어 나가고, 에피소드들이 서로 끊임없이 교차하거나 분기하는 다중심적이며 공시적인 구조로 이루어진 이 시를 이어 나갈 수 있는 유일하고도 실제적인 방법이었기 때문이다.

 수많은 주요 등장인물과 부차적인 등장인물들의 변화 양상을 좇아가기 위해서, 이 시에는 일종의 영화적인 편집 기술이 이용된다. 이 기술을 사용해 작가는 한 인물이나 그 인물의 행위를 묘사하는 장면을 중단하고 다른 장면으로 넘어간다. 예를 들어 두 인물이 서로 만나는 장면에서 첫 번째 인물을 좇던 스토리는 갑자기 물러나 두 번째 인물로 팬 기법으로 이동하면서도 서사의 연속성을 잃지 않는 것이다. 반면, 명확한 단절이 일어나고 이야기 중간에서 인물의 행동이 갑자기 멈춰 버리는 경우도 있다. 이야기 중간의 이러한 단절이나 지연은 보통 다음과 같이 운율을 맞춘 대구(對句)로 이루어진 8행 시구의 마지막 부분에서 예고된다.

 리날도는 분노에 차 그녀를 좇고 있다.
 그러나 여기서 우리는 달아나는 안젤리카를 따라가기로 하자.

또는

　그는 잘해 나갈 테니 잠시 내버려 두고
　이제는 용사 리날도에게로 돌아가도록 하자.

또는 아래와 같은 문장들이 그러하다.

　그러나 이제 다시 돌아가 루지에로를 찾을 때다.
　그는 날개 달린 말을 타고 하늘 너머로 서둘러 날아가고 있으니.

이렇게 행위 도중에 이동이 곡 중간에서 일어날 때 각 노래의 말미에는 다음 장에서 이 이야기가 계속되리라는 것이 약속된다. 여기에서도 역시 설명적인 기능은 보통 8행 시구를 마무리하는 운율을 맞춘 마지막 대구에서 이루어진다.

　그가 어떻게 파리로 가서 샤를마뉴 황제에게 큰 도움을 주게 되었는지는 다음 칸토에서 이야기하기로 하겠다.

칸토를 마무리하기 위해서 아리오스토는 궁정의 청중 앞에서 시를 읊는 음유시인처럼 말하기도 한다.

　폐하, 이 노래는 이제 그만 하겠습니다.
　목이 쉬었으니, 좀 쉬었으면 합니다.

드물긴 하지만 자신이 실제로 글을 쓰는 중인 것처럼 말하는 경우도 있다.

이제 종이를 모두 채웠으니,
- 이 칸토를 끝마치고 나서는 좀 쉬었으면 한다.

이렇듯 그 어떤 엄격한 기하학적 규칙도 없는 『광란의 오를란도』의 구조를 단 한 마디로 정의하기란 불가능하다. 우리는 자체적으로 다른 역장(力場)을 발생시키는 하나의 역장과 같은 이미지를 떠올림으로써 이 서사시의 구조를 그려 볼 수 있다. 어떻게 정의하건 간에 이러한 운동은 언제나 원심력의 지배를 받는다. 시의 첫 출발점에서부터 우리는 인물이 한창 어떤 행동을 하고 있는 모습을 목격한다. 그러나 이러한 급작스러운 시작은 각 칸토와 에피소드뿐만 아니라 시 전체에서도 자연스러운 것이다.

『광란의 오를란도』의 본문 앞에 붙여진 서문들은 모두 일정한 문제를 지니고 있다. "이 시는 사실상 다른 시의 연장이며, 끝이 없는 다른 시의 연대기를 이어받아 나간다."라고 첫 문장을 시작한다면 어떤 독자가 흥미나 호기심을 느끼겠는가. 시를 읽기 전부터 독자는 이 시의 전편(前篇)보다 앞선 시뿐만 아니라, 이 전편 전체에서 어떤 일이 일어났는지를 모두 알아야만 한다고 생각할 것이다. 사정이 이러하다면 아리오스토의 시는 언제나 읽기 시작하겠는가? 그러나 사실상 모든 서문은 과장하고 있는 것에 불과하다. 『광란의 오를란도』는 장르상으로도 매우 독특한 작품이며, 이 시보다 앞에 나오거나 뒤에 나온 어떠한 텍스트도 참조하지 않고 읽을 수 있으며 혹은 (덧붙여 말한다면) 반드시 그래야만 한다. 이 시는 그 자체 안에 하나의 우주를 포함하고 있으며 독자들은 그 우주 전체를 가로질러 유영하면서, 그 세계 안에서 흥미를 느끼고, 이내 그 안에서 길을 잃게 된다.

자신이 창조한 우주가 단지 다른 사람이 쓴 작품의 연속이자 하나의 부록, 혹은 그 자신이 이름 붙였듯이 하나의 '부언'이나 부속에 불과할 뿐이라고 믿게 한다는 것은 아리오스토가 대단히 신중을 기하고 있음을 드러내는 증거로 볼 수 있다. 이를테면 이러한 겸손은 영어식 표현으로 '삼가의 표현(understatement)'이라 할 만한 것으로, 대단히 중요한 일을 별 것 아닌 것으로 생각하도록 만드는 스스로에 대한 일종의 아이러니로도 해석할 수 있다. 그러나 그것은 또한 우주에 대한 프톨레마이오스적인 닫힌 패러다임을 거부하는 아리오스토의 시공간 개념을 드러내는 증거로도 볼 수 있다. 아리오스토의 개념 안에서 시공간은 끝없는 다수의 세계뿐만 아니라, 무한한 과거와 미래를 향해서도 열려 있다.

『광란의 오를란도』는 작품을 여는 첫 단어에서부터 운동하는 시로서의 특징을 드러낸다. 혹은 시 전체가 지그재그 형식으로 전개되리라는 사실을 알리는 특수한 움직임을 제시한다. 우리는 유럽과 아프리카를 배경으로 끊임없이 교차하고 확산되어 가는 이야기를 따라가면서 이 시의 전체적인 윤곽을 그려 볼 수 있다. 그러나 첫 번째 칸토만으로도 이 시의 특색을 충분히 파악할 수 있다. 기사 세 명이 숲을 가로지르며 안젤리카를 쫓아가는 가운데, 길을 헤매다 우연한 만남이 이루어지고, 잘못 들어선 길과 변경된 계획 등으로 이들의 여정이 어지러운 춤을 추게 된다는 것을 말이다.

달리는 말과 인물들의 심적 동요가 그려 내는 어지러운 지그재그 속에서 우리는 이 시의 정신 안으로 들어서게 된다. 인물들의 재빠른 행동에서 느낄 수 있는 쾌감은 곧바로 인물들 앞에 펼쳐진 드넓은 시간과 공간에 대한 감각과 섞여 든다. 이러한 목표 없는 방황은 기사들만의 고유한 특징이 아니라 작가인 아리오스토 자신의 특징이기도 하다. 마치 작가 자신이 이야기를 시작하는 서술의 출발점에서 이 이야기가 어떠한 방향으로 나아가게 될지 아직 모르는 것처럼 말이다. 물론 이후 이야기는 완벽히 계획된 것처럼 그를 이끌어 나가지만 말이다. 그러나 그는 마음속에 매우 명백한 한 가지를 지니고 있다. 그 특유의 서술의 힘과 비형식성의 혼합, 형용사를 붙여 의미를 명확하게 정의해 보자면 시의 '편력하는' 운동성이라 부를 수 있는 것을.

'공간'이 보이는 이러한 특징은 아리오스토의 시 전체에서나 각 칸토 속에서, 혹은 한 연이나 시행 속에서도 알아볼 수 있다. 8행 시구는 그의 시의 특징을 가장 쉽게 인지할 수 있는 단위이다. 아리오스토는 8행 시구에서 쉬었다 가면서 스스로 그 안에서 편안함을 느끼는데, 그의 시의 경이로움은 내킬 때마다 쉬어 가는 듯한 시인 자신의 태도에 있다.

이는 무엇보다 두 가지 이유 때문이다. 하나는 8행 시구 자체에 내재하는 것인데, 이 시구 속에서는 하나의 연이 고상하고 서정적인 톤에서 산문적이고 희극적인 톤으로 바뀔 수 있을 뿐만 아니라 긴 대사까지 처리할 수 있기 때문이다. 또 다른 이유는 어떠한 한계에도 구속되지 않는 아리오스토의 시작 기법에 근거한다. 단테와 달리 그는 자기 자신을 내용에 따라 엄격하게 화자로서 배치하거나, 칸토의 숫자나 각 칸토마다 연의 숫자를 정해 놓는 대칭법의 규칙에 얽매이지 않았다. 『광란의 오를란도』에서 가장 짧은 칸토는 72연으로 이루어져 있고, 가장 긴 것은 199연으로 되어 있다. 아리오스토는 자신이 원하는 대로 한 줄로 말할 수 있는 것을 여러 연으로 늘려 말하기도 하고, 길게 서술할 수 있는 것을 단 한 줄의 시구로 말하기도 하면서 자유롭게 써 나간다.

아리오스토의 8행 시구의 비밀은 재빠르게 진행되는 아이러니한 여담뿐만 아니라, 구어의 다양한 운율을 따르면서 데 상크티스[1]가 "언어의 불필요한 장식"이라고 지적했던 것들을 오히려 풍부하게 사용하는 데 있다. 그러나 구어체는 그가 작품 안에 설정한 여러 언어의 층위 중 하나일 뿐이다. 그가 사용하는 다양한 언어 층위는 서정적인 언어에서부터 비극적이고 교훈적인 언어까지를 모두 망라하며, 하나의 연 안에 모두 공존하기도 한다. 아리오스토는 매우 간결한 언어를 사용한 것으로도 유명하며 그의 많은 시들은 하나의 경구처럼 쓰이고 있다. "이처럼 인간의 판단은 자주 오류에 빠지고 마는 것이다." 또는 "옛 기사의 위대한 덕이여!" 등을 그런 예로 들 수 있다. 그러나 아리오스토가 서술의 속도를 변화시키기 위해서 단순히 이러한 여담만을 사용하는 것은 아니다. 8행 시구의 구조는 리듬의 불연속성에 기초하고 있다고 해야만 한다. 첫 번째 여섯 줄은 교대되는 두 운율로 연결되다가 운율을 맞춘 대구로 끝이 난다. 이 마지막 2행 대구는 오늘날 우리가 '안티클라이맥스'라고 부르는 효과를 발생시킨다. 즉 운율에서뿐만 아니라 심리적이고 내용적인 측면에서, 교양 있는 어투에서 토속적인 어투로, 진지한 어투에서 희극적인 어투로 갑작스럽게 변하는 것이다.

 물론 아리오스토는 전문가로서 8행 시구의 이러한 특징을 자유자재로 쓸 수 있었다. 그러나 이렇게 시의 연에 휴지(休止)와 변동의 위치를 확정하고, 운율에 각기 다른 구문상의 구조를 부여하고, 긴 문장과 짧은 문장을 번갈아 쓰며, 하나의 연을 두 개로 나누거나 연과 연을 연결하기도 하고, 끊임없이 서술의 시제를 바꾸고, 먼 과거 시제에서 반과거 시제로,

---

[1] De Sanctis(1817~1883). 19세기 이탈리아 문학비평가.

현재 시제로, 그다음엔 미래 시제로 교체하면서, 한마디로 서술의 지평과 전체적인 배열을 새롭게 창조해 가면서 명민하게 운동감을 부여하지 못했다면 시는 단조로운 것이 되고 말았을 수도 있다.

그의 운문에서 관찰할 수 있는 이러한 자유롭고 경쾌한 운동감은 서술 구조와 이야기 구성의 차원에서 더욱 두드러지게 드러난다. 우리가 기억하듯이 그의 시에는 두 가지 주요한 이야기가 있다. 첫 번째는 안젤리카의 불운한 연인이었던 오를란도가 차츰 광폭한 광기에 빠져 드는 과정과 기독교 군대가 그들을 이끌 영웅을 잃고 사라센 군대에게 프랑스를 빼앗기는 과정, 또한 미친 오를란도의 영혼을 달나라를 찾아간 아스톨포가 되찾아와 다시 제 주인의 몸으로 돌려보내는 과정에 대한 이야기다. 두 번째 이야기가 이와 병행하여 진행되는데, 기독교 군대의 여성 전사인 브라다만테를 향한 사라센 군대의 전사 루지에로의 운명적이지만 쉽게 맺어지지 못하는 사랑 이야기가 그것이다. 구체적으로는 이들의 사랑을 가로막는 장애물들과 예정된 결혼이 주로 이야기되는데, 이는 루지에로가 자신의 소속을 바꾸어 기독교 세례를 받음으로써 브라다만테의 사랑을 얻게 될 때까지 계속된다. 루지에로와 브라다만테의 이야기는 오를란도와 안젤리카의 이야기 못지않게 중요하다. 아리오스토가(그보다 앞선 보이아르도와 마찬가지로) 루지에로와 브라다만테의 이야기를 통해 자기를 후원한 귀족들에게 자신의 시를 정당화할 뿐만 아니라, 당대의 페라라[2]와 이탈리아를 신비로운 옛 기사들의 시대와 연결함으로써 에스터 가문의 혈통을 강조하고 있기 때문이다.[3] 이 두 가지 중심 이야기와 이로부터 뻗어 나오는 끝없는 이야기들은 서로 교차되면서 진행되지만, 각각

---

2) 이탈리아 북부에 위치한 도시로, 13세기 에스테 가문이 통치하기 시작하면서 문화적 중심지로 번성했다. 아리오스토 작품의 필사본도 이곳에 보존되어 있다.

서사시 전체의 보다 근본적인 주제인 샤를마뉴 황제와 아프리카의 왕 아그라만테가 벌이는 전쟁 이야기를 중심으로 발전해 나간다. 이 전투의 구체적인 내용은 무어인들이 파리를 포위한 사건과 이에 대한 기독교도들의 방어 공격, 아그라만테 군대 내부의 불화 사건을 다루는 칸토에 특히 집중되어 있다. 실제로 서사시의 공간상 중심에 위치한 도시가 파리라는 점에서 파리 함락 사건은 이 시의 무게중심에 해당한다고 할 수 있다.

> 파리는 프랑스의 거대한 평지에 해당하며,
> 프랑스의 배꼽이자 중심이다.
> 강은 성벽 안으로 흐르면서
> 이 도시의 다른 입구로 흘러 나간다.
> 그러나 강은 이 도시의 (가장 중요한) 한 부분을
> 이루는 섬을 만들어 낸다.
> 다른 두 부분(이 커다란 도시는 세 부분으로 이루어져 있으므로)은
> 해자에 둘러싸여, 강 안쪽에 자리한다.
>
> 도시는 몇 마일에 걸쳐 있으며,
> 따라서 사방에서 공격당할 수 있다.
> 그러나 아그라만테는 자신의 군대를 위험에 노출시키지 않으려 애쓰면서

---

3) 아리오스토는 페라라의 에스테 가문의 에르콜레 공작 1세의 아들 이폴리토 데스테 추기경을 보좌하며 외교적인 업무를 수행했다. 아리오스토는 이 작품을 통해 루지에로를 에스터 가문의 선조로 설정하고, 그와 브라다만테의 결합으로부터 에스터 가문이 이어져 내려왔음을 보여 줌으로써 당대의 에스터 가문을 예우했던 것으로 볼 수 있다.

도시 한편을 집중적으로 공격하는가 하면,

방향을 바꾸어 공격하고자 서쪽 강 너머로 후퇴하기도 했다.

따라서 스페인으로 향하는 길이 이어지는

그의 군대의 뒤쪽 마을과 지역은

이미 모두 그의 수중에 들어 있었다.

(14곡, 104~105행)

위와 같은 설명에 비추어 볼 때, 이 서사시의 주요 주인공들은 파리에서 그 여정을 끝낼 것처럼 보인다. 그러나 사실은 그렇지 않다. 주요 인물들 대부분은 이러한 에피소드 집합에서 보이지 않는다. 로도몬테[4] 수하의 수많은 인물들만이 보일 뿐이다. 도대체 다른 인물들은 모두 어디로 간 것일까?

이 서사시의 공간에는 또 다른 무게중심이 있었다. 이 무게중심은 앞서의 무게중심에 대응하는 부정의 지점에 해당하며, 주요 인물들을 차례로 집어삼키는 덫이자 일종의 소용돌이로, 마법사 아틀란테의 마법의 성이 바로 그것이다. 아틀란테의 마법은 환상 속의 건축물을 만들어 낸다. 이미 4곡에서 그는 마법을 써서 피레네 산꼭대기에 전체가 철로 만들어진 성을 세운 바 있다. 그러나 그 성은 이내 무너지고 만다. 12곡에서부터 22곡에 걸쳐 우리는 영국해협에서 멀지 않은 곳에 중심이 비어 있으며, 이 서사시가 그리는 모든 이미지들을 굴절시키는 소용돌이와도 같은 성이 세워지는 것을 보게 된다.

오를란도는 안젤리카를 쫓다가, 우연하게도 아틀란테의 마법에 희생

---

4) 아프리카의 왕.

된다. 이것은 이 시에 등장하는 용감한 기사들에게, 거의 같은 표현들로 반복되는 하나의 패턴이다. 그는 자신의 연인이 납치되어 가는 것을 목격하고, 그녀를 납치해 가는 자를 추격하다가 어느 신비로운 궁전에 들어가게 되고, 그 안의 홀과 사람이 아무도 없는 복도를 이리저리 돌아다니게 된다. 다른 말로 하자면 궁전에는 오를란도를 비롯한 기사들이 찾고자 했던 것은 없었고, 단지 그것을 좇았던 사람들만 모여 있을 뿐이다.

태피스트리와 차양 아래를 돌아다니며 궁전의 주랑과 복도를 헤매는 자들은 저 유명한 기독교도 기사들과 무어인 기사들이다. 그들은 모두 자신들이 사랑하는 여인의 이미지에 사로잡히거나, 적군이나 빼앗긴 말, 혹은 잃어버린 어떤 물건을 찾으러 나섰다가 성안에 들어선 것이다. 그리고 그들은 이제 더 이상 성벽 밖으로 떠날 수 없다. 어떤 이들은 떠나려고 애쓰다가도 자신을 다시 부르는 목소리를 듣고 되돌아오는데, 그러고 나면 좇던 환영은 어디론가 사라지고 만다. 그가 구해야만 하는 곤경에 처한 여인이 창문가에 나타나 도움을 청하는 경우도 있다. 아틀란테는 이러한 환상 속의 왕국을 창조해 냈다. 삶이 항상 다양하고 예측 불가능하며 변화하는 것인 반면, 환상 속에서는 모든 것이 단조롭고 늘 같은 환영만이 되풀이될 뿐이다. 욕망은 무(無)를 향한 하나의 경주다. 아틀란테의 마법은 폐쇄된 미로 속에서 채우지 못한 모든 욕망에 집중하지만, 서사시 세계의 열린 공간 안에서 인간의 움직임을 지배하는 규칙까지 바꿔 놓지는 못한다.

아스톨포는 자신의 말 라비카노를 훔친 어린 농부를 쫓다가(혹은 쫓고 있다고 생각하면서) 궁전에 마지막으로 등장하는 인물이다. 그러나 아스톨포는 어떠한 주술에도 걸리지 않는다. 그는 이 성에 관한 모든 것을 설명해 놓은 마법의 책을 갖고 있었기 때문이다. 아스톨포는 입구에 있는 대리석으로 곧장 다가간다. 그가 할 일은 돌을 들어 올려 성 전체가 연기 속으로 사라지게 하는 일뿐이다. 그러나 그 순간 그는 한 무리의 기사들에게 에워싸이게 된다. 그들 대부분은 아스톨포의 친구들이었지만 그들은 그를 환영하기는커녕 칼을 들고 금방이라도 그를 향해 돌진할 태세다. 도대체 무슨 일이 일어난 것일까? 그것은 무서운 위협을 피하기 위해 마법사 아틀란테가 사용한 마지막 마법으로, 성안에 갇힌 사람들에게 아스톨포를 자신들이 찾던 바로 그 사람으로 착각하게 만들었던 것이다. 그러나 변신한 아스톨포는 나팔을 불어 마술사와 그의 마법을, 그의 마법에 걸린 희생양과 함께 쫓아낸다. 꿈과 욕망과 질투가 거미줄처럼 얽히고설킨 마법의 성은 곧 사라진다. 다시 말해 성은 더 이상 문과 계단과 벽이 있는 외부 공간에 존재하는 것이 아니라, 우리 내면으로, 우리의 미로와 같은 사고 속으로 다시 들어가는 것이다. 이제 아틀란테는 자신이 시 속에서 행동의 자유를 모조리 빼앗았던 다른 인물들을 원래대로 돌려놓는다. 그러나 이것은 정말 아틀란테가 한 것일까, 아니면 아리오스토가 한 것일까? 사실 시의 구조상 성은 화자에게 하나의 기술적인 도구일 뿐이다. 물리적으로는 수많은 플롯을 동시에 진행할 수 없기 때문에, 화자는 수많은 칸토가 지속되는 동안 등장인물들의 행동을 정지시켜 놓음으로써, 카드패를 한쪽에 두고 적절한 순간마다 꺼내어 놀이를 계속할 필요를 느꼈던 것이다. 예언적인 운명이 다가오는 것을 지연시키고 배치한 인물들의 이야기를 교대로 증가시키거나 줄여 나가는 전략적인 시꾼(poet-tactician)으로서 그는 등장인물들을 한데 모았다가 또다시 흩어지게 함으로써 그들이 분리될 수 없을 때까지 서로를 섞는다. 46곡과 마지막 곡인 47곡에서 아리오스토는 자신이 염두에 두고 있는 수많은 독자들의 목록을 열어 보인다. 이는 『광란의 오를란도』의 진정한 헌사로서,

아리오스토가 첫 번째 칸토의 첫머리에서 후원자이자 '헤르쿨레스의 고귀한 자손'이라 칭한 에스테 왕가의 이폴리토 데스테 추기경에게 바쳤던 의무적인 헌사보다 훨씬 더 헌사답다. 시(詩)라는 배는 이제 항구로 들어오고 있으며, 이탈리아 도시들 중에서 가장 아름답고 고귀한 여인들은 자신의 기사와 시인과 교양인들과 함께 항구에서 시인을 기다리는 중이다. 아리오스토가 여기서 우리에게 선사하는 것은 등장인물의 이름이 빼곡한 명부와 그의 친구들과 동시대인들에 대해 기록한 간략한 개요들이다. 이것은 아리오스토가 그리는 사회의 이미지일 뿐 아니라, 그가 생각하는 이상적인 문학 독자들에 대한 정의이다. 일종의 구조적인 전도를 통해 시는 독자들의 시선 하에서 자율적으로 진행되며, 스스로를 돌아본다. 자신이 향하고 있는 독자들을 통해 스스로를 정의하면서 말이다. 또한 거꾸로 이 시는 현재와 미래의 독자들을 정의하고 상징한다. 이들 독자들은 시가 벌이는 놀이에 참여하며, 이 시 안에서 자기 자신을 발견하게 될 것이다.

(1974)

아리오스토의 명시선

아리오스토 탄생 500주년을 맞아 『광란의 오를란도』가 내게 어떤 의미를 지니는지 자문해 본다. 그러나 내가 이전에 쓴 글들에 남겼던 바와 같이 이 시의 어디를 어떻게 얼마나 각별히 아끼는지에 관해 말하는 것은 과거에 했던 일을 다시 하는 것에 불과하다. 그러나 내게 아리오스토의 정신은 언제나 뒤로 돌아가는 게 아니라 앞으로 나아가는 것을 의미한다. 어느 경우에나 내가 이 시를 얼마나 편애하는지를 보여 주는 증거는 너무나 명백해서 따로 지적하지 않아도 독자들이 쉽게 알아볼 수 있으리라 생각한다. 나는 이 기회를 이용하여 시로 다시 돌아가 기억을 더듬거나 우연히 눈에 들어온 구절들을 모아 개인적으로 아리오스토의 명구 모음선을 만들어 보고자 한다.

나는 아리오스토의 본질적인 시정신은 우리를 새로운 모험으로 이끄는 구절들에서 드러난다고 생각한다. 낯선 모험의 상황은 예를 들면, 서사시의 주인공이 우연히 강둑에 서 있는 가운데, 배 한 척이 다가오면서 시작되기도 한다.

> 기사는 반대편으로 건너갈 방도를 찾으려고
> 강둑 전체를 눈으로 훑고 있었다.
> (그는 물고기도 새도 아니니까.)
> 그때 갑자기 배 한 척이
> 자신을 향해 다가오는 것을 보았다.
> 그 배에는 한 여자가 앉아 있었는데,
> 그 몸짓은 마치 그가 와 주기를 바라는 듯했다.
> 그러나 배를 강둑에 정박시킬 생각은 하지 않았다.
> (『광란의 오를란도』, 9곡 9행)

내가 하려는 연구는(내가 할 수 없다면 다른 누군가가 나를 대신해 할 수 있는 연구는) 이러한 상황에 관한 것이다. 해안가나 강둑, 강기슭에 서 있는 한 사람, 강둑에서 조금 떨어져 있는 배 한 척, 새로운 모험을 시작하게 할 어떤 전조나 우연한 만남.(때로 이러한 상황은 거꾸로 재현되어, 배 위의 주인공이 항구나 뭍에 있는 누군가와 우연히 마주치기도 한다.) 이와 유사한 상황들을 포함하는 구절들은 거의 리머릭[1]에 가까운, 순수한 말의 추상적인 놀이가 펼쳐지는 8행 시구에서 최고점에 이른다.

> 이곳을 떠나 그는

---

1) 과거 아일랜드에서 유행한 희극적인 5행시.

알헤시라스[2]라는 도시에 도착했다.
그곳은 지벨타로 혹은 지벨테라 해협[3]이라고도
부르는 곳에 자리하고 있다.
그곳에서 그는 돛을 단
배 한 척을 보게 되었다.
그 배는 편안히 휴식을 취하면서 산뜻한 아침의 미풍을 즐기며,
평화로운 바다를 헤쳐 나가는 사람들로 가득했다.
(30곡 10행)

이것은 내가 탐구하고 싶은, 그러나 사실 이미 연구가 이루어졌던 또 다른 주제를 포함하고 있다. 『광란의 오를란도』에 나오는 지명은 항상 그 이름이 무의미하게 지어졌음을 암시한다. 아리오스토가 언어 유희로 즐겨 취했던 소재는 무엇보다 영어 지명이었다. 이런 점에서 아리오스토는 이탈리아 문학에서 영어를 즐겨 쓴 최초의 문인으로 평가된다. 여기에서는 특히 그가 사용하는 낯선 이름들이 이국적인 이미지들의 메커니즘 속에서 어떻게 기능하는지도 밝힐 수 있을 것이다. 예를 들어 10곡에서 우리는 레몽 루셀[4]의 수수께끼와 유사한 것을 발견하게 된다.

둥지에 날개를 펼친 매는
데본 가(家)의 레이먼드 공작의 것이다.

---

2) 스페인 남단 안달루시아 지방의 카디스 주에 있는 항구 도시.
3) 지브롤터 해협을 뜻한다.
4) Raymond Roussel(1877~1933). 현대 프랑스 작가. 초현실주의와 누보로망에 많은 영향을 끼쳤다.

노랗고 검은 볏은 윈체스터 백작의 것이며
개는 더비 백작의 것이고, 곰은 옥스퍼드 백작의 것이다.
저 앞에 보이는 수정 십자가는
부유한 바스 주교의 것이다.
그리고 회색 벽에 기대어 있는 부서진 의자는
서머싯의 하리맨 공작의 것이다.
(10곡 81행)

  이러한 평범하지 않은 운율을 이야기하자면, 32곡 63연을 언급하지 않을 수 없다. 이 부분에서 브라다만테는 아프리카 지명이 빽빽한 세계를 출발하여 겨울 폭풍이 휘몰아치는 아이슬란드 여왕의 궁궐 안에 이르기까지 이동한다. 『광란의 오를란도』에서는 보통 평범한 날씨가 계속되는데, 이 에피소드만은 특이하게도 비 오는 날이 배경이다. 이 부분은 단 한 편의 8행 시구로 구성되어 있으며, 갑자기 기온이 악화된 상황에서 시작된다.

마침내 브라다만테는 고개를 들어
모리타니아[5] 왕의 등 뒤로 해가 지는 것을 바라본다.
해는 수직으로 낙하하는 새처럼
모로코 너머의 저 드넓은 바다의 품으로 떨어졌다.
하지만 그녀가 저 넓은 숲에서 잠을 잘 만한 쉴 곳을
찾으려고 생각한다면 그건 어리석은 생각이다.

---

5) 아프리카 북서부의 공화국.

그곳에는 날 선 바람이 불고 공기는 가라앉아 있으며
저녁에는 눈비가 퍼붓기 때문이다.

가장 복잡한 은유라 하면 페트라르카의 서정시를 떠올리겠지만, 아리오스토 또한 모든 역동적인 움직임에 대한 욕구를 복잡한 은유를 통해 드러냈다. 이런 점에서 다음의 시구는 등장인물의 감정을 묘사하기 위해 극도로 혼란스러운 공간을 기록하는 것처럼 보인다.

아, 그러나 내 비이성적인 욕망을 탓하지 않는다면
무엇을 탓해야 하겠는가?
욕망은 나를 하늘 높이 들어 올린 채로 저 높은 하늘을 날고,
이윽고 그것의 날개를 잡아먹으려 하는 불의 세계에 이르게 된다.
그것은 더 이상 참지 못하고, 나를 하늘에서 떨어뜨린다.
그러나 이것이 고난의 끝은 아니다.
욕망은 또다시 날개를 펼쳐서는 불길에 닿는다.
그리하여 나는 끝없이 오르고 떨어지기를 반복한다.

나는 지금까지 성애적인 묘사가 들어 있는 시구는 소개하지 않았다. 사실 이러한 묘사의 가장 뛰어난 예는 이미 너무나 잘 알려져 있다. 사람들이 잘 떠올리지 못하는 것으로 골라 본다면, 나는 좀 더 무게감 있는 시구를 소개하게 될 것이다. 사실 내용상 가장 성적인 긴장감이 팽팽한 순간에 포 계곡[6]의 진정한 주민인 아리오스토는 갑자기 솜씨가 무뎌지

---

[6] 이탈리아 북부를 가로지르는 강. 아리오스토는 포 강이 흐르는 주요 도시인 페라라에서 거의 일생을 보냈다.

고, 이내 긴장감을 늦추고 만다. 가장 섬세한 성애적 효과가 나타나는 에피소드인 피요르디스피나와 리치아로데토의 칸토(25곡)에서조차 섬세한 솜씨는 고립된 하나의 연보다 이야기와 그 전체적인 효과로 표현된다. 내가 할 수 있는 최선이란 일본의 풍속 판화에서와 같이 복잡다단하게 얽힌 많은 문구들을 인용하는 일일 것이다.

    아칸서스 덩굴은 우리가
    우리 자신의 목과 옆구리, 팔과 다리,
    그리고 가슴을 단단하게 묶어 놓는
    끈처럼 기둥을 덮고 있었다.

아리오스토의 시에서 가장 에로틱한 순간은 어떤 일이 이루어지는 순간 그 자체보다 그러한 일을 기다리는 일, 그 첫 번째 전율, 전희(前戲)가 일어날 때다. 그의 묘사가 절정에 다다르는 순간이 바로 이때다. 알치나가 옷을 벗는 순간의 에피소드는 너무나 유명하지만 끊임없이 독자들을 사로잡는 부분이다.

    그러나 알치나는 치마도 속치마도 입지 않은 상태였다.
    대신 그녀는 얇고 투명하며 고급스러운
    흰 드레스로 몸을 감싸고,
    그 위에 가벼운 비단 천을 두르고 있었다.
    루지에로가 그녀를 껴안자 비단 천이 흘러내렸고,
    얇고 속이 훤히 비치는 드레스만이
    맑은 유리가 장미나 백합을 투명하게 비추듯

그녀의 몸을 드러내었다.

(7곡 28행)

아리오스토가 그려 내는 여성의 맨몸은 르네상스 시대가 선호했던 풍만한 육체가 아니다. 그것은 오히려 현대인들의 취향에 적합한, 차갑고 흰 피부를 연상시키는 어린 육체에 가깝다. 8행 시구의 움직임은 마치 가까이 갔다가 다시 멀리 떨어지면서 모든 것을 다소 모호한 상태에 남겨 두는 렌즈처럼 육체에 접근한다. 계속해서 가장 생생한 에피소드를 꼽아 보자면, 자연 풍경과 인물의 육체를 혼합하여 묘사하는 올림피아 에피소드에서 자연 풍경이 벗은 육체를 압도하는 장면이다.

그녀의 피부는 순결한 눈보다 더 하얗게 빛났으며,
상아보다 더 부드러웠다.
그녀의 작고 둥근 가슴은
부드러운 흰 치즈와도 같았다.
그 두 젖무덤 사이로
흰 눈이 덮여 있던 겨울이 지나고
이른 봄을 맞은 완만한 언덕들에 난
그늘진 계곡 같은 길이 펼쳐졌다.

(11곡 68행)

이러한 애매모호한 전환이 아리오스토의 서사적 운문이 발전시킨 시의 주요 특징인 정확한 묘사를 흐려 놓는 것은 아니다. 8행 시구 하나가 얼마나 풍부한 세부 묘사와 기술(記述)적인 정확도를 보여 줄 수 있는지 살펴보려면 다음의 결투 장면을 보면 된다. 그중에서도 마지막 칸토의 다음 구절만으로도 충분하다.

> 로도몬테는 그를 향해 말을 몰았다.
> 그러나 말을 가지고 있지 않았던 루지에로는
> 기민하게 로도몬테를 피했다.
> 그리고 옆으로 비켜서서는 로도몬테가 지나가는 순간
> 그의 말고삐를 왼손으로 낚아채고,
> 검을 쥔 오른손으로는
> 로도몬테의 옆쪽이나 배, 가슴 부분을 찔렀다.
> 로도몬테는 옆구리와 허벅지에 상처를 입었다.
>
> (46곡 126행)

이러한 정확한 세부 묘사에는 간과해서는 안 되는 것이 또 있다. 운율의 형식 내부에서 벌어지는 논쟁과 논박이 그것이다. 아리오스토는 이러한 종류의 묘사를 가장 세밀하고도 주의 깊게 의미를 드러내는 방식으로 표현한다. 거의 법정 공방에 가까워 보이는 이 극도로 기민한 세부 묘사는 리날도가 치정 사건에 휘말려 기소된 기네브라를 유능한 변호사처럼 변호하는 부분에서 발견할 수 있다. 리날도는 실제로 그녀가 유죄인지 무죄인지 알지 못한다.

> 기네브라가 이러한 일을 저지르지 않았다고 말하는 것은 아닙니다.
> 저는 어떠한 사실도 정확히 알지 못하기에
> 만약 그렇게 말한다면 거짓을 말하는 것이 될지도 모릅니다.

그러나 저는 확실히 그녀에게 어떠한 처벌도 내려서는 안 된다고 말하고자 합니다.
이러한 악법을 처음으로 만든 사람은 정의라는 걸 몰랐거나 미쳤던 것이라고,
이러한 법은 공정치 못한 것으로 폐지되어야만 한다고,
그리고 현명한 법률인이
새로운 법을 제정해야 한다고 주장합니다.
(4곡 65행)

내가 마지막으로 소개하고자 하는 시구는 잔혹한 대학살을 묘사하는 폭력적인 장면이다. 이러한 부분들 중 하나를 선택하기란 상당히 곤란한 일이었는데, 모두들 같은 공식을 따르는 것처럼 상투적인 묘사로 일관하기 때문이다. 심지어는 같은 시구를 반복하거나 단순히 재배열하는 경우도 있다. 얼핏 보아도 한 연에 등장하는 다음과 같은 폭력 묘사는 이후『다섯 편의 노래』에서도 발견된다.

그는 그들 중 두 사람의 허리와 엉덩이 사이를 베어 놓았다.
말의 안장 위에는 상반신이 잘려 나간 다리가 남아 있었다.
그는 다른 한 사람을 머리끝에서부터 앉은 자리까지 베었고,
그러자 깨끗하게 두 동강이 났다.
그는 또 다른 세 사람의 등 뒤에서 그들의 오른쪽 혹은 왼쪽 어깨를 공격했다.
그리고 그들의 젖꼭지 아래께 옆쪽에
창으로 강하고 고통스러운 일격을 가했다.

또한 그는 다른 열 사람을 향해 공격했다.
(4곡 7행)

우리는 여기서 바로 이러한 학살 행위가 작가가 예상하지 못했던 폐해를 일으켰음을 알게 된다. 바로 '옆(lato)'이라는 단어가 의미의 변동 없이 운율을 맞추어 반복되는 것으로, 이것은 작가가 미처 수정할 시간이 없어 드러난 실수다. 실제로 이 연이 상처에 관한 언급으로 넘쳐난다는 것을 생각하면서 자세히 읽어 보면, 마지막 줄 전체가 하나의 반복임을 알 수 있다. 창을 가지고 돌격하는 일은 이미 앞에서 예시되었기 때문이다. 앞서 나왔던 세 명의 희생자가 등 뒤에서부터 공격당했으며, 마지막 열 명의 희생자는 옆에서 공격당하는 다소 독특한 경우가 아니라면 말이다. 마지막 줄에 쓰인 '옆(lato)'이라는 단어가 '엉덩이(fianco)'라는 의미로 사용된 것이라면 그나마 이해할 만하겠다. 하지만 그게 아니라면 '옆(lato)'이라는 단어를 '가슴(costato)'과 같은 단어처럼 '-ato'로 끝나는 다른 단어로 쉽게 대체할 수도 있었을 것이다. 『다섯 편의 노래』로 알려진 이 작품을 계속 쓸 수 있었다면 아리오스토는 반드시 다음과 같이 수정했을 것이다. "젖꼭지 아래께 가슴 한가운데에…… 일격을 가했다."
나는 끊임없이 진행 중인 아리오스토의 작품에 우정 어린 이 소박한 글을 바침으로써, 시인에게 경의를 표하고자 한다.

(1975)

지롤라모 카르다노

햄릿이 2막에서 무대에 등장할 때 읽고 있던 책은 무엇이었을까? 폴로니우스가 이를 묻자, 햄릿은 "말 말, 말."[1]이라고 답한다. 그러나 궁금증이 완전히 가시는 것은 아니다. 이 덴마크 왕자가 다음번에 무대에 등장하면서 읊는 "있음이냐, 없음이냐, 그것이 문제로다."로 시작하는 독백[2]에 당시 읽고 있던 책을 암시하는 단서가 들어 있었다면, 그 책은 잠드는 것과도 같은(꿈을 꾸든 그렇지 않든 상관없이) 죽음이라는 문제를 다룬 것이어야만 한다.

잠과 죽음에 관한 주제는 지롤라모 카르다노(Gerolamo Cardano, 1501~1576)의 『위안(*De Consolatione*)』의 한 대목에서 매우 자세하게 논의된다. 이 책은 1573년 영어로 번역되어 옥스퍼드 백작에게 헌정되었다. 따라서

---

1) 윌리엄 셰익스피어, 『햄릿』(민음사, 1998), 최종철 옮김, 70쪽.
2) 같은 책, 94쪽. 제3막 1장에 나오는 것으로, 흔히 햄릿의 제3독백으로 불린다.

셰익스피어가 자주 드나들던 모임에서도 잘 알려져 있었다. 이 책에는 다른 이야기가 진행되는 도중에 다음과 같은 부분이 나온다. "가장 달콤한 잠이란 분명 어떤 꿈도 꾸지 않는, 거의 죽은 것과 다름없는 상태라 할 수 있는 깊은 잠이다. 반면 가장 끔찍한 잠은 병자에게서 흔히 볼 수 있는 것으로, 악몽과 환영에 시달리면서 자주 깨고, 매우 얕고 불안정하게 자는 잠이다."

이것만을 갖고, 셰익스피어 작품의 출처를 연구하는 학자들이 지적하듯, 햄릿이 읽던 책이 카르다노의 것이 분명하다고 결론짓기란 어려운 일인지도 모른다. 또한 윤리적인 주제를 다룬 이 소논문은 카르다노의 천재성이 드러나는 그의 주요 저작과는 거리가 멀기에, 셰익스피어가 이 논문을 우연히 접했다고 보기도 어렵다. 그러나 위 구절에서 카르다노는 분명 꿈에 대해 논하고 있고, 이는 결코 우연이라고 할 수 없다. 카르다노는 끊임없이 꿈에 관해 논의했다. 특히 그는 자신이 직접 꾼 꿈에 대해 이야기하면서, 그러한 꿈들을 묘사하고 해석하며 주석을 붙였다. 이것은 카르다노가 저서에서 기술한 대로, 과학적인 사실 관찰과 수학적 추론이 점성학적인 운명의 징조와 전조, 마술의 영향, 악마의 손길이 미치는 일상적인 삶에서 출발하기 때문만은 아니다. 그는 객관적인 연구를 하는 데 있어서, 어떠한 현상도 배제하지 않은 채 무엇보다 가장 내밀한 주관에서 떠오르는 모든 것들을 수용했을 뿐이다.

카르다노의 이러한 불안한 심리는 그가 서투른 라틴어로 쓴 글을 영어로 번역해 놓은 글에서도 드러난다. 카르다노는 의학자로 전 유럽에 명성을 떨쳤고, 그러한 명성은 모든 지식 영역을 넘나들었던 그의 저작에서도 확인된다. 카르다노가 다양한 영역에서 평판을 얻었다는 사실을 떠올린다면, 그가 관심을 두었던 주변적인 지식 영역이 그와 셰익스피어를 연결해 주는 고리가 되지 않았을까 추론해 볼 수 있다. 이 주변적인 지식 영역이란 정확히 말해 카르다노가 연구하기 시작할 당시에는 별다른 이름조차 없었고 연구 대상조차 분명치 않았던 분야였다. 그것은 단지 흐릿하지만 끊임없이 제기되는 내적 필요성에 의해 천착하게 된 모호한 분야로, 후대에 이르러서야 심리학과 인간의 내성(內省) 및 실존적인 불안을 연구하는 전문가들이 개척하게 된 영역이었다.

바로 이러한 점들 때문에 우리는 카르다노의 사후 400년을 맞은 오늘날의 시점에서도 그를 친근하게 느끼는 것이다. 그러나 카르다노의 이러한 연구가 그를 과학사에서 다양한 분야의 기초를 닦은 선구자로 자리매김 하게 한 발견과 발명, 직관의 결과물들의 중요성을 깎아내리는 것은 아니다. 또한 신비로운 재능을 지닌 사람이자 마법사로서 그가 얻었던 명예나 명성을 떨어뜨리는 것도 아니다. 카르다노의 명성은 또한 그 자신이 언제나 스스로에게 부여하던 것으로서, 그는 자신의 유명세를 자랑스럽게 여겼다. 또한 자신의 명성에 스스로 놀라기도 했다.

카르다노의 『나의 생애(De Propria Vita)』는 그가 죽기 얼마 전 로마에서 쓴 자서전으로, 작가이자 한 인격체로서의 그의 모습을 생생하게 보존하고 있다. 이탈리아 문학만을 놓고 보자면, 카르다노는 자격을 갖추지 못한 작가라 할 수 있다. 모든 책을 라틴어로 쓰느라 고집을 부리지 않았더라면(그는 오직 라틴어만이 불멸할 거라고 생각했다.) 그리하여 지방어로 자기 자신을 표현했었더라면(그 언어란 분명 레오나르도 다빈치가 썼던 것과 같은 거칠고 어색한 이탈리아어였을 것이다.) 16세기 이탈리아 문학에는 또 한 명의 고전 작가 대신, 기이한 작가 한 명이 추가되었을 것이다. 괴상한 것으로 치자면 당대를 더욱 완벽하게 대표한다고 할 수 있는 독특한 작가를 말이다. 르네상스 시대 라틴어 문화라는 거대한 바다에 속한 그의 저작은 이제 오직 학자들만이 읽을 수 있는 것이 되었다. 그러나 이는 비평가들이 주장하는 것처럼 카르다노의 라틴어가 서투르기 때문이 아니라(사실 그의 문체가 알기 어렵고 기이할수록, 그의 작품을 더 흥미롭게 읽을 수 있다.) 그의 라틴어가 말하자면 어두운 유리를 통해 글을 읽도록 만들기 때문이다.(가장 최근의 이탈리아 번역본은 1945년 에이나우디 출판사의 유니베르살레 시리즈로 출간된 것이다.)

카르다노가 글을 쓴 것은 단지 그가 연구 결과를 발표하는 과학자나 거대한 백과사전을 완성하는 데 심혈을 쏟는 박학다식한 작가, 혹은 매 페이지를 채우느라 병적으로 매달리는 강박적인 사람이었기 때문이 아니었다. 그는 자신에게서 달아나는 것처럼 보이는 언어들을 포착하고자 노력하는 천재적인 작가였다. 아래의 구절들은 그가 어린 시절에 보고 기억한 것을 기록한 내용으로, 언젠가 '프루스트의 선구자들'이라는 이상적인 제목으로 선집이 나온다면 바로 그 책에 넣을 만한 글이다. 이 글에서 그는 네 살에서 일곱 살 정도의 나이였을 때, 아침에 침대에서 꾸물거리는 동안 그를 사로잡았던 상(想)이나 백일몽 또는 일련의 이미지들, 환각적인 환영을 묘사하고 있다. 카르다노는 여기에서 '흥미로운 광경'을 마주한 정신 상태를 기록함과 동시에 이 설명할 수 없는 현상을 완벽하게 기술하고자 노력했다.

나는 사슬 갑옷처럼 생긴, 작은 원 모양으로 이루어진 비현실적인 이미지들을 보았다. 그때까지 한 번도 본 적이 없는 것이었지만, 그것은 침대 오른쪽 다리 구석에서 튀어나와서는 바닥에서부터 반원 모양을 형성하며 천천히 오르기 시작했고 이내 침대 왼편으로 사라졌다. 그 어떤 소리도 목소리도 들리지 않았지만, 성, 집, 동물, 말에 올라탄 기사, 수풀, 나무,

악기, 극장, 여러 다른 복장을 입은 사람들이 나왔고, 특히 나팔을 부는 사람들은 빠지지 않고 등장했다. 그러고 나면 군인, 군중, 들판, 처음 보는 형상들, 숲, 섞이지 않고 서로 경쟁이라도 하는 듯 보이는 사물들이 줄지어 흘러갔다. 흐릿한 형체들, 하지만 비어 있거나 존재하지 않는 형체들은 아니었다. 그것들은 오히려 투명하면서도 불투명한 것으로 그 형체에는 그것을 완성하는 색깔만이 빠져 있었다. 그렇다고 해서 이러한 형체들이 공기로만 만들어진 것도 아니었다. 나는 이러한 광경들을 즐겨 바라보곤 했는데, 한번은 고모가 내게 이렇게 물었다. "무얼 보고 있니?" 나는 대답하지 않았다. 내가 대답을 하면 이러한 광경 속 사물들이 무엇이건 간에 방해를 받고 축제를 중단할 것만 같아 두려웠기 때문이다.

이 구절은 그의 자서전의 한 장에 나오는데, 그는 이 장에서 꿈과, 자신이 겪었던 기이한 신체 현상들에 대해 서술하고 있다. 태어날 때부터 털이 수북했던 것이며, 밤이면 다리가 차가워지고 아침이면 땀이 흥건했던 일, 불길한 것을 말하려는 듯한 수탉이 나오는 꿈을 반복적으로 꾸었던 일들을 말이다. 또한 여기에는 어려운 문제를 풀고 난 후 몰두하던 페이지에서 고개를 들어 하늘을 올려다볼 때마다 머리 위에서 빛나던 달, 몸에서 유황 냄새나 향내가 나는 현상, 누군가와 싸웠지만 단 한 번도 상처를 입지도, 다른 사람에게 상처를 입히지도 않았던 일, 다른 사람이 해를 입은 것을 본 적이 없는 사실들까지 기록되어 있다. 이러한 일들이 자신에게 부여된 천부적인 재능임을 깨닫고 나서부터 그는 별 두려움 없이 모든 싸움이나 폭동에 몸을 던지곤 했다.(어떤 경우에는 이 재능을 제대로 발휘하지 못하기도 했지만 말이다.)

카르다노의 자서전은 특이한 성격과 운명을 타고난 자신을 끊임없이 걱정하는 내용으로 가득하다. 점성학을 믿었던 그의 말을 따르면 이러한 운명은 처음부터 정해져 있었던 것이라고 한다. 자신의 다양한 특이성들은 모두 그의 탄생일의 성좌에서 그 기원과 이유를 찾을 수 있다는 것이다.

마른 편에다 건강하지 못했던 카르다노는 자신의 건강을, 의사, 점성술사, 심기증 환자(오늘날 용어로 심신증 환자)라는 세 가지 입장에서 바라보았다. 따라서 그는 목숨을 잃을 뻔했던 병에서부터 얼굴에 난 가장 작은 반점에 이르기까지 극도로 세밀한 병리학적 기록을 남겼다.

이러한 기술은 주제별로 나뉜 『나의 생애』 1장의 한 부분에 들어 있다. 여기에는 부모님 이야기("작은 체구에 살집이 좋은 편에다 신앙심이 깊었던 어머니는 매우 뛰어난 기억력과 지성을 갖춘 여성으로 다소 성마른 분이셨다."), 자신의 출생과 별의 전조에 대한 이야기, 외모에 대한 묘사(일종의 내성화된 나르시시즘의 영향인 듯 섬세하고 스스로에 대해 잔인하면서도, 자기만족적인 성향을 띤다.), 식습관과 신체적인 습관, 장단점, 좋아하는 것들, 도박에 대한 지칠 줄 모르는 열정(주사위, 카드, 체스 게임), 옷 입는 취향, 걸음걸이, 종교와 자신이 따르는 의례들, 살던 집, 집안 재산의 손실과 빈곤, 위기와 우연한 사건들, 집필한 책, 의사로서 진단하고 치료했던 경험 중 가장 성공적이었던 사례 등이 모두 언급되어 있다.

카르다노가 자신의 삶을 연대기적으로 서술한 것은 단 한 장에 국한되어 있는데, 기복이 무척 심했던 그의 삶에 비춰 본다면 상당히 간략하다고 할 수 있다. 대신 그는 많은 에피소드들을 여러 장에 걸쳐 긴 분량으로 회상하고 있다. 어린 시절(베네치아의 한 도박장에서 칼부림을 하다가 가까스로 탈출했던 과정에 대한 이야기), 그리고 성인이 되어 도박꾼으로서 겪었던 모험(당시 사람들에게 체스는 돈을 버는 수단이었으며, 체스 게임의 일인자였던 그는 의사라는 직업을 버리고 도박을 생업으로 삼으려고도 했었다.)에서부터 천식으로 고생하던 한 주교를 치료하기 위해 스코틀랜드를 방문했던 일을 비롯해 유럽 전역을 돌아다녔던 놀라운 여행, 또한 아내를 죽인 죄로 교수형을 당한 아들의 비극에 이르기까지 말이다.

카르다노는 의학, 수학, 물리학, 철학, 종교와 음악을 망라하여 200권의 저서를 집필했다.(오직 회화 예술에 대해서만은 논하지 않았는데, 이 분야를 다룰 수 있는 것은 다방면에서 자신과 유사한 정신세계를 지녔던 레오나르도 다빈치뿐이라고 생각했던 듯하다.) 그는 또한 철자법에 대한 논문과 도박에 대한 논문(「주사위 게임에 대하여」)뿐만 아니라, 네로 황제에게 바치는 찬가, 통풍(痛風)을 앓던 여성 환자에 대한 글을 남기기도 했다. 그의 마지막 저서인 도박에 대한 논문은 확률 이론을 다룬 최초의 텍스트라는 점에서도 중요한 의의가 있다. 따라서 미국에서 출간된, 이 저서를 중심으로 한 연구서는 도박에 대한 복잡한 기술적인 부분만 떼어 놓는다면, 매우 유익하면서도 재미있다. 이 책은 내가 알기로는 카르다노에 대한 전기 중 최근작이다.(오이스틴 오어, 『도박꾼 학자, 카르다노』(프린스턴, 1953))

'도박꾼 학자.' 이것이 카르다노의 비밀이었을까? 확실히 그의 삶과 저서들은 위험을 무릅쓰고 승패가 엇갈리는 목숨을 건 도박의 연속처럼 보인다. 카르다노는 르네상스 시대의 과학을 더 이상 대우주와 소우주의 조화로운 통일체로 보지 않았다. 그는 그 시대의 과학을 오히려 무한히 다양한 사물들 속에서, 개인과 현상의 환원할 수 없는 특이성 안에서 굴절되는 '우연과 필연'의 끊임없는 상호 작용으로 생각했다. 인간의 지식은 지금까지 새로운 방향을 향해, 세계를 하나의 전체로 파악하기보다는 세계를 조금씩 해체하는 방식으로 진행되었다.

햄릿은 카르다노의 책을 손에 든 채, 다음과 같이 말한다. "이 아름다운 구조물인 지구가 내게는 불모의 땅덩이로 보이고, 가장 빼어난 덮개인 저 대기, 보라고, 찬란하게 걸려 있는 저 창공, 황금 불꽃으로 수놓은 저 장엄한 지붕, 글쎄, 저런 것들이 내게는 더럽고 병균이 우글거리는 증기의 집합체로밖에 보이지 않는다네."[3]

(1976)

---

3) 같은 책, 75쪽

갈릴레오와 자연이라는 거대한 책

자연이라는 책이 수학의 언어로 씌어 있다고 비유한 갈릴레오(Galilei Galileo, 1564~1642)의 다음 문장은 매우 유명하다.(이 비유는 새로운 철학의 핵심을 담고 있다.)

철학은 우리 눈앞에 영원히 펼쳐져 있는, 우주라는 이 거대한 책 안에 씌어 있다. 그러나 이 책은 그 안의 언어와 문자들을 먼저 알지 않으면 이해할 수 없다. 그 언어란 수학의 언어이며, 문자들이란 삼각형이나 원, 그 밖의 기하학적 형상들이다. 이러한 언어에 대한 지식이 없으면 이 책에 나오는 말을 단 한 마디도 이해할 수 없다. 이러한 지식 없이 우주라는 책을 읽는다는 것은 어두운 미로를 헛되이 방황하는 것과도 같다.

(『시금사(試金師, *Il saggiatore*)』)

우주가 하나의 책이라는 이러한 이미지는 갈릴레오 이전, 이미 중세 철학자들에서부터 니콜라스 쿠사누스[1]와 몽테뉴에 의해 전해지면서 오랜 역사를 지니고 있었다. 또한 갈릴레오와 동시대를 살았던 프랜시스 베이컨과 토마소 캄파넬라와 같은 사람들이 즐겨 사용한 비유이기도 했다. 갈릴레오의 『시금사』가 나오기 1년 전에 출간되었던 캄파넬라 시집의 한 소네트는 다음과 같이 시작하고 있다. "세계는 영원한 이성이 자신의 개념을 써 놓은 하나의 책이다."

갈릴레오는 『시금사』보다 10년 전에 쓴 『태양 흑점의 역사와 증거(*Istoria e dimostrazioni intorno alle macchie solari*)』에서 이미 직접적인 독서(세계라는 책을 직접 읽기)와 간접적인 독서(아리스토텔레스의 책을 통한 읽기)를 대비시키고 있다. 이는 매우 흥미로운 대목인데, 갈릴레오는 여기에서 아르침볼도[2]의 그림뿐 아니라 회화 일반에까지 적용할 수 있는 미술 비평을 함께 행하고 있기 때문이다.(이 비평은 갈릴레오가 루도비코 치골리[3]와 같은 당시의 피렌체 화가들과 밀접한 관계를 맺고 있었음을 말해 준다.) 특히 그는 이 책에서 이후 보다 완성된 형태로 내놓게 되는 조합 체계에 대한 생각을 밝히고 있다.

---

1) Nicholas Cusanus(1401~1464). 독일의 추기경, 수학자, 철학자. 『학식 있는 무지에 관하여(*De docta ignorantia*)』(1440)를 비롯한 저서에서 기하학적 비유를 즐겨 사용했다.
2) Giuseppe Arcimboldo(1527~1593). 이탈리아의 풍자화가. 과일, 동물, 책 등의 사물을 배열하여 인물 초상을 닮은 기괴한 그림을 그렸다. 초상화 「여름」, 「겨울」 등이 유명하다.
3) Ludovico Cigoli(1559~1963). 이탈리아의 화가이자 시인. 갈릴레오는 그림에도 뛰어난 재능을 보였는데, 17세기 당시 가장 유명한 화가였던 루도비코 치골리는 갈릴레오를 원근법의 스승으로 내세우며, 자신이 예술가로서 명성을 얻을 수 있었던 것은 그의 조언 덕분이었다고 자주 말했다.(윌리엄 쉬어·마리아노 아르티가스, 『갈릴레오의 진실』(동아시아, 2006), 고중숙 옮김, 19~20쪽 참조)

이러한 관점에 반대하는 사람들은 오로지 철학의 시시콜콜한 부분에 집착하는 소수의 엄격한 사람들이다. 내가 아는 한, 이 사람들은 자라서 교육을 받는 순간부터 다음과 같은 의견에 길들여져 왔다. 다시 말해 어떤 문제가 나오든 재빨리 일련의 책들에서 많은 것들을 끌어 모으기만 하면 풀 수 있으며, 철학은 아리스토텔레스의 책들을 꾸준히 연구하는 것으로 충분하다는 생각 말이다. 이런 사람들은 결코 자신이 보던 책에서 눈을 떼려 하지 않는다. 원래부터 아리스토텔레스 외에는 어느 누구도 세계라는 위대한 책을 읽을 수 없다는 듯, 아리스토텔레스가 후대까지 세계 전체를 영원히 관찰할 수 있다는 듯 말이다. 스스로에게 그러한 엄격한 규칙을 부여하는 사람들을 보노라면 마치 재미 삼아 사계절의 농기구나 과일, 꽃들을 단순히 병치해서 사람 얼굴이나 다른 형상들을 묘사하기로 결심이라도 한 듯 스스로를 틀 안에 가둬 놓는 기이한 화가들이 떠오른다. 이 모든 별난 기술들은 정교하고, 즐거움을 위한 것인 만큼 재미도 있다. 또 묘사할 신체 부위에 잘 어울리는 과일을 선택해 사용하는가에 따라 예술가로서의 재능도 인정받는다. 그러나 만약 자신이 받은 기술적 훈련을 온통 이런 그림에 쏟은 사람이 다른 화가들의 모방 기술을 가리켜 불완전하며 열등한 것이라고 보편적인 결론을 내린다면, 치골리와 다른 모든 화가들의 비웃음을 살 것이다.

책으로서의 세계라는 비유에 갈릴레오가 기여한 것 중 가장 독창적인 부분은 그가 이러한 책의 알파벳, 즉 '책에 쓰인 문자들'을 강조했다는 것이다. 더 정확히 말해, 이 비유가 보여 주는 진정한 연관 관계는 세계와 책 사이에 있다기보다는 세계와 알파벳 사이에 있다고 말할 수 있다.『프톨레마이오스와 코페르니쿠스의 두 가지 주요 세계관에 관한 대화(*Dialogo sopra i due massimi sistemi del mondo, tolemaico e copernicaon)*』[4]의 둘째 날에 등장하는 다음과 같은 부분에서, 세계를 이루는 것은 바로 알파벳이다.

내게는 아리스토텔레스와 오비디우스의 것보다 훨씬 짧은 분량의 책이 한 권 있다. 이 책은 모든 학문을 포괄하는 것으로, 조금만 연구한다면 하나의 완전한 개념을 끌어낼 수 있는 책이다. 이 책은 알파벳으로 이루어져 있다. 이런저런 모음을 어떻게 다른 자음과 함께 놓아야 하는지를 잘 아는 사람이라면 이 책에서 모든 질문에 대한 가장 정확한 답을 얻을 수 있고, 모든 학문과 예술의 교훈을 이끌어 낼 수 있다. 같은 방식으로 화가는 단순한 색깔 몇 가지를 팔레트에 짜 놓은 뒤 캔버스에 한 가지 색깔을 다른 색깔 옆에 칠함으로써 사람, 식물, 건물, 새, 물고기들을 그려낼 수 있다. 그러나 실제로는 눈도 깃털도 비늘도 잎도 돌도 팔레트 위에 있는 것이 아니다. 반대로 그러한 색들로 모든 것을 그리고 싶다면, 모방하는 대상의 그 어떤 부분도 색깔 속에 실제로 들어 있어서는 안 된다. 만약 팔레트 위에 깃털이 존재한다면 이것은 새들이나 깃털을 그리는 데밖에는 쓸 수 없기 때문이다.

여기서 갈릴레오가 말하는 알파벳이란, 우주 안의 모든 것을 재현할수 있는 조합 체계를 가리킨다. 또한 그는 이러한 조합 체계를 설명하면서 회화와의 비교를 끌어들이고 있다. 알파벳 문자를 조합하는 것은 팔레트 위의 색깔을 섞는 것과 같다는 것이다. 앞에서도 인용했지만 이는 아르침볼도의 그림에서 사용된 또 다른 질서의 조합 체계를 가리키는 것

---

[4] 이하 『대화』로 약칭.

이 분명하다. 이미 의미를 부여받은 사물들을 조합하는 것(예를 들어 아르침볼도가 그림에서 여러 깃털들을 콜라주하거나 결합한 것이나, 아리스토텔레스의 글을 뒤죽박죽 인용하는 것 등)으로는 현실의 모든 것들을 재현할 수 없다. 현실의 모든 것을 재현해 내기 위해서는 오히려, 기초 색상이나 알파벳 문자와 같이 최소한의 요소로 구성된 조합 체계를 사용할 필요가 있다.

『대화』(첫째 날)의 다른 구절에서 그는 인간 정신의 위대한 창조물들을 찬미하고 있는데, 그중 최상의 지위를 부여하는 것 역시 알파벳이다.

그러나 그 어떤 진기한 창조물보다도, 시공간상으로 멀리 떨어져 있는 사람과 복잡한 생각을 소통할 수 있는 방법을 처음 발명해 낸 탁월한 정신만 한 것은 없다. 저 먼 인도에 사는 사람이나, 아직 태어나지 않은 사람, 또는 천 년 혹은 만 년 후에나 존재할 사람과 소통한다는 것! 그 방식이란 또 얼마나 간단한 것인가! 단지 페이지 위에 소문자 스무 개를 다양하게 조합해 놓기만 하면 되니 말이다! 이것이야말로 인간이 창조한 모든 것 중에서도 가장 위대한 것이다.

이 구절을 떠올리며 글머리에서 인용한 『시금사』의 부분을 다시 읽는다면, 갈릴레오의 수학과 특히 기하학에서 알파벳이 어떠한 역할을 하는지를 보다 명확하게 이해할 수 있을 것이다. 이 부분은 그가 죽기 1년 전인 1641년 1월 포르투니오 리체티에게 보낸 서한에도 명확하게 나타나 있다.

그러나 나는 철학 책이 우리 눈앞에 영원히 펼쳐져 있는 것이라고 확신한다. 그러나 그 책은 우리가 사용하는 알파벳과는 다른 문자로 씌어 있기 때문에 누구나 읽을 수는 없다. 이 책에 쓰인 문자들은 삼각형, 사각형, 원, 구, 원뿔, 각뿔과 다른 수학적 도형들로, 모든 사람들이 읽을 수 있는 것이 아니다.

케플러의 저서를 접했음에도 불구하고, 갈릴레오는 도형들의 목록 중 타원형을 언급하지 않고 있다.[5] 이는 가장 단순한 형체들로부터 시작해야 하는 그의 조합 체계 때문일까? 아니면 프톨레마이오스의 천동설 모델에 반대하긴 했지만, 그가 여전히 원과 구를 최상의 형상으로 여기는 비율과 완벽이라는 고전적인 개념을 벗어나지 못했기 때문일까?

자연이라는 책에 씌어 있는 알파벳은 형체의 '고귀함'이라는 문제와 연결되어 있다. 갈릴레오는 이에 대해 토스카나 대공에게 바치는 『대화』의 헌정사에서 다음과 같이 설명한다.

> 높은 곳을 바라보는 사람이라면 누구나 철학의 적합한 연구 대상인 자연이라는 위대한 책에 몰두하는 것이 우리를 고양할 수 있는 하나의 방법이라는 것을 깨닫게 됩니다. 이 책에서 읽은 모든 것들은 전지전능한 조물주가 창조한 것이기에 아름답고 균형 잡힌 것입니다. 그러나 우리가 그것을 알고자 노력하고 탐구한다면 보다 더 완벽하며 가치 있는 존재가 될 것입니다. 내가 생각하기에 인지 가능한 물리적 대상 사이에서, 가장 첫 번째로 주어지는 것은 우주의 구조입니다. 모든 것을 포함하고 있는 우주는 크기 면에서 모든 것을 능가하며, 모든 다른 것들을 지배하고 유지하기

---

[5] 케플러는 『신(新)천문학』에서 행성 운동의 제1법칙인 '타원 궤도의 법칙'을 발표하여 코페르니쿠스의 지동설을 수정, 보완했다.

에 어떤 것보다도 고귀합니다. 따라서 다른 누구보다도 인류의 영혼을 드높인 사람이 있다면, 그들은 바로 프톨레마이오스와 코페르니쿠스라 할 수 있습니다. 그들은 세계의 구조에 대해 높은 식견을 지니고 있었고, 철학에 있어서 자연이라는 위대한 책을 탐구했기 때문입니다.

갈릴레오는 오래된 사고방식에 관해 재치 있는 방식으로, 하나의 질문을 수차례 던지곤 했는데, 그 질문이란 다음과 같다. 규칙적이며 기하학적인 형태는 자연스럽고 경험적이며 불규칙적인 형태들보다 더 '고귀하고', 더 '완벽한' 것이라고 보아야 하는가? 특히 이러한 질문은 달의 불규칙성을 둘러싸고 제기되었다. 이에 대해서는 갈란초네 갈란초니에게 보낸 서한에서 집중적으로 다루고 있지만, 『시금사』에 나오는 다음의 구절만으로도 갈릴레오의 생각을 알 수 있다.

형태에 대한 연대기나 특별한 계보를 읽어 본 적이 없는 나로서는 그것들 중 어떤 것이 더 고귀하거나 완벽한지 알 수 없다. 그러나 나는 그것들이 한 측면에서 매우 전통적이며 고귀한 것이라고 믿는다. 더 정확히 말해 그것들은 고귀하거나 완벽하지도, 비천하거나 불완전하지도 않다. 벽을 만들 때는 사각형이 원보다 더 완벽하고, 짐수레를 굴리거나 운전할 때는 원 모양이 삼각형보다 더 완벽하다. 그러나 사르시 씨는 하늘의 표면이 울퉁불퉁하고 거칠다고 주장한 것을 두고 내가 엄청난 논쟁을 제기하고 있다고 생각할지도 모르겠다. 나는 달과 다른 행성(그것들 역시 천체로서, 하늘 그 자체보다 더 고귀하고 완벽한 것이다.)들의 표면은 굴곡이 있고, 거칠며 비규칙적인 것이라고 주장하기 때문이다. 하지만 이것이 사실이라면 그러한 비규칙성을 천체 전체에서도 발견하지 못할 이유는 없지 않겠는가? 고래와 참치 그리고 다른 물고기들이 뼈와 비늘로 이루어져 있으므로 바다 역시 그러한 것들로 가득하다고 주장하는 사람에 대해, 사르시씨는 이러한 질문으로 답변을 대신할 수 있을 것이다.

갈릴레오가 기하학자라는 점에서 그가 기하학적 형태의 명분을 옹호하리라고 생각할지도 모르겠다. 그러나 실제로 그는 자연의 관찰자라는 관점에서 추상적인 완벽성의 개념을 거부하고, "울퉁불퉁하고 거칠며 비규칙적인" 달의 이미지를 아리스토텔레스와 프톨레마이오스적인 천문학이 내세우는 완전무결한 천상의 이미지와 대비시킨다.

왜 구(혹은 각뿔)를, 말이나 메뚜기의 형상과 같은 자연스러운 형태들보다 더 완벽한 형상이라고 보아야 한단 말인가? 이러한 질문은『대화』에서 끊임없이 제기된다.『대화』의 둘째 날에 나오는 다음 구절에서 그는 이러한 생각을 예술가의 작업, 특히 조각가의 작업과 비교하고 있다.

> 나는 다음과 같은 사실을 확인하고자 한다. 딱딱한 입체를 다른 형상으로 재현하는 것은 똑같이 힘든 일이 아닌가, 더 정확히 말해 대리석 한 덩어리를 완벽한 구나 완벽한 각뿔의 형상으로 만드는 것이나, 완벽한 말 혹은 완벽한 메뚜기 모양으로 만드는 것은 마찬가지로 힘든 일이 아닌가 하는 것이다.

『대화』에서 가장 아름답고 가장 중요한 부분은 지구를 변화하고 변이를 거치며, 생성하는 것으로 노래한 부분(첫째 날)이다. 갈릴레오는 단단한 벽옥(碧玉)이나 투명한 수정구로 이루어진 지구의 이미지를 그리면서, 불변하는 지구가 얼마나 무시무시한 것일지 상상해 본다. 마치 메두사에 의해 돌로 굳어 버린 것처럼 말이다.

　　나는 사람들이 변하고 성장하고 변이하는 것과 같은 것들은 대단히 불완전한 것으로 생각하는 반면, 우주를 구성하는 자연의 대상들에 대해서는 고귀함과 완전성이란 이름 하에 완전무결함과 불변성, 불역성(不易性)과 같은 속성을 부여하는 것을 보면서, 놀라움과 거부감을 느낀다. 나는 지구가 다양한 방식으로 끊임없이 변하고 변이하고 진화한다는 바로 그 점 때문에 고귀하고 경이로운 것이라고 생각한다. 만약 지구가 어떠한 변화에도 영향받지 않으며, 지구 전체가 광막한 모래사장이나 단단한 옥 덩어리 같은 것이라면, 혹은 홍수가 일었을 때 지구의 표면을 뒤덮은 물이 얼어붙은 채, 그 어떤 것도 생성하지 않고, 변하거나 성장하지도 않는 거대하고 투명한 수정구 같은 것이라면, 우주에서의 지구는 거대하지만 쓸모없는 행성일 것이다. 움직임이 없는, 다시 말해 자연에 존재하지 않는 것과 마찬가지인 무용한 행성 말이다. 이것은 살아 있는 생물과 죽은 생물만큼이나 다른 것이다. 달과 목성 및 우주의 다른 행성들도 모두 마찬가지다. …… 불역성과 불변성과 같은 것들을 칭송하는 사람들은 오래 살고자 하는 과도한 욕망과 죽음에 대한 공포 때문에 그런 말을 하게 되는 것이다. 그들은, 만약 인간이 불멸한다면 지구에 존재하지도 못했으리라는 것은 생각하지 못한다. 그러한 사람들은 응당 메두사의 머리와 마주쳐야 한다. 메두사가 그들을 벽옥이나 다이아몬드와 같은 상태로 변화시키면, 지금보다 훨씬 더 완벽해질 테니 말이다.

　　갈릴레오가 자연이라는 책의 알파벳에 대해 쓴 구절과 지구의 미세한 변화와 변이에 대해 쓴 이러한 찬가를 함께 놓고 본다면, 그가 생각하는 진정한 대립은 유동성과 부동성 사이에 있다고 볼 수 있다. 갈릴레오가 메두사와 같은 공포스러운 이미지를 상기시키면서까지 반대한 것은 바로 자연의 불변성이라는 전통적인 견해였다.(이러한 이미지와 주제는 이미 천문학에 관한 갈릴레오의 첫 번째 책인 『태양 흑점의 역사와 증거』에서 언급되었다.) 자연이라는 책의 기하학적 혹은 수학적인 알파벳은 불변하는 천계와 지구의 구성 요소 사이의 대립을 파기할 수 있는 무기가 될 것이었다. 그러한 알파벳은 최소의 요소들로 나뉘어서, 운동과 변화의 모든 양상을 재현할 수 있기 때문이다.

이러한 작용에 대한 철학적인 생각은 『대화』에서 그가 '고귀함'이란 주제를 다시 한 번 다루는 부분 중, 프톨레마이오스의 지지자인 심플리초와 갈릴레오의 생각을 대변한다고 할 수 있는 살비아티가 나누는 다음 대화에서 잘 드러나고 있다.[6]

심플리초: 이러한 생각은 천계와 지구, 그리고 우주 전체의 질서를 해칠 뿐 아니라, 자연철학 전체를 뒤엎을 수 있습니다. 그러나 아리스토텔레스학파의 근본 원칙들은 너무나 굳건한지라, 누군가 그러한 원칙들을 파괴하고 새로운 과학을 구축한다고 해도 전혀 두려워할 필요가 없는 것이

---

6) 갈릴레오의 『대화』는 세 명의 주요 등장인물이 나누는 대화로 이루어져 있다. 그의 친구를 모델로 삼은 살비아티는 코페르니쿠스주의를 주장하며 갈릴레오를 대변하는 인물로 나온다. 한편 심플리초는 6세기 그리스 철학자로 아리스토텔레스주의자인 '심플리치우스(Simplicius)'에서 이름을 따온 인물로, 이탈리아어로 '바보'라는 뜻을 암시한다. 이는 물론 가톨릭교회의 심기를 불편하게 했다. 또한 대화를 중재하는 사회자로 중립적인 시민 사그레도라는 인물이 나오지만, 실상 그는 코페르니쿠스주의자에 가까우며 살비아티의 주장을 보충하는 역할을 하고 있다. 갈릴레오의 『대화』는 이탈리아어로 쓰인 데다, 재미있고 생기 넘치는 문체로 서술되어 있어 일반인들도 쉽게 읽을 수 있었으나, 출간된 지 몇 달 후 금서 목록에 오른다. 이 책은 과학적으로뿐만 아니라 문학적으로도 뛰어난 작품으로 평가받는다.

지요.

　살비아티: 천계와 지구에 대해서는 염려 놓으십시오. 그것들의 질서가 뒤바뀌지도 않을 것이고 자연철학 자체도 문제 없을 것입니다. 천계와 관련하여 당신이 불변하고 무감(無感)한 것이라 믿는 어떤 것은 사실 걱정할 필요가 없는 것이기 때문입니다. 당신처럼 아리스토텔레스를 추종하는 학자들은 천계에서 지구를 추방했지만, 우리는 지구를 천체와 유사한 것으로 봄으로써 그것을 훨씬 더 고귀하고 완전한 것으로 보고자 노력하고 있지요.

(1985)

달나라의 시라노

갈릴레오가 교황청과 대립하고 있던 시기, 파리에서는 갈릴레오를 추종하는 한 사람이 태양중심설을 암시하는 흥미로운 모델 하나를 제시했다. 이 사람이 볼 때 우주는 양파와도 같은 것이었다. "자신을 둘러싼 수많은 껍질 속에 소중한 씨를 간직하고 있는" 그러한 양파 말이다. "양파 속의 씨는 작은 태양으로, 양파 전체를 따뜻하게 하고 영양을 주는 것입니다."[1)]

이러한 수백 개의 양파를 떠올려 본다면 태양계로부터 조르다노 브루노[2)]가 제시했던 무한한 세계의 체계로 이동하는 것도 어려운 일은 아니다. 사실 "우주에 살고 있는 사람들이 보거나 보지 못하는 모든 것은 태양이 스스로를 깨끗이 하면서 만들어 내는 거품에 불과한 것들인데 말입니다.

---

1) 시라노 드 베르주라크, 『다른 세상』(에코리브르, 2004), 장혜영 옮김, 14쪽.
2) Giordano Bruno(1548~1600). 르네상스 시대 이탈리아의 철학자.

어떻게 이 커다란 불덩어리가 계속해서 탈 수 있겠습니까. 그것에 영양을 주는 어떤 물질에 영향을 받지 않는다면 말이지요."[3] 실제로 이러한 '거품' 이론은 오늘날 행성이 최초의 원시성운으로부터 생겨났다고 설명하는 것이나 항성이 팽창하고 수축하는 과정을 설명하는 이론과도 큰 차이가 없다.

그렇게 태양은 매일 토해 내고 자신의 불꽃에 양분을 주는 물질을 써 버립니다. 그러니 자신을 유지시키는 그 물질을 다 쓰고 나면 다른 물질을 찾기 위해 사방으로 퍼져 나갈 것임은 조금도 의심할 여지가 없지요. 이전에 만들어 냈던 모든 별들로 뻗어 갈 것이며, 특히 가까이에 있는 별에 집착할 것이 분명합니다. 그러므로 이 커다란 불덩어리는 모든 물질을 다시 끓어오르게 하면서, 이전처럼 그것들을 뒤섞어 다시 분리해 나갑니다. 그리고 조금씩 정화되면서 이 작은 별들에 태양처럼 이용되기 시작합니다.[4]

지구의 운동은 태양빛에 의해 일어난다. 지구에 부딪힌 태양빛은 지구를 회전시킨다. 이는 팽이를 손으로 쳐서 돌리는 것과 마찬가지다. 지구의 운동은 태양에 의해 덥혀진 지구 자체가 뿜어내는 증기 때문일 수도 있는데, "뿜어낸 증기는 극지방의 냉기와 만나 다시 지표면으로 돌아가거나, 비스듬한 방향으로만 지구와 부딪히기 때문에 지구가 도는 것이다."

이렇게 풍부한 상상력을 펼친 우주학자는 시라노 드 베르주라크로 더 잘 알려진 사비니엥 드 시라노(Savinien de Cyrano, 1619~1655)이며, 위의

3) 같은 책, 18쪽.
4) 같은 책, 18~19쪽.

구절은 그의 『다른 세상 또는 달의 국가들과 제국들(*L'autre Monde, ou les États et Empires de la Lune*)』에서 인용한 것이다.

공상과학소설의 선구자인 시라노는 르네상스 시대의 마술에 관한 비학(秘學)뿐 아니라, 당대의 과학 지식에서도 상상력을 끌어 왔다. 그는 이러한 방식으로 300년이 지난 지금 우리가 볼 수 있는 여러 가지 것들을 예언할 수 있었다. 중력으로부터 자유로운 우주비행사의 움직임(이 우주비행사는 처음에는 태양이 끌어 올리는 항아리를 이용해 우주에 닿는다.), 불꽃의 힘으로 쏘아 올리는 다단계식 로켓, '사운드 북(손으로 감으면 작동하는 기계로, 듣고 싶은 부분에 바늘을 놓으면 사람의 입처럼 생긴 부분에서 소리가 나온다.)'과 같은 것들을 일찌감치 예언했던 것이다.

그러나 시라노의 시적인 상상력은 루크레티우스의 원자론에 공감했던 진실한 우주적 감각으로부터 나왔다. 루크레티우스의 원자론을 따라 그는 생물과 사물을 비롯한 모든 것들의 통일을 찬양하며, 엠페도클레스가 세상을 구성하는 요소로 든 불변의 4원소조차도 느슨하거나 빽빽한 원자들로 이루어진 단일한 요소일 뿐이라고 생각했다. "아무렇게나 섞여 우연에 의해 지배되는 이 혼합물이 인간이라는 존재를 만들어 내는 과정을 보면 사람들은 놀라움을 금치 못할 것이다. 보통은 인간의 존재를 구성하는 근본 요소들이 매우 다양하다고 생각할 것이기 때문이다. 그러나 알아야 할 것은 이러한 하나의 물질이 인간을 만들어 내는 순간이 되면 수백만 번이나 변화하면서 돌, 납, 산호, 꽃이나 혜성들까지도 만들어 낸다는 사실이다. 이는 인간을 만드는 방법에는 아주 적은 수의 패턴이, 또는 반대로 너무나 다양한 패턴이 필요하기 때문이다." 기본 패턴의 조합 체계가 살아 있는 다양한 존재들을 결정한다는 이러한 논리는 루크레티우스를 포함한 에피쿠로스학파와 DNA 유전학이 서로 연결되는 부분이기도 하다.

가령, 달에 가는 방법을 다양한 사례에서 참고하여, 시라노는 독창적인 방법을 개발해 낸다. 구약에서 에녹은 하늘로 올라가기 위해 희생 제의에서 나온 연기로 채운 두 항아리를 겨드랑이 사이에 끼웠고, 예언자 엘리야는 작은 철 수레에 탄 채 자석으로 만든 공을 던지면서 하늘로 올라갔지만, 시라노는 하늘로 올라가다가 떨어져서 타박상을 입은 곳에 쇠기름을 바른 후에야 지구의 위성으로 올라가는 듯한 느낌을 받는다. 달에는 보통 동물의 골수를 빨아들이는 기운이 있기 때문이다.

달에는 또한 지상 낙원이 있다. 사실은 달의 낙원이라고 불러야 하겠지만 말이다. 달에 도착한 시라노는 그곳의 생명의 나무에 떨어진다. 눈을 떠 보니 얼굴에는 그 유명한 금단의 사과 조각이 으깨어진 채 붙어 있었다. 아담과 이브가 원죄를 지은 이후 신은 그들을 유혹했던 뱀을 인간의 몸속으로 추방했고, 이후 그 뱀은 인간의 몸속에 창자의 형태로 영원히 갇히게 된다. 몸을 둘둘 만 채 인간을 지배하는 탐욕스러운 뱀은 인간을 지칠 줄 모르는 욕망에 묶어 두며, 보이지 않는 독니로 인간을 괴롭힌다. 예언자 엘리야의 이러한 설명을 듣던 시라노는 참지 못하고 이 주제에 관해 다른 이야기를 펼친다. 인간, 즉 남자의 몸에 들어 있던 뱀은 몸 밖으로 튀어나와 여자를 향해 뻗어 가 독을 뿜어내고, 이 때문에 여자는 아홉 달 동안 배가 부른 채로 있게 되는 것이라고 말이다. 그러나 엘리야는 시라노의 이러한 농담을 전혀 이해하지 못하고, 무례한 말을 계속해서 쏟아 놓는 그를 지상 낙원에서 쫓아낸다. 이 작품에는 익살이 가득하지만 단순한 말장난을 넘어서 진실로 여겨야 할 농담도 있다. 물론 진실한 농담과 그렇지 않은 농담을 구분하기란 쉽지 않지만 말이다.

에덴동산에서 추방된 후 시라노는 달나라의 여러 도시를 방문하게 된다. 그중의 어떤 도시는 도시 전체가 여행을 떠나는데, 건물들 밑에 바퀴가 달려서 다른 도시로 옮겨 가며 매 계절마다 공기를 바꿀 수 있게 되어 있다. 한편 움직이지 않는 건물들은 지하로 땅을 파고 들어가서, 겨울 동안 추운 기후를 피할 수 있게 되어 있다. 시라노를 안내하는 그 도시 사람은 수세기 동안 여러 번 다른 사람의 몸으로 태어난 사람이었다. 그는 바로 플루타르코스가 저서에서 언급하기도 했던 '소크라테스의 혼령(demon)'[5]이다. 이 똑똑한 혼령은 달나라 사람들이 고기를 먹지 않는 이유뿐만 아니라 특별한 채소만을 먹게 된 이유를 설명해 준다. 이 도시 사람들은 배추만 먹는데 그것도 자연적으로 죽은 배추만을 먹는다. 배추를 자르는 것은 살해죄에 해당하기 때문이다. 아담이 원죄를 지은 이후로 신은 인간보다 배추를 더 사랑하게 되었고, 그리하여 배추에게 인간의 것보다 위대한 감각과 아름다움을 주었으며, 인간보다 배추를 더 마음에 드는 형상으로 만들었다는 것이다.

우리의 영혼이 더 이상 신의 형상과 같지 않다면, 우리의 손과 발, 입과 이마와 귀보다는 배추의 잎, 꽃, 줄기, 뿌리와 겉잎사귀가 더 신의 형상에 가까울 것입니다.

배추에게는 불멸의 영혼은 없을지 몰라도, 보편적인 지식은 있을 것이다. 우리가 배추의 신비로운 지식을 전혀 눈치 채지 못한다면, 이는 배추가 전하는 말을 알아듣지 못하기 때문이다.

저술에서 나타나는 이러한 지식과 시적인 재능 덕분에 시라노는 17세

---

5) 같은 책, 48쪽.

기 프랑스에서뿐만 아니라 모든 시대를 통틀어 독창적인 작가로 평가받는다. 지성사적 측면에서 그는 '리베르탱'의 전통에 속하는 인물로, 세계에 대한 전통적인 지식이 해체되어 가던 지적 혁명의 시기를 풍미한 논객이었다. 그는 가생디의 회의주의와 코페르니쿠스의 천문학을 추종하면서, 16세기 이탈리아의 '자연철학자' 카르다노, 브루노, 캄파넬라의 사상에서 깊은 영향을 받았다.(실제로 그는 『다른 세상 또는 달의 국가들과 제국들』의 「달나라 여행」에 이어 속편으로 쓴 「해나라 여행」에서 데카르트를 만나며, 최고천(最高天)에서 캄파넬라의 환영을 받고 그와 포옹을 나눈다.)

문학사적으로 보자면 시라노는 바로크 양식의 작가이다.(그의 『서간집』에는 「사이프러스 나무에 대한 묘사」처럼 화려한 수식어구로 이루어진 부분이 들어 있는데, 이 부분에서 문체와 묘사되는 대상은 같은 것이 된다.) 그러나 무엇보다 그는 본질적으로 작가였다. 따라서 이론을 자세하게 늘어놓거나 하나의 논제를 변호하는 것을 좋아하지 않았다. 그는 상상력과 언어에서 나온 모든 창조적 결과물들을, 즉 새로운 철학이나 과학이 이용하는 사유 개념들에 해당할 결과물들을 늘어놓고 회전목마처럼 빙빙 돌리는 식으로 작업하는 것을 좋아하지 않았다. 『다른 세상 또는 달의 국가들과 제국들』에서 중요한 것은 개념들의 일관성이 아니라, 그의 마음에 들어오는 모든 지적인 자극을 가지고 놀 수 있는 재미와 자유로움이다. 이것이 바로 '철학소설(conte philosophique)'의 시작이다. 그것은 이 작품이 증명해야 할 한 가지 논제에 대해 쓴 이야기라는 뜻이 아니라, 일정한 개념들이 선택되고 해체되며, 그것들을 진지하게 다룰 때조차 가지고 놀 수 있는, 그러한 개념에 친숙한 사람을 위한, 재미 삼아 서로를 놀리는 분위기의 이야기라는 뜻이다.

시라노의 달나라 여행은 걸리버 여행기의 일부 에피소드를 앞서 쓴 것이라고 말할 수 있다. 거인국에서처럼 주인공은 몸집이 훨씬 더 큰 사람들에게 둘러싸이고, 그들은 그를 작은 애완동물처럼 키우면서 다른 사람들 앞에 내보인다. 역설적인 면모를 보이는 인물과의 만남이나 그와 함께하는 무시무시한 모험이나 만남 역시 볼테르가 『캉디드』에서 구상했던 다양한 사건들을 앞서 쓴 것으로 볼 수 있다. 그러나 그가 작가로서 명성을 얻게 된 것은 훨씬 후의 일이었다. 시라노의 『다른 세상 또는 달의 국가들과 제국들』은 그의 사후에야 출간되었고, 그것도 작품에 쏟아질 비판을 걱정한 그의 친구에 의해 무분별하게 삭제된 채로 나왔다. 시라노라는 작가가 재발견된 것은 낭만주의 시대였다. 샤를 노디에가 처음으로 시라노를 재발견한 인물이었고, 그다음으론 유명한 테오필 고티에가 한두 가지 일화에 기초해서 우스꽝스럽고 검투를 즐기는 시인으로서 그의 초상을 그려 냈다. 뛰어난 극작가였던 에드몽 로스탕은 고티에가 만든 시라노의 초상을 토대로 희곡을 써서 큰 인기를 끌었다.

그러나 시라노는 로스탕의 연극에서와 달리, 귀족도 허풍선이도 아니었고, 파리 출신의 부르주아일 뿐이었다.(베르주라크라는 이름은 시라노 자신이 직접 붙인 것인데, 이는 법률인이었던 아버지의 영지에서 따온 이름이다.) 시라노가 큰 코로 유명했던 것은 사실인 듯하다. 특히 『다른 세상 또는 달의 국가들과 제국들』에 「커다란 코에 대한 찬가」가 나오는 것을 보면 말이다. 이런 식의 찬가가 바로크 문학에서 매우 널리 유행한 장르였던 것은 사실이지만, 작은 코나 납작코 혹은 들창코를 가진 사람이 썼으리라고는 생각되지 않는다.(달나라 사람들은 시간을 알려 줄 때 코를 해시계처럼 이용한다. 입술을 쳐들어 커다란 코의 그림자가 이에 비치면 그것이 바로 해시계처럼 기능하는 것이다.)

그러나 그들이 자랑스럽게 내놓은 것은 코뿐만이 아니었다. 달나라의 귀족들은 벌거벗고 있으며, 그것으로도 충분하지 않다는 듯 허리에 쇠로 만든 성기 모양의 장신구를 매달고 있다.

"정말이지 괴상해 보이는 관습이로군요. 내가 사는 세상에서 귀족의 상징은 칼을 차는 것입니다." 그러자 그가 소리를 지르며 말했다. "오, 세상에! 당신네 나라의 높은 사람들은 사형 집행인을 나타내는 도구로 장식하느라 열을 올린단 말입니까? 그 도구는 우리를 파괴하기 위해서 만들어진 것이며, 모든 살아 있는 것들의 명백한 적인데 말입니다. 그리고 그와 반대로 성기를 숨긴단 말씀입니까? 그것이 없었다면 우리가 존재할 수도 없었을 텐데요. 성기는 모든 동물의 프로메테우스이며 자연의 취약한 부분을 끊임없이 치유하는 수리공입니다. 불행한 나라로군요. 세대 존속의 상징이 수치스러운 것으로 여겨지다니요. 그리고 파괴의 상징이 존경을 받다니요. 그러고 보니 당신은 성기를 '부끄러운 부분'이라고 부르는군요. 마치 생명을 주는 것보다 더 영광스러운 것이 있고, 생명을 빼앗는 것보다 더 비열한 것이 있다는 듯이 말입니다!"[6]

위에 인용한 부분을 보면 로스탕의 희곡에서는 싸움질이나 좋아하던 검객이 사실은 '전쟁이 아닌 사랑'을 강조했음을 알 수 있다. 생식 능력의 중요성, 그러니까 피임에 열을 올리는 이 시대 사람이 오직 낡아 빠진 것으로만 여기는 생식의 문제를 시라노는 끊임없이 강조하고 있는 것이다.

(1982)

---

6) 같은 책, 113쪽.

로빈슨 크루소와 상인으로서
갖춰야 할 덕목에 관한 일기

요크 시 출신의 선원인 로빈슨 크루소의 삶과 기이하고도 놀라운 모험. 아메리카 대륙의 오루노크 강 하구 근처 해안의 한 무인도에서 홀로 28년을 산 사람. 배가 난파하여 그를 제외하고는 아무도 살아남지 못했음. 해안가에 홀로 남겨짐. 마침내 해적선에 의해 가까스로 무인도를 빠져나온 모험기. 그가 직접 쓴 이야기.

이것은 1917년 런던에서 대중서를 출간하던 출판인 W. 테일러가 펴낸 『로빈슨 크루소(Robinson Crusoe)』의 초판 속표지에 나오는 글이다. 작가의 이름은 보이지 않는데, 이는 이 책이 실제로 난파당한 선원의 진실한 기록인 것처럼 보이게 하려는 의도였다.

당시는 바다와 해적 이야기가 대단히 유행하던 때였다. 배가 난파하여 무인도에 표류한다는 주제는 이미 대중에게 큰 흥밋거리였는데, 실제로

10년 전에 그러한 일이 일어난 적이 있어 대중이 이러한 주제에 익숙했던 덕분이었다. 후안페르난데스 제도의 한 섬에 들르게 된 우스 로저스 선장은 그곳에서 4년 동안 홀로 산 사람을 발견한다. 그 사람은 스코틀랜드 출신의 선원 알렉산더 셀커크란 사람이었다. 별 볼일 없고 돈마저 궁했던 한 팸플릿 작가는 이 이야기에 영감을 받아, 익명의 선원이 기록한 일기라는 형식으로 이와 유사한 소설을 쓰게 된다.

예순에 가까운 나이에 갑자기 소설가가 된 이 사람은 바로 대니얼 디포(Daniel Defoe, 1660~1731)다. 당시 정치적인 칼럼을 쓴 일로 기소를 당해 유명했던 디포는, 장르를 가리지 않고 많은 작품을 쓴 작가였다. 그의 이름으로 발표된 저작도 있었으나, 익명으로 쓴 것이 훨씬 더 많았다.(그의 저작들을 모두 기록한 서지 사항은 약 400편이 넘는 작품들을 망라하는데, 그 목록들은 종교, 정치 분야를 다루어 논란이 된 평론에서부터 풍자적인 짧은 시, 비술에 관한 책, 역사와 지리학 및 경제학에 관한 저서와 소설까지 다양하다.)

이러한 이력을 지닌 근대 소설의 선구자 디포는 높은 교양을 갖춘 고급 문학과는 거리가 먼 곳에서 태어났다.(당시 영국에서 고급 문학이 지고의 전범으로 삼았던 모델은 고전주의자 알렉산더 포프였다.) 그러나 디포의 작품은 하녀들, 책 보부상, 여관 주인, 급사, 선원이나 군인 들을 대상으로 부흥하던 상업적인 책 시장에서 인기를 끌었다. 당시의 대중문학은 일반 민중의 입맛에 맞추는 한편, 도덕적인 교훈을 가르치는 데도 항상 주의를 기울였다. 디포 또한 이러한 요구를 모른 체하지 않았다. 그러나 『로빈슨 크루소』가 도덕적인 성격을 지니게 된 것은 중간 중간에 들어간 교훈적일 뿐만 아니라 일반적이고 형식적인 설교들 때문이 아니다. 그보다는 오히려 삶의 관습이나 개념들, 인간이 주변 대상이나 가능성들과 관계를 맺어 가는 모습을 디포 특유의 방식으로 자연스럽고 직접적으로 그려 낸 덕분이었을 것이다.

　디포가 '한 건' 하기 위해 기획한 이 책이 '실리적인' 의도에서 출발했다고 해서, 오늘날 상업과 산업 사회의 덕목을 기술한 고전이자 개인을 예찬한 서사시로서 이 책이 지니는 명성이 깎이는 것은 아니다. 『로빈슨 크루소』의 이러한 기원은 설교자와 모험가라는 대조적인 삶을 동시에 살았던 디포의 삶과도 어느 정도 부합한다. 상인으로 출발했던 디포는 면직 사업과 벽돌 산업에서 도매상으로 큰 성공을 거두다가 파산에 이른다. 그 후 그는 윌리엄 오렌지 공을 지지했던 휘그 당의 고문이 되었으며 또한 「비국교도를 없애는 지름길(The Shortest Way with the Dissenters)」이라는 팸플릿을 써서 유명한 논객이 되었다. 이 글로 투옥된 그는 토리 당의 대변인이었던 로버트 할리에게 간청한 끝에 석방된다. 이후 할리의 대변인과 비밀 첩보원 노릇을 했고, 《리뷰(The Review)》지의 창립자이자 일인 편집자로도 활동한다. 이러한 활동 덕분에 그는 '근대 저널리즘의 창시자'라는 이름도 얻는다. 토리 당이 실각하고 할리가 몰락하자 디포는 휘그 당의 편을 들었고, 다시 토리 당의 편을 들다가 재정적 위기를 맞은 끝에 소설가로 전향한다. 디포는 대서양을 넘어 앵글로색슨 자본주의 정신의 기초라 할 수 있는 모험 정신, 실리적인 계산, 모럴리스트로서 신 앞에서의 겸손한 자세를 두루 갖춘 인물이다.

　이야기꾼으로서 디포의 재능은 이미 그가 전에 썼던 수많은 다른 글에서도 드러나듯이, 세밀한 상상력으로 당대의 사건이나 역사적인 사건을 묘사할 때, 혹은 사람들 사이에 떠도는 소문을 기초로 유명인의 전기를 기술할 때 특히 두드러진다.

　디포는 이러한 경험을 바탕으로 소설을 쓰기 시작했다. 『로빈슨 크루소』는 자전적인 기록이라는 구성을 따라 난파한 배와 무인도에서의 삶을 다룰 뿐만 아니라, 주인공이 태어나면서부터 나이를 먹을 때까지의 이야기를 이어 나간다. 이러한 사실을 뒷받침하고자 디포는 도덕적인 구실을, 일종의 교훈주의를 끌어들인다. 그러나 그가 끌어들인 교훈주의는 진지하게 받아들이기에는 너무나 옹색하고 단순했다. 주인공은 아들로서 아버지의 말에 순종해야 하고, 갖가지 위험천만한 모험들로 이루어진 환상과는 거리가 먼 중산층이자 온건한 부르주아로서 자부심을 가져야 했다. 로빈슨이 그토록 수많은 불행을 겪게 되는 것은 바로 이러한 도덕적 교훈을 위반했기 때문이었다.

디포는 17세기의 과장된 문체나 18세기 영국 소설들이 취했던 감상적인 문체와는 달리, 절제되고 경제적인 문체를 사용했다. 그의 언어는 스탕달의 '나폴레옹 법전(프랑스 민법전)처럼 간결한' 문체와 유사하며 '사업 보고서'에 사용하는 언어와 같다고 할 수 있다. 선원이자 상인인 일인칭 화자가 처한 상황은 '선'과 '악'을 함께 기록한 일종의 보고서처럼 정렬되었고, 죽은 식인종의 머릿수를 셀 때는 수학적인 계산의 기술이 유지되었다. 이러한 서술 방식은 실리적일 뿐만 아니라 대단히 편리하고 적절한 문체라 할 수 있다. 디포의 산문은 사업 보고서 혹은 상품이나 기자재를 열거해 놓은 목록처럼 꾸밈없고 간결하지만 동시에 매우 꼼꼼하다 할 정도로 세밀한 문체로 이루어져 있다. 세부 묘사에 이토록 공을 들인 것은 독자들이 그의 이야기를 신뢰하게끔 만들기 위해서였는데, 이 묘사는 배가 난파한 상황에서 모든 사물, 모든 행동, 모든 몸짓이 지니는 가치를 감각적으로 표현해 낼 때 특히 빛을 발했다.(이는 『몰 플랜더스(*Moll Flanders*)』와 『잭 대령(*Colonel Jack*)』에서처럼 물질의 소유를 둘러싼 불안과 기쁨을 표현하고자 훔친 물건들을 열거하는 것과 같다.)

바위 동굴을 파서 집을 짓는 과정, 집 주위에 울타리를 만드는 작업, 혼자서 배를 만들었던 일, 또 그것을 바다까지 끌고 가지 못했던 일, 그릇과 벽돌을 구워 내는 과정 등 로빈슨이 손수 행하는 작업들은 상당히 주의 깊고 세세하게 묘사된다. 로빈슨의 기술적인 진보를 보고하는 데 들이는 이러한 인내심과 그 끝에 맛보는 기쁨 때문에, 디포는 오늘날까지 물질과 싸우는 인간의 끈질긴 투쟁을 예찬하고, 인간의 손에서 사물이 탄생하는 것을 바라볼 때 느끼는 기쁨뿐만 아니라, 인간의 모든 비천하고도 고된 행위와 그 위대함을 찬양하는 작가라는 명성을 누리고 있다. 루소에서부터 헤밍웨이에 이르기까지, 인간적인 가치의 진정한 척도란 우리 자신을 시험해 보는 일에 있으며, 거창하든 사소하든 '무언가를 행함'에 있어서의 성패에 있다는 사실을 보여 준 작가들에게 디포는 첫 번째 스승일 것이다.

『로빈슨 크루소』는 분명 한 줄 한 줄 다시 읽어야만 하는 책이고, 다시 읽을 때마다 끊임없이 새로운 것을 발견할 수 있는 책이다. 결정적인 순간, 현실적인 문제와 관련된 질문으로 넘어가기 전에 자신에 대한 과찬이나 과도한 흥분을 감추고 단 몇 줄로 감정을 표현하는 디포의 능력은, 이후 한차례 병치레를 하고 난 후 종교를 다시 생각하기 시작하는 부분에서처럼, 지루한 설교가 이어지는 다른 부분과는 상당히 대조를 이룬다. 예를 들어 함께 승선했던 다른 선원들은 모두 죽고 자기만 살아남았다는 사실을 알게 된 ("나는 이후로 그들을 다시는 볼 수 없었다. 모자 세 개, 테 없는 모자 두 개, 짝이 맞지 않는 신발 두 짝을 제외하고는 그들의 흔적조차도 찾아볼 수 없었다.") 그가 곧 신에게 짧은 감사 기도만을 드린 후, 바로 주변을 둘러보며 자신의 난감한 처지를 살피는 순간이 바로 그런 대목이다.

『로빈슨 크루소』나 이후의 다른 소설들에서 디포는 마치 규칙을 잘 지키는 사업가처럼 움직인다. 예배를 드려야 할 시간이면 교회에 가서 속죄한 후에, 노동 시간을 허비하지 않기 위해 곧바로 돌아가는 그런 사업가 말이다. 위선적이라고? 그의 행동은 위선적이라는 비난을 받기에는 너무나 솔직하고 절박하다. 디포는 말의 어조를 급작스레 여러 번 바꾸어 가면서도 특유의 진실하고도 건강함이 넘치는 성실한 어조를 유지한다.

반쯤 물에 잠긴 배 안에서 금과 은을 발견했을 때, 로빈슨 크루소는 '큰 소리로' 물질의 허망함에 대해 짧게 독백을 읊고는, 곧바로 이렇게 내뱉는다. "그러나 다시 생각을 해 보고는, 그것들을 가져가기로 했다."

때때로 이러한 그의 유머 기질은 당대에 벌어졌던 정치적이거나 종교적인 논쟁의 격전장에서도 발휘된다. 악마라는 개념을 이해하지 못하는 원시인과 이것을 설명해 내지 못하는 선원 사이에 벌어지는 논쟁이나, 그러한 상황에서 로빈슨이 자신을 "각기 다른 종교를 신봉하는 신하 셋을 거느린" 왕으로 자처할 때 이러한 유머 감각은 한층 빛을 발한다. "내 부하인 프라이데이는 프로테스탄트였고, 그의 아버지는 이교도이자 식인종이었으며, 스페인 선원들은 가톨릭교도였다. 하지만 짐은 내 영토 안에서만큼은 종교의 자유를 허하노라." 그러나 이 책에서 가장 역설적이면서도 의미심장한 부분에서는 이처럼 섬세하고도 아이러니한 강조법을 찾아볼 수 없다. 수년 동안 섬 바깥의 세계와 다시 접촉하기를 원했으면서도 로빈슨은 막상 섬 주변에서 사람의 자취와 마주칠 때마다 자신의 생명을 위협하는 기운이 점차 커져 간다고 느낀다. 난파당한 스페인 선원들이 살아남아 섬 주변에 있음을 알고 나서는 그들이 자신을 종교재판소에 넘길 수도 있다는 생각에 그들과 함께하기를 두려워한다.

그리고 나자 '거대한 오루노크 강 근처에 자리한' 적막한 섬의 해안가에서조차도 한 시대의 사상과 정념과 문화의 흥망성쇠가 이어짐을 느끼게 된다. 그는 모험소설 작가가 되기로 결심하고 식인종을 보면서 느꼈던 공포를 자세히 기술한다. 하지만 몽테뉴가 식인종에 대해 쓴 글[1]을 모르고 있던 것은 아니었다.(이와 같은 몽테뉴의 사상은 셰익스피어가 신비로운 섬을 배경으로 쓴 『템페스트』에도 영향을 미쳤다.) 몽테뉴의 영향이 없었다면 로빈슨 크루소가 다음과 같은 결론에 결코 다다를 수 없었을 것이다. "식인종들은 살인자가 아니다. 그들은 단지 다른 문명에 속하며 다른 법을 따르는 사람들로, 전쟁 포로를 사형시키는 기독교인들보다 더 낫다."

(1955)

---

[1] 몽테뉴는 『수상록』 제1권 31장 「식인종에 대하여」에서 종교전쟁에 몰두하는 유럽을 비판하며 신대륙에서 발견한 식인종들이 보이는 식인 풍습이 차라리 유럽인들이 산 사람을 태워 죽이는 세태보다 낫다고 말했다.

『캉디드』의 서술 속도에 관하여

　불안정한 듯 움직이는 기하학적 형상의 인물들이 정확하고도 가벼운 사라반드 춤을 추며 몸을 펴거나 구부린다. 이것이 바로 파울 클레가 1911년에 볼테르(Voltaire, 1694~1778)의 『캉디드(*Candide*)』에 그려 넣은 삽화의 모습이다. 파울 클레는 여기서 에너지 넘치는 생기에 가시적인 형상, 음악에 가까운 형상을 부여한다. 그러한 활기찬 생기야말로 볼테르가 『캉디드』를 통해 당대의 시대와 문화를 둘러싼 복잡한 사실보다 먼저 현대 독자들에게 전하고자 했던 바일 것이다.
　오늘날 『캉디드』가 우리에게 읽는 즐거움을 주는 것은 그것이 '철학소설'이기 때문도, 특유의 풍자가 넘치기 때문도 아니다. 물론 뒷부분으로 갈수록 점점 더 뚜렷해지는 어떤 도덕 관념이나 세계관 때문은 더더욱 아니다. 이 책이 주는 재미란 바로 그 리듬에 있다. 불운한 사고와 온갖 수난과 학살이 빠른 속도로 민첩하게 매 페이지마다 경합을 벌이듯 이어지고 장이 넘어갈 때마다 튀어나오며 이야기별로 갈라져 나가거나 증식하는데, 이 때문에 독자들은 숨 가쁜 흥분과 원시적인 활력을 흠뻑 느끼게 된다. 퀴네공드는 8장의 세 페이지밖에 안 되는 지면에서 캉디드에게, 그의 부모님과 오빠가 불가리아인들에 의해 온몸이 토막 난 이야기며, 이후 자신이 강간당하고 옆구리를 칼에 찔리게 된 과정, 그리고 가까스로 치료를 받고는 불가리아 대장의 식모로 전락한 이야기, 이후 네덜란드와 포르투갈에서 팔려 간 이야기, 서로 다른 종교를 믿는 두 사람이 각각 다른 날에 자신을 나누어 소유하기로 협정을 맺은 이야기, 이러한 상황에서 우연히 화형식을 목격하고 화형을 당하는 사람이 다름 아닌 팡글로스와 캉디드였으며, 이렇게 다시 재회하게 되었다는 이야기까지를 모두 설명해 낸다. 9장의 두 페이지도 안 되는 지면에서는 캉디드가 자신이 죽인 두 사람의 시체를 자신의 발치에 놓아두는데, 이내 퀴네공드가 다음과 같이 소리를 지른다. "당신처럼 천성이 부드러운 사람이 어떻게 눈 깜짝할 사이에 유태인 한 사람과 고위 성직자 한 사람을 죽였지요?"[1] 그리고 노파는 왜 자신의 엉덩이가 한쪽밖에 없는지를 설명하기 위해, 열네 살까지 교황의 딸로 호사를 누리며 산 이야기부터 시작하여 세 달 동안 가난을 겪으며 노예로 끌려가 겪었던 고초며, 매일 강간을 당했던 이야기, 이후 전쟁과 굶주림으로 고생하다가 알제리에서 페스트로 거의 죽다 살아난 이야기를 쏟아 놓는다. 이 이야기를 하기 전에도 노파는 이미 터키 보병대가 아조프 해[2]를 포위하러 출격한 이야기, 기아에 시달리던 그들이 여자 엉덩이를 먹기로 했다는 이야기 등등을 들려주었다. 여기에 나열된 이야기들은 다소 여유 있게 진행되긴 하지만, 이 이야기가 모두 펼

1) 볼테르, 『낙천주의자, 캉디드』(아테네, 2003), 최복현 옮김, 65쪽.
2) 우크라이나 남동부에 위치한 해안.

쳐지는 11장에서 12장까지의 두 장은 고작해야 여섯 페이지 반밖에 되지 않는다.

유머 작가로서의 볼테르가 구사한 이 위대한 발견은 코미디 영화에서 가장 즐겨 사용되는 유머 기법이기도 하다. 엎친 데 덮친 격으로 재앙이 정신을 못 차릴 만큼 빠른 속도로 덮치는 것이다. 급작스럽게 리듬이 빨라지며 거의 감정이 격발하는 지점에 이르기까지 부조리한 감각을 전달하는 대목도 있다. 불운한 인생의 경험들이 시간별로 세밀하게 재빨리 서술되고 다시 아주 빠르게 요약되는 형식으로 재서술될 때가 그러하다. 볼테르가 번개 같은 속도로 진행되는 포토그램으로 영사(映寫)하고 있는 것은 '80페이지 안에 세계 구석구석을 비추는' 그런 영화다. 이 영화에서 캉디드는 고향인 베스트팔렌에서부터 네덜란드, 포르투갈, 남아메리카, 프랑스, 영국, 베네치아, 터키까지 돌아다닌다. 이 여행은 지브롤터와 보스포루스를 오가는 해적과, 노예 상인들의 손쉬운 먹잇감이 되고 마는 남자들, 특히 더더욱 잘 속아 넘어가는 여자 등장인물들을 만나면서 세계 곳곳으로 소용돌이를 일으키며 갈라져 나간다. 다시 말해 『캉디드』는 당대에 전 세계에서 일어난 사건 대부분을 다루고 있는 한 편의 거대한 영화로, 프러시아와 프랑스(작품에 나오는 '불가리아족'과 '아바르족'은 각각 이들을 암시한다.), 1755년 리스본에서 일어난 지진, 종교재판소가 행했던 화형식, 스페인과 포르투갈의 식민 정책을 반대했던 파라과이의 예수회 신부들, 잉카 제국의 전설적인 금광들, 네덜란드의 프로테스탄티즘과 당시 유행하던 매독, 지중해와 대서양을 무대로 벌어지던 해적질, 모로코의 대살육전, 가이아나에서 흑인 노예를 착취하던 일들을 모두 다루고 있다. 그러나 여기에는 문학계 소식이며 파리의 고급 사교계 생활에 대한 암시, 권력을 빼앗긴 왕들이 베네치아에 사육제를 지내러 가는 길에 한데 만나게 된 일 등이 곁들여진다.

온통 혼란에 빠진 하나의 세계. 이 세계에서는 현명하고 행복한 유일한 나라, 즉 엘도라도에서가 아니라면 어느 누구도 구원받지 못한다. 엘도라도에서는 부와 행복이 직결되지 않는다. 잉카 족은 유럽 사람들이 진흙처럼 널린 금가루와, 자신들은 돌멩이쯤으로 여기는 다이아몬드를 귀중하게 여긴다는 사실을 모르기 때문이다. 소중한 금붙이가 매장되어 있는 바로 그곳에서 캉디드는 현명하고 행복한 사회를 발견한다. 모든 가능한 세계 가운데 최상의 세계가 현실이 된다는 팡글로스의 말은 결국 엘도라도에 딱 들어맞는 것이다. 엘도라도가 안데스 산맥의 닿을 수 없는 곳에 자리한다는 점, 찢겨 나간 게 틀림없는 지도 한 조각, 비(非)장소, 즉 유토피아에 숨어 있다는 사실만 제외한다면 말이다.

이러한 지상 낙원이 모든 유토피아의 특질을 희미하고도 불확실하게나마 갖추고 있다면, 불운이 계속해서 이어지는 그 밖의 세계들은 매우 빠른 속도로 서술되면서도 하나의 완성된 그림으로 형상화되지 못한다. 네덜란드의 지배 하에 있던 수리남에서 만난 흑인 노예는 캉디드에게 단 몇 줄로 자신이 백인 주인들로부터 받은 처벌을 줄줄 읊고 난 뒤에, 다음과 같이 말한다. "당신네 유럽인들은 우리가 이런 희생을 치른 대가로 설탕을 먹는 것이지요."[3] 이와 유사하게 베네치아에서 만난 매춘부는 다음과 같이 말한다. "아, 나리! 늙은 장사꾼, 변호사, 수사, 뱃사공, 그리고 신부들에게마저 아무런 애정 없이 사랑을 해야만 한다는 것이 얼마나 끔찍한 일인지 상상도 못 하실 거예요. 온갖 모욕과 욕설을 들어야 하고, 돈이 바닥났을 땐 구역질 나는 사내가 들어 올릴 치마조차도 빌려 입어야

---

[3] 같은 책, 139쪽.

하는 그렇게 번 돈을 또 다른 사내에게 강탈당하기도 하고, 경찰들에게 대가를 강요당하고, 그렇게 살다가 결국 늙어서 요양소나 쓰레기장에서 비참한 말로를 맞게 될 수밖에 없는 신세가 어떤 것인지 나리께서 상상할 수 있다면……."4)

캉디드에 나오는 인물들이 불운으로 점철된 삶을 사는 것처럼 보이는 것은 사실이다. 팡글로스는 매독으로 고생하고, 교수형에 처해지며, 갤리선에서 쇠사슬에 매여 노를 젓는 죄수가 되었다가, 다시 갑작스레 나타나 이곳저곳을 돌아다닌다. 그러나 볼테르가 고통의 대가를 대충 얼버무리고 넘어간 것은 아니다. 어떤 소설이 이 작품처럼 처음에는 "얼굴엔 홍조를 띠고 있었고 얌전하며 통통하고 매력적인 처녀"였던 여주인공을 이후에는 "피부가 그을고, 눈은 충혈되고, 가슴은 축 늘어지고, 볼은 주름 지고, 두 팔은 빨갛게 살갗이 튼 모습"5)으로 과감하게 그려 내겠는가?

이 지점에서 우리는 외적이며 표면적인 독서의 단계를 지나, 우리가 어느덧 『캉디드』 안에 내포된 철학, 즉 볼테르의 핵심적인 세계관에 접근하고 있음을 깨닫게 된다. 그 철학이란 단지 팡글로스의 신의 섭리에 기초한 낙관주의를 향한 공격적인 논쟁에 그치는 것이 아니다. 자세히 살펴보면 캉디드와 함께 가장 오래 여행하며 그를 이끈 사람은 불운만 골라 겪는 라이프니츠주의자가 아니라, 세상에서는 오직 악만이 승리한다고 보는 '이원론자' 마르탱이다. 마르탱이 진실로 반(反)팡글로스 역할을 하는 것이라면, 우리는 마르탱이야말로 진정한 승리자라고 말할 수도 없다. 이 책에서 악에 대한 형이상학적 설명을 찾는 것은 무의미하다. 낙천주의자 팡글로스와 비관주의자 마르탱이 그러하듯이 악이란 주관적이고, 정의

4) 같은 책, 194쪽.
5) 같은 책, 237~238쪽.

할 수 없는 것이며, 측량되지 않는 것이다. 우주를 만든 계획 같은 것은 존재하지 않는다. 설령 존재한다고 해도, 그것은 인간이 아닌 신만이 아는 것이다. 볼테르의 '합리주의'란 (파스칼의 사상에서만큼이나 인간과 양립할 수 없는) 종교적인 세계에 맞서는 윤리적이며 의지적인 자세를 가리킨다.

우리는 입가에 미소를 지으며 이 연속되는 불행의 굴레를 관망할 수 있다. 인간의 삶이란 짧고, 결국 끝이 있는 것이니 말이다. 언제나 남들보다 자신이 처한 상황이 더 나쁘다고 말하는 사람이 있을 수 있다. 그는, 운이 좋아 불평할 것도 없고 삶이 주는 모든 좋은 것만을 가질 수 있게 된다 해도 결국 베네치아의 상원의원인 시뇨르 포코퀴란테처럼 모든 일에 코웃음을 치며 부족한 일에서 결점만을 꼬집는 인물이 될 것이다. 이 책에서 진실로 부정적인 캐릭터는 바로 모든 일을 지루해하는 포코퀴란테다. 반대로 팡글로스와 마르탱은 서툴고 터무니없는 답변만 늘어놓는 것처럼 보이지만, 삶의 갖가지 고통과 위험에 진정으로 맞서 싸우는 인물들이다.

재세례파교도 자크,[6] 잉카 족 노인, 볼테르 자신을 매우 닮은 파리 출신의 학자와 같은 주변 인물들에게서 드러난, 책의 저변에 흐르는 학문적인 견해들은 "우리의 밭을 가꾸어야 한다."는 이슬람교도 노인의 말을 통해 전달된다. 물론 이것은 너무나 간략하게 압축된 도덕적 경구지만, 우리는 이것을 반(反)형이상학적인 자세를 갖추어야 한다는 지적인 의미로 읽어내야만 한다. 스스로 직접 실천하면서 적용하여 풀 수 없는 문제라면 그러한 문제 자체를 던지지 말아야 한다는 것이다. 또한 우리는 이

---

6) 자크는 교리에 위배되는 말을 했다가 수모를 당했던 캉디드를 구해 준다.(제3장)

경구를 사회적인 의미 안에서 살펴야 한다. 이는 노동이 모든 가치의 핵심임을 처음으로 선언한 말이다. 오늘날 "우리의 밭을 가꾸어야 한다."라는 말은 자기중심적이고 부르주아적인 의미를 함축하고 있는 것처럼 들릴 수도 있다. 이러한 해석은 현대의 우리가 느끼는 불안과 근심이 투영된 것으로, 사실상 실제 의미하는 바와는 거리가 멀다. 노동 행위가 오직 저주의 결과로 그려지고, 인간이 일구어 낸 밭이란 밭은 모두 쑥대밭이 되어 버리는 이 책에서, 이 경구가 마지막 장에 가서야 나오는 것 또한 우연이 아니다. 우리의 밭 또한 옛 잉카 제국 못지않은 유토피아다.『캉디드』에서 이성의 실현은 유토피아에서나 가능한 일이다. 그러나 이 말이 이 책에서 하나의 속담으로 전해질 만큼 가장 유명한 문구가 된 것 역시 우연이 아니다. 우리는 이 문구가 전조처럼 예언한, 인식론적이며 윤리적인 면에서의 급격한 변화를 놓치지 말아야 한다.(이 책은 정확히 바스티유 감옥이 함락되기 30년 전인 1759년에 쐬었다.) 인간은 이제 더 이상 초월적인 선이나 악에 따라 심판받는 것이 아니라, 실제로 자신이 일구어 낸 결과의 크고 작음에 따라 판단된다. 이러한 전환으로부터 바로 자본주의적 의미에서 '생산적'이라고 표현되는 노동이 지니는 윤리와, 실용적이고 책임을 피하지 않으며 구체적인 행위로서의 도덕(이러한 구체적 행위 없이 인간은 어떠한 보편적인 문제도 풀 수 없다.)이 등장했다. 간단히 말해 오늘날 인간의 삶이 직면한 진정한 선택의 문제가 바로 이 책에서 출현했던 것이다.

(1974년)

드니 디드로의 『운명론자 자크』

현대 문학의 기초를 세운 선구자 가운데 드니 디드로(Denis Diderot, 1713~1784)가 차지하는 위상은 계속 높아지는 중이다. 이는 그의 소설 『운명론자 자크와 그의 주인(*Jaques the Fatalist and his Master*)』이 반(反)소설, 메타 소설, 하이퍼 소설 등으로 불리며, 그 풍부하고도 창조적인 면모가 끊임없이 발견되고 있기 때문이다.

이 작품에서 첫 번째로 주목해야 하는 것은 디드로가 당대의 모든 작가들이 공통적으로 품었던 근본적인 의도를 바꾸어 놓고 있다는 점이다. 독자들이 책을 읽고 있다는 사실을 잊은 채 이야기 속의 사건들을 자신이 직접 겪는 양 작품에 푹 빠져 들도록 만들겠다는 의도 말이다. 반면 디드로는 자신의 이야기를 펼치는 작가와 그 이야기를 기다리는 독자 사이의 갈등 자체를 전면에 내세운다. 이 작품에서 독자의 호기심과 기대와 실망감은, 작가의 계획과 논쟁, 변덕스러운 의도와 맞서는 형국을 띤다.

이러한 과정 속에서 플롯의 진행이 결정되며, 주인공들의 대화가 또 다른 대화 속에 포함되어(그리고 이 또 다른 대화는 다시 다른 대화들 속에 포함된다.) 이어지는 이야기의 구조가 형성된다.

디드로는 독자가 책을 수동적으로 수용하는 관계가 아닌, 작가와 끊임없이 논쟁을 벌이고 비판적인 정신을 견지하면서 깜짝깜짝 놀라게 되는(독자는 이러한 과정 속에서 이야기에 대해 비판적인 거리를 계속 확보하게 된다.) 관계를 추구했다. 그렇게 함으로써 디드로는 브레히트가 연극에서 지향했던 목표를 두 세기나 앞서 성취한 것이다. 브레히트와 유일하게 다른 점이라면 브레히트가 정확히 교훈적인 목표에 기초했던 반면, 디드로는 모든 권위적인 의도를 버리겠다는 목표만을 가졌던 것으로 보인다는 점이다.

플롯이 전환될 때마다 여러 다른 가능성의 범위를 확장시키면서 독자가 자신이 원하는 전개 방향을 선택하도록 만들고는, 단 한 가지만을 남겨 둔 채 모든 가능한 선택지를 지워 버리는 식으로 독자를 우롱하면서, 디드로는 독자와 한바탕 놀이를 벌이고 있다고 할 수 있다. 그리고 그가 남겨 둔 유일한 선택지란 항상 가장 '소설적'이지 않은 것이다. 이러한 관점에서 디드로는 레몽 크노가 칭송했던 '잠재 문학'[1]의 선구자로 볼 수 있지만, 디드로가 그러한 개념을 전적으로 받아들이고 있는 것은 아니다. 크노는 「당신 마음대로 하는 이야기(*Un Conte à votre façon*)」[2]에서 디드로

---

1) 레몽 크노는 '잠재 문학'을 "작가들이 즐겁게 사용할 수 있는 새로운 구조와 패턴의 추구"라고 정의했다. 레몽 크노와 조르주 페렉, 이탈로 칼비노는 전위문학 단체인 '잠재 문학 작업실(Oulipo : Ouvroir de littérature potentielle)' 그룹의 구성원으로 활동했다.
2) 1981년 출간된 레몽 크노의 선집 『단편과 이야기』에 포함되어 있다. 이듬해인 1982년 켈크쇼즈 출판사는 이 작품만을 일러스트와 함께 엮어 수작업으로 소량 출간했다. 이 책은 매 페이지마다 같은 그림이 펼쳐지고, 독자들이 이야기의 전개를 선택하며 다른 페이지로 이동하도록 짜여 있다.

가 앞서 구축했던 방식, 즉 다음 이야기를 선택하도록 독자를 초대하는 방식으로 볼 수 있을 법한 하나의 모델을 만들어 냈다. 그러나 역설적이게도 디드로는 사실상 오직 하나의 이야기만 이어질 수 있음을 증명하고자 했다.(앞으로 보게 되겠지만, 이 유일한 이야기는 구체적인 철학적 선택에 해당한다.)

『운명론자 자크』는 규칙과 범주를 피해 가는 작품이자, 문학 이론이 고안한 여러 개념을 시험해 볼 수 있는 일종의 시금석과 같은 작품이다. 작품의 구조는 '지연된 서사'로 이루어져 있다. 자크는 자신의 사랑 이야기로 이야기를 시작하지만, 도중에 중단하고 여담을 비롯한 다른 이야기들을 삽입하면서 책의 끝에 가서야 비로소 사랑 이야기를 마무리한다. 이야기 속의 이야기로서 수많은 상자 속의 상자처럼 서술되는 이러한 구조는 단지 미하일 바흐친이 말했던 '다성적', '메니포스적', '라블레적'이라 부르는 서사에 해당되는 것만은 아니다. 디드로에게 살아 있는 세계의 진정한 단 하나의 형상이란, 단속적인 가운데에서도 항상 일정한 내적 논리로 연결되지만, 그렇다고 해서 결코 직선적이거나 동질적인 형태를 띠지는 않는다.

이 모든 것에서 우리는 로렌스 스턴의 『트리스트럼 섄디』의 영향을 찾아볼 수 있다. 이 작품은 문학적인 형식과 세계의 사물에 대한 태도라는 관점에서 볼 때 당시로서는 대담하고 독특한 창조성을 선보였다. 스턴의 소설은 18세기 프랑스 문학의 취향과 정확히 반대되는, 자유롭고 여담적인 서사를 취한 사례에 해당한다. 영국 문학을 지향했던 이러한 문인들은 유럽의 대륙 문학에 대해 항상 신선한 자극제 역할을 해 왔다. 디드로는 영국 문학에서 받은 이러한 자극을 '진실한' 표현을 강조하는 사조에 대항하는 운동의 상징으로 삼았다. 비평가들은 스턴의 『트리스트럼 섄디』

에서 『운명론자 자크』로 옮겨 간 구절들과 에피소드들을 지적해 냈다. 그리고 디드로는 자신이 표절 행위에 대해 얼마나 무심한지 증명하기 위해 실제로 책의 마지막 장면 바로 앞에서 『트리스트럼 섄디』를 베껴 썼노라고 선언했다.[3] 사실 그가 특정 페이지를 단어 하나하나까지 그대로 옮겼는지, 아니면 약간이나마 바꾸어 썼는지는 그리 중요하지 않다. 『운명론자 자크』의 대략적인 줄거리에서 두 인물이 말에 올라탄 채 이야기하고 듣고, 다양한 모험을 겪으며 방랑하는 일을 전하는 피카레스크적인 이야기는 『트리스트럼 섄디』와는 매우 다르다. 『트리스트럼 섄디』는 식구들이나 마을 사람들에 한정된 가족 내의 에피소드를 과장하여 서술하는데, 특히 출생과 어린 시절에 겪은 불행에 관한 세부 이야기들을 그로테스크하게 다루고 있다. 두 작품 사이의 유사성은 보다 심층적인 차원에서 찾아야만 한다. 두 작품의 진정한 주제는 연쇄적인 원인들과 매 사건을(심지어 무의미해 보이는 사소한 일까지도) 규정하는 얽히고설킨 상황들에 있다. 이는 현대 작가들과 독자들에게는 '운명'과 같은 주제에 해당한다.

디드로의 시학에서 중요한 것은 작품의 독창성이라기보다는 그 작품이 다른 책에 대해 차례대로 답하고 논쟁하며 그 책들을 완성해 주고 있다는 사실이다. 한 작가가 쏟은 모든 노력이 의미를 지니게 되는 과정은 그것이 놓여 있는 전체적인 문화의 맥락에서 이루어진다. 자유로운 태도, 시종일관 발휘되는 유머 기질, 곡예처럼 이어지는 글쓰기로 규정되는 스턴의 위대한 재능은 디드로뿐 아니라, 낭만주의적인 아이러니로 이어지는 세계문학 전체에 전수되었다.

스턴과 디드로가 공개적으로 저술의 주요 전범으로 삼은 작품이 세르

---

3) 드니 디드로, 『운명론자 자크』(현대소설사, 1992), 김희영 옮김, 312쪽.

반테스의 걸작이라는 사실도 잊어서는 안 된다. 그들이 세르반테스의 작품으로부터 물려받은 것은 각기 다른 요소들이었지만 말이다. 스턴은 세르반테스의 작품에서 받은 영향과 능수능란하게 영어를 구사하는 솜씨를 결합하여 인물들을 몇 가지 독특한 특징만 잡아내어 생생하게 창조했고, 디드로는 희극 소설의 전통을 따라 여관이나 길 위에서 벌어지는 피카레스크 모험담이라는 익숙한 주제들을 그려 냈다.

『운명론자 자크』에서는 하인이자 종자인 자크가 그가 섬기는 주인인 기사보다 먼저 나온다. 이는 제목에서도 마찬가지다.[4] (주인의 이름은 한 번도 나오지 않는다. 그는 마치 자크의 주인으로서만 기능하는 것처럼 보인다. 주인이라는 인물은 하인보다 더 흐릿한 존재로 남아 있다.) 이들은 분명 주인과 하인 관계지만, 또한 친구 사이이기도 하다. 위계적인 관계는 논란의 대상이 되고 있지 않으나(프랑스대혁명은 이로부터 적어도 10년 뒤에야 일어난다.), 사실상 이러한 위계 관계는 빈 껍질에 불과하다.(이러한 측면에 대해서는 미셸 라고가 에이나우디 출판사의 첸토파지네 시리즈에 포함된 이탈리아어 번역본에 붙인 뛰어난 서문에서 언급하고 있다. 이 서문에는 이 책에 대한 역사적, 문학적, 철학적 맥락을 완벽하고도 정확하게 설명해 내고 있다.) 모든 주요 결정을 하는 인물은 자크다. 주인이 오만하게 굴면 자크는 어느 정도 범위 안에서 가끔씩은 그의 말을 거부할 수도 있다. 디드로는 개별적인 특질들이 영향을 주고받는 상호적 관계에 기초를 둔 인간관계를 그려 낸다. 사회적 역할이 유지되면서도 그것이 전적으로 지배하지도 않는 이 세계는 유토피아도 아니며 사회적 메커니즘을 비판하는 세계도 아니다. 이 세계는 있는 그대로 관찰한 거대한 전환기의 세계다.

---

[4] 통상적으로 『운명론자 자크』로 불리지만, 이 작품의 원제는 『운명론자 자크와 그의 주인』이다.

이와 같은 관계는 여성과 남성을 두고도 말할 수 있다. 디드로는 특수한 입장을 취하지 않았다는 점에서, 그 정신세계 자체만으로도 천성적인 '페미니스트'다. 그에게 여성은 남성과 같은 도덕적, 지성적 지위에 있으며 감성적이며 감각적인 행복을 추구할 수 있는 권리를 똑같이 부여받은 존재다. 그리고 바로 이러한 점에서 디드로의 『운명론자 자크』와, 시종일관 쾌활하면서 극도로 여성 혐오적인 『트리스트럼 샌디』 사이에는 좁힐 수 없는 거리가 있다.

자크가 표현하고자 하는 '운명론'은 (일어나는 모든 일들이란 이미 "저 하늘 위에 씌어 있다.") 체념이나 수동적인 자세를 정당화하지 않는다. 오히려 운명론은 자크가 항상 자진하여 일에 나서서 끝까지 포기하지 않도록 이끈다. 반면 자유의지와 개인의 선택을 중시하는 그의 주인은 자주 낙담하고, 이어지는 사건들에 휩쓸리곤 한다. 철학적인 대화의 형태를 띠는 그들의 논쟁은 다소 초보적이지만, 스피노자와 라이프니츠의 필연성 개념을 암시하기도 한다. 볼테르는 『캉디드』나 『낙관주의에 관하여』를 통해 라이프니츠를 공격하는데 이에 반대하는 디드로는 『운명론자 자크』에서 라이프니츠의 편에, 더 나아가 스피노자의 편에 서 있는 것처럼 보이기까지 한다. 스피노자는 기하학적 방법으로 증명된 유일하고도 필연적인 세계에 내재된 객관적인 합리성을 주장했다. 라이프니츠에게 이 세계가 단지 수많은 가능 세계의 하나일 뿐이었다면 디드로에게 이 세계는 선하건 악하건 간에(아니면 선과 악이 항상 공존하건 간에) 가능한 단 하나의 세계였다. 또한 인간의 행위란 선하건 악하건(아니면 선하기도 하고 악하기도 한 것이건) 그 자신을 둘러싼 일련의 상황들에 대응할 수 있기만 하다면 정당한 것이다.(이 세계는 교활하고 속임수를 쓰며 재치로 무장한 일련의 허구를 포함한다. 예를 들어 '소설 속의 소설'이 진행되는 부분을 보라. 삶의 현실 안에서 계산적이면서 연극적인 허구를 꾸며 낸 마담 드 라 폼므레와 위드송 신부가 꾸민 음모 이야기를 들려주는 디드로는, 자연과 '자연에 가까운' 인간이 지니는 선함과 정직함을 찬양했던 루소와는 크게 다르다.)

디드로는 이 세계에서 가장 엄격한 결정론적 개념이 개별자의 의지가 앞으로 나아갈 수 있도록 해 주는 것이라고 생각했다. 개별 의지와 자율적인 선택은 필연성이라는 굳건한 암석에 그 흔적을 새길 수 있을 때에만 실제적인 의미를 지닐 수 있다는 듯 말이다. 디드로의 이러한 결정론은 신의 의지를 인간의 의지 너머 최대한으로 고양했던 종교가 신봉했던 진실이었으며, 디드로 사후 200년이 지나, 새로운 결정론이 생물학과 경제학, 사회 이론 및 심리학 분야에 등장했던 시기에도 틀림없는 것으로 밝혀졌다. 우리는 오늘날 의지와 행동주의가 인류에게 재앙만을 불러왔던 것과는 반대로, 이러한 이론들을 통해 필연성에 대한 인식이 확립되었을 때에야 비로소 진정한 자유를 향한 길이 열렸던 것이라고 말할 수 있다.

그럼에도 『운명론자 자크』는 이런저런 것을 '가르치거나' '증명하는' 작품이 아니다. 주인공의 끊임없는 움직임과 산만한 편력을 설명해 주는 고정된 이론적 지점도 없다. 그의 말(馬)은 두 번이나 제멋대로 길을 벗어나고, 자크를 교수대가 서 있는 언덕으로 데려간다. 그리고 세 번째에는 모든 것이 설명된다. 이번에 그의 말은 자기가 옛날에 살던 전 주인집으로 자크를 데려간다. 그 말의 이전 주인은 교수형 집행인이었던 것이다. 이것은 확실히 전조적 징조에 대한 믿음을 풍자하는 계몽주의의 우화이다. 그러나 이것은 또한 을씨년스럽고 황폐한 언덕에서 교수형을 당한 사람의 이미지를 내세움으로써, 낭만주의의 어두운 경향을 예고하기도 한다.(당시는 포토츠키[5]의 작품과 같은 낭만주의 고딕 소설이 나오기 훨씬 전이었다.) 이 작품의 결말이 몇 줄의 문장으로 압축되는 일련의 모험으로, 그러니까 주인이 결투에서 상대방을 죽인 뒤 달아나고, 망드랭[6]과 함께 산적이 된 자크는 성을 습격하러 갔다가 그곳에서 주인을 발견하고는 그 성을 약탈자들의 손에서 구해 준다는 이야기로 줄달음치는 것을 보면서, 우리는 우연과 운명에 대한 낭만주의적 파토스에 대립되는 18세기 특유의 간결성을 확인할 수 있다. 클라이스트[7]에서 볼 수 있는 그러한 간결성을 말이다.

삶의 우연한 사건들이 내포하는 특수성과 다양성에는 각각 나름의 고유한 내적 논리가 있겠지만, 그렇다고 해서 그런 것들을 법칙들과 분류된 범주 안에 묶을 수는 없다. 디드로는, 서로 떨어져 살 수 없을 만큼 절친하면서도 때때로 서로 칼을 뽑아 결투를 하지 않고는 못 배기는 두 장교에 대해 객관적으로 간결하게 이야기할 때도 그 둘의 모호한 정열적 관계를 숨기지 않는다.

『운명론자 자크』가 『캉디드』에 반대되는 작품이라고 일컫는 것은 이 작품을 반(反)철학소설로 보기 때문이다. 디드로는 진실이란 하나의 형식이나 교훈적인 우화로 축소될 수 없다고 확신했다. 그는 자신이 써 낸 창조적인 문학이 추상적인 용어로 명확히 설명될 수 있는 하나의 이론을 증명하는 것이 아니라, 삶에서 무수히 벌어지는 세부적인 일들에 대응하

---

5) Jan Potocki(1761~1815). 18세기 폴란드 작가이자 슬라브 역사학자. 끝없이 이어지는 이야기 구조를 취한 그의 작품 『사라고사에서 발견된 원고(Manuscrit trouvé à Saragosse)』는 『아라비안 나이트』에 비견되기도 한다. 이 작품에서 주인공 알폰소 반 보르덴은 잠에서 깨어난 뒤, 자신이 교수대의 올가미 밑에 시체 두 구와 함께 누워 있는 것을 발견한다. 꿈과 현실이 혼합된 이 작품은 초자연적인 힘에 대한 관심을 반영하고 있으며, 낭만주의 고딕 소설 혹은 피카레스크 소설의 경향을 띠고 있다. http://en.wikipedia.org/wiki/Jan_Potocki 참조.
6) 18세기에 유명했던 산적.
7) Heinrich von Kleist(1777~1811). 독일의 극작가, 소설가.

기를 원했다.

다방면에 걸친 디드로의 글쓰기는 '철학'에 반대되는 만큼 '문학'이라는 것에도 반대된다. 그러나 오늘날 우리는 디드로의 글쓰기야말로 진정한 문학적 글쓰기라는 사실을 인정한다. 최근 밀란 쿤데라와 같은 지성적인 작가가 『운명론자 자크』를 현대적인 희곡으로 각색한 것도 우연한 일은 아니다.[8] 또한 쿤데라가 자신의 소설 『참을 수 없는 존재의 가벼움』에서 인간의 감정에 관한 소설을 실존적인 소설, 철학적인 주제 및 아이러니와 함께 훌륭히 융합해 냈다는 점을 볼 때, 그는 현대 작가들 중에서 가장 디드로적인 작가라 할 수 있다.

(1984)

---

[8] 밀란 쿤데라는 디드로의 『운명론자 자크』를 토대로 1975년 희곡 「자크와 그의 주인(Jakub a jeho pan)」을 썼다.

자마리아 오르테스

 기쁨, 고통, 미덕, 악덕, 진실, 실수 등 모든 것을 계산하고 싶어 했던 사람이 있었다. 이 사람은 대수학 공식과 양적 계산 체계를 이용해 인간의 모든 감정과 행위의 면면을 계산해 낼 수 있다고 확신했다. 또한 존재의 무질서와 사유의 불확정성에 맞서 '기하학적 정확성'으로 무장했다. '기하학적 정확성'이라는 무기는, 전적으로 명백한 대당 관계와 반박할 수 없는 논리적 결과들로 구성된 그만의 지적인 형식이었다. 그에게 있어 기쁨에 대한 열망과 힘에 대한 공포는 인간의 조건을 알아 가는 데 필요한 하나의 전제에 불과했다. 오직 이 길을 통해서만 그는 정의(正義)나 자기희생과 같은 질적인 문제들을 단단한 토대에 성공적으로 뿌리내리게 할 수 있었다.
 세계는 무자비한 힘으로 돌아가는 기계 장치와 같다. "판단의 진정한 가치는 부(富)에 있다. 판단을 변화시키고 매수할 수 있는 것은 바로 부이기 때문이다." "사람은 근본적으로 힘줄과 근육과 여러 세포막에 연결된 뼈로 이루어진 몸통이다." 이러한 경구를 남긴 사람이 18세기의 인물임은 당연하다. 라메트리의 인간-기계에서부터 사드의 자연의 잔인한 쾌락의 승리에 이르기까지 18세기의 정신은 인간과 세계에 대한 모든 신적인 관점을 거부하면서 어떠한 것과도 타협했다. 그가 베네치아 사람이라는 것 또한 자연스러운 일이다. 베네치아 공화국은 서서히 몰락해 가면서 거대한 권력 다툼에 점점 더 깊숙이 휩쓸려 들어가던 중이었다. 게다가 수익과 관련된 문제와 늘어 가는 무역 적자로 신음하던 상황이었고, 또 한편으로는 점점 더 쾌락주의에 몰두하면서, 도박장과 극장과 카니발에 심취하던 중이었다. 모든 것을 계산하고자 하는 한 사람에게 그 어떤 공간이 이보다 더 큰 자극을 제공할 수 있었겠는가? 그는 '파라오네' 카드 게임에서 이길 수 있는 체계를 고안해 내고, 멜로극에서 정열의 정확한 양을 계산하며, 사적 개인의 경제와 국가의 부와 빈곤에 대한 정부의 개입에 관해서까지 논하는 것을 자신의 소명으로 삼았다.

   그러나 이 사람은 헬베티우스와 같은 학구적인 자유사상가도 아니요, 카사노바처럼 이론을 실천하는 자유사상가도 아니었다. 그는 동시대를 살았던 밀라노의 계몽철학자로《커피하우스(*Il Caffè*)》를 발행하며 여러 글을 기고했던 피에트로 베리[1]처럼 계몽주의의 진보를 위해 고투하는 개혁가도 아니었다.(피에트로 베리의 『쾌락과 고통의 본성에 관하여』는 1773년 이 잡지에 실렸다. 이는 우리의 이 베네치아 사람이 1757년에 낸 『인

---

1) Pietro Verric(1728~1797). 이탈리아의 경제학자, 저널리스트, 관료, 문학가. 프랑스 백과전서학파의 영향을 받아 '소시에타 디 퍼그니(Società dei Pugni)' 그룹의 일원으로 활동했으며, 1764년부터 1766년까지《커피하우스》를 발행하면서, 서른여덟 편에 달하는 문학 논문을 기고했다. 와인과 맥주만 마시던 유럽인들에게 동양에서 들어온 '커피'는 '각성'을 뜻하는 것으로 '계몽'과 동의어로 쓰였다.

간의 삶에 있어서 쾌락과 고통의 계산(*A Calculation of the Pleasures and Pains of Human Life*)』보다 조금 앞선 것이다.) 무미건조하고 예민한 수도승이었던 이 사람, 자마리아 오르테스(Giammaria Ortes, 1713~1790)는 유럽 전역과 자신의 고향 베네치아에까지 영향력을 미치는 대변혁의 기운에 반대해, 자신만의 완고하고도 엄격한 논리를 내세웠다. 오르테스는 홉스와 같은 비관주의자였으며, 맨더빌처럼 역설을 사랑했고, 자신의 주장에 대해 더 없이 단호했으며, 건조하고 신랄한 문체를 즐겨 썼다. 그의 저작을 읽어 보면 그가 애매한 구석이 전혀 없는 이성 그 자체를 수호하는 투사였음을 누구도 의심할 수 없게 된다. 전기 작가들이나 그의 저작물을 모두 섭렵한 전문가들이 제공하는 다른 세부 사항들은 많은 노력을 들이지 않고는 받아들이기가 어렵다. 종교 문제에 대해 취했던 비타협적인 태도나 줄곧 고수했던 근본적인 보수주의가 특히 그러하다.(예를 들어 지안프란코 토르첼란이 1961년 에이나우디 출판사에서 펴낸 『미국 철학자에 대한 논고』에 실린 오르테스의 「도덕적 저서」에 대한 부분을 보라.) 그리고 그것은 우리에게 어떠한 기존의 개념이나 진부한 표현도 믿어서는 안 된다는 교훈을 준다. 그러니까 18세기는 감상적이며 엄숙한 종교적 정신과 차갑고 신앙심 없는 합리성이 대대적으로 충돌했던 시기라는 전통적인 관점 같은 것들 말이다. 현실에는 언제나 미묘한 차이들이 존재하고, 같은 요소들도 끊임없이 각기 다른 다양한 분야에 속한 것들과 결합할 수 있기 때문이다. 인간의 본성을 가장 기계론적이고 수학적인 시각으로 바라보는 이면에, 세속적인 문제를 바라보는 가톨릭교의 비관주의가 자리하고 있었던 것은 어쩌면 당연한 일이었는지도 모른다. 정확하고도 투명한 것은 오히려 먼지로 뒤덮인 혼란 속에서 태어나고, 형태를 갖춘 뒤에는 다시 먼지로 돌아가기 마련이라는.

당시의 베네치아는 그러니까 카를로 골도니[2]의 작품에서 바로 튀어나온 듯한 요지경 속 인물들 모두에게는 더할 나위 없이 이상적인 무대였다. 산수 계산에 푹 빠져 있던 염세적인 수도승 오르테스는, 초상화에서 차분한 자태로 앉아, 머리엔 가발을 쓰고, 뾰족한 턱에 약간은 삐딱한 웃음을 띤 모습으로 그려지고 있다. 그의 모습을 상상해 보라. 자기가 보기에는 너무나 간단한 것을 전혀 이해하고 싶어 하지 않는 사람들이 온통 주변을 둘러싸고 있음을 발견하고는, 그럼에도 자신의 의견을 고집하면서 남들이 잘못 알고 있는 오류에 대해 동정하고 있는 모습, 그러다 마침내는 광장 저편으로 고개를 갸웃거리면서 사라져 가는 모습이 연상되지 않는가.

오르테스가 연극이 번성하던 시기에 활동했을 뿐만 아니라, 연극이 가장 활발하게 공연되던 도시 출신인 것도 우연이 아니다. 그는 자신의 저서를 "만일 내가 이 모든 것을 꾸며 낸 것이라면?"이라는 말로 끝내는데, 이 문구 때문에 우리는 그가 제시한 수학적인 증명이 풍자적인 역설에 불과한 것은 아닌지, 또한 저자라고 철석같이 믿었던 엄격한 논리학자가 다른 과학이나 또 다른 진리를 숨기고 가면을 쓴 것은 아닌지 의심하게 된다. 그것은 쉽게 짐작할 수 있듯, 교회 당국의 비난을 피하기 위해 주도면밀하게 주의를 기울이고자 꾸며 낸 하나의 공식에 불과한 것은 아니었을까? 오르테스가 그 누구보다 갈릴레오를 존경했던 데에는 이유가 있다. 갈릴레오는 『대화』에서 자신의 사상을 대변하던 살비아티를 중심에 놓고 있는데, 살비아티는 불가지론자이지만 코페르니쿠스주의자의 역할을 맡겠노라고 선언하고는, 가면을 쓴 채로만 논쟁에 참여한다. …… 이러한

---

[2] Carlo Goldoni(1707~1793). 이탈리아의 희극 작가.

종류의 체계는 검열을 미리 방지하는 차원에서 다소 효과가 있다.(갈릴레오에게는 이러한 조심스러움이 결국 무위로 돌아갔지만, 우리가 아는 한 오르테스에게는 효과가 있었던 것 같다.) 그러나 어떠한 경우에나 이러한 체계는 작가가 문학적 허구 놀이에서 즐거움을 취하고 있음을 증명한다. "만일 내가 이 모든 것을 꾸며 낸 것이라면?"이라는 질문은 연극에서 흔히 볼 수 있는 빛과 그림자 놀이를 담론 상에서 벌이는 것과 같다. 지금 한 말이 진실인지 허구인지 누가 확정할 수 있겠는가? 이는 저자조차 확정할 수 없다. 저자 또한 청중에게 이러한 질문에 스스로 판결을 내릴 것을 위임하고 있기 때문이다. "만일 내가 이 모든 것을 꾸며 낸 것이라면?" 청중 역시 아니다. 그러한 질문은 가상의 '어떤 사람,' 그러니까 어쩌면 아예 존재하지 않을 수도 있는 누군가에게 던져진 것이기 때문이다. 아마도 모든 철학자들은 자신조차 직접 제어할 수 없는, 자신의 역할을 연기하는 가상의 인물을 숨기고 있을지도 모른다. 아마도 모든 철학, 모든 도그마들은 연극적인 구상을 포함한다고 볼 수 있을 것이다. 그러한 연극이 어디에서부터 시작되고 끝나는지는 알 수 없어도 말이다.

　(겨우 50년이 지난 후 푸리에[3]가 오르테스와 마찬가지로 모순적인 지위를 차지하며 문학 영역에 등장했다. 지금에 와서는 18세기의 전형적인 인물로 여겨지고 있지만 말이다. 푸리에 역시 숫자에 미쳐 있었으며, 급진적인 합리주의자이자 '철학자들'의 적이었다. 또한 오르테스와 마찬가지로 도그마에 있어서 쾌락주의자이자 감각주의자였으며 행복주의자였다. 그 역시 금욕적이고 고독했으며 자신의 삶에 엄격했다. 그리고 한편으로는 독자에게 "만일 내가 이 모든 것을 꾸며 낸 것이라면?"이라고 묻는 연극광이기도 했다.)

---

3) Joseph Fourier(1768~1830). 프랑스의 수학자.

"모든 인간은 본성상 감각의 쾌락에 이끌리도록 되어 있다."『인간의 삶에 있어서 쾌락과 고통의 계산』은 이런 말로 시작된다. 그리고 다음과 같이 이어진다. "이러한 이유로 외적 대상은 각 개별자의 욕망의 특수한 대상이기도 하다." 이러한 욕망의 대상을 소유하기 위해 인간은 폭력을 사용하고 다른 사람들과 힘을 겨루며 갈등한다. 이에 따라 상대를 제압할 수 있는 계산 능력이 반드시 필요해지는 것이다. 오르테스에게 자연은 루소가 생각한 것처럼 모성적인 이미지가 아니었다. 또한 이러한 생각에서 나온 오르테스의 사회계약론은 물리학 입문서에 나오는 힘의 사변형에 더 가까웠다. 쾌락을 좇는 인간이 타인을 차례로 파괴하지 않는다면, 이는 오늘날 넓은 의미에서 문화라고 부르는 것의 기초를 이루는 평판 때문일 것이다. 평판은 '모든 인간의 결합된 힘이 각 개별자를 대신하여 작동하게 되는 근거'다. 평판은 천성적으로 부여받거나 다른 사람을 위해 희생하게끔 하는 미덕 같은 것이 아니다. 세속의 인간들이 중요시하는 것은 평판이다. 그 평판의 대상이 자신의 관심인 한에서 말이다. 오르테스는 로마 제국의 역사를 통해 고상한 영웅주의와 애국주의의 사례들이 얼마나 철저히 개인의 이익이라는 관점에서 계산한 행동인지를 입증한다. 오르테스가 제시한 증거는 B. F. 스키너의 행동주의 이론이나 E. O. 윌슨의 사회생물학으로 설명될 수도 있다.

'평판'은 일종의 사고방식으로서, 사람들은 이를 토대로 다른 특정 부류의 사람들이 각자의 방식대로 특정 수준의 부와 특권을 누린다는 사실을 받아들이게 된다. 오르테스는 특히 네 부류의 사람들, 즉 귀족, 상인, 군인, 문인들을 언급한다. 그는 이러한 '평판'들의 '가치'를 정립하기 위한 공식을 정의한다. 이 '가치'를 그는 그들이 벌어들이는 수입으로 보았다.

간단히 말해 그가 말하는 '평판'이란 것은 오늘날 '이데올로기'라고 불리는 것에 가까우며, 특히 '계급 이데올로기'라고 할 수 있다. 그러나 오르테스는 어떠한 역사적 유물론자보다도 더 잔인하다고 할 만큼, 상위구조의 특수성을 살피는 일 따위에는 조금도 시간을 낭비하지 않고 모든 것을 경제 용어나 수입과 소비의 언어로 재빠르게 해석했다.

규모가 큰 사회에 속할수록 인간은 그 세계 밖에 사는 사람들이나 한정된 사회에 사는 사람들보다 더 많은 쾌락을 누리고, 보다 적은 공포를 겪는다는(다시 말해 이 사회에서 사람들은 모두 자유롭다는) 오르테스의 결론은 하나의 격언으로서 사회학 논문으로 발전할 수 있으며, 이것은 오늘날 우리의 경험에 기초하여 승인되고 변형되며 수정될 수 있다. 같은 방식으로 사교성, 비사교성의 상대적인 수준에 따라 판별하는 모든 유형학과 체제 순응주의자와 반역자의 범주화는 그의 저서의 마지막 문장으로 보다 정교해질 수 있다. 그 부분에는 다수의 '평판'을 '받아들이는' 사람과 '소수의 평판을 받아들이는' 사람이 대조되어 나온다. 전자는 "비교적 수줍어하고, 예의 바르며, 자신을 잘 드러내지 않는" 반면, 후자의 경우는 "좀 더 진실하고 자유로우며 솔직하다."

체계와 그 메커니즘의 구축자로서 오르테스는 역사에 특별한 관심을 기울인 적이 없다. 아니, 그는 역사라는 것이 무엇인지 거의 이해하지 못했다고 볼 수 있다. 사회가 어떻게 평판에만 의지하는지를 증명한 그는 역사적인 진실을 사람들이 목격하는 어떤 것으로만 보았다. 따라서 역사란 다른 사람들에게서 들은 것일 뿐이며, 그러한 사건을 직접 목격한 사람들의 생생한 목소리보다 열등한 수준의 것이다. 한편 『인간의 삶에 있어서 쾌락과 고통의 계산』의 결론에서 오르테스는 미세한 영역과 반복될 수 없는 세부 사항까지 강조하는 보편 질서에 대한 욕망을 드러낸다. 인간성을 추상적인 요소의 대수 공식으로 포섭하고자 했던 그도 여기에 이르러서는 각 개인이 겪는 설명할 수 없는 세부적인 경험들에 기초하지 않은 총체적인 지식을 비난한다.

확실히 이러한 방법을 기반으로 그는 개념적인 종합에 탁월한 자신의 재능에 힘입어 보편화를 지향하게 되었다. 예를 들어 그는 이탈리아인, 프랑스인, 영국인, 독일인의 성격을 네 나라 각각의 연극을 분석함으로써 살핀다. 프랑스 연극은 변화에 기초하고 있으며 영국 연극은 '고정'에, 이탈리아 연극은 '첫인상'에, 독일 연극은 '마지막 인상'에 기초하고 있다. '첫인상'은 즉시성을 뜻하는 듯하고, '마지막 인상'이란 회상을 의미하는 것 같다. 가장 해석하기 어려운 말은 '고정'이다. 그러나 그가 생각했던 영국 연극은 분명 셰익스피어 연극이었으리라고 추정해 볼 수 있다. 이 말은 인물의 성격과 연극적인 효과에 있어서 발생하는 어떠한 과잉을 의미할 뿐만 아니라 정념과 행위가 일정한 결과로 이어짐을 의미하는 것 같다. 이러한 모든 것들로부터 오르테스는 이탈리아인들과 영국인들 사이에 유사성이 있다고 가정한다. 이탈리아인들이나 영국인들은 모두 '상상력'이 뛰어난 편이며, 프랑스인들과 독일인들은 '이성'을 더 중요하게 여긴다는 것이다.

이것이 바로 오르테스의 생생하고 풍부한 텍스트인 『음악극에 대하여(*Reflection on the Musical Theatre*)』의 서두를 여는 이야기들이다. 여기에서 그는 '기하학적 정확성'이란 방법을, 통속극에서 벌어지는 상황들이 드러내는 균형미와 그 반전을 분석하는 데 적용했다. 오르테스의 의도적인 쾌락주의는 선(善)에 기초하고 있는데 이는 다른 많은 것들보다 더 확실한 것이다. 베네치아 문명에서 사교 생활의 중심에 위치한 '디베르티멘토[4]'

---

4) divertimento. 18세기 후반 유럽에서 유행했던 기악곡으로 오락에 알맞도록 짜인 무도곡의 하나.

가 그것이다. 여기서 우리는 저자의 회상이 수학적인 추론보다도 경험적인 체험에 더 의지하고 있음을 알 수 있다. "모든 '디베르티멘토'는 감각기관들이 각기 다른 운동들을 경험하고 있음을 의미한다. 지루함은 한 가지 운동의 지속에서 비롯되는 반면, 쾌락은 운동의 다양성으로부터 나온다. 따라서 세 시간 이상 쾌락을 지속시키고자 한다면, 오히려 지루함만 불러올 수 있음을 알아야 한다."

음악과 연극의 쾌락, 도박에서 나오는 감정과 기대 섞인 희망은 유일하게 진실한 쾌락이라 할 수 있다. 다른 모든 것들에 대한 오르테스의 확신 뒤에는 우울한 상대주의가 숨어 있다. 『인간의 삶에 있어서 쾌락과 고통의 계산』은 다음과 같은 말로 맺어진다. "나의 이론과 같은 것이 인간이라는 종에 대한 경멸을 드러내는 것으로 받아들여진다면, 나는 이러한 인간이라는 종에 기꺼이 거부감 없이 속하겠다. 그리고 내가 삶의 모든 쾌락과 고통이 단지 환상에 그치는 것이라고 결론을 내린다면 모든 인간의 추론 또한 광기에 불과한 것이라 덧붙이리라. 또한 내가 모든 추론을 열거한다면, 거기에서 나만의 방식인 산술적인 '계산'을 제외하지 않을 것이다."

(1984)

스탕달과 먼지구름으로서의 지식

　밀라노에 체류하던 중, 앙리 벨[1]은 현상학적 방법이라고밖에 이름 붙일 수 없는 어떤 것을 고안해 냈다. 그러나 사실 이 현상학적 방법론은 그의 철학이라 할 수 없다. 그는 철학과는 정반대의 방향으로 나아가고자 했기 때문이다. 또한 이 방법론은 소설가로서 그가 지닌 시학 같은 것도 아니었다. 그는 자신의 시학을 소설에 대항하는 반명제로 정의했기 때문이다. 자신이 그런 말을 하자마자 바로 소설가가 되리라는 사실은 알아차리지 못했겠지만 말이다.
　스탕달(Stendhal, 1783~1842)의 현상학적 방법론은 반복할 수 없는 독특하고 생생한 개인의 경험을 바탕으로 만들어졌으며, 따라서 일반화, 보편성, 추상성, 기하학적 패턴을 추구하는 철학과 반대된다. 그러나 그것

---

[1] Henri Beyle. 스탕달의 본명.

은 또한 소설의 세계와도 반대된다. 소설의 세계는 물리적이고 일차원적인 에너지의 세계이자, 단선적인 세계이며, 또한 연속적인 세계, 끝을 향해 뻗은 벡터 화살표의 세계지만, 그의 방법론은 작은 사건 속에서 드러나며, 구체적인 시공간에 자리 잡은 현실의 지식들을 전달하는 것을 목표로 하기 때문이다. 나는 이러한 스탕달의 현상학적 방법론을 그 대상과는 독립적인 것으로 정의하고자 했다. 그러나 벨이 현상학적으로 추구했던 대상은 심리적인 것이자 정념의 본질이며, 무엇보다 정념 그 자체인 사랑이었다. 밀라노에서 이 무명의 작가가 쓴 『연애론(De l'Amour)』은, 가장 오랜 기간 지속되었으며 가장 불행했던 그의 연애 사건, 즉 밀라노에서 만난 마틸드 뎀보스키와의 사랑 끝에 나온 결과물이었다. 그러나 『연애론』에서 우리는 과학철학에서 '패러다임'이라 부르는 것을 추출해 볼 수 있으며, 이러한 패러다임이 스탕달의 사랑의 심리학뿐만 아니라 그의 세계관에도 유효하게 적용될 수 있는지 살펴볼 수 있다.

스탕달은 『연애론』의 서두를 다음과 같이 시작하고 있다.

사랑은 하늘의 은하수라 부르는 것과 닮아 있다. 바로 성운이라 불리는 작은 별들로 이루어진 빛나는 덩어리. 사랑에 관한 책에 따르면, 사랑할 때 이어지는 400~500개의 연속적인 감정들은 정의하기 어려우며, 사랑이라는 정열을 구성하는 것들이다. 그러나 이러한 감정들은 사랑이라는 실체의 가장 추한 부분일 따름이다. 실수를 저지르게 하고, 핵심적인 것을 부차적인 것으로 오인하게 만들기 때문이다.

이어서 『연애론』은 『누벨 엘로이즈』와 『마농 레스코』와 같은 18세기 소설들에 관해 논한다. 스탕달은 이에 앞서, 사랑을 복잡하긴 하지만 일정한 기하학적 형상으로 묘사할 수 있다는 철학자들의 주장에 반박한다.

그러므로 스탕달이 탐구하고자 한 근본적인 현실은 불연속적인 점의 형태로, 불안정하고 복잡다단한 이질적인 현상으로 이루어진 구름이라고 볼 수 있다. 그리고 이 각각은 서로 고립되어 있으며, 더 미세한 현상으로까지 세분화될 수 있다.

『연애론』을 읽기에 앞서 우리는 스탕달이 '사랑'이라는 주제를 다루면서 대상을 분류하고 목록화하고자 한 것이 아닌가 생각할 수도 있다. 같은 시기 샤를 푸리에[2]가 조화로운 협동으로 만족스러운 상태를 이룬 인간의 감정을 미시적으로 분석하면서 그렇게 했던 것처럼 말이다. 그러나 스탕달의 정신세계는 체계적인 정신과는 전혀 거리가 멀었다. 그 스스로 가장 정돈된 저작이 되기를 희망했던 책에서조차 그는 체계적인 정신에서 끊임없이 벗어나 있었다. 그가 지킨 엄격함은 다른 종류의 것이다. 그의 말은 그 자신이 '결정 작용'이라 부른 기본 개념을 중심으로 조직되어 있다. 이로부터 '행복', '아름다움'과 의미론적으로 가까운 영역뿐만 아니라 사랑의 명명법 아래 확장될 수 있는 의미 범위 전반을 탐색하게 된다.

'행복' 역시 실체에 대한 정의 안에 가둬 놓을수록 (스탕달이 2장에서 이야기하듯) 사랑처럼 더더욱 분리되어 다른 시간 속의 은하수로 흩어져 버리고 만다. 이러한 현상은 "영혼은 불변하는 모든 것에 대해, 심지어 완벽한 행복에 대해서까지 싫증을 내기 때문이다." 스탕달은 이와 관련해 각주에서 다음과 같은 설명을 덧붙이기도 했다. "실존하는 삶 가운데 오직 한순간에만 충만한 행복감을 맛볼 수 있다. 그러나 정념에 찬 인간이 삶을 사는 방식은 하루에도 열 번씩 바뀐다."

---

[2] Charles Fourier(1772~1837). 프랑스의 사회 이론가.

그렇지만 가루처럼 흩어지는 '행복'은 양으로 측정할 수 있다. 정확한 단위만 사용한다면 말이다. 17장에서 스탕달은 다음과 같이 말한다.

    알베릭은 극장에서 자신의 정부보다 더 아름다운 여자를 만난다. 수학적인 평가가 가능하다면, 그 여자는 2단위의 행복 대신 3단위의 행복을 기약할 수 있는 외모를 갖추었다고 할 수 있다.(완벽한 아름다움이 4단위의 행복을 준다고 가정한다면 말이다.) 그런데도 알베릭이 자기 정부의 외모에 더 매력을 느끼고, 그녀가 그에게 100단위의 행복을 보장해 준다는 건 이상한 일 아닌가?

여기서 우리는 스탕달의 계산이 매우 복잡해지고 있음을 한눈에 알아차릴 수 있다. 행복이란 아름다움에 비례하는 객관적인 수치이지만, 여기에 사랑의 정열이라는 가중치가 반영되면 전적으로 주관적인 수치가 되기 때문이다. 『연애론』에서 가장 중요한 장이라고 할 수 있는 이 17장의 제목이 "사랑이 아름다움을 압도하다"인 것은 이런 이유 때문일지도 모른다.

    그러나 모든 감정의 양상을 구분 짓는 보이지 않는 경계는 또한 '아름다움'까지도 통과한다. 여기에서 우리는 아름다움의 객관적인 측면과 (규정하기는 어렵지만) 주관적인 측면을 생각해 보게 된다. 아름답다고 느끼는 것은 "사랑이라는 대상에서 우리가 발견하는 모든 신선한 아름다움"으로 이루어져 있다. 스탕달은 아름다움에 관한 첫 번째 정의를 "쾌락을 가져다주는 새로운 능력"이라 말하고 있다. 이어서 가공의 두 인물을 내세워 아름다움의 상대성에 관해 논한다. 델 로소가 생각하는 아름다움의 이상형은 매 순간 육체적인 쾌락을 제공하는 여자다. 반면 리시오 비스콘티에게는 매 순간 정념으로서의 사랑이라는 감정을 불러일으키는 여자다.

델 로소와 리시오가 각각 스탕달의 두 영혼을 인격화하고 있음을 깨닫고 나면, 모든 것은 더더욱 복잡해진다. 세분화 과정이 주제면에까지 파고들기 때문이다. 그러나 여기서는 여러 허구의 인명들을 통해 스탕달적인 자아의 증식이라는 주제에 초점을 맞추기로 하자. 심지어 자아는 은하수만큼이나 무수히 많아지기도 한다. 장 스트로뱅스키는 이에 대해 「스탕달과 가명」이라는 논문에서 "가면은 연속되는 가면으로 이루어져야 하며, 허구의 가명을 사용하는 일은 다양한 이름들을 체계적으로 이용하는 일이어야만 한다."고 말한다.

그러나 이 이야기는 여기서 멈추고, 대신 나눌 수 없는 하나의 영혼으로서 사랑에 빠진 이 남자에게 집중해 보자. 특히 이 지점에는 아름다움의 정의에 관해 더 자세한 각주가 달려 있으니까 말이다. 그는 '나의' 아름다움, 즉 내게 있어서 아름다움이란 무엇인가를 논한다. "아름다움이란 내 영혼에 유용한 약속이다. 이것은 감각의 집중보다 더 중요하다." 여기서 발견하는 '약속'이란 단어는 17장의 각주에 등장하는 스탕달의 유명한 정의에도 나온다. "아름다움은 행복의 약속이다."

이 구절, 그리고 이러한 이야기를 앞서 했던 사람들, 또 이에 영향을 받은 후대 사람들에게 있어(직접적으로 영향을 받은 사람은 보들레르다.) '결정 작용'의 핵심을 설명한 지안시로 페라타의 논문은 상당히 흥미롭다. '결정 작용'의 핵심이란 사랑에 빠진 사람에게는 상대의 부정적인 부분까지도 매력으로 변화된다는 것이다. 잘츠부르크의 소금 광산에 이파리가 다 떨어진 나뭇가지가 섞여 들어가면 몇 달 후 그 나뭇가지는 다이아몬드처럼 반짝이는 결정체로 뒤덮이는데 나뭇가지는 남아 있지만, 모든 잔

가지와 가시 들은 이제 아름다움 그 자체로 변화되어 있다. '결정 작용'이라는 비유는 여기에서 나온 것이다. 마찬가지로 사랑에 빠진 사람의 마음은 사랑하는 대상의 변모된 모습을 세밀하게 바라보는 데 집중한다. 그리고 여기에서 스탕달은 매우 인상적인 예를 제시한다. 그것은 그에게 일반 이론의 차원과 생생한 체험의 차원에서 가장 높은 중요성을 차지하는 것이다. 사랑하는 여인의 얼굴에 난 '작은 마맛자국'이 그것이다.

작은 마맛자국과 같이 그녀 얼굴의 모든 사소한 결점까지도 사랑에 빠진 남자에게는 그녀를 향한 부드러운 감정을 불러일으킬 뿐이다. 그는 다른 여자의 얼굴에서 그런 자국을 볼 때마다 그녀를 떠올리며 깊은 공상에 빠지게 된다. 다른 여자 얼굴의 마맛자국조차도 그에게는 수많은 감정들, 대부분은 달콤하기 그지없는 감정들이 다시 수면 위로 떠오르게 하는 힘이 된다.

아름다움에 관한 스탕달의 논의 전체는 '작은 마맛자국' 이야기를 축으로 공전한다고 보아도 과언이 아니다. 절대적인 추함, 상처 자국이라는 상징과 마주했을 때에만 절대적인 아름다움을 성찰할 수 있다는 듯 말이다. 마찬가지로 모든 정열에 관한 논의 또한 남자의 무능력이라는 결점과 같은 가장 부정적인 상황을 축으로 회전한다고 볼 수 있다. 『연애론』이라는 논문 전체는 "결점들"이라는 장에 무게중심을 두고 있다. 이 유명한 장이 바로 이 책 전체를 쓴 단 하나의 이유라 할 수도 있다. 이 때문에 스탕달은 생전에 이 책을 출간할 생각을 하지 못했고, 그의 사후에야 이 책이 나오게 된 것이다.

몽테뉴 역시 『수상록』에서 같은 주제에 대해 논한 적이 있는데, 스탕달은 그 구절을 인용하면서 자신의 글을 시작한다. 그러나 몽테뉴에게 이는 상상력이 신체에 불러일으키는 효과와, 반대로 인간의 의지에 좌우되는 일부 신체의 '분방한 자유'라는 주제를(이러한 몽테뉴의 논의는 게오르크 그로텍[3]과 근대에 나온 신체에 관한 논문보다 앞선 논의이다.) 널리 성찰하면서 든 하나의 예에 불과했다. 그러나 일반화 방식이 아닌 세분화 방식을 통해 사유를 펼쳤던 스탕달은 자기애, 정신적 승화, 상상력, 자발성의 상실 등과 같은 심리적인 과정이라는 복잡한 매듭을 푸는 데 매달렸다. 언제나 사랑에 몰두했던 스탕달에게, 가장 욕망하는 순간, 그러니까 새로 차지한 연인과 내밀한 첫 접촉을 하는 순간은 가장 고통스러운 순간이 될 수도 있었다. 그러나 지식 체계를 세울 수 있었던 것은 바로 이러한 전적인 부정성, 이러한 암흑과 허무의 소용돌이를 잠시나마 관찰하는 의식이 있었기 때문에 가능했던 일이다.

이러한 지점에서 우리는 스탕달과 레오파르디[4]가 나누는 대화를 상상해 볼 수 있다. 이 대화가 레오파르디 특유의 염세주의적인 경향을 보이는 것은, 레오파르디가 스탕달로 하여금 생생한 체험으로부터 가장 쓰디쓴 결론을 이끌어 내도록 했기 때문일 것이다. 실제로 1832년 그들이 피렌체에서 만났던 역사적 사실은 이러한 추정을 뒷받침한다. 한편으로 스탕달이 레오파르디에게 어떻게 응대했을지도 상상해 볼 수 있다. 예를 들어 스탕달은 16년 전 밀라노에 체류했을 당시 경험했던 지적 교류를 다룬 『로마, 나폴리, 피렌체』(1816)의 일부를 대화의 논거로 삼았을 것이다. 이 책에서 스탕달은 세계로부터 의도적으로 거리를 두고 회의하는 태도

---

3) Georg Groddeck(1866~1934). 독일의 정신분석가.
4) Giacomo Leopardi(1798~1837). 19세기 이탈리아 시인. 대표작 『죽음에 다가서는 찬가』 등에서 보이는 염세적인 면모로 유명하다.

를 취하면서, 자신을 철학자들과 함께 있는 자리에서도 아름다운 여성과는 인연이 없는 인기 없는 사람으로 통하도록 자처했다고 고백한다. 이러한 방식으로 스탕달은 레오파르디 특유의 염세적인 대화에서 재빨리 빠져나와서는, 어떠한 고통이나 쾌락도 놓치지 않는 길을 택했을 것이다. 쾌락이나 고통을 향해 가는 과정에서 마주하는 끊임없이 다양한 상황이야말로 삶을 흥미롭게 만든다고 믿었기 때문이다.

따라서 『연애론』을 일종의 '방법서설'로 읽고자 한다면, 이러한 방법이 스탕달의 시대와 부합했으리라 보기는 어렵다. 그러나 카를로 진즈부르그[5]가 고안한 '증거에 근거한 패러다임'과 이 방법이 어느 정도 대응 관계에 있음은 짐작할 수 있다. 카를로 진즈부르그는 20세기 최근 20년간의 인문과학을 따로 정의하기 위해 이 패러다임을 고안했는데(『단서들, 증거에 근거한 패러다임의 뿌리(Clues: Roots of an Evidential Paradigm)』, 《크리시델라 라지오네》에 수록, A. 가르가니 편집(토리노: 에이나우디, 1979), 59~106쪽) 이는 기호학에 근거해, 경험적 증거로부터 지식의 장기적인 역사를 추적할 수 있다는 것이다. 이러한 지식은 흔적, 증상, 비자발적인 우연, 세부적인 주변 사항, 흔히 무시되는 요소들, 의식이 습관적으로 채택하지 않는 모든 것들을 포괄한다. 이러한 미시적 패러다임의 관점에서 보면 스탕달 자신뿐만 아니라 숭고한 것과 미세한 것, 사랑-정열과 작은 마맛자국을 연결시키는 스탕달의 점상형 지식을 살펴보는 일은 그리 부적절하다고 말할 수만은 없다. 가장 흐릿한 흔적이 가장 놀라운 운명의 징조가 될 수 있다는 가능성을 배제하지 않는다면 말이다.

『연애론』을 쓴 익명의 저자가 말한 이러한 치밀한 방법이 여러 소설과

---

[5] Carlo Ginzburg(1939~). 이탈리아 역사학자. 미시사 연구로 유명하다.

자전적인 저서인 『앙리 브륄라르의 생애(*La Vie de Henri Brulard*)』[6]를 쓴 스탕달이 고수한 방법과 같다고 할 수 있을까? 『앙리 브륄라르의 생애』를 놓고 보자면, 그가 자신이 소설가로서 설정한 목표와 정확히 대조적인 방향을 향하고 있다는 점에서, 분명히 그렇다고 말할 수 있을 것이다. 스탕달적인 소설(적어도 대중적으로 가장 분명하게 알려진 평가를 따르자면)은 명확한 플롯이 전개되는 가운데 뚜렷한 캐릭터들이 끊임없이 각자의 열정을 추구하는 이야기이다. 반면 자전적인 기록에서 스탕달은 형체도 방향도 없는 중요하지 않은 것들의 흐름 속에서, 자기 삶의 근본과 자신만의 독특한 특성을 찾아 나간다. 이런 식으로 삶을 탐구하다 보면 결국 '서사'가 의도한 바와 정확히 반대되는 곳에 이르게 된다. 『앙리 브륄라르의 생애』는 다음과 같이 시작한다.

내가 지성적인 방식으로 이러한 고백을 쓸 수 있는 용기를 지닐 수 있을까? 나는 서술해야만 한다. 사소한 사건에 대해 '숙고'한 바를 써야 한다. 그러나 그것들이란 미시적인 성격 때문에 명확하게 말할 필요가 있는 것들이다. 독자들이여, 정말 인내심이 필요할 것 같지 않은가!

근본적인 성격상 파편적인 것은 기억 그 자체다. 『앙리 브륄라르의 생애』에서 기억은 희미해지는 프레스코화에 자주 비교되곤 한다.

기억은 피사의 공동묘지에 있는 프레스코화와도 같다. 거기에서 우리는 매우 명확하게 팔 하나를 알아볼 수 있다. 그러나 바로 그 옆에 떨어진

---

[6] 『앙리 브륄라르의 생애』는 스탕달이 50세에 이르러 자신의 생애를 성찰한 자전적인 작품이다.

머리가 그려져 있다. 나는 정확한 이미지의 연속을 관찰할 수 있다. 그러나 그러한 이미지들이 나와 관계를 맺지 않는다면, 그것은 어떠한 외형도 지닐 수 없다. 오히려 나는 그것들이 내게 심어 준 기억의 효과를 통해서만 그 이미지의 외관을 파악할 수 있을 것이다.

이러한 점 때문에 스탕달은 "세부적인 부분을 지워 버린다면 어떠한 독창성이나 진실도 있을 수 없다."고 주장한다. 세밀한 것에 집착하는 이러한 강박에 대해 지오반니 마키아가 에세이를 쓴 바 있다.(「스탕달의 소설과 자서전」,《일 미토 디 파리지》에 수록)

우리 존재의 모든 과정은 작은 것들, 겉보기엔 중요해 보이지 않지만 삶의 리듬을 드러나게 하고 두드러지게 하는 일련의 사건들에 둘러싸여 있다. 이러한 사건들은 어느 일상적인 하루의 평범한 비밀 같은 것, 우리가 별로 주의를 기울이지도 않으며, 사실상 기억에서 없애고자 하는 것들이다. 인간적인 시선으로 모든 것을 관찰하는 스탕달의 능력, 선택하고 수정하거나 왜곡하는 일을 거부하는 그의 능력은 가장 놀라운 정신적인 직관과 사회적인 통찰을 이끌어 낸다.(《일 미토 디 파리지》(토리노 에이나우디, 1965), 94~95쪽)

그러나 파편화는 단순히 과거하고만 연관되지는 않는다. 현재에 우연히 슬쩍 지나쳐 본 어떤 것도 강력한 효과를 낳을 수 있다. 스탕달이 『일기』에 썼듯, 반쯤 열린 문틈으로 옷을 벗고 있는 한 젊은 여인을 훔쳐보는 것으로도 말이다.

비밀스럽게 바라본 침대에 누워 있는 그 여인은 내게 어떠한 영향도 미치지 않을 것이나, 가장 매혹적인 감각을 선사했다. 이러한 상황에서 그녀는 자연스럽게 행동하고 나는 내 역할을 잠시 망각한 채 전적으로 감각에 몰두할 수 있었다.

이러한 현상학적인 과정의 전개는 모든 것이 완전히 실현되는 지점보다는 가장 모호하고도 사적인 순간에 시작된다. 이는 롤랑 바르트가 에세이의 제목으로 선택한 다음과 같은 명제와 연관이 있다. "우리는 우리가 사랑하는 것에 대해 말하는 데 항상 실패하기 마련이다." 스탕달의 『일기』는 가장 큰 행복을 느꼈던 순간으로 끝을 맺는다. 바로 1811년 밀라노에 도착한 순간이다. 그러나 이와 달리 앙리 브륄라르는 쉰 살이 되던 생일날 저녁 자니퀼린 언덕에 서서 자신의 행복을 깨닫고 난 뒤, 곧바로 그르노블에서 보낸 불운했던 어린 시절을 떠올리고픈 충동을 느낀다.

이러한 스탕달의 모습은 그의 소설과 어떠한 관계가 있는 것일까? 다시 말해 이러한 면모가 스탕달의 전형적인 이미지, 즉 열정적인 에너지가 넘치는 소설가로서의 이미지와 어울릴 수 있는 것인지 의아스러워지는 것이다. 같은 질문을 다르게 할 수도 있다. 내가 젊은 시절 열광했던 스탕달은 진실로 존재하는 것인가, 아니면 하나의 환영일 뿐인가? 이 질문에 대해 나는 바로 대답할 수 있다. 분명 진실로 존재한다고. 스탕달은 항상 그대로 같은 모습으로 존재한다. 쥘리앵은 여전히 바위 위에 서서 하늘을 나는 매를 바라보며 매의 힘은 얼마나 강하며, 또 얼마나 고독한지 생각한다. 그러나 나는 이제 내가 이러한 에너지의 집중에 이전보다 흥미를 느끼지 못한다는 사실을, 그보다는 그러한 강력한 에너지 밑에 존재하는 것을 찾는 일에 흥미를 느낀다는 사실을 깨닫게 된다. 그 강력한 에너지를 숨겨진 빙산 덩어리라고 부르지는 않겠다. 이는 실제로 숨어 있는 것도 아니며, 오히려 다른 모든 것들을 떠받들고 유지하기 때문이다.

물론 스탕달적인 주인공은 전형적으로 단선적인 캐릭터이며, 일관된 의지와 치밀한 자아의식을 지니고 있다. 이 모든 것들은 내가 점상형이며 불연속적이고 흩어진 모양이라고 규정하고자 했던 실존적 현실과는 정반대되는 개념이다. 쥘리앵은 소심한 성격, 내면의 정언명령, 그리고 르날 부인의 손을 이끌고 정원의 어둠 속으로 걸어 들어가라고 명령하는 의지 사이에서 갈등하는 인물로 규정된다. 쥘리앵의 내적인 갈등이 묘사된 비범한 구절에 따르면, 그를 이끈 열정은 현실에 자리하는 온갖 고난과 천성적인 순수함을 이기고 결국 승리를 거둔다. 파브리스는 어떤 고난에도 알레르기 반응을 일으킬 만큼 순수한 성격이어서, 탑에 갇혀 있는 절망적인 상황에서조차 아무런 영향을 받지 않는다. 그리하여 그가 갇힌 감옥은 놀랍도록 유연한 소통의 수단으로 변모하고, 그의 사랑을 실현시킬 수 있는 최적의 조건이 된다. 뤼시앵[7]의 경우는 자존심에 사로잡혀 말에서 떨어지는 굴욕이나, 샤스텔레 부인이 부주의하게 쓴 구절을 오해한 일, 그녀의 손에 서투르게 입맞춤한 사건에서 벗어나 명예를 회복하고자 하는 욕망에 의해 앞으로의 모든 행동이 결정된다. 당연한 일이지만, 스탕달 작품의 주인공들이 취하는 행로는 결코 단선적이지 않다. 주인공들이 행위하는 배경은 그들이 꿈꾸는 나폴레옹 전투와는 상당히 거리가 있다. 그들은 잠재적인 에너지를 표현하기 위해서 자신들의 내적 초상과는 정반대되는 가면을 써야만 했다. 쥘리앵과 파브리스는 정확히 예복을 차려 입고 사제 직을 수행한다. 역사적인 관점에서 보자면 그들의 진실성에는

---

7) 스탕달의 미완의 장편 『뤼시앵 뢰뱅』의 주인공.

의심의 여지가 있다. 뤼시앵은 단순히 미사 경본을 살 뿐이다. 그러나 그는 한편으로는 오를레앙파의 장교이고, 다른 한편으로는 반동적인 부르봉 왕가에 대한 심정적인 동조자라는 이중의 가면을 쓰고 있다.

정열을 넘나드는 이러한 육화된 자의식은 여성 캐릭터에서 더더욱 두드러진다. 르날 부인, 지나 산세베리나, 샤스텔레 부인은 모두 자신들의 젊은 연인들보다 나이에서나 사회적 지위에서나 우위에 서 있으며 명료한 사고력과 결단력을 갖춘, 경험 많은 사람들이다. 또한 젊은 연인들이 희생자가 되기 전까지 그들이 망설이는 과정을 인내심 있게 지켜볼 의지도 지니고 있다. 아마도 이 여성들은 스탕달이 한 번도 가져 보지 못한, 그리고 『앙리 브륄라르의 생애』에서 불후의 이미지로 형상화한 어머니, 즉 아기의 침대를 뛰어넘는 대담한 젊은 여성으로서의 어머니를 투사한 결과일 것이다. 혹은 그가 자료로 읽은 고대 기록물에서 찾아낸 원형의 투사일 수도 있다. 가령, 탑에 수감자로 끌려간 파르네세 왕자가 젊은 계모와 사랑에 빠진 이야기 같은 것 말이다. 스탕달은 산세베리나와 파브리스의 관계를 묘사할 때 이 이야기를 신화적인 표상으로 삼았던 것처럼 보인다.

여기에는 여성 인물과 남성 인물이 벌이는 갈등뿐만 아니라, 스탕달의 의지와 작품을 위한 계획이 개입되어 있다. 그러나 이들 각각의 의지는 자율적이며, 단지 다른 이의 의지를 이용하거나 거부할 수 있는 기회만을 제공할 뿐이다. 『뤼시앵 뢰뱅(*Lucien Leuwen*)』의 원고 여백에는 다음과 같은 메모가 적혀 있다. "아무리 훌륭한 사냥개라도 사냥꾼의 총성이 울려야만 사냥감을 물어 올 수 있다. 사냥꾼이 총을 쏘지 않으면 사냥개는 아무것도 할 수 없다. 소설가는 주인공의 사냥개와도 같다."

개와 사냥꾼의 관계라는 관점에서 우리는 스탕달의 가장 원숙한 작품이라 할 수 있는 『뤼시앵 뢰뱅』에서 진정한 은하수와 같은 사랑이 표상되는 과정을 살펴볼 수 있다. 『연애론』에 기술된 사랑의 전개 양상에 따르면, 사랑의 압축적인 감정과 감각 및 상황은 차례로 이어지다가 어느 하나가 앞지르거나 또는 서로를 제거하게 된다. 특히 뤼시앵과 샤스텔레 부인의 경우에는 이러한 일이 무도회에서 두 사람이 우연히 이야기를 나누면서 시작된다. 무도회는 15장에서 시작하여 19장에서 끝난다. 사소한 우연적인 사건들이 연속적으로 발생하며, 하찮은 대화들, 젊은 장교와 여자 양쪽 모두 소심함과 오만함, 망설임, 사랑, 의심, 수치, 경멸의 양상이 전개된다.

우리는 풍부한 세부 심리 묘사, 다양한 감정과 '감정의 단절(intermittences du coeur)', 그리고 미래에 대한 이러한 묘사를 프루스트의 작품에서도 발견할 수 있다. 그러나 프루스트의 경우는 극도로 경제적인 묘사와 플롯의 근본적인 인물 관계의 매듭에 의식을 항상 집중하게 하는 직선적인 진행만으로도 얼마나 많은 것들이 이루어질 수 있는가를 강조한다는 점에서 스탕달과 차이가 있다.

스탕달이 7월 왕정 체제 하의 정통주의를 옹호하는 귀족 사회를 묘사한 것을 보면, 마치 한 동물군의 특수하고도 섬세한 변화를 포착해 내는 동물학자의 객관적인 눈길을 보는 듯하다. 뤼시앵이 말하는 다음과 같은 문장은 이를 선언하는 것처럼 보인다. "나는 자연사를 공부하듯이 그것들을 공부해야 한다. 식물원에서 연구했던 퀴비에가 말했듯, 벌레나 곤충, 그리고 가장 기이하게 생긴 바닷게를 서로 간의 유사점과 차이점을 주의 깊게 기록하면서 방법론적으로 연구하는 것은 그들에게서 느끼는 혐오감으로부터 나 자신을 방어하는 최선의 방법이다."

스탕달의 소설에서 접대실이나 응접실과 같은 공간 배경은 단순히 분위기를 꾸미는 데 쓰이는 것이 아니라, 각 인물의 위치를 설정하는 데 쓰인다. 장면은 인물들의 움직임과 어떤 감정이나 갈등이 일어나는 순간 그들의 위치에 따라 규정되며, 개별적인 갈등은 차례로 특정한 장소와 시간에 일어나는 사건에 의해 규정된다. 같은 방식으로 자전적 작가로서의 스탕달은 묘사가 아니라 대강의 지도를 그림으로써 그 공간을 명확히 하고자 하는 기이한 충동을 느낀다. 그러고는 그 지도에 배경에 대한 요약적인 설명을 덧붙임으로써 다양한 인물들의 현재 위치를 표시한다. 그리하여『앙리 브륄라르의 생애』는 우리 앞에 하나의 상세한 지도처럼 펼쳐진다. 스탕달의 이러한 지형학적인 강박은 어디에서부터 나온 것일까. 처음부터 자세히 설명하는 것을 생략하고 기억을 되살리는 데만 쓰이는 짧은 메모에 기초해 진행하는 그의 성급한 기질 때문일까? 그러나 그 때문만은 아닌 것 같다. 각 사건의 독특함에 관심을 집중하는 그에게, 이러한 지도는 사건이 일어나는 공간에서 그것이 차지하는 위치를 고정하는 데 쓰인다. 이는 마치 이야기가 그 사건을 시간적으로 고정시키는 것과 같다.

소설에서 묘사된 배경은 내부적이라기보다는 외부적이다.『적과 흑』에서 알프스에 자리한 프랑슈콩테의 풍경이나, 교회 종루에서 블라네스 신부가 내려다보는 마을 풍경처럼 말이다. 그러나 내가 보기에 가장 스탕달적인 풍경이란 평범하고 시적인 데라고는 없는,『뤼시앵 뢰뱅』의 제4장에 나오는 낭시와 같은 곳이다. 초창기 산업 혁명이 한창 진행 중인, 실리를 중시하는 전형적인 고장의 너저분한 풍경이다. 일상적인 부르주아적 삶과 이제는 한낱 유령이 되어 버린 귀족 사회를 향한 열망 사이에서 갈등하는 주인공의 의식을 암시하는 풍경이다. 이러한 귀족 사회는 객관적으로는 부정적인 요소를 표현하지만, 실존적이며 열정적인 사랑이라는 것이 투입되기만 한다면 젊은이가 아름다운 꽃봉오리로 결실을 맺을 수 있는 배경이 되기도 한다. 시적인 힘을 발휘하는 스탕달의 시선은 단순히 그러한 열정이나 행복만을 향하고 있는 것은 아니다. 그의 시선은 매력이라고는 하나도 없는 세계에 대한 냉정한 혐오를 향하기도 한다. 그는 스스로 그러한 세계가(이를 테면 낭시의 변두리 지역 같은 곳이) 자신에게 허락된 단 하나의 현실이라고 생각한다. 그곳에서 뤼시앵은 잿빛 아침 음울한 거리를 행진하는 기병대 무리에 섞여 노동자들의 봉기를 진압하는 일을 맡게 된다.

스탕달은 이러한 사회적인 변화를 개인의 행동에 일어나는 미세한 변화를 통해 기록한다. 스탕달에게 이탈리아는 왜 그토록 독특한 지위를 갖게 된 것일까? 그는 이탈리아를 진실하고도 객관적인 열정이 살아 있는 나라로 보는 반면, 파리는 허영의 제국으로 일관되게 묘사한다. 그러나 그의 정신적인 지도에 또 다른 극점이 있다는 것을 잊어서는 안 된다. 그곳은 바로 그가 지속적으로 자기 자신과 동일시하고자 했던 문명으로서의 영국이다.

『에고티슴 회상록(*Souvenirs d'égotisme*)』에는 영국보다 산업이 뒤처진다는 이유로, 영국이 아닌 이탈리아를 결정적으로 선택하는 부분이 나온다. 노동자들이 하루에 열여덟 시간씩 일해야 하는 영국에서의 삶의 방식은 그의 눈에 '우습게' 비쳤던 것이다.

영국 노동자들의 과도한 작업량은 워털루 전쟁에서 패한 우리가 행한 복수이다. ……가난한 이탈리아인은 행복과 더 가까이에 있다. 이탈리아인은 사랑을 즐길 시간이 있으며, 여든 살이 될 때까지 1년에 100시간씩 종교에 헌신할 수도 있다. 이탈리아인에게 종교는 약간 두려운 것이기에 오히려 훨씬 더 흥미로운 것이다.

여기서 스탕달이 생각하는 것은, 많은 것들에 있어 여유가 있고, 특히 빈둥거리며 시간을 보낼 수 있는 인생의 리듬이다. 스탕달은 조잡한 시골 마을에 대한 거부감, 다시 말해 아버지와 자신의 출생지인 그르노블에 대한 반감으로부터 시작한다. 그는 대도시를 향해 나아간다. 그에게 밀라노는 앙시앵레짐의 은밀한 매력과 나폴레옹적인 청년 시절에 대한 열정이 살아 숨 쉬는 거대한 도시다. 종교와 가난이라는 다른 많은 요소들까지 좋아할 수는 없었지만.

런던 역시 이상적인 도시다. 그곳에는 그의 속물적인 취향을 만족시키는 다양한 것들이 있다. 물론 선진화된 가혹한 산업주의라는 대가를 치른 뒤에 얻은 것이긴 하지만. 스탕달의 이러한 내적인 지형학에서 파리는 런던과 밀라노로부터 등거리에 놓여 있다. 두 도시 모두 성직자와 이윤 법칙에 의해 지배되고, 따라서 이로부터 분리되고자 하는 원심력이 발생다.(그의 이러한 원심력적인 욕망은 탈출의 지형학이다. 이 지형학에는 독일 또한 포함된다. 그가 소설에 서명할 때 사용하는 이름을 지은 곳이 바로 독일이기 때문이다. 이 이름은 그가 사용했던 다른 여러 가면들보다도 더 진지한 성격을 띤다. 그러나 그에게 독일은 다만 나폴레옹의 서사시적 투쟁에 대한 향수를 표현할 뿐이다. 이후 이러한 나폴레옹 시대에 대한 향수는 희미해져 가지만.)

당시 밀라노와 런던 사이에 있는 파리에 대해 스탕달이 남긴 자전적 기록이라 할 수 있는 『에고티슴 회상록』은 스탕달의 세계를 형성하는 근본적인 지도를 포함한 텍스트다. 이 작품은 실패작으로 기록된 작품 중 가장 우수한 소설이라 할 수 있다. '실패작'이라고 말하는 것은 그가 이 작품에서 한 편의 소설이 될 만한 문학적인 모델을 설정하지 못했기 때문이다. 그러나 또한 이러한 실패한 모델 속에서만이 부재와 놓쳐 버린 기회에 대한 이야기가 전개될 수 있다. 『에고티슴 회상록』의 지배적인 주제는, 그 유명한 사랑이 실패로 돌아간 후 스탕달이 밀라노를 떠난 뒤의 기록이다. 모든 모험은 이제 커다란 실패로 돌아간다. 매춘부와의 사랑이 실패하면서 그는 심리적인 어려움을 겪었을 뿐만 아니라, 사회적인 관계와 지적인 교류에서도(예를 들어, 그가 가장 존경했던 데스튀 드 트라시와의 만남) 정신적인 어려움을 겪게 된다. 이러한 사건 이후 스탕달은 런던으로 여행을 떠난다. 이 실패의 연대기는 그곳에서 결국은 시도로만 끝난 결투에 얽힌 기이한 이야기에서 정점에 이른다. 그는 한 거만한 영국인 장교를 찾아다니게 되는데, 결정적인 순간에 결투를 신청하지만 거절당하고는 부둣가 술집을 헛되이 전전하며 장교를 쫓아다닌다.

곤경이 이어지는 이러한 이야기 중에도 예상치 못한 행복을 즐길 오아시스는 있다. 그곳은 런던 교외의 가장 가난한 지역으로, 매춘부 세 명이 살고 있는 집이다. 그곳은 그가 두려워했던 것처럼 악랄한 덫으로서의 공간이 아니라, 인형 가게처럼 아담하고 우아한 공간으로 묘사된다. 그곳에 사는 가난한 젊은 여자들은 시끄러운 프랑스 관광객 세 명을 우아하고 품격 있는 자태로 조심스레 맞아들인다. 결국 이것이야말로 '행복'의 이미지이다. 우리의 이 '에고티스트'가 열망하던 것과는 너무나 거리가 먼, 보잘것없고도 덧없는 '행복'인 것이다.

그렇다면 진정한 스탕달이란 부정적인 상태에 있는 스탕달이라고, 그러니까 오직 절망과 곤경과 실패만을 겪는 작가로서의 스탕달이라고 결론 내려야 하는 것일까? 그렇지 않다. 스탕달이 옹호한 가치는 자신의 특수한 본질(과 한계)을, 주변 환경의 특수한 본질 및 한계와 비교하는 데서 나오는 존재론적인 긴장에 있다. 존재는 정확히 엔트로피에 의해 지배되기 때문이다. 모든 것은 미립자처럼 어떠한 형태나 연결도 없는 순간과 충동으로 소멸하고 만다. 스탕달은 개개인이 각자 에너지보존법칙 혹은 지속적인 에너지 재생의 과정을 따라 자신을 실현하기를 원한다. 결국 어느 경우에든 엔트로피가 승리할 것이라는 사실을, 그리고 결국 우주에 은하수들과 함께 남는 것은 허공을 떠도는 원자들의 소용돌이일 뿐이라는 사실을 깨닫게 될수록, 이러한 자기실현은 더더욱 엄격한 하나의 명령으로 주어진다.

(1980)

스탕달의 『파르마의 수도원』의
새로운 독자들을 위하여

스탕달의 소설 『파르마의 수도원(The Charterhouse of Parma)』을 영화나 텔레비전으로 본 새로운 독자들 중 이 작품에 매력을 느끼는 사람은 얼마나 될까? 아마도 전체 텔레비전 시청자 수에 비하면 지극히 소수겠지만, 이탈리아 사람들이 읽은 책의 통계치보다는 꽤 많을 것이다. 그러나 어떤 통계치도 가장 중요한 숫자는 가르쳐 주지 못한다. 즉 이 소설의 첫 페이지를 읽자마자 바로 이 작품에 빠져들어서, 이것이 자기가 항상 읽고 싶어 했던 소설임을, 또한 앞으로 읽을 다른 소설의 이정표가 될 것임을 인지하면서, 이것이 최고의 소설이라는 점을 알아보게 되는 젊은 독자들의 숫자 같은 것 말이다.(내가 특별히 언급하고자 하는 것은 서두 부분이다. 서두를 읽자마자 독자들은 이것이 매우 독특한 소설이며, 여기에 서로 다른 여러 개의 소설이 들어 있음을 알게 될 것이다. 이 소설들 모두에서 독자가 플롯에 참여하게 되는 방식은 제각기 다르다. 무슨 일이 일어나든, 이 책의 화려한 도입부는 독자들에게 지속적으로 영향을 미친다.)

　이 놀라운 경험은 바로 나와 지난 100년간 다양한 세대에 걸친 수많은 독자들이 겪었던 일이다.(『파르마의 수도원』은 1839년에 나왔다. 그러나 이후로 스탕달이 이해되기까지 걸린 40년을 제외해야만 한다. 40년이라는 시간은 스탕달 자신이 신기하리만큼 정확하게 예측한 시간이기도 하다. 사실 그의 저서 중 『파르마의 수도원』은 가장 빨리 성공을 거둔 작품이다. 그러한 성공이 발자크가 헌사한 장장 72쪽에 달하는 길고도 열광적인 찬양의 글에서 비롯되었다 할지라도 말이다.)

　이러한 기적이 다시 한 번 일어날지, 그리고 얼마나 오랫동안 지속될지는 확신할 수 없다. 한 권의 책이 우리를 열광시키는 이유(다시 말해 그 책이 유혹하는 힘의 정도, 그 절대적인 가치로부터 완전히 구별되는 어떤 것) 안에는 정의할 수 없는 수많은 요소들(즉 책의 매력이 떨치는 힘을 말한다. 이러한 매력 요소가 그 책의 절대적 가치와는 거리가 있다 해도.)이 있다. 개인적인 취향과 그 작품을 읽을 때 품는 기대는 모두 다른 법이지만, 지금 다시 『파르마의 수도원』의 책장을 들춘다면 이 책을 다시 펼칠 때마다 언제나 그 책이 보여 주는 음악적인 변화를 발견하게 될 것이다. 알레그로콘브리오[1]의 리듬은 매번 나를 단숨에 사로잡는다. 나폴레옹의 열기가 휩쓰는 밀라노를 배경으로 하는 도입부에서 역사는, 덜거덕거리는 대포의 행진, 같은 속도로 흘러가는 개인의 삶만큼이나 빠르게 진행된다. 독자들이 동참하게 되는 순수한 모험의 들뜬 분위기, 열여섯 살의 파브리스가 워털루 전투의 전장 한가운데에서 군대를 따라다니는 술집 마차와 달아나는 말을 쫓아다니며 방황하는 이야기는 소설적인 모험의 원형

---

1) 씩씩하고 빠르게 연주하라는 악보 상의 표시.

이다. 즉 이 부분은 의도적으로 조절한 위험과 일정한 분량의 안전한 상황에다, 순수한 젊음을 강도 높게 첨가한 것이다. 총알에 관통당한 눈 뜬 시체는 전쟁이 진실로 무엇인가를 설명하고자 문학이 그려 낸, 문학사에 처음으로 등장한 진짜 시체다. 그리고 전율과 질시 섞인 음모로 가득한 첫 페이지에서부터 감돌기 시작하는 사랑스럽고 여성적인 분위기는 파브리스와 마지막까지 함께할 소설의 진정한 주제를 이미 드러내 주고 있다.(이러한 분위기는 결국에는 강압적인 분위기로 종결될 수밖에 없다.)

아마도 내가 『파르마의 수도원』을 평생 손에서 놓지 않은 것은, 내가 젊은 시절을 전쟁과 거대한 정치적 변혁기를 겪으며 보낸 세대여서인지도 모르겠다. 그러나 자유롭지도, 평안하지도 못한 사적인 기억을 지배하는 것은 매혹적인 리듬감이라기보다는 부조화와 삐걱거리는 리듬감이다. 어쩌면 매혹적인 리듬감과는 정반대가 된다고 해야 맞을지도 모르겠다. 우리는 스스로를 특별한 시기의 아이들이라고 생각하면서, 돈 키호테처럼 스탕달적인 모험을 자신의 경험에 투영하여 변형시킨다.

앞서 나는 『파르마의 수도원』 안에 여러 개의 다른 소설들이 들어 있다고 언급하면서, 도입부를 집중적으로 살펴보았다. 이 작품의 도입부는 역사와 사회, 피카레스크적인 모험의 연대기처럼 시작한다. 그리고 나서 우리는 소설의 중심부, 다시 말해 라누치오 에르네스토 5세의 작은 궁정 세계로 들어서게 된다.(허구적인 배경이 된 파르마라는 도시는 역사적으로 추적해 볼 때, 안토니오 델피니와 같은 모데나 가(家) 사람들이 강력하게 주장하는 것처럼, 모데나에 해당한다. 그러나 지노 마그나니와 같은 파르마 시 사람은 이러한 주장에 별다른 관심을 보이지 않았다. 마치 이 이야기가 자신들의 역사를 격상시키기라도 한 듯 말이다.)

이 지점에서 소설은 연극처럼 변한다. 폐쇄된 공간에서 일정한 수의 참가자가 벌이는 체스 판처럼, 고정된 잿빛 공간 속에서 잘못 연결된 모든 열정의 고리들이 전개되는 것이다. 지나 산세베리나의 사랑에 포획된 유력 인사 모스카 백작, 그리고 원하는 것을 모두 얻지만 오직 조카인 파브리스에게만 시선을 두고 있는 산세베리나 부인, 자기애에 빠져 스쳐 지나가는 모험이나 몇 차례 재미 삼아 즐기다가 결국 천사같이 속 깊은 클렐리아를 향한 가망 없는 열정에 자신의 에너지를 집중하게 되는 파브리스가 바로 이 체스 게임의 주인공들이다.

이들은 모두 궁정 사회의 사교계에서, 공포에 휩싸여 두 애국자를 처형한 왕자와, 관료주의적이며 평범하지만 공포스러운 무언가를 내면에 품고 있는(아마도 소설에서 처음으로 등장한 인물 유형일) '검찰총장' 라씨 사이에서 술책을 쓴다. 스탕달의 의도를 따르자면, 여기에서 갈등은 메테르니히 통치 하의 유럽과, 이미 지나가 버린 옛 시대의 고귀한 이상의 마지막 피난처인, 한계를 모르는 절대적 열정 사이에 자리한다.

이 책의 극적 중심부는 오페라처럼 펼쳐진다.(실제로 오페라는 음악에 열광했던 스탕달이 이탈리아를 이해하는 첫 매개체이기도 했다.) 그러나 『파르마의 수도원』의 분위기는 (다행히도) 비극보다는 희극에 가깝다.(이는 폴 발레리가 발견한 것이다.) 강압적인 규칙은 비열하지만 우유부단하고 서투르며, 열정은 강하지만 다소 단순한 메커니즘을 따라 작동한다.(등장인물 중 모스카 백작만이 유일하게 복잡한 심리를 지닌 인물로 그려진다. 그는 계산적이지만 극단적이고 강박적이면서도 허무주의적인 인물이다.)

그러나 '궁정 소설'의 요소는 여기에서 그치지 않는다. 왕정복고를 이룬 부르봉 왕가와 결합함으로써 이탈리아가 국가로 변모하는 과정을 소설로 가공한 스탕달의 작업 밑에는 르네상스 시대에 이탈리아에서 벌어졌던 음모가 자리하고 있다. 이는 스탕달이 자신만의 『이탈리아 연감』을 작성하기 위해 이탈리아에 관한 고문서에서 찾아낸 역사적 전설을 토대로 하고 있다. 스탕달이 참조한 기록은 알레산드로 파르네세의 생애다. 당당하면서도 주도면밀한 성격을 가진 고모의 극진한 사랑과 후견 하에, 알레산드로는 젊은 시절 방탕한 모험의 시기를 거쳤지만 이후 파울로 3세가 교황이 되기 전까지 영광스러운 성직의 임무를 즐겼다.(그는 또한 자신의 연적을 살해한 전력도 있으며, 이 때문에 카스텔 산탄젤로에 투옥되기도 했다.) 15~16세기 로마를 배경으로 한 이러한 격렬한 이야기가, 위선이 난무하고 양심의 가책에 시달리는 시대를 헤쳐 나가는 파브리스와 어떤 관계가 있다는 것일까? 사실은 전혀 관련이 없다. 그러나 스탕달은 소설을 이 역사적인 사실과의 관련 속에서 구상했다. 즉 파르네세의 삶을 동시대의 삶에 옮겨 놓는 작업을 통해 그 누구도 믿어 의심치 않던 이탈리아의 생기 넘치는 기운과 열정적인 분위기를(비록 스탕달은 이탈리아인들을 처음 보았을 때는 보이지 않는 특징들, 즉 이탈리아인들의 자신감 부족, 불안감들을 읽어 낼 수 있었지만 말이다.) 그려 내면서 말이다.

  착상의 근원이 무엇이든 간에 소설의 도입부는 이러한 토대를 바탕으로 전개되며, 이 때문에 일정한 활력 속에서 르네상스 시대의 역사적 사실을 무시한 채 다음 이야기로 자연스레 이어질 수 있었다. 대신 스탕달은 매우 빈번하게 연대기로 돌아가서 파르네세 이야기를 전범으로 참조하곤 한다. 이러한 참조 때문에 나온 가장 어색한 결과가 파브리스가 나폴레옹 군대의 군복을 벗어던지자마자 수도원에 들어가는 부분이다. 이어지는 소설의 나머지 부분에서 독자들은 파브리스가 대주교 예복을 입은 모습을 떠올려야만 한다. 스탕달에게나 우리에게나 이러한 상상은 다소 어색하며, 이러한 두 이미지를 조화시키려면 상당한 노력이 필요하다. 파브리스의 성직자로서의 모습은 그의 외적인 행동에만 영향을 미칠 뿐,

그의 정신까지 지배하지는 않기 때문이다.

이미 몇 년 전에 스탕달이 만들어 낸 다른 주인공 역시 나폴레옹의 영광에 목말라하는 젊은이였으나, 왕정복고 시대에는 군직이 귀족 출신에게만 허용되자 성직자가 되기로 결심했다. 그러나 『적과 흑』에서 쥘리앵 소렐이 차선책으로 선택한 직무는 이 소설의 중심 주제다. 성직자의 길이라는 선택은 쥘리앵에게보다 파브리스 델 동고에게 훨씬 더 심각하고 극적인 결과를 가져온다. 복잡한 심리를 보이지 않는다는 점에서 파브리스는 쥘리앵과 다르다. 그러나 파브리스가 교황으로 생을 마감한 알레산드로 파르네세와 같은 운명을 타고났던 것도 아니다. 종교에 반대하던 사람도 구원에 이를 수 있다는 교화적인 전설의 주인공으로 그를 해석할 수도 없다. 그렇다면 파브리스란 대체 누구일까? 그가 입은 성직복과 혼란스러운 자신을 제멋대로 내맡긴 사건들을 제쳐 두고 본다면, 파브리스는 자신이 진정한 스승으로 여겼던 사제이자 점성학자인 블라네스 신부로부터 받은 학문적 가르침에 따라 운명의 전조를 읽어 내고자 애쓰는 자다. 그는 과거와 미래에 대해 자문한다. 그러나 그의 현실 전체는 현재의 매 순간에 있다.

파브리스처럼 『파르마의 수도원』 전체는 끊임없는 운동 덕분에 다양한 자아의 모순을 극복한다. 파브리스가 감옥에 들어가면서, 소설 속에서 또 하나의 새로운 소설이 시작된다. 그것은 감옥에 관한 소설인 동시에 옥탑과 클렐리아에 대한 사랑에 관한 소설로, 전체 소설의 다른 부분과 완전히 달라, 정의하기조차 까다롭다.

그 어떤 인간의 조건도 수감자가 처한 상황보다 고통스러울 리는 없다. 그러나 스탕달은 그러한 악조건에 굴복하지 않는다. 그는 옥탑에 갇힌 고립된 상황을 그려 낼 때조차도(기이하고 절망스러운 상황 속에서 체포된 후)

항상 바깥을 향하며 희망에 가득 찬 정신을 제시한다. "세상에! 감옥이라면 그토록 두려워하던 내가 이렇게 감옥에 있다니. 그런데 나는 내가 슬퍼해야 한다는 사실조차 잊고 있구나!" 내가 슬퍼해야 한다는 사실조차 잊고 있다니! 낭만주의적인 자기연민이 이토록 쾌활하고 강하게 부정된 적은 없었다.

파브리스가 수감된 파르네세 탑은 그 이전에 파르마 공국이나 모데나 시에도 없었던 것으로, 매우 정교한 형태를 갖추고 있다. 실제로 두 개의 탑으로 이루어진 이곳은, 넓은 폭의 탑 위에 더 좁은 폭의 탑을 세운 모양이었다.(테라스에 새장이 있는 건물이 하나 근처에 있는데, 그곳에 어린 소녀 클렐리아가 등장한다.) 이곳은 소설 속의 마술적인 공간이며(이것은 어떤 점에서 아리오스토의 속임수나 타소의 기교를 연상시킨다.) 하나의 상징임에 분명하다. 다른 모든 상징적인 비유들과 뒤섞여 등장하는 이 상징은, 그 의미를 가려내기가 쉽지 않다. 분명한 것은 자기 자신 안에 갇힌 고립을 상징할 것이라는 점이다. 아니, 보다 더 정확하게는 자기 자신으로부터 벗어나, 사랑을 나누는 소통의 공간을 상징할 수도 있다. 파브리스가 영원한 후원자인 지나 고모, 그리고 클렐리아와 교류하려고 어렵사리 신호를 사용할 때만큼 활달하고 말이 많아지는 때는 없기 때문이다.

탑은 파브리스에게는 낭만적인 첫사랑이 처음으로 꽃피는 장소다. 감옥지기의 딸로 이루어질 수 없는 상대인 클렐리아를 향한 열정, 그러나 이것은 또한 파브리스를 처음부터 가두어 놓은 산세베리나의 사랑이 마련한 황금빛 새장이기도 하다. 그러한 만큼 탑이 세워지게 된 기원은 젊은 계모의 연인이었다는 이유로 탑에 갇힌 파르네세 왕자의 이야기로 돌아간다. 무리한 결합, 혹은 나이가 많거나 사회적인 지위가 높은 여인과의 사랑이라는 신화는(쥘리앵과 르날 부인, 뤼시앵과 샤스텔레 부인, 파브리스와 지나 산세베리나의 사례가 이를 뒷받침한다.) 스탕달의 소설들에 숨어 있는 핵심적인 신화이다.

탑은 또한 매우 높아서 멀리서도 보이게 되어 있다. 파브리스가 탑 안에서 바라보는 놀라운 광경은 니스에서부터 트레비소에 이르는 평원까지 넓게 펼쳐지는데, 몬비소에서부터 페라라에 이르는 포 강의 물줄기가 그곳을 가로지른다. 그러나 이것이 전부가 아니다. 파브리스는 또한 자신의 삶과 다른 이들의 삶을 바라볼 수 있으며, 인간의 운명을 구성하는 미세한 관계망도 관찰할 수 있다.

탑에서 내려다보는 광경이 이탈리아 북부 전체를 감싸 안는 것처럼, 1839년에 쓴 이 소설은 이탈리아의 역사를 예견하고 있다. 라누치오 에르네스토 4세는 비열한 전제군주였지만 또한 리소르지멘토[2]가 전개될 것을 내다본 카를로 알베르토[3] 같은 인물이기도 했다. 그는 마음속으로 언젠가는 헌법상의 이탈리아 군주가 될 것이라는 희망을 가꿔 나갔다.

『파르마의 수도원』은 언제든 역사적, 정치적으로 읽을 수 있으며, (이 소설을 새로운 마키아벨리의 『군주론』으로 규정하기도 했던) 발자크가 말한 대로라면 반드시 그렇게 읽어야 하는 책이다. 이와 유사하게 왕정복고 시대에 억압당했던 자유와 진보라는 이상을 고양하고자 했던 스탕달의 주장이 극히 피상적인 것이었음을 드러내는 일은 손쉬울 뿐만 아니라, 본질적인 지적이기도 하다. 그러나 스탕달의 주장이 지닌 이러한 경박성은 과소평가할 수 없는 역사적, 정치적인 교훈을 남기고 있다. 자코뱅 파나 보나파르트 파에 속했던 사람들이 얼마나 쉽게 반대로 강압적이고 열

2) 프랑스 혁명의 이념에 널리 영향을 받아 전개된 이탈리아 통일 운동.
3) 사르데냐 왕국의 국왕. 이탈리아의 통일 운동인 리소르지멘토 운동이 일던 시기에 재위했다.

성적인 정통주의파의 당원이 될 수 있는지를 (또 그렇게 계속 남을 수 있는지를) 보여 준다는 점에서 말이다. 그러한 강력한 신념에 따른 태도와 행위는, 실제로 그 뒤에는 거의 아무것도 없다는 사실을, 그리고 이는 당대의 밀라노 공국을 비롯한 어디에서나 항상 마주하게 되는 사실임을 보여 주는 것이다. 그러나 『파르마의 수도원』이 아름다운 것은 이러한 사실을 요란한 분노 없이 말하며, 마치 당연한 것처럼 받아들인다는 데 있다.

『파르마의 수도원』을 위대한 '이탈리아' 소설로 만드는 것은 각 인물의 역할을 세밀하게 계산하여 재조정하고 재배치하는 정치적 감각이다. 자코뱅 파를 탄압하면서도 차후에 그들과 균형을 맞춰(자코뱅 파와 균형을 이룰 때, 곧 맞닥뜨리게 될 국가 수립 운동 속에서 자신의 지위를 확립할 수 있음을 알고) 정부를 수립할 것을 대비하는 대공, 나폴레옹 사상을 수호하는 장교이면서도, 강경파 수상이자 반동파 우두머리이며 (반동적인 극단주의자들과 거리를 유지함으로써 상대적으로 자신을 온건파로 보이게 할 요량으로 그들을 은밀히 지원하는) 이러한 행로가 자신의 내면에 극히 일부분이라도 영향을 미치는 일이 없도록 하면서 모든 일을 수행하는 모스카 백작이 그들이다.

소설을 더 읽다 보면 스탕달이 이탈리아에 대해 지녔던 다른 이미지들이 조금씩 뒤로 물러나는 것을 보게 된다. 바로 자유로운 감정이 펼쳐지며 자발적인 행위가 영위되는 나라, 이탈리아에 도착한 젊은 프랑스인 장교의 눈앞에 펼쳐진 행복의 나라라는 이미지를 말한다. 『앙리 브륄라르의 생애』에서 그는 행복을 맞닥뜨린 순간 그 감정을 묘사하려 하지만 다음과 같은 말로 설명을 대신하고 만다. "우리는 우리가 사랑하는 것에 대해 말하는 데 항상 실패하기 마련이다."

이 문장은 롤랑 바르트의 마지막 에세이의 주제이자 제목이기도 하다.

바르트는 이 에세이를 1980년 밀라노에서 개최될 스탕달 학회에서 발표하려고 했다.(그러나 바르트는 이 원고를 작성하는 도중에 교통사고를 당하여 유명을 달리한다.) 바르트는 완성된 이 에세이에서, 스탕달이 자신의 자전적인 작품들에서 젊은 시절 이탈리아에서 맛보았던 그러나 결코 묘사할 수는 없었던 행복을 곳곳에서 강조하고 있음을 통찰해 내고 있다.

20년이 지난 후 스탕달은 사랑의 왜곡된 논리라 할 일종의 뒤늦은 깨달음 속에서 이탈리아에 관해 무게 있는 글들을 쓴다. 그렇다. 나와 같은 독자들에게 그러한 기록들은 그가 자신만의 일기장에서는 말할 수 있었지만 결코 타인에게 전할 수는 없었던 어떤 환희와 광채를 불러일으킨다. 이것은 밀라노에 도착한 프랑스인에게 일어났던 거대한 행복과 쾌락과, 그것을 읽는 우리 사이에 일어나는 기적과도 같은 공감이라 할 수 있다. 즉 글에서 서술된 효과가 실제로 발생한 효과와 일치하는 것이다.

(1982)

발자크와 소설로서의 도시

발자크(Honoré de Balzac, 1799~1850)는 『페라거스(*Ferragus*)』를 쓰기 시작하면서 스스로 의무라고 느꼈던 대단히 광범위한 기획을 구상했다. 하나의 도시를 소설로 바꾸어 놓기, 도시의 구역과 거리마다 각기 인격을 부여해 완전히 다른 인물로 형상화하기, 거리 이곳저곳에서 자생적으로 싹트는 것처럼 보이도록 인물 형상들과 상황을 불러내기, 혹은 이후 그러한 인물과 상황의 대격변을 예고하기 위해 그것들을 거리나 공간과는 극적으로 대조적인 요소로 불러일으키기. 즉 시시각각 변화하는 시간 속에서 진정한 주인공은 살아 있는 도시이자, 생물학적 연속성을 보이는 괴물과도 같은 파리 그 자체였다.

그러나 발자크는 완전히 다른 개념을 착상하여 작업을 시작했다. 그것은 바로 은밀한 사교계를 둘러싼 보이지 않는 그물망 속에서 신비스러운 인물들이 뿜어내는 힘이라는 개념이었다. 다른 말로 하자면 발자크가 가장 선호했던 영감은 두 가지 원천에서 나왔다. 하나는 은밀한 사교계이고, 또 하나는 사회 주변부에서 개인이 발휘하는 감추어진 전능성이었다. 그는 이 두 가지를 한 편의 소설에서 혼융해서 쓰고자 했던 것이다. 이후 100년 동안 대중소설 혹은 문학적인 소설을 특징지은 신화들이 모두 발자크의 작품 속에 들어 있다. 자신을 추방한 사회에 복수를 감행하는 위인은 교묘하게 달아나는 특이한 인물로 시시각각 변하면서 『인간 희극』의 수많은 이야기 여기저기에 가면을 바꿔 가며 보트랭으로 등장한다. 교묘한 위인의 형상은 수많은 '몬테크리스토 백작'의 형상으로, '오페라의 유령'으로 그리고 이후 대중적 성공을 거두며 널리 읽히는 소설에 자주 등장하는 '대부'의 모습으로 나타난다. 구석구석 촉수를 펼치는 어두운 음모라는 모티프는 19세기의 모든 세심한 영국 소설가들이 강박적으로 사용했던 진지하면서도 유희적인 기법이었다. 그리고 이러한 기법은 현대에 이르러 폭력적인 첩보 추리물 시리즈에 다시 등장하기도 했다.

『페라거스』를 읽으면서 우리는 바이런으로 대표되는 낭만주의 흐름의 한가운데에 서게 된다. 1833년에 나온 《르뷔 드 파리》에는(발자크는 이 잡지에 매달 40페이지씩 원고를 쓰기로 계약했지만, 매번 원고 마감을 어겨 가며, 교정 단계에서 수많은 수정을 거듭해 편집자로부터 많은 불만을 샀다.), 『13인 이야기(*Histoire des treize*)』의 서문이 실려 있다. 거기에서 저자는 서로 비밀 협력 조약을 맺고 어느 누구도 자기들과 대적할 수 없도록 하고자 했던 13인의 단호한 무법자들의 비밀을 밝히겠노라고 약속한다. 그리고 『페라거스, 못 말리는 자들(*Ferragus, chef des Dévorants*)』을 시작하겠다고 선언한다.('못 말리는 자들(Dévorants 혹은 Devoriants)'은 전통적으로 '의무를 수행하는 자들'로서 길드 조직의 구성원들을 의미했다. 그러나 발자크는 훨씬 더 사악한 의미로서 독자로 하여금 '게걸스럽게 해치우다(Dévorer)'

라는 단어를 연상하도록 어원을 꾸며 내며 말장난을 하는 듯 보인다.)

이 작품의 서문은 1831년에 씌었으나, 발자크는 1833년 2월에 가서야 실제로 작품을 쓰기 시작했고, 서문을 실은 《르뷔 드 파리》가 나올 동안 1장을 넘기지 못한다. 이에 따라 《르뷔 드 파리》는 2주 후 1, 2장을 함께 내보낸다. 그리고 발자크의 3장 때문에 그다음 호 발간이 미뤄졌으며, 4장과 결말은 특집호인 4월호에 실린다.

그러나 출간된 소설은 서문에서 약속한 바와 매우 달랐다. 작가는 더 이상 애초의 기획에 흥미를 느끼지 못했고, 신문에서 요구하는 리듬에 맞춰 원고를 쓰는 대신, 자신의 원고에 대해 끊임없이 고민하게 만드는 다른 것에 훨씬 더 신경을 썼다. 교정지의 레이아웃 전체를 통째로 바꾸어 놓을 만큼 원고를 수없이 수정하고 덧붙이게 만드는 어떤 것에 말이다. 그가 쓴 이야기들은 여전히 독자들이 그 예기치 못한 미스터리와 반전에 숨죽일 만큼 충분히 흥미로우며, 그 중심에는 페라거스라는 음침한 인물이 있다. 그러나 그의 비밀스러운 힘과 대중을 열광케 했던 모험들은 과거의 것이 되었고 독자들은 이제 이들이 쇠락해 가는 것만을 지켜보게 될 뿐이다. 겉으로 보기에 이 작가는 이 13인, 아니 12명의 인물들을 거의 잊은 것처럼 보인다. 그들은 기념 미사에서나 먼 배경으로 등장하는 등, 거의 장식적인 역할을 하는 데 머무른다.

그때 발자크를 사로잡은 것은 파리에 관한 지형학적 서사시였다. 그는 최초로 도시를 하나의 언어이자 이데올로기, 모든 사유와 말과 행동을 결정하는 조건적인 어떤 것으로 직감한 작가였다. 거리는 "그 겉모습만으로도 우리가 저항 없이 무력하게 수용해야만 하는 어떤 개념을 우리에게 심어 준다." 거대한 괴물처럼 무시무시한 도시에서 사람들은 그저 흐느적거리는 괴물의 사지에 불과하다. 이미 여러 해 동안 발자크는 신문에

도시의 삶에 대한 스케치를 연재해 왔으며 도시의 전형적인 인물들에 대한 초상을 그려 왔다. 그러나 이제 그는 이러한 재료를 가지고 파리에 대한 백과사전을 만들기로 한다. 파리는 거리를 지나는 여자를 두고도 한 편의 소논문을 쓸 수 있는 공간이다. 비를 맞는 행인들을 그린 판화(오노레 도미에의 경우처럼), 거리의 부랑자들에 관한 관찰, 남루한 여자 아이에 대한 설명, 다양한 종류의 구어들에 대한 기록.(발자크가 쓴 인물들의 대화는 보통 특별히 강조할 만한 말이 궁색할 때면, 당시에 가장 유행하던 구절이나 신조어를 구사한다. 또한 민중의 목소리를 그 억양까지 똑같이 살려 내기도 한다. 예를 들어 거리의 행상인이 여자들에게 머리장식으로 새 깃털을 달면 "우아한 최신 유행의 분위기"를 더할 수 있다고 외치는 식이다.) 이러한 거리 풍경에 더해 그는 이와 유사한 범위로 실내 묘사를 덧붙인다. 실내 풍경은 누추한 것에서부터 사치스러운 것까지 다양하다.(과부인 그뤼제 부인의 헛간에 있는 꽃무늬 항아리를 묘사한 대목은 사전에 섬세하게 연구한 이미지 효과를 보여 주고 있다.) 라셰즈 영감이 묻힌 묘지와 장례식과 연결된 복잡한 관료제를 묘사함으로써 그림은 완성된다. 그리하여 파리를 살아 있는 유기체로 묘사한 광경은 한 파리 시민의 죽음을 경계로 끝이 난다.

발자크의 『13인의 이야기』는 파리라는 영토의 지도로 변모한다. 『페라거스』 이후, 그는 다른 출판사와 계약하고(그는 반쯤 완성된 프로젝트를 완성하겠다고 고집을 부렸다.) 3부작을 완성하기 위해 나머지 두 편을 계속 써 나간다.(이미 《르뷔 드 파리》와도 싸운 뒤였다.) 이 나머지 두 소설은 첫 번째 소설과는 매우 다른데, 주인공이 비밀 조직의 회원임이 밝혀진다는 사실만 제외하면, 파리에 대한 백과사전에 몇 가지 도입부를 계속 덧붙이면서 이야기를 끊임없이 지연시키고 있다는 점이 공통된다. 『랑제

공작부인(*La Duchesse de Langeais*)』(자전적인 충동에서 출발한 열정에 대한 소설)의 두 번째 장은 포부르그 생제르맹 구역의 귀족 사회를 사회학적으로 연구하고 있다. 『금빛 눈을 한 소녀(*La Fille aux yeux d'or*)』(이 소설은 앞의 소설보다 훨씬 더 중요하다. 사드의 작품에서 시작하여 현대 작품, 그러니까 바타유와 클로소프스키에 이르기까지의 프랑스 문학에서 중심적인 지위를 차지하는 텍스트다.)는 다양한 사회 계급으로 나뉜 파리 사람들을 분류해 놓은 일종의 인류학 전시장을 보여 주며 시작한다.

본격적인 이야기를 방해하는 이러한 수많은 지연들은 3부작의 다른 두 작품보다 『페라거스』에서 더 심하게 발생한다. 발자크가 이렇게 지연되는 부분에서만 글을 쓰는 데 총력을 기울였다고 말하려는 것은 아니다. 남녀 간의 관계에 대한 내밀한 심리적 드라마 또한 그를 온통 사로잡았다. 물론 나중에 너무나 완벽한 두 남녀의 드라마는 오히려 재미를 훨씬 떨어뜨린다는 사실을 알게 되지만 말이다. 우리는 보통 독서할 때 너무나 숭고한 것에 대해서는 오직 어지러운 구름만을 보게 될 뿐, 운동과 대조되는 형상을 분별하지 못하기 때문이다. 그럼에도 쉽게 가시지 않는 의심의 그림자가 그들 사이의 굳건한 사랑에 흠을 내기보다는 오히려 내부에서부터 침식해 가는 방식은 결코 평범한 용어로 설명할 수 있는 과정이 아니다. 또한 우리는 마치 진부한 웅변처럼 보이는, 클레망스가 남편에게 보내는 마지막 편지의 구절들이 발자크가 가장 자랑스럽게 여긴 뛰어난 부분이라는 점을 잊어서도 안 된다. 그는 한스카 부인[1]에게 직접 그것을 고백하기도 했다.

한 아버지의 딸에 대한 과도한 사랑 이야기가 펼쳐지는 발자크의 또

---

[1] 발자크가 흠모했던 부인. 오랜 세월 기다려 마침내 결혼에 성공하나 바로 넉 달 뒤 발자크가 숨을 거뒀다.

다른 심리극은 설득력이 떨어진다. 아무리 이 이야기를 『고리오 영감(*Père Goriot*)』의 초안으로 볼 수 있다 해도 말이다.(여기에서 에고이즘은 아버지의 또 다른 모습이며 희생은 전적으로 딸의 몫이다.) 디킨스는 이를 토대로 그의 대표작인 『위대한 유산(*Greate Expertations*)』에서 전과자인 아버지의 귀환 이야기로 완전히 다른 플롯을 전개해 나갈 수 있었다.

그러나 이러한 심리 드라마가 중요시되면서 모험 플롯이 이차적인 이야기로 지위가 격하되는 것을 인정한다면, 이러한 이차적 차원의 모험 플롯이 여전히 독자인 우리에게 큰 즐거움을 주고 있음을 인식해야만 한다. 이야기의 주요 감정선이 끊임없이 이 인물에서 저 인물로 옮겨 다니긴 하지만, 어쨌든 이 작품은 서스펜스물이다. 이러한 작품에서 사건의 리듬은 플롯의 많은 장면들이 다소 비논리적이거나 부정확하게 흐트러지는 경우에도 활달하게 진행된다. 소설의 서두에서 아마추어 탐정이 마주한 첫 번째 미스터리는 쥘스 부인이 매음굴에 간 사건이다. 해결책은 너무나 손쉽게 발견되고 실망스러울 정도로 단순했지만 말이다.

소설로서 작품이 가진 힘은 대도시의 신화에 기초하고 있다는 사실에 의해 지지되고 고양된다. 대도시에서 모든 인물들은 아직 앵그르[2]의 초상화에서처럼 그들만의 명료한 얼굴을 가지고 있다. 익명의 군중 세대는 아직 출현하지 않았던 것이다. 그러나 그들은 실제로 얼마 지나지 않아 바로 출현했다. 발자크가 소설에서 도시를 신격화한 후 보들레르가 시에서 도시를 신격화하기까지 불과 20년밖에 걸리지 않았다. 이러한 전환을 설명하기 위해서는 한 세기가 지난 후 각각 다른 곳에서 출발해 이러한 도시와 문학의 문제에 관심을 보였던 두 독자가 쓴 다음의 글만으로 충

---

[2] Jean Auguste Ingres(1780~1867). 프랑스의 신고전파 화가.

분할 것이다.

발자크는 커다란 도시를 미스터리로 가득한 어떤 것으로 보았다. 그가 항상 예민하게 자각했던 것은 호기심이라는 감각이었다. 호기심은 그의 뮤즈다. 그는 결코 희극적이지도 비극적이지도 않았으며 단지 모든 것에 호기심을 느낄 뿐이었다. 그는 뒤엉킨 사물에 몰입했지만 항상 무언가를 재빨리 알아채고 우리에게 미스터리를 제시하기로 약속한다. 그는 예민하고 생기 넘치며 결국은 승리에 이르는 열정으로 기계 장치 전체를 하나씩 분해하기 시작한다. 그가 어떻게 새 인물들에 접근하는지 보라. 그는 마치 신기한 표본이라도 되는 듯이 가까이에서 또는 멀리에서 그들을 관찰하면서 묘사하고 정의하며 규정하고 설명한다. 이런 과정은 인물들의 개별성을 각각 전달하고 놀라움을 안겨 줄 때까지 계속된다. 그의 결론, 관찰, 장광설과 재치 섞인 농담들 안에는 심리적인 진실이 포함되어 있지 않다. 대신 거기에는 반드시 해결해야 했던 미스터리를 푸는 데 실패한 한 판사의 직감과 술책만이 있을 뿐이다. 미스터리를 풀고자 하는 탐구가 결국 종결되고(이러한 종결은 작품의 초반 혹은 중반에 이루어진다. 결코 미스터리의 진실을 비롯한 모든 것들이 밝혀지는 작품 말미에 그러한 탐구가 종결되는 법은 없다.) 발자크가 자신이 복잡한 미스터리를 사회학적이며 심리학적인 동시에 서정적인 열정 속에서 논할 때 너무나 경이롭게 보이는 것이 이 때문이다. 『페라거스』의 도입부나 『창녀들의 영광과 비참』의 2부 첫 부분을 보라. 그곳에서 발자크는 숭고하다. 그의 작품은 보들레르의 등장을 알리는 서장(序章)이다.

이 구절을 쓴 사람은 젊은 시절의 체사레 파베세로, 그는 1936년 10월

13일자 일기에 위와 같이 적었다.

이와 거의 동시에 발터 벤야민은 보들레르에 관한 에세이에서 모든 사람이 해야 할 일은 빅토르 위고의 이름이 들어갈 자리에 발자크의 이름을 넣는 것이라는 구절을 쓴다. 벤야민에게 이러한 임무는 파베세의 관점을 심화하고 완성시키는 것이었다.

『악의 꽃』이나 『파리의 우울』에는 위고가 훌륭하게 해낸 바 있던 도시에 대한 거대한 벽화 같은 것이 보이지 않는다. 보들레르는 인물도 도시도 묘사하지 않았고, 이러한 거부 속에서 다른 것의 이미지를 그려 낸다. 그가 그리는 군중은 언제나 대도시의 군중이다. 그가 그린 파리는 항상 사람들이 넘쳐나는 모습이다. …… 우리는 「파리 풍경(Tableaux parisiens)」에서 군중이 거의 언제나 비밀스럽게 존재함을 보게 된다. 보들레르가 막 동이 트는 아침을 주제로 쓴다면, 거기에는 버려진 길거리에 위고가 파리에서 밤에 느꼈던 '우글거리는 침묵'과 같은 것이 있을 뿐이다. …… 군중은 진실로 보들레르가 파리를 바라볼 때 그 앞에서 흔들리는 베일이었다.

(1973)

찰스 디킨스의 『우리 서로의 친구』

　어둑하고 흐릿한 저녁 무렵, 템스 강의 다리 밑으로 조수가 차오른다. 이러한 배경을 뒤로 하고 우울한 불빛 속에서 보트 한 척이 다가온다. 보트는 금방이라도 둥둥 떠다니는 통나무 조각, 바지선과 쓰레기들에 닿을 듯하다. 뱃머리에 한 남자가 독수리 같은 매서운 눈빛으로 무언가를 찾는 듯 물결을 바라보며 서 있다. 싸구려 망토의 모자 때문에 반쯤 가려졌으나 노를 젓는 여자 아이는 천사 같은 얼굴을 하고 있다. 그들은 무엇을 찾고 있는 것일까? 우리는 곧 그 남자가 강 위를 떠다니는, 자살한 것인지 살인 사건의 희생자인지 모를 어떤 시체를 찾고 있음을 알게 된다. 템스 강의 강물은 매일 이러한 범상치 않은 낚시꾼에게 제공할 먹잇감을 잔뜩 품고 있는 것처럼 보인다. 강물 언저리에서 떠다니는 시체 한 구를 보자마자 그 남자는 시체의 주머니에서 금화를 낚아채고는 강 맞은편의 경찰서까지 줄에 묶어 끌고 간다. 그는 아마 그 경찰서에서도 일정한 보수를 챙길 것이다. 이 남자의 딸인 천사 같은 소녀는 이 소름 끼치는 시체를 보지 않으려고 애쓴다. 그 여자 아이는 공포에 떨면서도 계속해서 노를 젓는다.

찰스 디킨스(Charles Dickens, 1812~1870)의 소설 중에는 도입부가 인상적인 작품이 여러 권 있다. 그러나 그 어떤 것도 『우리 서로의 친구(*Our Mutual Friend*)』를 넘어서지는 못한다. 이 책은 그의 작품 목록 마지막에서 두 번째 소설이며, 그가 완성한 마지막 작품이다. 시체를 낚는 배를 따라가다 보면 우리는 세계의 어두운 이면에 들어가는 듯한 느낌을 받는다.

두 번째 장에서부터 모든 것이 바뀐다. 이제 독자들은 벼락부자들의 파티에 참석하여, 우스꽝스러운 예의범절을 과시하는 인물들 사이로 들어간다. 그들은 모두 서로 오래된 친구인 척하지만 사실은 서로 잘 알지 못하는 사이다. 그러나 이 장이 끝나기 전에 파티에 초대된 사람들이 나누는 대화는 한 남자를 둘러싼 미스터리로 갑작스레 전환된다. 막대한 재산을 물려받기로 되어 있는 한 남자가 익사했다는 것이다. 이 이야기는 독자를 첫 번째 장이 지닌 긴장감의 한가운데로 이끌어 간다.

그 막대한 유산이란 런던 교외에 위치한 쓰레기의 제왕인 한 늙은이, 쓰레기더미로 가득 찬 들판 옆에 선 집을 소유한 엄청나게 욕심 많은 노인의 것이다. 독자들은 다시 첫 장에서 강을 지나 들어갔던, 파편들로 뒤덮인 그 사악한 세계로 계속해서 가게 된다. 소설 속의 다른 모든 장면이나 번쩍이고 요란한 야망으로 잘 차려진 식탁들, 이윤과 투기가 얽힌 언쟁들은 이러한 종말론적 세계의 쓸모없는 재산을 가리고 있는 얇은 막에 지나지 않는다.

골든 더스트맨(황금 쓰레기인)의 재산을 관리하게 된 자는 그의 밑에서 일하던 보핀이었다. 디킨스가 만들어 낸 빼어난 희극적 캐릭터 가운데 하나인 그는 특히 자기를 과시하고 싶어 하는 인물로, 사실상 여태껏 경험한 것이라곤 비천한 가난과 끝을 모르는 무지뿐이다.(그러나 보핀은 작품 내내 호감을 끄는 인물이기도 하다. 그와 그의 아내는 인간적인 온정과 친절한 의도를 지닌 인물로 등장한다. 소설 중간부터 그는 욕심 많고 이기적인 인간으로 변모하지만 소설 말미에 가서는 결국 따뜻한 마음씨를 지닌 인물임이 밝혀진다.) 그러다 어느 날 갑자기 자신이 부자가 되어 있음을 발견한 일자무식의 보핀은 억압되어 있던 교양에 대한 욕구에 무제한의 자유를 허용한다. 그는 기번의 8권짜리 『로마 제국 쇠망사』를 모두 사고(보핀은 이 책의 제목을 '로마'가 아니라 '루스한(Rooshan)'으로 잘못 읽고는 러시아 제국에 관한 책으로 오해한다.) 또한 나무 의족을 한 거지 사일러스 웩을 '문인'으로 고용해 매일 저녁 자기에게 이 책을 읽어 주게 한다. 기번의 책 다음으로는 이제, 재산을 잃을까 공포에 휩싸인 탓에 유명한 수전노의 생애를 다룬 책을 찾아 서점을 뒤지고 자신이 그렇게 신뢰하는 '문인'에게 그 책을 읽게 한다.

못 말리는 보핀과 뭔가 의심스러운 사일러스 웩이라는 이 기이한 이인조에, 바닥에 묻힌 뼈를 가져다 사람 해골 만드는 일을 생업으로 하는 비너스 씨가 합류한다. 웩은 그에게 자신의 의족을 진짜 뼈로 바꿔 달라고 요청한다. 광대 같은 자들과 유령같이 떠도는 인물들이 우글거리는 황무지와 같은 이러한 환경에서 디킨스의 세계는 우리의 눈앞에서 사뮈엘 베케트의 세계가 되어 간다. 디킨스 후기작의 풍자적인 유머에서 우리는 베케트의 전조를 뚜렷이 감지한다.

물론 디킨스의 작품에서 어둠은 항상 빛과 대조된다. 오늘날 우리가 디킨스를 읽으면서 특히 주목하게 되는 부분은 그의 '어두운' 면이지만 말이다. 빛은 보통 어린 여자 아이들로부터 나온다. 검은 지옥과 같은 곳에 깊이 들어가면 들어갈수록 그 아이들은 더 선하고 친절한 마음씨를 지닌 인물로 묘사된다. 선함에 대한 이러한 강조는 디킨스를 읽는 현대 독자들이 가장 받아들이기 어려운 부분이기도 하다. 물론 디킨스가 한 인간으로서 우리보다 더 선함에 직접적으로 다가갈 수 있었던 것은 아니다. 그러나 그의 소설에서 찾아볼 수 있는 빅토리아 시대의 정신은 그 시대가 지녔던 이상을 가장 충실하게 표상하고 있을 뿐만 아니라 그 시대의 신화를 형성하는 근본적인 이미지이도 하다. 진정한 디킨스는 그가 인격화시킨 악과 그로테스크한 캐리커처에서만 찾아볼 수 있다고 해도, 그가 그려 낸 천사 같은 희생양과 희망적인 존재는 여전히 무시하기 힘들다. 선한 인물이 없으면 그 반대의 인물도 있을 수 없다. 우리는 이 두 성격의 인물 모두를 서로를 연관하는 구조적인 요소들로, 이를테면 튼실한 건축물의 방벽과 들보처럼 파악해야만 한다.

디킨스는 '선한 인물들'에서조차 기이하고 관습에서 벗어난 형상들을 창조해 냈다. 이 소설에서는 빈정대는 말을 내뱉곤 하는 조숙한 난쟁이 소녀와 천사 같은 얼굴과 마음을 지닌 리지, 그리고 헐렁한 작업복에 수염을 기른 유태인이 모여 기이한 삼인조를 이룬다. 어리지만 현명한 제니 렌은 인형 옷을 만드는데, 목발을 짚고 다니는 불구자로 나온다. 하지만 제니는 삶의 모든 부정적인 요소들을 끊임없이 환상의 세계로 바꾸어 놓는 인물이다. 이 인물 또한 디킨스가 창조해 낸 가장 매력적이면서도 희극적인 캐릭터 중의 하나다. 야비한 밀수꾼인 램믈(램믈은 라이어를 협박하고 위협하면서, 그의 이름을 빌려 고리대금업자 행세를 하는 사람이다. 겉으로는 존경할 만한 공정한 인물인 척하면서 말이다.)에게 고용된 유태인 라이어는 관대한 마음의 소유자답게 비밀리에 그의 재산을 여러 사람에게 나누어 주는데, 이는 자신에게 압박을 가하는 악에 대항하려는 노력이기도 하다. 악한으로 오해받는 라이어의 상황은, 위선적인 사회가 유태인에게 악의 이미지를 투사하기 위해 만들어 낸 반유태주의의 완벽한 예시이기도 하다. 사실 라이어는 성품이 온화한 사람으로 겁쟁이로 보일 수도 있겠지만, 최악의 불행을 맞이했을 때는 자유의 상황, 즉 구원을 찾을 수 있는 환경을 기어이 만들어 내는 인물이다. 그는 이러한 구원의 행위를 두 부랑자와 함께 하는데, 특히 인형 옷을 만드는 제니 렌의 실질적인 충고를 따름으로써 이루어 낸다.(제니는 너무나 천사 같은 아이지만, 악덕한 램믈에게 악마처럼 처벌을 내릴 줄도 아는 인물이다.)

이러한 '선'의 공간은 물리적 공간으로도 표현된다. 도시의 추악함을 대표한다 할 수 있는 초라한 전당포 지붕 아래의 좁은 집에서 라이어는 두 소녀에게 인형 옷을 만드는 데 필요한 옷감과 빵, 책, 꽃과 과일을 준다. 그러는 동안 "광포한 낡은 굴뚝은 통풍 갓을 휘휘 돌리고, 연기를 내뿜는다. 이러한 깜짝 놀랄 만한 상황을 지켜보면서 굴뚝이 스스로를 진정시키느라 부채질이라도 하듯 말이다."

『우리 서로의 친구』는 도시의 로맨스와 풍속희극이 함께 나올 만큼 폭이 넓으며, 그 속에는 복잡한 성격을 지닌 인물이나 브래들리 헤드스톤과 같은 비극적 인물들이 등장하기도 한다. 브래들리 헤드스톤은 교직에 진출하자마자 강박적인 마성을 띠게 될 정도로 계급 상승을 향한 집착에 휩싸이는 인물이다. 우리는 브래들리가 리지와 처음 사랑에 빠지는 순간부터 그의 이야기를 따라가는데, 질투가 광기 어린 강박으로 변하면서 진행되는 그의 치밀한 범죄 계획과 실행을, 그리고 결국 이에 대해 심판을 받게 되는 과정을 지켜보게 된다. 이후 그는 머리가 이상해져서 아이들을 가르치는 와중에도 생각 속에 떠오르는 구절을 중얼거리는 지경에 이른다.

그는 칠판에 어떤 문장을 쓰려고 분필을 갖다 대는 순간 그대로 멈추어서는 그 사고 현장을 떠올렸다. 물이 더 깊지는 않았는지, 계곡이 더 가파르지는 않았는지, 조금 높지는 않았는지, 약간 낮지는 않았는지를 곧 생각했다. 그는 칠판에 줄을 한두 개 그어서 머릿속으로 생각하는 것들을 표현해 볼까 하는 마음도 들었다.

『우리 서로의 친구』는 1864년에서 1865년 사이에, 『죄와 벌』은 1865년에서 1869년 사이에 씌었다. 디킨스의 추종자였던 도스토예프스키는 이 소설을 읽지 못했다. 피에트로 치타티는 디킨스에 관해 쓴 뛰어난 에세이에서 다음과 같이 말한다.

문학을 지배하는 가장 기묘한 규칙에 따르면, 도스토예프스키가 『죄와 벌』을 쓰고 있을 때 디킨스는 브래들리 헤드스톤의 범죄 이야기를 쓰면서 그와 멀리 떨어져 있는 제자와 무의식적으로 경쟁했던 것이다. ……도스토예프스키가 이 부분을 읽었다면 분명 칠판에 줄을 긋는 이 마지막 부분에서 디킨스의 위대함을 발견했을 것이다.

치타티가 에세이에 붙인 제목 '가능한 모든 세계 중에서 최고의 세계'는 20세기 작가 중에서 디킨스를 가장 존경했던 G. K. 체스터턴의 작품명에서 따왔다. 체스터턴은 에브리맨스 라이브러리 시리즈에 포함된 그의 많은 소설의 서문에서 항상 디킨스를 언급했을 뿐만 아니라, 디킨스에 관해 책 한 권을 통째로 할애하기도 했다. 『우리 서로의 친구』에 붙인 서문에서 체스터턴은 제목에 대한 이야기부터 시작한다. '우리 모두 아는 친구(our common friend)'는 영어로 말이 되지만, '우리 서로의 친구(our mutual friend)', '우리 상호의 친구(our reciprocal friend)'란 대체 무슨 뜻인가? 체스터턴의 이러한 질문에 대해 이 표현은 영어에 서툴렀던 보편의 입에서 처음 나왔던 것이라고 대답할 수도 있을 것이다. 또한 제목이 소설 전체와 맺는 관계는 그리 뚜렷하지 않지만, 맞건 틀리건 혹은 과장됐건 감춰져 있건 우정이라는 주제가 매 페이지마다 나온다고 대답할 수도 있다. 그러나 체스터턴은 제목이 어법상 불완전하다고 비난해 놓고서 바로 그 점 때문에 제목이 좋다고 말한다. 디킨스는 한 번도 정규 교육을 받은 적이 없다. 또한 세련된 문인도 아니었다. 그러나 바로 이 때문에 체스터턴은 그를 좋아했다. 디킨스가 다른 어떤 사람이 되려 할 때보다 그 자신일 때 그를 좋아한 것이다. 체스터턴이 『우리 서로의 친구』를 특별히 아꼈던 것은 귀족적인 취향을 과시하면서 자신을 꾸며 보이려고 다양한 방면으로 노력한 끝에 결국 자기 본연의 모습으로 돌아간 디킨스를 좋아했기 때문이었다.

체스터턴은 20세기에 디킨스의 문인으로서의 지위를 각인시킨 가장 유명한 인물이지만, 『우리 서로의 친구』에 대해 쓴 그의 에세이를 보면 나는 이 세련된 문인이 대중소설가를 얕잡아보는 듯, 일부러 겸손한 태도를 취하고 있다는 듯한 느낌을 받기도 한다.

나는 『우리 서로의 친구』가 플롯에 있어서나 글쓰기 방식에 있어서나 최고의 걸작이라고 생각한다. 글쓰기의 예를 들자면, 인물이나 상황을 정의하는 직유법뿐 아니라("숟가락의 볼록한 면에 비친 것처럼, 둔하게 생긴 데다 칙칙하며 넓적한 얼굴을 한") 대도시의 풍경을 묘사하는 빼어난 글만을 모은 책이 있다면 그런 책에 들어가고도 남을 법한 디킨스 특유의 도시 풍경의 묘사 방식을 들 수 있다.

　　잿빛으로 어둡고 활기 없는 런던의 저녁은 희망이라고는 찾아볼 수 없는 풍경이었다. 창고와 건물들은 문이 닫혀 있어 죽은 듯한 분위기를, 색깔을 유달리 두려워하는 영국인들의 성향을 반영한 듯 장례식장의 애도 분위기를 풍겼다. 집들로 둘러싸인 교회의 첨탑들은 그 위로 내려앉고 있는 듯한 하늘만큼이나 어둡고 거무죽죽했는데, 어디에나 퍼져 있는 이 우울함에 아무런 위안도 되지 못했다. 교회 벽에 달린 해시계는 쓸모없는 응달에 가려, 파산해서 영원히 빚을 갚을 수 없는 처지에 놓인 것처럼 보였다. 하인들과 짐꾼들의 우울한 집 없는 아이들은 우울한 종잇조각과 쇳조각을 주우러 다녔고, 더 우울한 또 다른 아이들은 팔 거리가 없나 하여 몸을 구부린 채 그것들을 들쑤시고 다녔다.

　　위의 인용문은 에이나우디의 스트루치 시리즈에 들어 있는 『우리 서로의 친구』의 이탈리아어 번역본에서 가져온 것이다. 그러나 내가 앞에서 인용한 굴뚝에 관한 묘사는 가르잔티 출판사의 일 그란디 리브리 시리즈에 들어 있는 필리포 도니니의 번역본에서 가져왔다. 도니니의 번역은 다른 부분들, 그러니까 인물들의 이름들을 이탈리아식으로 번역해 놓은 부분과 같은 경우에는 좀 오래된 냄새를 풍기지만, 보다 세밀한 구절들에서는 이 책의 정신을 상당히 정확하게 반영하고 있는 듯하다. 그 굴뚝 묘사는 도시의 초라한 작은 집의 소박한 기쁨과 마치 도도한 '미망인'처럼 보이는 굴뚝 사이에 놓인 거리를 표현하는 것이 관건이었다. 디킨스의 작품에서 세부 묘사는 모두 나름의 의미를 지니고 있다. 그러한 세부 묘사들은 언제나 이야기의 역학에서 없어서는 안 될 요소로 자리하고 있는 것이다.

  이 소설을 걸작으로 평가하는 또 다른 이유는 사회와 그 내부의 계급 갈등을 섬세한 초상화로 뛰어나게 그려 내고 있다는 점이다. 이러한 점은 이탈리아에서 나온 두 번역본의 서문에서도 공통적으로 언급되고 있다. 가르잔티 출판사의 번역본에 붙인 피에르조르지오 벨로치오의 섬세하고 지적인 서문과 이 작품의 계급 갈등 문제에 집중하고 있는 에이나우디 번역본의 아놀드 케틀의 서문이 모두 그러하다. 케틀은 이 서문에서 디킨스의 소설에 나타난 '계급' 문제를 분석한 것으로 유명한데, 그 글에서 그는 디킨스가 겨냥했던 것은 사회의 악이라기보다는 인간 본성의 악이었다는 조지 오웰의 주장을 반박하고 있다.

  (1982)

플로베르의 『세 편의 이야기』

『세 편의 이야기(*Trois Contes*)』의 이탈리아어 번역본의 제목은 '세 이야기(*Tre racconti*)'로, 달리 번역할 수 있는 방법이 없다. 그러나 '콩트'라는 단어는(글로 된 이야기(récit) 혹은 짧은 소설(nouvelle)이라는 단어와는 반대되는 의미에서) 이 글이 구어적인 서사, 그러니까 놀라운 사건들과 순수한 이야기들, 다시 말해 민담과 연결됨을 강조하고 있다. 그것은 『세 편의 이야기』에 속한 세 가지 이야기 모두에 해당한다. 근대 작가로서 중세 및 민중예술의 '원초적인' 이야기를 처음으로 끌어들인 사례인 「수도사 성 쥘리앵의 전설」과, 박물학적이고 시각적이며 미학적으로 감동적인 이야기를 역사적으로 재구성한 「에로디아스」뿐만 아니라, 가난한 하녀의 소박한 정신이 날마다 체험하는 동시대의 현실을 다룬 「순박한 마음」 역시 이러한 구어적인 서사에 해당한다.

『세 편의 이야기』에 나오는 세 이야기는 플로베르(Gustave Flaubert,

1821~1880)의 정수에 가깝다. 저녁 한나절이면 읽을 수 있는 분량이라는 점에서 나는, 짧은 독서를 통해서나마 크루아세 출신의 이 뛰어난 작가에게 존경을 바치고자 하는 누구에게나 이 작품을 강력하게 권하고 싶다.(에이나우디 출판사는 사후 100주년을 기념하여 이 책을 랄라 로마노의 뛰어난 번역으로 다시 펴냈다.) 사실 더 시간을 절약하고 싶다면 「에로디아스」를 건너뛴 채(내가 보기에 이 책에서 「에로디아스」는 언제나 중심에서 벗어난 사족처럼 보였다.) 「순박한 마음」과 「수도사 성 쥘리앵의 전설」부터 주목해도 좋다.

인간과 사물을 '가시적인' 것으로 만드는 기술로서의 소설에는 가시성의 역사가 존재하는데, 이는 소설의 역사와 완전히는 아니더라도 몇 가지 면에서 일치한다. 마담 드 라파예트에서부터 벵자맹 콩스탕[1]에 이르기까지 소설은 인간의 마음을 놀랍도록 정확하게 탐구했다. 그러나 이러한 책들은 인간의 마음 외에는 그 어떠한 것도 보여 주지 않는 닫힌 문과 같았다. 소설에서 가시성은 스탕달과 발자크로부터 시작해 플로베르에 이르러서야 단어와 이미지 사이의 이상적인 관계가 맺어지는 단계에 이른다. 소설에서의 가시성이 위기를 맞기 시작한 것은 플로베르로부터 반세기 이후, 영화가 등장하면서부터다.

「순박한 마음」은 모두 보이는 것들에 대한 이야기이다. 작품은 단순하고 가벼운 문장들로 이루어져 있는데, 이 문장들 안에서 항상 어떤 일인가가 일어나곤 한다. 노르망디 초원의 달빛은 한가로운 소를 비추고, 두 여자와 두 아이들이 지나가는데, 안개 속에서 머리를 숙인 소가 갑자기 등장하자, 펠리시테는 다른 사람들이 울타리를 넘어 달아날 수 있도록

---

[1] Benjamin Constant(1767~1830). 스위스 출신의 프랑스 소설가. 대표작으로 『아돌프』가 있다.

소의 눈에 흙을 뿌린다. 옹플뢰르 부두에서는 기중기가 말을 들어 올려 배에 싣고 있었다. 배가 움직이자 펠리시테는 선원으로 일하는 조카 아이가 보이지 않게 될 때까지 조금이라도 더 보려고 애를 쓴다. 무엇보다 펠리시테의 침실은 잡동사니들로 가득한데, 특히 자신의 삶을 추억할 수 있는 기념품과 주인의 물품들, 야자수 열매로 된 성수반이 푸른색 비누 조각들 옆에 서 있으며, 이 모든 것들 위에 군림하듯 자리한 박제된 앵무새가 있었다. 이 앵무새는 이 가난한 하녀에게 삶이 허락하지 않았던 것을 상징하는 물건처럼 보인다. 우리는 이 모든 것들을 펠리시테의 눈을 통해 본다. 투명한 문장은 삶의 좋은 일, 나쁜 일 모두를 수용하는 펠리시테의 순수함과 고귀한 본성을 표현할 수 있는 유일한 매체다.

「수도사 성 쥘리앵의 전설」에서 가시적인 세계는 태피스트리나 양피지, 성당의 스테인드글라스에 그린 세밀화의 세계와도 같다. 그러나 우리는 그러한 세계를 '내부로부터' 경험한다. 마치 우리가 바로 그곳에 수놓이고, 채색되고, 색유리로 이루어진 형상들인 것처럼 말이다. 이 이야기에는 수사슴, 사슴, 매, 뇌조 등등 모든 종류의 동물들과 갖가지 고딕 예술이 온통 뒤섞여 있다. 사냥에 나선 쥘리앵은 피에 굶주린 본능에 휩싸여 야생의 세계로 돌진해 가며, 이야기는 잔인함과 연민 사이의 흐릿한 경계를 따라간다. 마침내 우리가 동물의 형상들로 이루어진 세계의 중심, 바로 그 안으로 들어간다고 생각될 때까지 말이다. 기묘한 어떤 구절에서 쥘리앵은 깃털이나 털과 비늘이 덮인 주변의 모든 것들에 둘러싸여 질식할 것 같은 기분을 느낀다. 자신을 둘러싼 숲은 가장 이국적인 동물들을 포함해 온갖 동물이 나오는 우화집의 복잡하고, 뒤엉킨 세계로 변화한다.(이들 사이에는 앵무새도 있는데, 이는 마치 늙은 하녀 펠리시테를 향해 경외를 바치는 것처럼 보이기도 한다.) 이 지점에서 동물들은 더 이상 우리의 시각을 특별히 끌지 않는다. 아니, 오히려 동물의 시선에, 우리를 응시하는 동물들의 눈에, 우리 자신이 사로잡히게 된다. 우리는 우리 자신이 다른 차원으로 건너가고 있는 것처럼 느끼고, 부엉이의 둥글고 냉정한 눈으로 인간 세계를 보고 있는 것처럼 느낀다.

펠리시테의 눈, 부엉이의 눈, 플로베르의 눈. 우리는 자기 자신의 문제에 몰두하던 플로베르가 진정한 주제로 삼았던 것이, '타인'과의 동일시였음을 깨닫게 된다. 성 쥘리앵과 한 문둥병 환자가 온몸을 맞대고 포옹하는 장면에서, 우리는 플로베르의 미학주의가 향했던 다른 목표를 알아볼 수 있다. 그 목표란 삶과 세계와 관련해 그가 기획했던 것들을 상징하기도 한다. 아마도 『세 편의 이야기』는 플로베르가 어떠한 종교와도 상관없이 성취한, 가장 독특한 정신적 여정을 증언하는 작품일 것이다.

(1980)

톨스토이의 『두 경기병』

톨스토이(Lev Tolstoy, 1828~1910)가 서사를 구축하는 방식을 이해하기란 쉽지 않다. 다른 작가들이 분명하게 드러내는 것들, 이를테면 대칭적인 패턴, 보조적인 구성들, 역균형, 연결 장면 등과 같은 것들이 톨스토이의 작품에서는 모두 감추어져 있다. 그러나 감추어졌다고 해서 존재하지 않는다는 의미는 아니다. 톨스토이가 마치 '인생'을 진행 중인 상태 그대로 페이지에 옮긴 듯한 인상을 주는 것은, 사실 다른 어떤 작가들보다 더욱 세련되고 복잡한 그의 글쓰기 기술의 결과 때문일 뿐이다.

톨스토이 특유의 '구축'이 가장 뚜렷이 드러나는 작품으로는 『두 경기병(Dva gusara)』이 있다. 적어도 이 작품은 초기 톨스토이의 정신을 직접적으로 대변하면서 그의 특징을 가장 잘 드러낸다고 볼 수 있다. 그런 점에서 이 작품은 가장 아름다운 이야기일 뿐만 아니라, 이야기가 쓰인 방식을 통해 작가의 작업 방식을 조금이나마 이해할 수 있게 해 준다.

1856년에 집필하여 발표한 『두 경기병』은 옛 시대인 19세기 초엽 무렵의 생활상을 새롭게 복원하는 것처럼 보인다. 이 작품의 주요 주제는, 이제는 멀어지고 사라져, 일종의 신화처럼 보이는 활발하고 거친 생명력에 관한 것이다. 새로 부임한 장교들이 썰매 말을 바꾸기 위해 머물면서 카드 게임을 하고 속임수를 쓰며 시간을 보내는 여인숙이며, 지방 귀족들이 여는 파티, '집시와 함께 보내는' 거친 밤들이 그러하다. 톨스토이가 표현하고 신화화하는 이러한 공격적이며 활기 넘치는 에너지는 상류층의 것이다. 러시아 군대의 봉건 제도를 떠받치는 자연스러운 토대였지만, 이제는 잃어버린 어떤 것처럼 말이다.

이야기 전체는 오직 생명력을 통해 성공과 대중적 인기, 권력을 누리는 한 등장인물에 초점을 맞춘다. 그의 생명력은 자기 자신에게서 원동력을 발견하며, 정해진 규칙을 무시하면서 언제나 흘러넘치는 원기와 고유의 도덕성 및 일관성을 지닌다.

대단한 음주광에 도박꾼인 데다 바람둥이이자 결투광이기도 한 터빈 백작은 사회 전체에 퍼진 생명력을 한데 모아 놓은 인물인 듯 보인다. 이 백작을 신화적인 영웅으로 만들어 주는 힘은, 그가 사회 내에서 파괴적인 결과를 낳을 수밖에 없는 힘을 이용해 긍정적인 결과를 성취한다는 점이다. 그가 사는 사회는 속임수와 공공재의 파괴자, 술주정꾼, 허풍쟁이, 날치기꾼과 바람둥이의 세계이며, 또한 따뜻하고 서로를 배려하는 관용으로 모든 갈등을 놀이와 축제로 변모시키는 세계이기도 하다. 이러한 점잖은 문화는 유목민에게나 어울리는 야만성을 거의 띠지 않는다. 『두 경기병』을 쓴 톨스토이에게 야만성은, 러시아 귀족 사회의 원초적인 뿌리다. 그리고 그 안에는 러시아의 진실과 건강한 모습이 담겨 있다. 이러한 야만성을 단적으로 보여 주는 사례는, K백작이 연 무도회에서 터빈 백작이 들어오는 것을 보고 여주인이 두려움에 떠는 장면이다.

그러나 터빈 백작은 내면에 폭력성과 가벼움을 동시에 지니고 있다. 톨스토이는 언제나 터빈 백작으로 하여금 하지 말아야 할 일들을 하게 만든다. 그러나 그에게는 어떤 행위를 하든지 그것이 정의로운 행동이 되도록 만드는 능력이 있다. 터빈 백작은 갚을 생각 없이도 얼마든지 사람들에게 돈을 빌릴 수 있다. 상대를 모욕하고 무례하게 대하면서 말이다. 그는 또한 눈 깜짝할 사이에 (그가 돈을 빌린 사람의 누이인) 가난한 미망인을 유혹할 수도 있다. 그는 이 미망인이 탄 마차에 숨어들어서는 고인이 된 그 남편의 모피 코트를 입은 채 허풍을 떨면서 그녀를 꼬드겨 내고, 또한 썰매를 타고 가다가 내려서는 잠들어 있는 그녀에게 달려가 키스를 하고 다시 떠나는 등 사심 없는 용기를 보여 주기도 한다. 터빈 백작은 또한 사람들에게 들을 만한 이야기를 그들의 면전에서 이야기할 줄도 안다. 사기꾼을 사기꾼이라 부르고는 그가 부정하게 얻은 이익을 강제로 빼앗기도 하고, 그 사기꾼을 처음 만난 자리에서 그의 속임수에 넘어간 가난한 이들에게 돈을 다시 돌려주기도 하며, 집시 여자들에게 남은 돈을 건네기도 한다.

그러나 이는 이야기의 반, 그러니까 16장 중 8장에 해당하는 이야기일 뿐이다. 9장에서는 20년을 훌쩍 뛰어넘어 이야기가 시작된다. 때는 1848년, 터빈 백작은 이미 오래전에 한 결투에서 죽었으며, 이제는 그의 아들이 경기병 장교가 된다.

그의 아들 또한 행군 중에 K의 집에 이르러, 이전 이야기에 나왔던 어리석은 기병대 군인, 운명을 체념한 채 나이 지긋한 부인이 된 가난한 미망인, 그리고 그녀의 딸을 만나는데, 이로써 젊은 세대와 구세대 사이에 대칭적인 구도가 형성된다. 이 작품의 후반부는 전반부의 모든 이야기가 반대로 비치는 거울과 같다. 눈 내리는 겨울과 썰매와 보드카 대신 우리는 달빛이 비치는 정원이 등장하는 온화한 봄을 마주하게 된다. 여관에 묵으며 한바탕 축제를 벌였던 18세기 초반의 격정적인 시대는 가고 우리는 이제 19세기 중반에 와 있다. 평안한 가정생활에 안정되고 평화로운 권태가 감도는 세기에 와 있는 것이다.(톨스토이에게 이는 현재에 해당했지만 우리가 그의 관점에서 이를 바라보는 것은 어려운 일이다.)

터빈의 아들은 이제 좀 더 문명화된 세계의 일원이며, 자신의 아버지가 남긴 거친 행동에 대한 평판을 부끄러워한다. 그의 아버지는 하인을 때리고 학대하면서도 그와 일종의 유대와 신뢰가 돈독한 관계를 맺었던 반면, 아들은 하인에게 불평을 늘어놓을 뿐이다. 그 역시 그의 하인을 억압하나 그가 사용하는 방식이란 기껏해야 귀에 거슬리는 불평을 중얼거리는 정도다. 이야기 후반에는 카드 게임을 하는 장면도 나오지만, 몇 루블을 놓고 집 안에서 벌어질 뿐이며 터빈의 아들은 노부인의 돈을 망설임 없이 가져가면서도 그녀의 딸의 비위를 맞추기 위해 이야기를 나눈다. 그의 아버지가 위압적이며 관대한 성품을 지녔던 데 비해 그는 옹졸한 정신의 소유자이며, 무엇보다 항상 애매모호하며 무능력하다. 그의 사랑 고백은 오해로 점철되며, 그가 밤에 펼치는 유혹의 몸짓은 그를 우스꽝스러운 사람으로 보이게 할 정도로 서투르다. 예전에 자주 벌어졌던 결투는, 매일의 일상이 우선시되면서 자연스럽게 소멸되어 간다.

야전이 벌어지곤 하던 시대에 대문호가 군대 생활의 정서를 반영하여 쓴 이 소설에서 우리는 가장 눈에 띄게 사라진 것이 바로 전쟁 그 자체임을 인정할 수밖에 없다. 그러나 이 작품은 전쟁 이야기이다. 터빈 가의 귀족 출신 군인이 등장하는, 두 세대에 걸친 이야기이다. 아버지 터빈은 나폴레옹을 패배시킨 인물이고 아들 터빈은 폴란드와 헝가리의 반란을 제압한 인물이다. 톨스토이가 이야기의 앞에 서문으로 붙인 시는 인간 존재를 구성하는 본질을 무시한 채 오직 전투와 전술만을 언급하는 역사 그 자체를 공격하는 논쟁적인 어조를 띠고 있다. 톨스토이는 이 작품을 쓴 지 10년이 지난 후에 『전쟁과 평화』에서 바로 이러한 반론의 글을 전개한다. 톨스토이가 군인 장교의 세계를 묘사하면서도, 위대한 군인들에 반대하여 평범한 군인이 된 농민 집단을 역사 그 자체의 진정한 주인공으로 설정하게 된 것도 역시『두 경기병』에 붙인 서문 격의 시에서 내비쳤던 것과 같은 주제를 전개한 결과였다.

톨스토이가 관심을 두었던 것은 니콜라이 1세의 러시아 대신 알렉산드르 1세의 러시아를 찬양하는 것이 아니었다. 그는 이야기의 '보드카에 해당하는 것', 그러니까 인간의 원동력을 탐구하는 데 주력했다고 할 수 있다. 이 작품의 후반부를 여는 글(9장)은 지나간 과거에 대한 애도가 아니라 역사에 대한 정교한 철학과 진보의 대가를 저울질하는 것으로부터 출발한다.

옛 시대의 많은 아름다운 것들, 많은 추한 것들이 사라져 갔다. 그리고 새로운 세계에서 많은 아름다운 것들이 발전해 왔다. 그러나 새로운 세계의 태양 아래에서는 기괴하고 미성숙한 것들이 훨씬 더 빠른 속도로 퍼져 나갔다.

톨스토이의 다른 작품뿐만 아니라 이 작품에 대해 문학 연구자들이 찬양해 마지않았던 삶의 풍요로움은 사실 사라져 간 것들을 인정하는 것에 지나지 않는다. 이 작품의 화자와 톨스토이 모두에게 중요했던 것은 현재에는 볼 수도 말할 수도 없는 것, 존재할 수 있으나 존재하지 않는 것이었다.

(1973)

마크 트웨인의
『해들리버그를 타락시킨 사나이』

　마크 트웨인(Mark Twain, 1835~1910)은 자신이 대중적인 오락물을 쓰는 작가임을 잘 알고 있었을 뿐만 아니라, 그러한 사실을 자랑스럽게 여겼다. 1889년 앤드류 랭[1]에게 보낸 편지에서 그는 다음과 같이 말한다.

　나는 단 한 번도 지식인 계층의 예술을 고양하기 위해 노력한 적이 없습니다. 나는 그런 재능을 타고나지도 않았고, 그러한 기술을 훈련받은 적도 없습니다. 또한 그런 쪽으로 욕심을 내 본 적도 없습니다. 오히려 나의 관심은 보다 큰 목표, 그러니까 대중에게 있었습니다. 나는 의도적으로 대중을 가르치려 한 적이 거의 없으며, 다만 대중을 즐겁게 해 주고자 최선을 다했을 뿐입니다. 오직 대중에게 재미를 선사함으로써 나는 나의

---

1) Andrew Lang(1844~1912). 스코틀랜드 출신의 시인, 문학비평가, 민담 수집가.

가장 소중한 야망을 충족할 수 있었습니다.

작가의 사회적 윤리에 대한 트웨인의 이러한 언급은 진정성이 살아 있고 증명이 가능하다는 점에서, 처음에는 성공하지만 100년 후쯤이면 신뢰를 잃게 마련인 교훈적 의도와 야망을 담은 수많은 다른 말보다 훨씬 높이 평가할 만하다. 그는 진정으로 민중의 편이었다. 대중에게 말을 걸기 위해 단상에서 내려와 그들의 눈높이에 맞춘다는 것은 그에게 전혀 낯선 개념이었다. 오늘날 그의 지위를 민중 작가나 이야기꾼으로 규정하는 것은 우리가 그를 단지 재미를 주는 작가로만 여기는 것이 아니라, 미국의 신화와 민담의 세계를 구성하는 데 필요한 온갖 자료들, 곧 국가가 자국의 이미지를 쌓기 위해 필요로 하는 일련의 서사 장치들을 수집한 작가로 인정한다는 의미이다.

더구나 미학에 관한 발언으로서의 이 말을 공공연한 반(反)지성주의로 정의하기는 더더욱 어렵다. 트웨인의 문학사적 지위를 미국 문학의 신전에 올려놓는 비평가들조차 그의 꾸밈없고 다소 멋없는 재능이 놓치고 있는 한 가지가 형식에 대한 관심이라는 점을 전제로 시작한다. 그러나 트웨인은 형식적인 면에서도 위대하고 지속적인 성공을 성취했다. 그리고 그의 이런 성공은 역사적인 중요성을 띠고 있다. 바로 허클베리 핀이라는 듣기 거북한 화자의 목소리를 통해 미국의 구어를 문학에 도입한 것이다. 이는 그가 의도하지 않았던 성취, 혹은 전적으로 우연한 발견이었을까? 질적인 면에서 고르지 못하고 통일성을 찾아볼 수 없는 것은 사실이지만 그의 작품 전체는 우연한 발견과는 (오늘날 뚜렷이 부각되고 있는 만큼) 전혀 다른 방향을 취하고 있다. 이에 따라 구어적이며 전략적인 유머의 다양한 형식들이 그의 창작 행위의 기초 요소로 진지하게 연구되고 있다. 유머 작가로서 마크 트웨인은 우리 앞에 지칠 줄 모르는 실험가이자 언어학적이고 수사적인 유희를 능란하게 다룰 줄 아는 작가로 서 있다. 스무 살의 나이에, 그러니까 아직 유명세를 누리게 될 자신의 가명을 선택하지 않은 상황에서 아이오와 주 신문에나 글을 쓸 무렵, 그는 전적으로 캐리커처적 성격을 띤 인물이 터무니없는 엉터리 문법과 철자로 가득한 편지를 쓰는 모습을 그려 냄으로써 첫 번째 성공을 이룬다.

신문사에서 요구하는 바에 따라 글을 써야만 했던 트웨인은 언제나 어떠한 주제에서도 유머의 효과를 이끌어 낼 수 있을 만한 형식상의 실험을 계속했다. 오늘날에 보면 그다지 인상적일 것도 없는 『뜀뛰는 개구리』는 그 당시 마크 트웨인이 자신이 쓴 그 작품을 프랑스어로 번역된 판본을 다시 영어로 번역해서 써 냈을 때는 상당히 반향을 일으켰다.

그는 글쓰기에 있어서 속임수를 능란하게 구사했다. 그러나 이는 지적인 작업의 결과가 아니라 그의 천직이 세련된 필치와는 거리가 먼 대중 오락물을 쓰는 작가였기 때문이다.(글쓰기 외에도 그는 대중 연설가로 무척 바쁘게 활동했으며, 또한 언제나 유머에 대한 청중의 반응을 그 자리에서 직접 평가할 수 있었음을 잊지 말자.) 트웨인은 결국 문학 외에서 문학을 생산하고자 했던 아방가르드 작가들과 크게 다르지 않은 과정을 따라갔다. 어떠한 텍스트를 주어도 그는 그 안에서 다른 이야기가 나올 때까지 그 이야기를 가지고 놀 것이다. 그러나 그 텍스트는 문학과는 어떠한 관련도 없는 텍스트여야만 한다. 이를테면 셔먼 장군 앞으로 온 고기 통조림 공급 상황 보고 문서, 네바다의 한 상원의원이 그의 투표자들에게 답하는 편지, 테네시 주 신문에 실린 논쟁, 주마다 실리는 농업 관련 기사, 번개를 피하는 방법을 알려 주는 독일어 판 안내서, 심지어 소득세 신고에 관한 문서처럼 문학 외적인 텍스트들 말이다.

모든 것을 재료로 삼아 그는 시가 아닌 산문을 쓰기로 선택했다. 이러한 원칙에 기초하여 그는 처음으로 밀도 있고 구체적인 미국의 일상적인 삶에 형태와 목소리를 부여했다. 특히 강을 소재로 한 사가(saga, 모험담)인 대작 『허클베리 핀의 모험』과 『미시시피에서의 생활』이 그러하다. 그러나 한편으로 그는 수많은 단편소설에서 이러한 밀도 있는 일상을 선적인 추상이나 수학적인 놀이, 기하학적인 형태로 전환시키는 경향을 보인다.(이와 유사한 형식화는 30~40년 후에 버스터 키튼[2]이 침묵의 언어인 마임으로 구사한 유머에서도 찾아볼 수 있다.)

돈을 주제로 다룬 이야기들은 그의 이러한 두 경향을 살펴볼 수 있는 가장 좋은 예다. 그러한 이야기들에서는 달러가 만능 해결사 노릇을 하고, 오직 경제적인 용어로만 생각하는 세계를 대변한다. 동시에 그러한 이야기들은 돈이 추상적인 것이며, 계산을 위해 화폐 위에 찍어 놓은 단순한 숫자에 불과하다는 사실을, 그 자체로는 얻을 수 없는 가치를 측정하기 위한 수단이며, 어떠한 생생한 현실도 가리키지 않는 언어적 관습일 뿐이라는 사실을 입증한다. 『해들리버그를 타락시킨 사나이(The Man That Corrupted Hadleyburg)』(1899)에서 금화 가방이라는 환상은 경건하기로 소문난 한 지방 마을을 도덕적 타락의 길로 이끈다. 『3만 달러짜리 유산』에서는 사람들이 존재하지도 않는 유산을 상상 속에서 써 댄다. 『100만 파운드 은행수표』(1893)에서는 100만 파운드라는 엄청난 액수의 수표 자체가 투자되거나 현금으로 바뀌지 않고도 부를 끌어 모은다. 돈은 19세기 소설에서 중요한 역할을 담당했다. 발자크에게는 작품을 이끌어 나가는 동기였으며, 디킨스에게는 인간의 마음을 시험해 보는 훌륭한 도구였

---

[2] Joseph Frank Keaton Ⅵ(1895~1966). 미국의 무성 영화 배우.

다. 그러나 마크 트웨인의 작품에서 돈은 텅 빈 공간 앞에서 현기증을 불러일으키며 유희를 벌이는 거울이었다.

가장 유명한 단편인 『해들리버그를 타락시킨 사나이』의 주인공은 "정직하고, 옹색하고, 배타적이며 근면한" 해들리버그라는 작은 마을이다. 이 마을의 존경받는 저명인사 열아홉 명은 전체 시민사회의 축소판이라 할 세계다. 이 열아홉 명은 차례로 리처드 부부를 통해 구체화된다. 그리고 우리는 곧 이들의 내면에서 일어나는 변화 혹은 이들이 자신의 진정한 자아를 발견하는 과정을 지켜보게 된다. 다른 모든 주민들은 후렴구를 반복하며 플롯을 함께 전개한다는 의미에서 일종의 합창단원 역할을 한다. 물론 이들 사이에는 익명의 '구두수선공'으로 알려진 이 합창단의 지휘자 혹은 시민적 양심을 대변하는 목소리도 존재한다.(종종 순수한 마음을 지닌 건달 잭 핼리데이가 무대에 등장하긴 하지만 이는 오직 미시시피 사가로부터 나오는 짧은 메아리로, '지역색'을 잠시 드러낸 것에 불과하다.)

이 이야기에서는 배경마저도 이야기의 메커니즘이 작동하기 위한 최소한의 필요조건으로 축소되고 있다. 값어치가 4만 달러에 달하는 금화 160파운드라는 상금이 하늘이 내린 선물처럼 해들리버그 마을에 갑자기 떨어진다. 아무도 그 상금을 누가 보냈는지 누구에게 보내는 것인지 모른다. 그러나 실제로 우리는 이야기의 첫 부분에서부터 이것이 선물이 아니라 복수의 수단이며, 수많은 위선자들과 허풍선이처럼 가장 독선적인 인물들을 밝혀내기 위한 덫이라는 사실을 알아차리게 된다. 이러한 속임수는 가방 하나와 곧바로 열어 볼 수 있는 봉투 안의 편지 한 통을 매개로 벌어진다. 나중에 열리는 봉투 안에 든 또 하나의 편지와, 우편으로 배달된, 추신이 다양하게 붙어 있는 열아홉 통의 편지와 다른 서한들 또한 속임수를 위해 준비된 것이었다. 이것들은 모두 신비스러운 문구와 마법의 주문과 연관되어 있다. 누구든지 그것을 발견하는 자는 금화 가방을 얻게 되리라는.

이 금화 가방을 기부한, 그러나 사실은 복수를 행하려는 사람은 아무도 모르는 인물이다. 그는 마을이 자신에게 끼친 해를 되돌려 갚고자 하는 것이다.(그러나 어떤 해를 입혔는지는 구체적으로 밝혀지지 않는다. 또한 그 해는 특정한 사람이 끼친 것이 아니라 마을 전체가 입힌 것으로 나온다.) 이러한 불확실함은 이 복수의 주인공에게 초현실적인 아우라를 부여한다. 그의 보이지 않음과 전지전능함은 그를 신적인 존재로 바꾸어 버린다. 아무도 그를 기억하지 못하지만 그는 마을 사람들 전부를 알며 그들의 반응을 예상할 수 있다.

불확실한 정체 때문에 신비롭게 여겨지는 또 하나의 인물은 버클레이 굿슨이다.(이는 이 인물이 비가시적인 탓도 있다. 그는 이미 죽은 사람으로 나온다.) 보통의 해들리버그 마을 사람들과는 구별되는 그는 여론을 바꾸어 놓을 수 있었던 유일한 인물이자, 도박에서 돈을 잃은 이방인에게 처음으로 20달러를 주었던 사람이다. 그에 대해서는 이 밖에 어떠한 사실도 알려져 있지 않으며 그가 마을에 그토록 적대감을 품은 이유는 어둠 속에 묻혀 있다.

금화를 기증한 베일에 싸인 인물과 그것을 받기로 되어 있던 죽은 자 사이에 마을 사람들이 끼어든다. '청렴'을 상징하는 마을의 저명인사 열아홉 명. 그들 각각은 죽은 굿슨이 받지 못하니, 굿슨이 상속자로 지정한 자신이 그 돈을 받아야 한다고 주장하며, 또 자신이 상속자라고 굳게 믿는다.

이것이 바로 해들리버그가 타락하는 과정이다. 수신자가 분명하지 않은 금화 가방에 대한 탐욕은 양심의 가책을 쉽게 물리치게 하고 사람들을 거짓말과 사기 행위로 재빨리 이끈다. 호손, 멜빌의 작품에서 죄악의 존재가 기이하고 실체 없으며 규정하기 어려운 것이었음에 비해, 트웨인의 작품에 나타나는 죄악은 청교도 윤리의 단순한, 다소 기초적인 판본처럼 보인다. 타락과 은총이라는 극단적인 청교도의 교리가 여기에서는 마치 잊지 않고 칫솔질하기처럼 건강을 유지하기 위한 명확하고 합리적인 규칙으로 변한다.

그러나 트웨인도 침묵하는 것이 있다. 해들리버그의 정직성에 그늘이 있다면 그것은 바로 버지스가 저지르는 죄악에 있다. 그러나 이 죄는 '어떤 일'이라는 모호한 용어로만 설명되고 있다. 사실 버지스는 죄를 저지르지 않았지만 이 '어떤 일'을 알고 있는 유일한 인물이다. 그러나 그는 그것을 발설하지 않고자 조심한다. 이 죄를 저지른 자는 리처드 부부일까?(그러나 우리는 이에 대해 끝까지 알지 못한다.) 호손이, 얼굴에 어두운 그늘이 떠도는 교구 목사에 의해 죄악이 저질러진 것임을 '말하지 않을' 때는 그의 침묵이 전체 이야기를 감쌌다. 그러나 트웨인의 이야기에서 '말하지 않음'은 어떠한 기능도 하지 않는 단순한 주변적 사실만을 표시한다.

몇몇 전기 작가들은 마크 트웨인이 그의 글에 대해서 도덕적 감시관 역할을 했던 아내 올리비아의 엄격한 검열을 순순히 따랐다고 이야기한다.(그들은 또한 때때로 그가 어떤 이야기의 첫 번째 판본에 저속하고 불경한 표현을 집어넣었으며, 그 아내의 엄격한 눈에는 그러한 표현들이 그녀가 글의 내용을 건전한 것으로 바꾸면서 자신의 우울한 기질을 손쉽게 발산할 수 있는 대상이 되었을 것이다.) 그러나 우리는 아내의 검열보다 더욱 엄격한 것은 무해에 가까운 만큼이나 불가해한 그 자신의 자기 검열이었음을 확신할 수 있다.

『3만 달러짜리 유산』의 포스터 씨 부부처럼 해들리버그의 저명인사들을 유혹하는 것은 자본과 배당금의 가치라는 실체 없는 형상이었다. 그러나 우리는 돈이 실재하지 않는다는 사실 그 자체 때문에 그것이 죄라는 사실을 명확히 할 필요가 있다. 세 개 혹은 여섯 개의 영(0)이 붙은 숫자들이 은행에서 교환 가능해지는 순간, 돈은 도덕성을 시험하는 것이자 그에 대한 보상이 될 수 있다. 『100만 파운드 은행수표』에서 가짜 수표를 이용해 캘리포니아의 금광에 투자했던 헨리 애덤스 역시 어떠한 죄의식도 느끼지 않았음을 떠올려 보라.(신기하게도 미국인의 정신에 대해 처음으로 논평한 사람[3]과 이름이 같다.) 그는 동화 속 주인공이나, 트웨인의 황금 시대에서처럼 민주적인 미국이 여전히 부의 정직함을 믿는다고 선전하는 1930년대 영화 속 영웅처럼 명성에 아무런 해도 입지 않았다. 우리는 그 (실제적이고도 정신적인 의미의) 금광의 밑바닥을 내려다볼 때에만 진정한 죄악은 다른 데 있지 않은지 의심하게 될 것이다.

(1972)

---

[3] 미국의 역사가이자 문필가인 헨리 애덤스(1838~1918)를 말한다. 『헨리 애덤스의 교육(The education of Henry Adams)』으로 유명하다.

헨리 제임스의 『데이지 밀러』

『데이지 밀러(*Daisy Miller*)』는 1878년 연재 형식으로 세상에 선보여졌고, 1879년에 단행본으로 나왔다. 이 작품은 헨리 제임스(Henry James, 1843~1916)의 작품치고는 드물게 출간되자마자 대중적인 환호를 얻었다.(아마도 유일한 작품일 것이다.) 불분명함과 말해지지 않은 것, 침묵이 특징인 다른 작품과의 맥락에서 살펴보면, 이 작품은 생명력이 넘치는 여성 캐릭터를 중심으로 신흥 국가로서 미국이 지녔던 개방성과 순수를 상징하고자 하는 의지가 명백히 드러나는, 가장 선명한 이야기임이 두드러진다. 그러나 이 작품은 내향적인 헨리 제임스의 다른 작품 못지않게 신비로운 분위기를 풍기며, 그의 작품들 전반의 경향처럼 빛과 어둠 사이에 존재하는 주제들을 교차시키고 있다.

제임스의 다른 단편과 장편소설에서와 같이 『데이지 밀러』의 배경은 유럽이다. 이 이야기에서도 유럽은 미국이 스스로를 평가해 볼 수 있는 하나의 기준이 된다. 이 책에서 미국이란 나라는 스위스와 로마를 무심하게 돌아다니는 미국인 여행객 집단이라는 하나의 전형적인 표본으로 환원된다. 이러한 미국은 제임스가 조국으로 돌아와 선조의 고향인 영국인으로 귀화하기 전까지 청년 시절을 보낸 세계이기도 하다.

자신이 속했던 사회와 행동 규범을 지배하는 실용주의로부터 멀리 벗어난 그들은 한편으로는 문명과 귀족 사회를, 또 한편으로는 문란하고 다소 건전하지 못한 세계(그들은 어느 정도 거리를 유지한 채 이 세계를 지켜본다.)를 대표하는 유럽에 깊이 물든다. 그러한 상황에서 제임스가 그려 내는 미국인들은 불안전성의 포로가 되고, 청교도적인 엄격함과 규범을 지키는 자로서의 정체성을 은폐하게 된다. 스위스에서 공부하는 젊은 미국인 윈터번은, 그의 이모의 말을 따르자면, 유럽에 너무 오래 지체한 탓에 실수를 저지르게 되고 자신의 '고귀한' 동포들을 그곳의 비천한 출신들과 구분하지 못하고 하나로 본다. 이렇게 사회적 정체성에 혼란을 느끼는 것은 '엄격한' 사람들이건 자유로운 사람들이건 간에 모든 사람들, 그러니까 제임스가 자신의 모습이라고 생각했던 자발적인 망명자들 모두에게 적용된다. 미국인이자 유럽인으로서 엄격하고 완고한 사람을 대변하는 인물은 칼뱅주의의 도시인 제네바에 거처하는 윈터번의 이모다. 보다 부드러운 로마의 분위기에 취해 있는, 그녀의 분신이라 할 만한 워커 부인 또한 엄격하고 완고한 부류의 사람을 대변한다. 자유로운 부류의 사람들은 밀러 가(家) 사람들이다. 그들은 사회적 지위에 따르는 의무감으로부터 자유롭지 못했던 유럽 이민자라는 굴레를 벗은 사람들이다. 미국의 평범한 시골 출신에서 새롭게 백만장자가 된 밀러 가의 사람들은 세 인물로 구체화된다. 우울한 성정의 어머니, 별난 성격의 어린 소년, 문화적 소양 없이 생기만 넘쳐흐르는 아름다운 소녀가 그들이다. 그러나 이 소녀는 스스로를 자율적인 도덕적 존재로 완성시키며, 자신을 자유 그 자체로(그러나 변덕스러운) 구축할 줄 아는 유일한 인물이기도 하다.

윈터번은 이러한 모든 상황을 엿본다. 그러나 그는 많은 부분 사회적인 금기와 계급 제도에 얽매여 있다. 그리고 무엇보다 그는 (제임스의 모든 면모이기도 한) 많은 면에서 생명(즉 여성)을 두려워한다. 작품의 처음과 끝 부분에 제네바 출신의 외국인 여자와 관계를 맺는 젊은 남자가 힌트처럼 등장하지만, 정확히 중간 부분에는 여성과 진정한 대면을 두려워하는 윈터번의 공포가 공개적으로 언급되고 있다. 이러한 인물 속에서 우리는 젊은 헨리 제임스의 초상과 그 자신 역시 결코 부인하지 않았던 성(性)에 대한 두려움을 엿볼 수 있다.

제임스가 '악'이라고 보는—죄의식이 섞인 모호한 성(性)이나 보다 분명하게는 계급의 장벽을 깨는 것—불명확한 그것은 그에게 매혹 섞인 공포를 느끼게 한다. 극도로 망설이고 꾸물대며 자기를 조롱하는 듯한 말투로 드러나는 윈터번의 마음은 두 가지로 나뉘어 있다. 한편으로는 자신이 데이지와 사랑에 빠지기로 결심할 수 있도록 그녀가 '순수'하기를 바라며(위선적인 성격의 그가 그녀에게 만족할 수 있으려면 그녀의 순수함이 영원한 증거로 남아 있어야 했다.), 다른 한편으로는 더 이상 '존중하느라 애쓰지' 않을 수 있도록 그녀에게서 자신보다 낮은 계급 출신 특유의 열등함을 확인하고 싶어 한다.(그리고 너무나 분명하게도 이는 그가 그녀를 '비하'하고자 하는 충동 때문이 아니라, 단지 그녀를 이러한 비천한 언어로 생각할 때 느껴지는 미묘한 쾌감 때문이다.)

데이지의 영혼에 필적하는 '악'의 세계는 안내인 유제니오와, 지참금을 사냥하는 로마 출신의 귀족 지오바넬리로 표상되는데, 사실상 이는 대리석과 이끼, 해로운 공기로 가득 찬 로마라는 도시 전체를 의미하기도 한다.

유럽에서 건너온 미국인들 사이에 밀러 가 사람들에 대해 안 좋은 소문들이 떠도는데, 그중 가장 심한 소문 때문에, 밀러 씨가 없을 때면 데이지와 그 어머니와 동행하면서 그들에게 모호한 권위를 행사하는 안내인은 끊임없이 어두운 환상을 품게 된다. 『나사의 회전』을 읽은 사람이라면, 제임스가 집 안 하인들의 세계를 보이지 않는 '악'의 현존으로 구체화하고 있음을 잘 알 것이다. 그러나 이 안내인은 이와 정반대의 역할을 한다고 할 수 있다. 다시 말해 그는 아버지의 도덕적 권위를 대표하면서 예의범절을 중시하는 유일한 자다. 그러나 이미 그가 이탈리아식 이름을 지니고 있다는 사실에서 우리는 최악의 상황을 대비할 수밖에 없다. 우리는 밀러 가 사람들이 이탈리아로 흘러 들어온 것이 지하 세계로의 하강을 뜻함을 알 수 있다.(그리고 이 세계는 파멸을 불러온다. 토마스 만이 35년 후에 쓰게 되는 『베네치아에서의 죽음』에 나오는 아셴바흐의 베네치아보다는 덜 치명적이라 할지라도 말이다.)

스위스와 달리 로마는 미국에서 건너온 소녀가 자제심을 발휘하는 데 도움이 될 법한 자연의 위력을 떨치는 풍경도 없으며, 프로테스탄트주의의 금욕적인 사회 분위기도 없다. 미국인 소녀가 마차를 타고 핀치오 공원에 갔던 일은 무성한 소문에 휩싸이고, 소문을 떠들어 대는 사람들 가운데 아무도 미국인 여성들의 명예가 로마의 귀족들 앞에서 실추되지 않도록(미국 시골 출신의 상속녀들은 이제 귀족 가문의 문장(紋章)을 탐하기 시작한다.), 질 낮은 사람들과 함께 난잡함의 세계로 빠져들지 않도록 보호해 주어야 하는 것이 아니냐고 말하지 않는다. 이러한 위험의 존재는 용감한 지오바넬리(그 역시 유제니오처럼 데이지의 미덕을 지켜 주는 보호자가 될 수 있을 것이다. 그가 귀족이 아닌 평범한 출신이었다면 말이다.)라기보다는, 이야기 구조상 조용하지만 그보다 더 치명적인 그 무엇으로 밝혀진다. 그것은 바로 말라리아다.

  19세기 로마를 둘러싼 늪은 매일 저녁 도시 전체에 유독한 숨을 내뿜는다. 이는 모든 있을 수 있는 위험, 그러니까 저녁마다 혼자서 혹은 적당한 동반자 없이 외출하는 여자 아이들을 노리는 유독한 열병에 대한 은유라 할 수 있는 '위험' 그 자체였다.(반면 건강에 좋은 것으로 알려진 제네바 호수로 밤에 보트를 타러 가는 것은 그러한 위험을 상징하지 않는다.) 데이지 밀러는 말라리아, 지중해성 열병의 불가사의한 힘에 희생된다. 그녀와 같은 미국인들의 청교도주의도 로마 특유의 이교도적인 신성도 그녀를 지켜 내진 못한 것이다. 바로 이러한 이유로 그녀는 로마의 콜로세움 한가운데에서 미국인들과 이탈리아인 모두에게 비난받는다. 그리고 그곳은 바로 밤의 독기가 보이지 않게 들끓는 곳이다. 제임스가 언제나 말하려는 순간 삭제하고 마는 문장들처럼 말이다.

(1971년)

로버트 루이스 스티븐슨의
『해변의 별장』

　『해변의 별장(*The Pavilion on the Links*)』은 무엇보다, 염세주의에 대한 이야기이다. 젊은이들 특유의 자기만족과 잔인함에서 나오는 염세주의, 실제로 젊은이들을 여성 혐오주의로 쉽게 이끄는 염세주의, 또 주인공이 스코틀랜드의 황무지로 홀로 떠나, 천막에서 밤을 지새우고 죽으로 연명하게 하는 염세주의를 말한다. 그러나 염세주의자의 고독만으로는 이야기가 다양하게 전개될 수 없는 법이다. 이 이야기는 염세주의자, 즉 여성 혐오주의자인 두 남자가 있다는 사실, 그리고 이 두 남자가 숨어서 서로를 염탐한다는 사실로부터 출발한다. 이러한 이야기는 그 자체로 고독과 야만성을 일깨우는 풍경을 배경으로 펼쳐진다.
　따라서『해변의 별장』은, 염세주의와 여성 혐오라는 공통적인 특징으로 연결되어 있는, 형제처럼 서로 닮은 두 남자의 이야기라고 말할 수 있다. 또한 이 작품은 그들의 우정이 어떻게 명확히 알 수 없는 이유로 증오와 경쟁 관계로 변하는가를 그린 이야기이다. 그러나 전통적으로 소설 속의 두 남자가 경쟁 관계에 놓이기 위해서는 여성이 필요하다. 그리고 두 여성 혐오자의 마음을 바꾸게 만드는 이 여성은 통제할 수 없거나 절대적인 사랑, 그러니까 이 두 사람 모두 서로 기사도 정신과 여성을 배려하는 정신을 경쟁적으로 과시하도록 만드는 그러한 사랑의 대상이어야만 한다. 따라서 그 여성은 적에게 포획되어 위험에 처해 있어야 한다. 지금은 적으로 변했으나 과거에는 절친했던 두 사람이, 서로 사랑에 있어서는 경쟁하지만 그 적 앞에서는 같은 편이 되어 서로 힘을 합쳐야 한다는 사실을 깨닫도록 말이다.

『해변의 별장』은 어른들이 벌이는 거대한 숨바꼭질 놀이라고 할 수 있다. 두 친구가 서로 숨고 또 찾으며, 이기는 자가 여자를 손에 넣게 되는 놀이. 또한 두 친구와 여자는 한편이 되어 정체를 알 수 없는 적들과 서로 숨고 찾는 게임을 벌이며, 그 게임의 전리품은 바로 이러한 놀이의 가장 완벽한 배경인 듯 보이는 풍경 속에서 몸을 감추는 것 외에는 다른 어떤 역할도 하지 않는 네 번째 인물의 목숨이다.

따라서 『해변의 별장』은 풍경으로부터 나오는 이야기이다. 스코틀랜드 해안가의 황량한 언덕으로부터 나올 수 있는 이야기란 고작해야 서로 숨고 또 찾는 사람들의 이야기일 것이다. 그러나 풍경을 완성하기 위해서는 아무 관련 없는 기이한 요소가 도입될 수밖에 없다. 이것이 바로 로버트 루이스 스티븐슨(Robert Louis Stevenson, 1850~1894)이 스코틀랜드의 습한 벌판과 늪지에, 인물들을 위협하는 존재로 검은 모자를 쓰고 다니는 음산한 이탈리아 비밀 단체인 카르보나리 당[1]을 끌어들인 이유다.

---

1) 19세기 초 이탈리아에서 보수 전제 정치에 대항해 활동한 비밀 결사.

이러한 일련의 추론을 통해서 나는 이 이야기의 숨겨진 핵심(이러한 핵심은 여러 개인 경우가 많다.)을 분리해 내기보다는, 독자들을 시종일관 사로잡는 이야기의 메커니즘과 스티븐슨이 선택했다가 포기해 버린 여러 다른 구상들이 혼재된 와중에도 결코 사라지지 않는 그 매력을 찾아보고자 했다.

이 작품을 구성하는 여러 개의 이야기 가운데에서도 가장 강력한 것은 분명히 친구이자 적인 두 사람의 관계를 심리적인 면에서 다룬 첫 번째 이야기일 것이다. 이 이야기는 서로를 적대시하는 두 형제를 다룬 『발란트래 경(卿)』의 초고에 해당하는 것으로, 『발란트래 경』은 자유사상가이자 바이런적인 인물인 노스무어와 빅토리아 시대의 모든 미덕을 갖춘 카릴리스 사이의 이념적 갈등을 이해하는 데 실마리를 제공하는 작품이다.

두 번째 이야기는 사랑을 다루고 있으며, 여러 이야기 중 가장 박력이 없는 이야기다. 매우 전형적인 두 인물에 의지하는 이 이야기는 모든 덕목을 고루 갖춘 모범적인 한 소녀와, 그녀의 아버지이자, 비열한 탐욕의 대가로 파산한 사기꾼 허들스톤이 등장한다.

세 번째 이야기는 다른 이야기들을 제치고 가장 큰 성공을 거둔 이야기로, 모든 곳에 촉수를 뻗는 음험한 음모를 다루는, 소설의 전형을 보여 준다. 음모에 관련된 주제는 19세기 이후로 지금까지 언제나 인기를 누려 온 주제다. 이 이야기는 여러 면에서 뛰어나다. 스티븐슨은 카르보나리 당의 위협적인 존재를, 비에 젖은 창문을 두드리는 누군가의 손가락에서 시작해 습지를 내려다보는 검은 모자를 묘사하는 것만으로도 훌륭하게 그려 냈다. 이러한 방식으로 그는 『보물섬』에서 해적이 벤보 제독 여관으로 접근하는 모습을 묘사하기도 했다. 게다가 스티븐슨은 악의에 찬 이 위협적인 존재를 영국 낭만주의의 전통에 따라 긍정적인 시선으로 그려냈다. 카르보나리 당파가 역겨운 금융가들에 대항해 분명 옳은 일을 했다는 사실은 이미 벌어지고 있는 복잡한 게임 속으로 보이지 않는 대조를 끌어들인다. 그리고 이러한 대조는 그 어떤 것보다 더 확실하고, 효과적이다. 경쟁 관계에 있는 두 친구는 허들스톤을 지지하는 편에 서 있으나, 양심상 그들의 적인 카르보나리의 편에 서 있다. 결국 세 번째 이야기가 다른 이야기들보다 성공했다고 할 수 있는데, 이는 음모와 결투라는 주제가 적의 포위, 출격, 공격과 같은 것들과 함께 유년 시절의 놀이에 대한 기억 속에 친숙하게 각인되어 있기 때문이다.

아이들이 지닌 위대한 재능이란 게임을 위해 허락된 공간에서 필요한 모든 마술과 감정을 어떻게 끌어내야 하는지를 잘 안다는 것이다. 스티븐슨에게도 분명 이러한 재능이 있었다. 그는 거친 들판에 우뚝 서서 신비한 매력을 풍기는 우아한 별장에서부터 이야기를 시작한다.("이탈리아식으로 지어진" 별장, 아마도 이러한 표현은 이미 이국적이고 어쩐지 낯선 요소를 감지할 수 있게 하는 장치가 아닐까?) 그리고 빈집의 비밀 입구로 들어서면 아무도 보이지 않는데 누군가 차려 놓은 식탁이 있고, 벽난로에는 불이 피워져 있으며, 침대는 잘 정돈되어 있다. 모험 이야기에 동화적 모티프를 이식한 것이다.

스티븐슨은 『해변의 별장』을 1880년 9월과 10월호 《콘힐 매거진》에 발표했다. 2년 후인 1882년 그는 이 작품을 『신(新) 아라비안 나이트』에 포함시켰다. 두 판본 사이에는 한 가지 눈에 띄는 차이가 있다. 첫 번째 판본에서는 이야기가 한 통의 편지와 늙은 아버지가 죽기 직전 아들들에게 가족사의 비밀을 고백하는 유언의 형식으로 전개된다. 그 비밀이란 그가 그 아들들의 죽은 어머니를 만났다는 것이다. 이야기의 남은 부분에서 화자는 "나의 사랑하는 아들아"라고 부르면서 이야기를 서술한다. 여주인공을 "너의 어머니", "너의 사랑하는 어머니", "내 아들의 어머니"라고 부르면서, 악한으로 나오는 그녀의 아버지를 "너의 할아버지"라고 부른다. 두 번째 판본은 책으로 출간되었는데, "젊은 시절 나는 너무나 고독했다."라는 첫 문장으로 곧장 서술을 시작한다. 여주인공은 "나의 아내" 혹은 클라라라는 이름으로 불리며, 노년의 남자는 "그녀의 아버지" 혹은 허들스톤이라 불린다. 이러한 전환은 보통 완전히 다른 형식을, 실제로는 완전히 다른 종류의 이야기를 만들어 내게 된다. 대신 수정은 최소한으로 가해졌다. 서문과 아들에게 들려준 고백, 아들의 어머니에 대한 비탄 섞인 설명이 삭제되었을 뿐 나머지 것들은 정확히 그대로 남아 있다.(두 번째 판본에 가한 그 밖의 수정과 삭제는 늙은 허들스톤에 관한 것으로, 첫 번째 판본에 나오는 그에 대한 세간의 악평에서 쉽게 짐작할 수 있듯 더 악하게 묘사된다. 이는 연극과 소설의 관습상, 천사같이 착한 여주인공에게는 끔찍할 만큼 악덕한 아버지가 있다는 것이 자연스럽기 때문일 것이다. 반면 진정한 문제는 이 부녀 간의 혈연 관계가 끔찍한 결말을 맞는 것을 어떻게 자연스럽게 만드느냐 하는 것이었다. 결말에서 허들스톤은 장례식으로 영혼을 위로받지도 못하고 죽음을 맞는데, 이는 그가 철저하게 악한 인물일 경우에만 정당화될 수 있는 일이다.)

이 책을 편집한 에브리맨스 라이브러리의 편집장인 M. R. 라이들리는 『해변의 별장』을 결함이 있는 작품으로 봐야 한다고 주장했다. 그는 작품 속 인물들은 독자의 흥미를 끌어내는 데 실패했으며, 가족사의 비밀에서부터 시작하는 첫 번째 판본만이 공감과 긴장감을 일으킨다고 말했다. 이것이, 라이들리가 작가가 수정한 이 작품의 마지막 판본이 결정판이라는 상식을 깨고 《콘힐 매거진》에 발표했던 판본을 다시 출간한 이유다.

　그러나 나는 라이들리의 의견에 동의하지 않는다. 우선 나는 그의 가치 평가에 동의할 수 없다. 이 이야기가, 특히『신 아라비안 나이트』에 포함된 이 판본이 스티븐슨의 가장 우수한 작품이라고 생각한다. 다음으로 나는 이 책의 정확한 판본 순서를 확신할 수 없다. 오히려 나는 이 서로 다른 판본들이 보여 주는 글쓰기의 여러 층들이 청년 시절의 스티븐슨이 지닌 불확실성을 반영하고 있다고 생각하는 편이다. 작가가 결정적으로 소설의 첫 부분으로 선택한 장면은 이야기 속으로 곧장 진입해 들어가고 있다. 이는 스티븐슨이 모험소설에 완벽하게 부합하는 건조하고도 객관적인 거리를 유지한 채 이 작품을 쓰기 시작했음을 의미한다. 이야기를 진행할수록, 스티븐슨은 두 남자 주인공인 카실리스와 노스무어의 관계가 복잡다단하며, 따라서 인물의 심리 분석이 생각했던 것보다 훨씬 심층적으로 진행되어야 함을 깨닫는다. 또한 클라라와의 사랑 이야기가 다소 딱딱하고 전형적이라는 사실을 알게 된다. 이에 따라 그는 처음으로 되돌아가 가족 간의 사랑이라는 이야기를 내세워 다시 이야기를 시작한다. 이것이 그가 잡지에 출간한 판본이다. 그러나 이야기를 둘러싼 이러한 감상적인 부분이 마음에 들지 않았던 스티븐슨은 이 모두를 삭제하기로 하고, 여주인공에 대해 일정한 거리를 유지하기 위해 그녀를 처음부터 등장시켜 정중한 표현으로 감추어 두기로 한다. 그가 시종일관 "너의 어머니" 대신 "나의 아내"라는 표현을 택한 것도 바로 그런 이유다.(그가 혼동해서 한 군데만 고쳐 놓지 않은 걸 빼고 말이다.) 이상이 내가 추측하는 바이고, 원고를 찾아 연구해 봐야만 이 추측이 맞는지 여부를 확인할 수 있을 것이다.

　두 판본을 비교해서 얻을 수 있는 유일한 사실은 저자가 많은 부분에서 망설였다는 점이다. 스티븐슨의 이러한 망설임은 어떤 면에서, 이미 지나가 버렸음을 잘 알지만 어떻게든 다시 불러오고 싶은 유년 시절을 다룬 이 이야기 속에서 그가 자기 자신과 벌이고 있는 숨바꼭질 놀이와 근원적으로 같은 것이라 할 수 있다.

(1973)

콘래드와 선장

조셉 콘래드(Joseph Conrad, 1857~1924)는 지금으로부터 30년 전인 1924년 8월 3일, 켄터베리 근처 비숍스번의 자택에서 숨졌다. 그때 쉰여섯 살이었던 그는 인생의 20년은 항해자로, 30년은 작가로 살았다. 생전에도 이미 성공을 거두었으나 그가 유럽 문단의 비평에서 진정한 명성을 얻은 것은 죽고 난 이후였다. 1924년 12월 《라 누벨 르뷔 프랑세즈》는 지드와 발레리가 쓴 비평을 포함한 그에 대한 특집 기사에 잡지의 전면(全面)을 할애했다. 오랜 세월을 선원이자 숙련된 선장으로 살았던 콘래드의 유해는 프랑스에서 가장 지적이고 세련된 문인들이 모인 가운데, 바다에 내려졌다. 한편 이탈리아에서 콘래드 작품의 번역본이 나온 것은 손조그노의 어드벤처 라이브러리의 빨간색 양장본이 처음이었다. 에밀리오 케치는 이미 진작에 그의 작품이 보다 수준 높은 독자들에게 어울리는 것으로 파악했지만 말이다.

몇 가지 사실만으로도 콘래드라는 인물이 불러일으키는 다양한 이미지를 알아볼 수 있다. 그는 실제적인 경험, 여행과 행위로 가득 찬 삶을 살았다. 또한 대중작가로서 풍부한 창조성을 지녔을 뿐만 아니라 국제적인 데카당티슴의 대표자로서 플로베르의 규칙이 지닌 형식을 열정적으로 따르는 작가이기도 했다. 그가 이탈리아 비평계에서 거둔 행운은, 구해 볼 수 있는 번역본의 수로 일단 판단해 볼 때, 열매를 거두었다 해도 좋을 것이다.(봄피아니 출판사는 그의 작품을 선집 형식으로 출간하고 있고, 에이나우디와 몬다도리 출판사는 양장본이나 페이퍼백 단행본으로 출간하고 있다. 펠트리넬리 출판사는 유니베르살레 에코노미카 문고판에 두 작품을 포함시켰다.) 우리는 이 작가가 생전에 의미했던 바와 사후에도 여전히 우리에게 시사하는 바를 규정해야 하는 입장에 서 있다.

나는 많은 사람들이 콘래드의 작품이 지닌 모험소설의 요소에 흥미를 느끼리라 생각한다. 그러나 이는 단지 모험소설뿐만 아니라, 인간의 독창적인 어떤 것을 모험이라는 수단을 통해 말하고자 하는 작가들에 대한 흥미이기도 하다. 이국적인 사건과 나라 들은 인간과 세계의 관계를 보다 명확하게 강조하는 데 분명 도움을 준다. 내가 꿈꾸는 이상적인 책장에서 콘래드의 위치는 로버트 루이스 스티븐슨의 바로 옆이다. 콘래드와 스티븐슨의 삶과 문학적 특질은 정반대지만 말이다. 그러나 콘래드를 좀더 떨어진 다른 책장으로 이동시키고 싶은 생각이 들 때도 있다. 제임스나 프루스트처럼 분석적이고 심리학적인 소설가들, 그러니까 우리가 경험하는 모든 세세한 감각들을 끊임없이 재생하고자 하는 작가들이 있는 곳으로 말이다. 아니면 에드거 앨런 포와 같이 벗어난 열정으로 가득한 저주받은 유미주의 작가들과 나란히 두고도 싶다. 부조리한 세계에 대해 콘래드가 지녔던 어두운 불안감이 '모더니즘의 위기의 작가들'을 모아 놓은 책장(아직 이 책장은 그 순서나 선별 기준이 완전히 정해지지 않았다.)에 포함시킬 만한 것은 아니라고 전제한다면 말이다.

그러나 결국 나는 그를 전혀 다른 스탕달이나 공통점이라고는 전혀 없는 니에보[1]와 함께 내 주위에 항상 가까이 두고 있다. 콘래드가 쓴 것 중 많은 부분을 믿지 않아도 나는 그가 언제나 훌륭한 선장이었다고 믿기 때문이며, 또 그가 글로 쓰기 매우 어려운 것들을 이야기 속에 도입하고 있기 때문이다. 예를 들어 그는 실제적인 실존으로부터 나오는 세계와의 통일 감각, 항해 중인 배의 갑판 위에서건 책에서건 인간이 어떻게 자신이 하는 일에서, 자신의 작품에 들어 있는 도덕적 요소들 속에서 자기 자신을 실현하는지에 대한 감각, 맞서 싸울 수 있는 그러한 이상 등을 훌륭하게 써 내려갔다.

이것이 바로 콘래드의 작품이 지닌 도덕적 실체들이다. 나는 이러한 도덕적 요소들이 그의 논픽션 저작인 『바다의 거울(*The Mirror of the Sea*)』에서 보다 순순한 형체로 들어 있는 것을 발견할 때마다 기쁨을 느낀다. 이 작품은 항해를 주제로 한 이야기들을 모은 선집이다. 이 글에는 배를 정박시키는 기술, 돛을 달고 닻을 내리며 항해하는 기술, 짐을 내리는 기술들이 담겨 있다. 내 기억으로 『바다의 거울』을 이탈리아어로 아름답게 번역해 낸 사람은 피에로 자이레르인데, 항해에 관련된 기술 용어들 때문에 어려움이 많았음에도 그는 그러한 과정을 즐겼던 것으로 보인다. 그의 번역본은 봄피아니 출판사가 펴낸 선집 10권과 11권에 포함되어 있다. 이 선집에는 대작인 『대지와 바다 사이에서(*Twixt Land and Sea*)』도 포함되어 있다. 이 작품은 또한 에이나우디 출판사의 유니베르살레 시리즈에도 같

---

1) Ippolito Nievo(1831~1861). 19세기 이탈리아의 작가. 『어느 이탈리아인의 고백』 등의 저서가 있다.

은 번역본으로 들어 있다.

　콘래드가 아니라면 그 어떤 작가가 이렇게 정교한 기술 용어나, 열광적인 정열이 담긴 이야기를 수사학적인 장식 없이 쓸 수 있었겠는가? 장식적인 수사는, 영국 해군의 우수성에 찬사를 바치거나 넬슨 제독과 트라팔가르 해전에 대해 이야기하는 마지막 부분에만 나온다. 그러나 이는 또한 에세이 형식의 이 작품에 대한 실제적이고도 논쟁적인 토대를 강조하기도 한다. 콘래드가 바다와 배에 대해 이야기할 때, 또한 그가 심오한 형이상학에 대해 이야기할 때마다 등장하는 철학적인 기초를 말이다. 콘래드는 항해 시대의 에토스가 사라져 감을 끊임없이 안타까워했다. 이제는 퇴색해 버린 영국 해군의 신화를 수없이 되풀이하면서 말이다.

　이것은 또한 전형적인 영국식 논쟁이기도 했다. 콘래드는 영국인이었으며, 또한 그 자신이 영국인이기를 선택했으며, 그렇게 되는 데 성공했기 때문이다. 그를 영국 사회의 맥락에 놓지 않거나 버지니아 울프처럼 문학사의 '빛나는 인물'로만 여긴다면, 그를 역사적으로 정확히 규정하기 어려울 것이다. 그는 폴란드에서 태어났으며, 본명은 테오도르 콘래드 코르제니옵스키로 '슬라브적인 영혼'의 소유자였다. 그는 조국을 등진 것에 죄의식을 느끼고 있었으며, 러시아인이라는 이유로 도스토예프스키를 싫어했다. 그러나 그 자신이 그와 여러 면에서 닮아 있다는 사실은 (지금까지 우리가 크게 관심을 두지 않았지만) 그의 작품 곳곳에서 드러난다. 콘래드는 스무 살이 되던 해에 영국 상선대에 들어갔으며, 스물일곱 살에 영국 문학에 발을 들여놓았다. 그는 영국 사회의 어떠한 전통에도, 문화나 종교 같은 것에도 동화되지 못했다.(특히 그는 종교에 적대적이었다.) 그러나 그는 상선대를 통해 영국 사회에 합류할 수 있었다. 그리고 그것을 자신의 과거로 만들었으며 자신과 정반대의 정서를 지녔기에 경멸할 수밖에 없었던 그곳을 정신적 고향으로 삼았다. 그가 자신의 삶에서 또한 작품에서 그려 내고자 했던 것은 바로 영국적인 인간의 정수, 그러니까 위대한 선원 그 자체였다. 그는 이러한 인물상을 영웅적이고 낭만적이며, 의협심이 강하고 과도한 야망을 과장하는, 결함이 있고 비극적인 인물 등으로 다채롭게 그려 냈다. 무감각한 인물의 전형인 『태풍(Typhoon)』의 매키어에서부터 과거에 저지른 단 하나의 비겁한 행위를 떨쳐 내지 못하고 탈출만을 기도하는 『로드 짐(Lord Jim)』의 주인공에 이르기까지 말이다.

로드 짐은 선원이 되었다가 상인이 되는 인물이다. 그리고 우리는 그의 여정을 통해 열대 지방에서 자행됐던 유럽의 광범위한 밀수 행위를 목격할 수 있으며, 그곳으로 추방당한 인물들을 만날 수 있다. 이는 콘래드가 말레이시아 군도에서 해상 생활을 하는 동안 경험한 일들이기도 했다. 해사 장교로서의 귀족적인 태도와 실패한 모험가로의 강등은 그가 인간적으로 공감하면서 오가는 두 축에 해당했다.

이러한 최하층민, 부랑자, 광인에 대한 공감은, 콘래드로부터 멀리 떨어져 있지만 우리와 좀 더 가까운 시대의 작가인 막심 고리키의 작품에서도 두드러진다. 혁명기 러시아뿐만 아니라 보수적인 영국에서도 인간에 대한 확고하고도 엄격한 개념이 이러한 비합리적이고 퇴폐적인 자기만족에 물든 인간성에 대한 관심(크누트 함순[2]과 셔우드 앤더슨[3]에 이르기까지 전 세기에 걸쳐 세계문학 전체가 공유했던 관심)의 영역에 뿌리를 두고 형성되었다는 것은 기억해 둘 만한 사실이다.

이것은 우리를 콘래드의 정치적인 견해, 그러니까 과격한 보수주의적

---

2) Knut Hamsun(1859~1952). 노르웨이 소설가. 대표작으로 『굶주림』과 『흙의 혜택』이 있다.
3) Sherwood Anderson(1876~1941). 미국 작가. 청교도적인 금욕주의에 반대하여 간결한 문체로 인간의 육체적인 면을 강조했다.

인 사상에 대한 문제로 이끈다. 혁명에 대한 그의 강박적이고 과장된 공포의 뿌리(이러한 공포 때문에 그는 잘 알지도 못하고, 마주친 적조차 없는 무정부주의자들에 대한 소설을 쓰게 된다.)에는 폴란드에서 영지를 소유한 대귀족 출신이었던 성장 배경과 젊은 시절 스페인에서 넘어온 왕정복고주의자들과 돈 카를로스 왕자의 군대에 제공할 군 밀수품을 싣고 들어온 미국 상인(이들은 이전에는 노예를 거래하던 이들이었다.)들이 넘쳐나던 마르세유에서 겪은 경험이 자리하고 있다. 그러나 우리는 그를 영국이라는 맥락 안에서 볼 때에만 마르크스가 발자크에게서, 레닌이 톨스토이에게서 보았던 주요한 역사적 형상을 발견할 수 있다.

콘래드는 영국이 자본주의와 제국주의로 이행하던 시기, 즉 항해의 시대에서 증기선의 시대로 이행하던 시기를 살았다. 그가 본 영웅의 세계는 소규모 선박 소유자의 항해 문화와, 명백한 합리주의의 세계이자 도제적인 노동의 세계, 이익만을 좇는 탐욕스러운 영혼에 반대되는 용기와 의무의 세계에 기초했다. 새롭게 등장한 거대한 회사 소유의 증기선 함대는 그의 눈에 로드 짐이 자기 자신의 본성을 폭로하게 만들었던 '파트나' 함대의 장교와 선장들처럼, 비열하고 시시한 것으로 보였다. 따라서 콘래드가 보기에 지나간 세계의 가치를 꿈꾸는 자는 누구든 돈 키호테나 인간성의 부정적인 극단으로 치달은 자들로 변모할 대상이었다. 콘래드가 옛 시대의 낭만적인 상인 모험가 탐 린가드와 대비시켰던 사악한 상업 대리인들, 관료들, 본국에서 떠나 식민지에 정착한 추방자들이 바로 이들의 예다.

황량한 섬을 배경으로 하는 『승리(*Victory*)』에서는 갑옷만 챙겨 입지 않았을 뿐 돈 키호테와 다름없는 비열한 무법자 하이스트와, 악과 싸우다 죽지만 결국 혼란스러운 세계에 대항해 도덕적인 승리를 거두는 리나가 서로 쫓고 쫓기는 게임을 벌인다.

   사실 작품에 떠도는 죄악의 기운 속에서도 인간의 힘에 대한 콘래드의 믿음은 결코 흔들리지 않는다. 철학적 엄정함이 아니더라도, 콘래드는 부르주아적 사고의 위기, 즉 낙관적인 합리주의가 최후의 환상을 떨칠 때, 그리고 비합리주의와 신비주의의 파도가 세계에 흘러넘칠 때 찾아오게 될 위기의 순간을 감지했다. 콘래드는 세계를 어둡고 적대적인 어떤 것으로 보았다. 그러나 인간의 힘과 자신이 믿는 도덕적 질서와 용기로 이러한 세계에 맞섰다. 자신에게 쏟아지는 암흑과 혼란의 산사태와 신비와 절망에 둘러싸인 세계의 기원에 정면으로 맞선 콘래드의 미적 휴머니즘은 태풍 한가운데서 싸우는 매키어처럼 자신의 입장에서 한 치도 물러나지 않는다. 그는 어쩔 수 없는 보수적인 인물이었지만 오늘날 그가 전하는 메시지는 인간의 힘을 믿는 사람들, 인간이 행하는 바에서 스스로의 고귀함을 알아볼 수 있다고 믿는 사람들, 그리고 그가 소중히 지켜냈던 '신념의 규칙'은 과거에만 적용되는 것이 아님을 아는 사람들만이 온전히 이해할 수 있는 것이다.

(1954)

파스테르나크와 혁명

20세기의 절반을 지난 지금, 위대한 19세기 러시아 소설들의 혼령이 햄릿의 아버지 유령처럼 우리를 끌어들이고 있다. 이는 보리스 파스테르나크(Boris Pasternak, 1890~1960)의 『닥터 지바고(Doctor Zivago)』를 처음 접했을 때 유럽 독자들이 느낀 인상이다. 이러한 반응은 문학적인 것이었지, 정치적인 것은 아니었다. '문학적'이라는 단어가 그리 적절해 보이진 않지만 말이다. 진정한 사건은 독자와 책 사이의 관계에서 일어났다. 사람들이 처음 러시아 고전들을 읽을 때, 이러저러한 '문학'의 유형을 찾는 것이 아니라 삶에 대한 보편적이고도 명시적인 논쟁들을 찾아 나서는 것처럼, 우리는 처음 작품을 읽을 때 특별히 규정된 질문 없이 독서에 몰입한다. 그러면서 국지적인 것들을 보편적인 것과 직접적으로 연결하여 생각해 볼 수 있게 되고 과거의 모습에서 미래의 모습을 발견할 수도 있는 것이다. 그 작품이 우리에게 미래에 관한 어떤 것을 말해 주리라는 희망

속에서 우리는 작품을 향해 곧장 나아가며 작품은 곧 무덤에서 깨어나 우리에게 다가온다. 그러나 햄릿의 아버지 유령과도 같은 작품의 정신은 오늘날의 문제들에 끊임없이 개입하고자 한다. 언제나 그가 살아 있을 때의 시대로 돌아가 그러한 문제들을 그 시대, 즉 과거에 일어났던 일과 연결하려 하면서 말이다. 『닥터 지바고』와의 만남은 매우 극적이고 감정적인 것이어서 불만스럽기도 하고 동의할 수 없는 부분들도 있다. 그래서 결국 이 책이 우리의 논쟁거리가 된 것이다! 그러나 때때로 대화의 중간에서 우리는 각자 서로 다른 이야기를 하고 있음을 알아차리게 되기도 한다. 우리의 아버지들과 이야기하는 것은 생각보다 쉽지 않은 일인 것이다.

우리에게 감정을 불러일으키기 위해 되돌아온 위대한 유령이 사용하는 체계들은 그 유령이 속했던 시대들의 체계다. 이미 열 페이지도 지나지 않아서 소설 속에서는 한 인물이 죽음의 신비와 삶의 목적, 신의 본성이라는 문제와 씨름하고 있다. 그러나 더 놀라운 것은 그러한 무거운 주제들을 유지할 만한 분위기가 이미 적절하게 마련되어 있고, 독자는 거대한 문제를 탐구하는 데 몰두하기로 알려진 러시아 문학이라는 것 자체에 집중하게 된다는 것이다. 러시아 문학에 대한 이러한 생각은 우리가 도스토예프스키를 러시아 문학을 대표하는 인물이 아니라 거대한 이단아 같은 존재쯤으로 여기게 된 이후로, 수십 년간 묻혀 있었던 것이다.

이러한 첫 번째 인상은 오래가지 않는다. 우리에게 다가온 유령은 우리가 머물러 관찰하게 되는 그 깊이 있는 공간들을 친절하게 안내해 준다. 객관적인 서사, 사실과 인물 및 사물들로부터 독자들은 인내하고 힘을 기울여 조금씩 하나의 철학을 추출하게 된다. 즉 이것은 소설의 형식으로 포장한 철학적 논쟁에서 한 번에 뽑아낼 수 있는 것이 아니다. 핵심적인 철학을 추출해 내는 이러한 과정은 책 전체를 통해 일어나지만 책 안에서 그려지는 드넓은 세계는 이러한 과정에 훨씬 더 든든한 역할을 한다. 자연과 역사가 서로 다른 두 질서에 각각 귀속되는 것이 아니라 인간의 삶을 포함하고 규정하는 하나의 '연속체'를 형성한다는 파스테르나크의 생각은 이론적인 명제보다 소설의 서사를 통해 더 잘 표현될 수 있다. 이러한 방식으로 파스테르나크의 성찰은 모든 인간과 자연이라는 드넓은 배경과 한데 섞여 서로를 지배하거나 억누르지 않으면서 하나가 된다. 그 결과 진정한 이야기꾼들이 그러하듯이 책의 의미는 표출된 개념들의 합에서 찾아지는 것이 아니라, 그것의 이미지와 감각들, 삶의 향취, 그것의 침묵이 만들어 내는 전체에서 찾아진다. 증식하는 모든 이데올로기들, 역사와 자연, 개인과 정치, 종교와 시에 관한 끊임없이 타올랐다가 꺼지고 마는 이러한 논의들은, 오래전에 헤어졌던 친구들과 다시 이야기를 나누기 시작할 때처럼 인물들이 겪는 사소한 사건들을 위한 깊은 울림의 공간을 만들어 낸다. 또한 그러한 논의들은(파스테르나크가 혁명을 이야기할 때 쓴 아름다운 이미지를 빌려 이야기하자면) "오랫동안 참아 온 한숨처럼" 터져 나온다. 파스테르나크는 그의 소설 전체에, 더 이상 존재하지 않는 어떤 소설을 향한 욕망을 불어넣고 있다.

그러나 우리는 역설적으로 다음과 같은 이야기를 할 수도 있을 것이다. 『닥터 지바고』보다 더 구소련을 대표하는 작품은 없다고. 머리를 땋아 늘어뜨린 소녀들이 있는 나라에서가 아니면 어디서 이런 소설이 쓰일 수 있었겠는가? 20세기 초반에 등장하는 이러한 청년들과 소녀들, 즉 유라, 미샤 고르돈, 토냐, '순수를 향한 찬가에 기초한' 삼인 체제를 이루는 이들은 정치인 대표 사절단들이 마주한 자리에서 종종 보게 되는 젊은 사회주의자들처럼 낯설고 신선한 얼굴을 하고 있다. 그들의 이러한 이미지에서 우리는 종종 구소련 사람들의 거대한 에너지(유행을 좇는 것으로 볼 수 있지만 새로운 발견과 실험과 진실을 추구하는 힘), 즉 현기증 나는 엄청난 변화를 위해 쏟는 에너지를 확인하게 된다. 이러한 변화는 서구인의 의식이 지난 40년간 (문화, 예술, 도덕, 삶의 방식 면에서) 경험했던 것이기도 하다. 우리는 구소련 사람들이 그들의 고전적인 유산에 지속적이고도 배타적으로 집중함으로써 어떠한 성과를 거둘 수 있을지 궁금해했다. 만약 이러한 고전의 유산들이 거칠고도 장엄하며 역사적인 면에서 전혀 새로운, 현실 속의 교훈과 마주한다면 말이다. 파스테르나크의 이 작품은 이러한 질문에 대한 첫 번째 대답이다. 우리가 기대했던 것에 가까운 답은 젊은 청년의 대답이 아니라 나이 지긋한 성숙한 문인의 답일 것이다. 그것은 파스테르나크가 긴 침묵의 기간을 거치며 겪었던 내적 여정이 가리키는 예상치 못한 방향을 보여 주기 때문이다. 이는 1920년대 아방가르드 시인으로서 서구화 시대를 겪은 마지막 생존자였던 파스테르나크가 '해빙기'를 맞아 숨겨 두었던 화려한 언어의 불꽃놀이를 펼친 것이 아니다. 그의 시를 잉태했던 국제적인 성격의 아방가르드 조류와 대화한 파스테르나크가 조국의 19세기 고전들로 돌아가 수년 동안 재고를 거듭한 결과였다. 그리고 그의 시선 역시 자신이 뛰어넘을 수 없는 톨스토이를 향하고 있었다. 그러나 그가 톨스토이를 읽은 방식은 톨스토이를 모범적인 모델로 쉽게 단정지었던 공식적인 문단의 방식과는 매우 거리가 있다. 또한 그는 자신이 경험했던 시간들을 공식적인 해석과는 다르게 재해석했다. 이로부터 나타난 이 작품은 '사회주의 리얼리즘'이라는 19세기 소설의 재탕과는 거리가 먼 책이다. 또한 이 책은 불행히도 사회주의 휴머니즘의 관점에서는 가장 부정적인 책이다. 그의 형식적인 선택이 우연한 것이 아니라는 사실을 되풀이해서 말해야 할 이유가 있을까? 파스테르나크가 자기 자신을 혁명의 문제와 연루시키지 않았다면, 톨스토이적인 파스테르나크는 혁명 이전 시대에 대한 향수로 돌아갈 수밖에 없었다고 봐야 할까? 그러나 이것 역시 편견에 사로잡힌 판단이다. 『닥터 지바고』는 혁명 이전의 시대에 대한 향수를 그린 책이지만, 또한 그렇게 볼 수만도 없는 책이다. 마찬가지로, 현대에 쓰인 19세기 작품이지만, 그렇지 않기도 하다.

러시아와 소비에트 아방가르드가 겪었던 유혈의 기간으로부터 파스테르나크는 미래에 대한 열망과, 역사란 어떻게 만들어지는가에 대한 진솔한 질문을 놓지 않았다. 또한 그는 이제는 끝나 버린 위대한 전통으로부터 뒤늦게 거둔 열매처럼 외로운 순례의 길 끝에 우리에게 다가온다. 그리하여 그의 작품은 중요한 근대 서구 문학의 작품의 목록에 오르게 된 현대 문학 작품이 될 수 있었던 것이다. 또한 이 작품이 실제로 서구 문학에 암시적으로 동조의 눈길을 보내고 있는 것도 사실이다.

사실 나는 오늘날 '19세기에 쓰인 것처럼' 수년에 걸친 시기를 다루며 사회를 폭넓게 묘사한 장편소설은 필연적으로 과거를 향한 향수에서 벗어나지 못하는 보수적인 비전으로 빠질 수밖에 없다고 믿는다. 그것이 내가 루카치에 반대하는 여러 이유 중의 하나다. '관점'에 대한 그의 이론은 그가 편애하는 장르인 장편소설과 배치되는 면이 있다. 나는 우리가 사는 이 시대가 단편소설, 소품, 자전적인 증언의 시대인 것이 우연이 아니라고 생각한다. 오늘날 진정으로 현대적인 서사는 우리가 사는 시간이 (그 시간이 무엇이건 간에) 결정적이고도 무한히 중요한 순간임을 보여 줄 때에만 시적인 효과를 거둘 수 있다. 따라서 그러한 서사는 그리스 비극에서처럼 시간과 행위가 통일된 채, 우리 눈앞에 일어나는 플롯과 함께 '현재'에 자리해야만 한다. 반대로 오늘날 진정한 의미에서 '특정한 시대'에 관한 소설을 쓰고자 하는 사람은(단순한 시대극을 쓰고자 하는 게 아니라면) 결국 과거로부터 시적 긴장을 이끌어 내는 책을 쓰게 된다.[1] 파스테르나크는 바로 이와 같은 일을 한 것이지만, 꼭 그렇다고 할 수만도 없다. 역사에 관한 그의 태도는 그러한 단순한 몇 가지 정의로 쉽게 환원할 수 없다. 그의 작품이 '구닥다리' 소설인 것도 아니다.

  소설의 기법 면에서 『닥터 지바고』를 소설의 해체가 일어났던 20세기보다 그 이전의 작품으로 보는 것은 어리석은 일이다. 보통 소설의 해체를 말하는 방식은 크게 두 가지인데, 파스테르나크의 작품에는 이 두 가지 방식이 모두 들어 있기 때문이다. 첫 번째는 현실의 객관성을 즉각적인 감각이나 기억의, 무형의 미세하고도 흐릿한 구름먼지로 단편화하는 것이다. 두 번째 방식은 플롯을 플롯 자체의 일부로 만드는 것이다. 그리하여 플롯은 기하학적인 외곽선이 되고, 이는 패러디나 유희적인 '소설 속의 소설'의 형식으로 귀결된다. 파스테르나크는 이러한 '소설적인' 것과 함께 플롯의 유희를 극단적인 결과로까지 몰고 간다. 그는 러시아와 시베리아 모두를 가로질러 연속적인 우연의 이야기를 구축한다. 여기에 등장하는 열다섯 명의 인물들은 마치 그곳에 그들만 살기라도 하는 것처럼 서로 우연히 만난다. 르네상스 시대의 기사문학에서 샤를마뉴 황제의 기사들이 추상의 지도 위에서 서로 우연히 마주치곤 했던 것처럼 말이다. 이는 단순히 재미를 주기 위한 장치였을까? 여기에는 처음부터 그 이상의 의도가 있었다. 바로 우리도 모르게 우리의 눈을 멀게 하는 운명의 연관 관계와, 역사를 해체하여 인간의 이야기와 한데 섞어 하나의 복잡한

---

[1] 원주 : 19세기에도 자세히 들여다보면 위대한 소설의 묘사를 풍부하게 하는 것은 많은 경우 과거에 대한 향수였다. 그러나 마르크스와 레닌이 각각을 발자크와 톨스토이로 명쾌하게 설명했던 것처럼 오직 비판적이고 혁명적인 향수만이 현재를 향해 접근해 올 수 있다.

혼합물을 형성하는 과정을 표상하도록 의도한 것이다.

　　이 모든 사람이 그곳 한 장소에 함께 있었다. 그러나 그들 몇몇은 결코 앞으로도 서로를 알아보지 못할 터였고, 다른 몇 사람은 지금 상대방을 알아보지 못했다. 그리고 그들에 대해서 틀림없이 절대로 알려지지 않을 일들이 있었으며, 또한 나중에 다시 만날 때까지는 알려지지 않을 일들도 있었다.[2]

　그러나 이러한 발견에서 얻는 감정은 오래가지 않는다. 끊임없이 연속되는 우연은 결국 소설 형식의 관습적인 사용을 저자가 의도적으로 의식했음을 보여 줄 뿐이다.
　파스테르나크는 이러한 관습적인 기법과 전체적인 구조를 통해서 작품을 쓰는 데 전적인 자유를 즐긴다. 어떤 부분에서는 온전히 스케치만 하고, 다른 부분에서는 아우트라인만을 남겨 둔다. 때때로 날짜와 달까지 세세하게 기록된 연대기가 등장하기도 하고, 다른 부분에서는 갑자기 기어를 바꾸어 수년을 단 몇 줄로 지나치기도 한다. 예를 들어 그가 우리의 눈앞에 '숙청'의 시대와 2차 세계대전의 시기를 펼쳐 보이는 밀도 높고 활력 넘치는 스무 쪽가량의 에필로그가 그러하다. 이와 유사하게 그가 가볍게 지나가듯 언급하는 인물들이 있다. 그는 이들에 대해 우리에게 더 많은 것을 알려 주지 않는다. 심지어 지바고의 아내인 토냐도 이러한 인물 중 하나다. 간단히 말해 이것은 서사의 '인상주의적인' 유형이다. 이러한 인상주의는 등장인물의 심리를 묘사할 때도 적용된다. 파스테르

---

[2] 보리스 파스테르나크, 『의사 지바고』(고려원, 1996), 안정효 옮김, 1권, 156쪽.

나크는 우리에게 인물의 행동에 대한 정확한 동기를 설명해 주지 않는다. 예를 들어 라라와 안티포프의 결혼 생활은 왜 갑자기 깨지고 말았을까? 왜 안티포프는 다른 길을 찾지 못하고 전선으로 나아갈 수밖에 없었을까? 파스테르나크는 이에 대해 많은 이야기를 하고 있지만, 그 어떤 것도 충분하거나 필연적이지 않다. 중요한 것은 두 인물 간의 대립이 보여 주는 일반적인 인상이다. 그는 심리, 인물, 상황이 아니라, 보다 더 일반적이고 직접적인 것, 즉 '생명' 그 자체에 관심을 두고 있었다. 파스테르나크의 산문은 그의 시 세계의 연속이었던 것이다.

파스테르나크의 서정시와 『닥터 지바고』는 그것들이 기초로 하는 근본적인 신화의 측면에서 확고한 통일성을 공유한다. 다른 모든 사건들, 행위나 인간의 감정을 포함하고 미리 예지해 주는 자연의 운동, 폭풍우가 쏟아지는 장면이나 눈이 녹는 장면에서 느껴지는 활력 넘치는 서사적 분위기. 소설은 이러한 활력이 논리적으로 전개된 결과다. 파스테르나크는 시인으로서 하나의 이야기 속에 자연과 인간의 이야기, 개인적이고 사회적인 것을 둘 다 포함한 채, '생명'에 대한 전체적인 정의를 제시하고자 노력했던 것이다. 그리하여 시인은 라임 나무의 향기와 혁명을 일으킨 군중의 소음을, 지바고가 1917년 모스크바로 향하는 기차 여행의 장면 (4부 13장)으로 표현하고 있다. 자연은 더 이상 낭만적인 상징의 토대가 되지 못하고, 주관적인 사고를 위한 하나의 사전이 된다. 자연은 이전 혹은 이후, 그리고 도처에 존재하는 어떤 것이다. 자연은 인간이 변화시킬 수 없는 것으로, 다만 과학과 시를 통해 이해하고자 노력할 수 있을 뿐이며, 또한 그러한 노력을 기울일 만한 가치가 있는 것이다.[3] 파스테르나크

---

3) 원주 : 이러한 자연 앞에서의 인간의 실패는 분석하고 연구해야 할 대상이다.(자연은 이제 더 이상 '타자'로 느껴지지 않는다.) 근래 들어 딜런 토머스의 시에서부터 '앵포르멜' 회화에 이르기까지

는 역사에 대한 톨스토이의 논쟁을 계속 이어 간다.("톨스토이는 자신의 사유를 끝까지 밀고 나가 결론을 내리지는 못했다.") 역사는 위대한 인간이 만드는 것도, 사소한 인간이 만드는 것도 아니다. 역사는 식물계처럼, 여름에 변화하는 나무처럼 변화한다.[4] 이러한 추동력으로부터 파스테르나크가 역사를 보는 두 가지 근본적인 개념이 나온다. 첫 번째는 역사를 성스럽게 바라보는 감각으로, 역사는 어떤 신성한 것이 실체화된 것이며, 인간을 초월하고, 그것 특유의 비극성 속에서 스스로 고양되는 것이라는 생각이다. 두 번째로 인간의 내면에는 자신이 '행하는' 일, 스스로의 운명을 구축할 수 있는 힘, 자연과 사회를 의도적으로 변화시킬 수 있는 능력에 대한 신뢰가 결여돼 있다는 것이다. 지바고의 경험은 사색과 내적 완성을 엄격히 추구하는 방향으로 이어진다.

헤겔의 직접적 혹은 간접적 후예로서 역사와 인간이 세계와 맺는 관계를, 이와는 다른 방식으로(완전히 반대로는 아니지만) 이해하는 우리로서는 파스테르나크의 '이데올로기적인' 행로에 공감하기 어렵다. 그러나 역사-자연에 관한 감동적인 비전에서 나온 그의 서술은(특히 소설의 앞쪽 절반 부분에서) 우리가 우리의 것이라 확신하는 미래를 향한 열망을 전달하고 있다.

파스테르나크에게 신화적인 순간은 1905년 러시아 혁명의 순간이었다.

이러한 경향이 지속적으로 표출되고 있다.
4) 원주 : 파스테르나크는 '역사'라는 단어를 두 가지 방식으로 사용한 것처럼 보인다. 여기에서 쓰인 '역사'의 의미는 자연에 동화된 역사를 의미한다. 그리고 다른 한편으로는 신이 창조한 개인의 영역으로서의 역사를 뜻한다. 파스테르나크의 '기독교'(이는 특히 니콜라이 니콜라예비치와 그의 제자였던 미샤 고르돈의 대사에 잘 표현되어 있다.)는 도스토예프스키의 공포스러운 종교성과는 아무런 관련이 없지만, 복음서를 상징적이고 미학적으로 읽어 내며, 역동적으로 해석한다는 점에서 같은 맥락에 있다. 지드 역시 이러한 복음서 독해에 몰두한 바 있다.(지드의 독해는 인간에 대한 보다 깊은 연민에 기초하고 있었다는 점이 다르다 할 수 있겠다.)

1925년부터 1927년까지 그가 '창작에 전념했던' 시기에 쓰인 긴 시들은 바로 이 혁명의 시기를 다루고 있으며[5] 『닥터 지바고』도 바로 여기에서부터 시작한다. 이 시기 동안 러시아 민중들과 인텔리겐치아는 이전까지와 매우 다른 잠재성과 희망을 품을 수 있었다. 어떠한 명령 없이도 정치, 도덕, 시가 모두 보조를 맞추어 같이 행진했다.

"소년들이 총을 쏘는구나." 라라는 생각했다. 그리고 그녀는 반란에 참여한 자신의 친구였던 니카와 파샤뿐만이 아니라 불타고 있는 도시 전체를 이야기한다. "착하고 얌전한 소년들. 그들은 착하기 때문에 총을 쏘고 있어."[6]

1905년 혁명은 파스테르나크에게 젊음의 모든 신화와 하나의 다른 문화를 향한 출발의 신호를 의미하는 것처럼 보였다. 이러한 극적인 지점으로부터 그는 20세기 첫 50년의 거친 시기를 탐사하고, 전체적 시야에서 또렷하게, 그리고 보다 높은 곳에서 날카롭고 세밀하게 바라볼 수 있었다. 이제 우리는 현대의 지평에서 흐릿하게, 좁고 초점이 맞지 않는 상태에서 오직 눈에 띄는 예상 밖의 표지를 읽어 낼 뿐이다.

자연과 역사가 하나가 된다는 점에서 혁명은 파스테르나크의 시의 토대가 되는 근본적인 신화에 핵심적인 순간이었다. 이러한 점에서 소설의 핵심, 즉 소설이 형식과 사유 면에서 정점에 도달하는 지점은 곳곳에 골목이 숨어 있는 작은 병원 도시 멜리우제이에보에서 1917년 혁명의 날들

---

5) 원주 : 파스테르나크의 시 「1905년」과 「슈미트 중사」의 이탈리아 번역본은 안젤로 마리아 리펠리노의 번역으로 보리스 파스테르나크의 시선집(에이나우디, 1957)에 들어 있다.
6) 같은 책, 1권, 72쪽.

이 등장하는 5장이다.

어젯밤에 난 광장에서 열린 모임을 구경했어. 정말 볼만하더군! 모국 러시아는 변천 과정에 처해 있고, 가만히 있지를 못하고, 초조해서 쉬지도 못하고, 얘기를 꺼내면 입을 다물지 못하지. 그리고 사람들만이 얘기를 하는 것 같지도 않았어. 별들과 나무들이 만나서 대화를 나누고, 밤이면 꽃들이 철학을 얘기하고, 돌로 지은 집들이 회의를 열고.[7]

멜리우제이에보에서 우리는 지바고가 혁명이 뿜는 생명의 열기와 라라와 함께 있을 때 살짝 엿볼 수 있는 평온한 삶 사이에서 유예된 행복의 순간을 살고 있음을 지켜본다. 파스테르나크는 이러한 상황을 자연과 사람들의 소음이 함께 섞여 들리는 가운데 밀려오는 밤의 신비한 소리와 꽃향기에 대한 아름다운 묘사로 전하고 있다. 베르가의 아치 트레자의 집에서처럼. 그리고 이야기는 어떤 일도 일어날 필요 없이 온전히 존재하는 것들이 맺는 관계만으로 구성되어 있음이 드러난다. 수많은 근대 서사에 하나의 원형이 된 체호프의 단편 「스텝」에서처럼.

그렇다면 파스테르나크가 혁명을 통해 말하고자 한 것은 무엇이었을까? 소설의 정치적 이데올로기는 사회주의란 곧 진정한 것들로 이루어진 제국이라는 정의로 요약될 수 있다. 작가는 1917년 봄, 주인공 '지바고'의 입을 통해 다음과 같이 말한다.

모든 사람이 다시 살아나고 다시 태어나고 달라지고 변형되었지. 전체

---

7) 같은 책, 1권, 192쪽.

적인 것의 혁명에서부터 개인적인 혁명까지 모든 사람이 두 차례의 혁명을 겪었다고 얘기를 할 수도 있어. 내 생각에는 사회주의가 생명의 바다요 자연 발생의 바다여서, 모든 하나하나의 물줄기인 저마다의 개인적인 혁명들이 흘러 들어가는 바다처럼 여겨져. 내가 생명이라고 말했지만, 내가 말하는 생명이란 창조적으로 풍부해지고 천재에 의해 변형된 위대한 그림에서 보는 그런 생명이야. 이제 와서야 사람들은 그것을 책이나 그림이 아니라 자신을 통해서 스스로, 추상이 아니라 현실로서 경험하기로 결심한 거지.[8]

'자발성'의 이데올로기. 우리는 (우리가 흔히 정치적인 용어로 사용하는) 이것이 환상으로 귀결됨을 잘 알고 있다. 그러나 이러한 말(그리고 10월에 볼셰비키의 권력 장악을 환영할 때 지바고가 말한 다른 문학적인 말 역시) 이 소설이 진행되면서 때때로 매우 잘못된 것임이 드러난다는 사실은 별로 중요하지 않다. '자발성'의 이데올로기가 가진 긍정적인 면은 항상 혁명의 초기에 엿보이는 진정한 존재들이 이루는 이상적인 사회를 유지해 준다. 현실의 상황은 점점 더 그러한 현실의 부정적인 면을 강조하겠지만 말이다.

파스테르나크가 소비에트 공산주의를 반대한 것을 나는 두 가지 방향에서 본다. 첫 번째는 내란 기간 동안 드러났던 그 야만성과 무자비한 잔인성에 반대하는 것이며, 두 번째는 혁명의 이상을 점차 식어 가게 만드는 이론적이고 추상적인 관료주의에 반대하는 것이다. 이 두 번째 부분은(우리의 관심을 끄는 것은 첫 번째지만) 등장인물들이나 상황, 이미지를

[8] 같은 책, 1권, 192~193쪽.

통해 객관화되는 것이 아니라[9] 오직 우연적인 성찰을 통해 드러난다. 그러나 여전히 진정으로 부정적인 것은 함축적으로나 명시적으로나 이 부분임이 분명하다. 지바고는 파르티잔과 원치 않게 몇 년을 보낸 뒤 우랄의 마을로 돌아가고 그곳에서 포스터가 가득 붙은 벽을 보게 된다.

그것들은 작년에 쓴 글인가? 재작년에? 평생에 꼭 한 번 이 비타협적인 언어와 단순성이 그의 마음을 열정으로 가득 채웠다. 그 경솔했던 정열 때문에 그가 평생, 해마다, 변할 줄 모르고, 매정하고 광적이며, 점차적으로 세월이 흐를수록 점점 더 비현실적이고, 무의미하고, 실현이 불가능한 요구와 절규 이외에는 아무것도 절대로 듣지 않는다는 대가를 치러야 함이 어찌 가능하단 말인가? 지나치게 너그러웠던 한 응답 때문에 영원히 그가 노예가 된다는 것이 어찌 가능하다는 말인가?[10]

우리는 1917년을 달구었던 혁명의 열기가 실제로는 '추상적인' 시대, 1차 세계대전의 비현실성에 반대해서 일어난 것임을 잊어서는 안 된다.

전쟁은 삶의 인위적인 파괴여서 삶이 얼마 동안 연기가 된 셈인데, 정

---

[9] 원주 : 사실 우리는 결코 공산주의자들을 확실하게 대면할 수 없다. 코카인에 중독된 파르티잔 대령인 리베르진은 주변적인 인물이 아니다. 파스테르나크는 구세대 노동자였으나 이제 볼셰비키인 안티포프의 아버지와 티베르진에 대해 많은 것들을 이야기하고 있지만 그들이 어떻게, 무엇을 생각하며 살았는지, 그들이 왜 작품 초반에서는 혁명기 노동자였다가 관료주의를 맹신하는 야만인으로 변했는지 이야기해 주지 않는다. 마찬가지로 공산주의자로 등장하는 유리의 형인 예브그라프 지바고는 '만능 해결사(deux ex machina)'라도 된 듯 뜻하지 않은 곳에서 출몰하곤 한다. 그는 누구인가? 무엇을 하는 사람인가? 무슨 생각을 하는가? 그의 존재의 의미는 무엇인가? 이처럼 파스테르나크의 작품에 등장하는 인물들의 갤러리에는 그림이 빈 액자가 몇 개 있다.
[10] 같은 책, 2권, 106쪽.

말 한심한 얘기야! 혁명은 너무 오랫동안 참았던 한숨처럼 제멋대로 터져
나왔어.[11]

(내가 생각하기에 이 문구에서 우리는 2차 세계대전 이후, 파스테르나크
가 보다 최근 일어난 사실들을 탐구하고 있음을 쉽게 알아볼 수 있다.)

작품 전체에 추상의 지배에 맞서서, 현실에 대한 굶주림, '생명'에 대한
어떤 굶주림이 자리하고 있으며, 이러한 굶주림이 퍼져 있다고 할 수 있
다. 현실에 대한 굶주림을 통해 그는 2차 세계대전을, "추상의 비인간적
인 지배에 비교했을 때 긍정적인 어떤 것으로서, 그것이 지닌 진정한 공
포와 진정한 위험, 진정한 위협에 대한 위협"으로 바라볼 수 있었다. 바로
이 시기 동안 쓴 에필로그에서『닥터 지바고』는 도입부에서 그러했던 것
처럼 다시 한 번 참여의 열정으로 고동친다. 이 전쟁에서 소비에트 사회
는 다시 진정성을 되찾고, 전통과 혁명은 다시 나란히 현실이 된다.[12]

그리하여 파스테르나크의 소설은 다시 레지스탕스의 분위기에 합류한

---

[11] 같은 책, 1권, 192쪽.
[12] 원주 : 2차 세계대전에 대한 언급이 들어 있는 이 부분에 이 책에서 유일한 '긍정적인 공산주의 영웅'이 간접적으로나마 등장한다. 그 영웅은 여성으로 티하노프주의자의 딸 크리스티나 오를레초바다. 감옥에 수감된 아버지의 불명예를 씻고자 "어린 나이에 품어서 불타는 맹세로 가꾼 목표는 지금까지도 그녀를 공산주의의 열렬한 옹호자로 만들어 놓았다."(2권, 235~236쪽) 전쟁이 일어나자 그녀는 낙하산 부대의 일원으로 독일 전선을 뚫고 들어가 영웅적인 파르티잔으로서 행동을 감행했고, 이후 교수형을 당했다. "사람들 얘기로는 교회가 그녀를 성녀로 추앙했다더군." 파스테르나크는 러시아 정교의 전통이 공산주의자들의 희생정신 속에서 숨 쉬고 있다는 사실을 이야기하고자 했던 것일까? 두 가지 입장을 병치하여 서술하는 방식이 새로운 것은 아니다. 전적으로 종교와 분리된 세속적 공산주의를 지지하는 우리에게 이것은 받아들이기 힘든 것이기도 하다. 그러나 소설의 단 몇 줄 안에서 오를레초바에 관해 이야기할 때의 어조는 즉각적으로 우리의 기억 속에서『레지스탕스 순교자들의 편지』라는 책을 상기시킨다. 서로 다른 신념과 이상을 지지하기는 하지만, 인간에 대한 동일한 태도를 지니고 있기 때문이다.

다. 즉 유럽의 젊은 세대들이 지바고 시대의 사람들에게 1905년이 의미하는 바와 같은 것에 응답하는 그러한 시대에 말이다. 이 시기는 곧 모든 길이 시작하는 지점이었다. 이러한 시기가 소비에트 연방에서조차 실제적인 '신화'의 가치, 즉 공식 국가와는 반대되는 하나의 진정한 국가로서의 이미지를 지니고 있음은 지적할 만한 가치가 있다. 전쟁 시기 소비에트 인민들의 연대(파스테르나크의 작품이 끝나는 지점이기도 한)는[13] 보다 젊은 소비에트 작가들에게 출발점이 되는 현실이기도 했다. 그들은 '모든 인민'들에게 속하는 사회주의를 확신하길 원하는 듯, 혁명 초기의 그 시작점으로 되돌아가고자 했다. 그러한 초기의 상황을 당대의 추상화되고 도식화된 이데올로기와 비교하면서.[14]

그러나 진정한 연대와 자발성에 대한 이러한 갈망은 파스테르나크의 개념과 그보다 젊은 세대 작가들이 생각하는 개념이 서로 구별되는 유일한 지점이기도 하다. '모든 인민'을 위한 사회주의라는 이미지는 오직 혁명에 의해 발생하고 전개되는 새로운 힘에 대한 확신 속에서 출발한다. 그리고 이는 정확히 파스테르나크가 부인하고자 하는 바였다. 그는 인민들을 신뢰하지 않음을 공개적으로 선언하고 이를 증명하기도 했다. 현실에 대한 그의 개념은 작품이 진행되는 과정에서 점점 더 사적이고 가족 중심적인 개인주의에 바탕한 윤리적이고 창조적인 하나의 이상으로 형상화된다. 사람이 자신과 주변 인물들과 맺는 관계는 그가 애정을 갖는 대

---

13) 원주 : 마지막 부분에는 소비에트 연대에 관한 언급 이외에도 거의 한 페이지에 걸쳐 우리 시대에 대한 다소나마 긍정적인 기대가 섞인 팡파르가 울려 퍼지고 있다. 약간 부드러운 어조로 쓴 이 부분은 마치 파스테르나크가 전혀 아닌 것처럼, 마치 작가가 한 손은 등 뒤에 묶어 놓은 채 썼음을 보여 주고 싶었던 것처럼 보인다.
14) 원주 : 여기에 대해서는 빅토르 네크라소프의 『그의 고향 마을에서』에 대해 쓴 나의 논문을 보라.(에이나우디, 1956)

상의 범위 안으로 (이를 넘어 '생명'과의 보편적인 관계에까지) 제한된다는 것이다. 그는 결코 의식으로부터 나온 계급을 확신하지 않았다. 계급의식이 보이는 오류와 과잉은 자연적인 각성의 첫 번째 징조로 환영할 만한 것이다. 그것은 곧 추상과 대항하는 생명의 징조이며, 언제나 미래를 향한 의미를 품고 있다는 증거다. 파스테르나크는 공감과 지지의 범위를 인텔리겐치아와 부르주아지들로 한정했다.(노동자의 아들인 파샤 안티포프도 인텔리겐치아로 등장한다.) 그리고 나머지 인물들은 수많은 군중의 한 사람일 뿐이다.

이를 뒷받침하는 증거를 그가 사용하는 언어에서 살펴볼 수 있다. 작품에서 프롤레타리아로 나오는 인물들이 말하는 방식은 모두 동일하다. 다소 어린애처럼 격의 없이 말하며, 러시아 고전 소설에 나오는 '농민'처럼 특유의 생생한 화법을 구사하는 것이다. 『닥터 지바고』에서 되풀이되는 주제는 프롤레타리아의 반이데올로기적인 본질과 특유의 양면적인 성격이다. 프롤레타리아는 극도로 다양한 종류의 전통적인 도덕과 사고를, 그 안에서는 결코 이해될 수 없는 역사의 힘과 융합해 낸다는 점에서 양면적이다. 이러한 주제 덕분에 파스테르나크는 매력적인 인물들을 그려낼 수 있었다.(차르 기병대의 지배에 저항하면서 동시에 아들이 가담한 혁명에도 반대하는 티베르진의 늙은 어머니, 또는 케렌스키 정부로부터 파견된 인민위원에 반대하며 한 농아의 기적이 진실임을 주장하는 요리사 우스틴야 등) 그리고 이것은 소설 전체의 가장 잔인한 유령, 즉 파르티잔이라는 마녀를 완성해 낸다. 그러나 우리는 이미 다른 정점에 도달하게 된다. 내전의 압박이 점차 심해지면서 잔인한 프롤레타리아의 목소리가 점점 더 커지는 것이다. 단 하나의 이름, 즉 야만을 외치는 목소리가.

오늘날의 세계에 내재한 야만주의는 현대 문학의 가장 큰 주제이기도 하다. 근대의 서사는 20세기의 초반이 목격한 모든 학살 때문에 피를 흘리고 있으며 그 형식은 동굴 벽화에서 보게 되는 긴박한 힘을 요구하고 있다. 비록 냉소주의나 냉혹하고 과격한 태도를 벗어나 인간애를 다시 회복하고자 하지만 말이다. 숄로호프[15]에서부터 초기의 파데예프[16]에 이르는 내란 시대의 소비에트 작가들이 속한 이러한 문학적 맥락에 파스테르나크를 위치시키는 것은 무척이나 자연스러운 일이다. 그러나 반면 가장 현대적인 문학에서 폭력은 그것을 설명해 내고 그로부터 벗어나기 위해 시적으로 그것을 넘어서기까지 줄곧 겪어야 하는 어떤 것으로 받아들여지고 있다.(숄로호프는 폭력을 정당하고 고귀한 어떤 것으로 보았고, 헤밍웨이는 폭력을 남성다움을 시험하는 어떤 것으로 보면서 그에 맞섰으며, 말로는 폭력을 하나의 미학으로 완성했고, 포크너는 폭력을 신성시했으며, 카뮈는 폭력을 의미가 텅 빈 어떤 것으로 보았다.) 파스테르나크는 폭력을 오직 피곤에 지친 면모로만 그려 냈다. 그를 20세기에서는 결코 찾아볼 수 없는 비폭력의 시인으로 볼 수 있을까? 그렇지 않다. 나는 파스테르나크가 폭력을 반대하는 입장에서 시를 썼다고는 생각하지 않는다. 폭력을 너무나 자주 목격해야만 했던 한 사람으로서 그는 자신이 겪었던 괴로움을 기록했을 뿐이다. 잔인함 뒤에 또다시 잔인함만을 이야기할 수밖에 없었던, 그때마다 다른 의견을 개진하고, 이방인으로서 자신의 역할을 기록했던 한 사람으로서 말이다.[17]

15) Mikhail Sholokhov(1905~1984). 러시아 소설가. 대표작으로 1차 세계대전과 혁명, 내란에 이르는 역사를 주제로 한 『고요한 돈 강』이 있다.
16) Aleksandr Fadeev(1901~1956). 러시아 소설가. 혁명을 주제로 『범람』 등을 발표했다.
17) 원주 : 파스테르나크가 내전에 대해 가졌던 불안감은 체사레 파베세의 「닭이 울기 전에」를 연상시킨다. 이 작품집의 두 번째 소설인 「언덕 위의 집」은 1948년 처음 나왔을 때 체념의 어조를 띤 것처럼 보였다. 그러나 근래에 다시 읽어 보니 파베세는 그 어느 누구보다 역사에 동참하는 도덕적

지바고가 파르티잔에 억류되어 있던 긴 기간에 대한 서술 속에서 우리
는 파스테르나크의 현실 개념뿐만 아니라 우리의 현실 인식 또한 확인할
수 있다. 하지만 이 작품은 더 넓고 서사시적인 차원으로 확대되어 나아
가지 않고, 오히려 지바고-파스테르나크의 관점으로 집중되면서 시적인
성격을 드러낸다. 파스테르나크가 모스크바에서부터 우랄에 이르기까지
긴 여행을 하면서 세계의 모든 선과 악, 그러한 상황의 모든 계기의 면면
을 탐험하길 원했던 것이라고 볼 수도 있겠다. 그러나 이러한 여행 이후
에 그의 시각은 한 방향으로 집중되며 사건과 부정적인 판결, 이어지는
폭력과 야만성의 결과를 나열하기만 할 뿐이다. 저자가 보이는 그러한 입
장은 독자들에게도 같은 입장을 유도해 낸다. 우리는 더 이상 역사적이

의식의 여정을 끝까지 밟았던 작가로 생각된다. 또한 세계의 신비하고 초월적인 영역을 탐험한 모든
사람들의 정신세계를 항상 아우르는 것처럼 보인다. 파베세의 작품에서 우리는 그 또한 쓰러진 자
들이 흘리는 피에 대해 파스테르나크와 마찬가지로 놀랍도록 깊은 공감을 표시하고 있음을 발견한
다. 심지어 적이 흘리는 피와, 이유도 알지 못한 채 죽는 사람들의 피에 대해서도. 그러나 파스테르
나크의 공감은 이웃과 신비로운 연대를 맺는 러시아만의 문화적 전통이 현대적으로 육화한 것이다.
반면 파베세의 공감은 서구 문화에 많은 영향을 주었던 스토아적인 인간애가 가장 최근에 육화한
것이다. 즉 자연(본성)은 인간이 유년기에 첫 번째로 발견한 영역이자, 가장 완전한 순간이며, 완벽
한 계기이자, 역사 바깥에 있는 것으로, 곧 '이야기'이다. 반면 역사는 '결코 끝나지 않는' 전쟁이며,
'우리의 혈관 속으로 더 깊게 물고 들어오는 것'이다. 지바고처럼 파베세의 주인공 코라도는 역사에
대한 책임을 피하려 하지 않는 지식인이다. 그는 언덕에 살면서 자신은 전쟁과 아무런 관련이 없다
고 믿고 있었다. 그러나 전쟁은 그러한 자연의 세계를 타자와 역사의 세계, 즉 피난민들과 파르티잔
들의 세계로 바꾸어 놓는다. 그리하여 그가 어디로 눈을 돌리든지 간에 자연은 역사고 피다. 날기를
원하는 그의 꿈은 한낱 환상일 뿐이다. 코라도는 그의 전생 또한 다르지 않다는 사실을 발견한다.
전생에조차 자신이 짊어져야 할 의무와 실패들이 놓여 있었던 것이다. "전쟁에서 죽은 모든 사람들
이 그에게는 마치 살아남아서 자신의 죽음의 이유를 묻는 사람들처럼 보인다." 역사에 적극적으로
참여하는 사람은 인간의 피 흘리는 행진에 대해 설명할 필요성을 느낄 수밖에 없다. "우리는 그들이
흘린 피를 위로해야 한다." 인간의 진정한 역사와 시민적 행동은 이러한 '위로', 즉 '그들이 흘린 피
를 설명하는 일'로부터 출발한다. 우리는 역사 바깥에 있을 수 없으며, 우리의 힘으로 세계에 합리
적이고 인간적인 흔적을 남기기 위해서라면, 모든 일을 떠맡은 임무로부터 벗어날 수도 없다. 세계
가 무분별하고 악으로 가득하면 할수록 더더욱 그러하다.

고 정치적인 판단과 미적 판단을 분리할 수 없는 것이다.

아마도 파스테르나크가 의도한 것은 정확히 우리가 이미 끝났다고 생각한 질문들을 다시 던지게 하는 것이었을 터이다. 여기에서 '우리'란 관료주의적인 사회의 운영이나 이데올로기의 화석화를 필연적인 것으로 받아들이지 않았음에도 내란에서 벌어진 거대한 혁명의 폭력을 받아들일 수밖에 없었던 '우리 자신'을 의미한다. 파스테르나크는 혁명의 폭력에 관한 논의를 다시 이끌어 내며, 이후 이어지는 관료주의와 고착화된 이데올로기를 그러한 폭력의 결과로 본다. 대개는 트로츠키나 부하린의 비판에서부터 출발한 스탈린주의에 대한 가장 널리 퍼진 모든 부정적 분석, 즉 '몰락'한 체제에 대한 세평과는 달리, 파스테르나크는 혁명기 이전의 러시아에 존재했던 신비주의적 인간애로부터 출발하여, 마르크스주의와 혁명의 폭력뿐만 아니라 현대 인류애의 시험대라 할 정치를 비판하기에 이른다. 결국 파스테르나크는 오히려 모든 것을 긍정하는 것에 가까울 정도로 모든 것을 부정하는 상황에 이른 것이다. 역사-자연의 신성성에 대한 감각은 모든 것을 지배하는 제일의 원리이며, 야만적인 힘의 세계는 (파스테르나크의 놀랍도록 절제된 글쓰기 형식에서조차) 영원한 생명력을 과시한다.[18]

에필로그에서 세탁부인 타냐는 자신의 이야기를 들려준다.(하나의 알레고리로 등장하는 이 이야기는 연재소설에 자주 나오는 마지막 반전과도 같다. 타냐는 유리 지바고와 라라의 서녀로서, 유리의 형 예브그라프 지바고 대령은 타냐를 전쟁터에서 찾아 헤매는 것으로 나온다.) 서술은 기본적인 문체를 유지하는데 이는 미국 문학의 문체와 상당히 유사하다. 러시아

---

18) 원주 : 파스테르나크의 문화적 뿌리와 러시아 문화와 연관된 수많은 주요 주제를 전개하는 그의 방식에 대해서는 전문 연구자의 분석이 진정으로 필요하다.

내란 중의 거친 모험이 등장하는 에피소드는, 민담처럼 왜곡되고 비논리적이고 과장되어 민족학 관련서에서나 나올 법한 서술로 기억 속에서 다시 표면화된다. 지식인 고르돈은 수수께끼같이 신비한 다음 말로 작품의 막을 내린다.

숭고한 이상이 어수룩한 물질주의로 타락한 일은 흔히 있어. 그래서 그리스는 로마에게 패망했고, 러시아 계몽주의는 러시아의 혁명으로 바뀌었지. 그 두 시대 사이에는 대단한 차이가 있어. 어디에선가 블로크가 이런 말을 했어. "러시아의 무서운 시절에 사는 아이들인 우리들"이라고. 블로크는 비유적이고 상징적인 의미에서 그런 말을 했어. '아이들'은 진짜 아이들이 아니었지만 아이들과 후예들과 인텔리겐치아들에게 내린 계시이니 상당히 다른 얘기겠지. 이제는 비유가 현실이 되었고, 아이들은 아이들이고 공포는 무섭고, 그러니 차이점이 있게 되지.[19]

파스테르나크의 소설은 이렇게 끝이 난다. '타락한' 가운데에서 '숭고한 이상'의 빛을 감지하는 것으로. '숭고한 이상'의 요소들은 전적으로 죽은 유리 지바고에게 집중되어 있다. 그의 금욕주의는 점점 더 심해져서 모든 것을 거부하기에 이르며, 정신의 순수한 결정 상태에 이른다. 이러한 상태 속에서 그는 빈자로 살아가며, 의학을 저버리고, 철학적이고 정치적인 성찰을 담은 소논문(마지막 한 권까지 모두 팔리는!)을 써서 생계를 유지한다. 그리고 결국 전차에서 심장마비로 삶을 마감한다.

그리하여 지바고는 서구 현대 문학의 주인공들로 북적이는 부정의 영

---

19) 같은 책, 2권, 280~281쪽.

웅들의 갤러리에 자리하게 된다. 이 갤러리에 있는 수많은 영웅들은 모두 사회에 통합되기를 거부하는 '이방인', 아웃사이더들이다.[20] 그러나 지바고가 이 갤러리에서 특별히 예술적인 지위를 차지하는 것은 아니다. 아웃사이더들은 완벽한 인물들은 아니지만 항상 그들이 활동했던 극한 상황 속에서 강하게 부각되었다. 이들과 비교해 봐도 지바고는 음울한 인물로 남아 있다. 지바고의 삶에 대한 평가가 나오리라 기대하게 되는, 그의 마지막 나날들에 대한 이야기가 펼쳐지는 15장에서[21] 파스테르나크가 지바고에게 부여하는 중요성과 소설에서 그가 차지하는 빈약한 존재감 사이의 불일치는 놀랍게 느껴진다.

간단히 말해 나는 『닥터 지바고』가 지바고에 대한 이야기라는 것에 대해 동의할 수 없음을 말하고자 한다. 이 소설은 지적인 전기라 불리는 현대적인 서술 방식의 한 영역을 차지하고 있다고. 내가 말하는 것은 여전히 중요한 장르라 할 수 있는 명시적인 자서전이 아니라, 일정한 형식 안에서 믿음에 대한 고백이 전개되는 서술 방식에 대한 것이다. 이러한 고백의 중심에는 하나의 철학이나 시학을 대변하고 있는 인물이 존재한다.

이러한 인물, 즉 지바고는 누구인가? 파스테르나크는 그가 무한한 열정과 진정한 정신을 지닌 인물임을 확신하고 있다. 그러나 사실 우리가 그를 좋아하는 이유는 그가 평범한 사람이기 때문이다. 즉 그의 신중함과 우유부단함, 언제나 의자 가장자리에 걸터앉아 있는 듯한 태도, 언제

---

20) 원주 : '아웃사이더'는 이러한 종류의 문학 속 인물들을 분석한 책의 제목이기도 하다. 젊은 영국 출신의 작가인 콜린 윌슨은 이 책을 써서 영국에서 큰 명성을 얻고 있다.
21) 원주 : 쥐 떼가 돌아다니는 곳에서 끔찍한 몰골로 길을 떠나 러시아를 방랑하는 지바고의 마지막 나날들을 언급하는 장만은 예외로 두어야 한다. 파스테르나크의 작품에 등장하는 여행들은 모두 아름답다. 지바고의 이야기는 우리 시대의 오디세이아의 한 예라 할 수 있다. 키클롭스와 키르케, 나우시카에 의해 방해를 받으면서 페넬로페를 향해 나아가는 불안한 귀환이라는 점에서.

나 외적 요인에 설득되도록 스스로를 내버려 둔 채 조금씩 사랑의 힘에 무력해지는 모습 때문이다.[22] 대신 파스테르나크가 때로 어느 순간에 지바고에게 부여하고 싶어 했던 성스러운 후광은 그에게 무거운 짐이 되었다. 독자인 우리로서는 지바고를 신성한 존재로 여기도록 요구받지만 우리는 그렇게 할 수 없다. 우리는 그의 사상과 선택에 대한 책임을 공유할 수 없으며, 이러한 신성화는 결국 우리가 소설에서 등장인물에게 갖는 모든 인간적인 공감마저 해치는 결과를 낳기 때문이다.

이 소설에는 또 다른 인물의 삶이 처음부터 끝까지 관통하고 있다. 끔찍한 상황에서도 완벽하고 특별한 존재로 보이는 한 여성의 삶의 이야기를 읽으며 (그녀는 스스로에 대해 이야기하는 법이 거의 없다. 그녀에 대한 이야기는 오히려 다른 외부의 인물에 의해 더 자세히 서술된다.) 우리는 그녀가 그러한 끔찍한 상황으로부터 이끌어 낸 해결책 속에서 자신 주위에 부드러움을 전파하면서 삶을 헤쳐 나가는 것을 본다. 이 사람은 바로 라라, 즉 라리사다. 라라는 이 소설의 위대한 인물이다. 우리는 독서의 축을 옮김으로써 지바고의 이야기가 아니라 라라의 이야기가 소설의 중심에 놓여 있음을 발견하게 된다. 이 작품의 불균형한 면모와 서술이 지연되는 부분들을 부차적인 것으로 본다면, 우리는 『닥터 지바고』의 문학적이며 역사적인 중요성을 밝혀낼 수 있다.

22) 원주 : 이러한 성격으로 볼 때, 소설 속 등장인물로서 의사-작가인 지바고는 현실에 존재했던 전 세대의 의사-작가였던 체호프와 닮았다. 체호프는 그의 편지에서 알 수 있듯 균형 감각을 갖춘 인물이었다. 그러나 다른 한편 체호프는 지바고와 상반되는 인물이기도 하다. 평민 출신이었던 체호프의 세련미가 자연의 우아함이 드러나는 야생화와 같았다면, 지바고의 세련미는 평범한 사람들을 내려다보는 입장에 있었던 그의 출신 배경에 있다. 지바고가 신비주의적 상징주의자였던 반면, 체호프는 불가지론자로서 단지 몇 편의 단편소설에서만 신비주의적 상징주의의 요소를 드러냈다. 그러나 체호프의 그러한 신비주의적 상징주의의 요소는, 어떠한 신비주의에도 반대하는 작품 속에서 파편적인 지위만을 차지할 뿐이며, 한 사조에 대한 단순한 존중의 표시에 불과하다고 볼 수 있다.

라라의 이야기는 러시아(혹은 세계)에 대한 하나의 알레고리로서 우리 시대를 상징하는 완벽한 이야기이다. 라라(혹은 세계)를 향해 점차로 열리는 가능성 혹은 그녀(혹은 세계)에게 선사되는 모든 가능성들의 알레고리로서 말이다. 라리사의 주변에는 세 명의 남자들이 있다. 첫 번째 인물인 코마로프스키는 사악한 사기꾼으로 그녀가 유년 시절부터 삶을 야만적인 것으로 인식하게 만든 잔인함과 악덕함의 상징이다. 또한 기초적이고 구체적이고 실리적인 측면, 스스로를 확신하는 남자의 순수한 기사도 정신을 대변하기도 한다.(그는 결코 라라를 저버리지 않는다. 심지어 그녀가 그에게 총구를 겨누면서 그와의 부정했던 관계를 청산하려 한 뒤에도.) 코마로프스키는 부르주아지의 토대가 되는 모든 것을 인격화한 인물이지만 혁명은 그에게 의심스러운 수단을 통해 여전히 권력을 유지하게 해준다. 자신의 도덕적이고 고독한 결단이 무자비한 파괴로 결실을 맺을 수 있도록, 라라를 떠나 어떠한 방해물도 곁에 두지 않은 혁명가 파샤 안티포프와, 결코 그녀의 것이 될 수 없었던 연인이자 시인 유리 지바고가 각각 다른 두 남자다. 지바고가 라라를 전적으로 소유할 수 없었던 이유는 그가 스스로를 사물과 삶의 가능성들에 모두 내맡기고 있었기 때문이다. 지바고가 지속적으로 전면에 등장하고 안티포프는 뒤로 물러나 있는 것처럼 보이지만, 이 두 사람은 모두 그녀의 삶에서 같은 정도의 중요성과 같은 수준의 시적인 중요성을 차지하고 있다. 우랄에서 내란이 이어지는 동안, 파스테르나크는 두 남자가 이미 패배하도록 운명이 결정되어 있었던 것처럼 보여 준다. 적군 파르티잔의 대령이자 백군에게는 공포의 대상이었던 안티포프는 당에 가입하지 않았는데, 전쟁이 끝나면 자신이 추방당하고 제거되리라는 사실을 잘 알고 있었다. 닥터 지바고는 마지못해 동참하는 인텔리겐치아로서 새로운 지배 계급의 일원이 되기를 원하지 않으며 그럴 수도 없는 인물로, 냉혹한 기계 장치와도 같은 혁명 속에서 자신이 살아남지 못하리라는 사실을 알고 있었다. 안티포프와 지바고가 무기를 실은 기차에서 처음 만났을 때부터 마지막 만남의 순간까지 서로 얼굴을 마주하는 순간들, 그리고 두 사람 모두 바리키노의 마을로 추방당하게 되었을 때, 소설이 함축하고 있던 의미는 정점에 이른다.

    라라를 소설의 주인공으로 본다면 우리는 지바고라는 인물이 안티포프와 같은 층위에 있으며, 더 이상 과도하게 집중해야 할 인물이 아님을 알 수 있다. 또한 지바고가 더 이상 서사시적 설명을 '인텔리겐치아의 이야기'로 변화시키지도 않으며, 그가 군의관으로서 파르티잔들에게 억류되었던 경험에 관한 기나긴 서술이 과도하게 중요성을 띠거나 플롯의 개연성을 해치는 부분이 아니라, 주변적인 이야기의 서술이었음을 알게 된다.

    혁명의 법칙을 열정적으로 잔인하리만치 정확하게 적용하며 그러한 법칙 아래 자신이 사라지리라는 사실을 자각하고 있는 안티포프는 우리 시대의 매우 중요한 인물이며, 순수하고 소박한 위대한 러시아적 전통의 메아리에서 나온 인물이다. 라라는 고난을 겪지만 기쁨이 넘치는 여주인공으로, 지바고의 여자이면서 또 그의 여자로 남을 때조차 안티포프의 여자이며, 안티포프의 여자로 여전히 남아 있다. 같은 방식으로, 즉 설명하기도 규정하기도 어려운 방식으로 그녀는 코마로프스키에게 과거의 여자로 남아 있다. 라라가 근본적인 깨달음을 얻은 것은 바로 코마로프스키 때문이었다. 삶의 거친 면모를 코마로프스키로부터, 그의 담배 연기로부터, 그의 야비함으로부터, 호색한과 같은 기질로부터, 육체적 우월함을 과시하는 그의 태도로부터 배웠기에, 그녀는 폭력과 비폭력을 각각 옹호하는 순진한 이상주의자들인 두 남자, 즉 안티포프와 지바고보다 더 많이 아는 인물이다. 그리고 이러한 이유 때문에 그녀는 그들보다 더 중요하며, 그들보다 더 삶 그 자체를 상징하는 인물이며, 우리는 그녀를 그들보다 더 사랑하게 된다. 우리는 라라를 따라가고 파스테르나크가 그녀의 모습을 전체적으로 드러나지 못하게 감추어 둔 시기 동안 그녀를 찾아 헤매게 된다.[23]

나는 감정들, 질문들, 반대되는 의견을 이끌어 내는 방식으로 이 작품을 읽어 내고자 노력했다. 한 권의 책을 읽는 이러한 방식(책과 싸움을 벌이듯 읽는 방식)을 통해 이 책의 근본적인 주장, 즉 초월적인 인간성으로서의 역사라는 명제를 공유하지 않아도, 같은 문제를 고민하며 하나의 작품이 인간의 삶을 직접적으로 표상한다는 사실을 이해하고 존중하는 사람들에게 위와 같은 것들을 불러일으킬 수 있도록 말이다. 반대로 나는 항상 문학과 사상에서 이와는 정반대의 것을 찾고자 했다. 즉 인간이 적극적으로 역사에 참여하는 것 말이다. 우리 시대의 문학 교육에서 중요하게 다루는, 작가의 이데올로기적인 세계에서 '시적'인 요소를 분리해 내는 작업으로도 이것을 찾을 수는 없다. 이러한 역사-자연의 개념은 나를 매혹하는 그 고요한 엄숙함, 『닥터 지바고』에 이러한 위엄을 부여하는 개념과 동일한 것이다. 내가 이 책과 맺는 관계를 어떻게 규정할 수 있을까?

예술적으로 구체화된 하나의 개념은 의미가 없이는 결코 존재할 수 없다. 그러나 풍부한 의미를 지니고 존재하는 것이 곧 진실을 말하는 것이라고 할 수도 없다. 예술적으로 구체화된 개념이란 결정적인 어떤 지점, 하나의 문제, 놀라움의 근원을 가리키는 것을 뜻한다. 형이상학적인 알레고리로서 카프카는 현대 인간의 소외 문제를 가장 뛰어난 방식으

---

23) 원주 : 결국 그들은 라라를 우리에게서 급하게 떨어뜨려 시베리아의 수용소로 보낸다. 지바고의 죽음처럼 라라의 죽음 역시 개인적인 사건이라기보다는 '역사적인' 죽음이라 할 수 있다.

로 묘사했다. 그러나 파스테르나크는 너무나 '현실적'이지 않은가? 그러나 가까이 들여다보면 그의 포괄적인 '리얼리즘'은 단 하나의 서정적인 순간으로 이루어져 있다. 그리고 이 순간을 통해 그는 모든 현실을 걸러 낸다. 이는 마치 머리 위 저 먼 하늘을 바라보듯 역사를 바라보는(우러러보든 증오의 눈빛으로 보든) 인간이 맛보는 서정적인 순간이다. 소비에트 연방에서 위대한 한 시인이 인간이 세계와 맺는 관계에 대한 하나의 시각(수년 동안 파스테르나크가 가졌던 인간과 세계의 관계에 대한 첫 번째 시각은 공식 이데올로기와 일치하지 않으면서 자율적으로 발전해 왔다.)을 고안해 내야 했다는 사실은 역사적으로나 정치적으로나 깊은 의미를 지닌다. 그것은 평범한 사람은 역사를 통제할 수 있는 감각이나, 사회주의를 창조할 수 있는 감각을 갖기가 지극히 어려우며, 역사 안에서 자신만의 고유한 자유와 책임, 창조성, 폭력, 관심 혹은 무관심을 표현할 수 있는 감각도 거의 가질 수 없다는 사실을 증언해 주는 것이다.[24]

아마도 파스테르나크의 중요성은 다음과 같은 경고 안에서 찾아볼 수 있을 것이다. 역사(자본주의 세계에서든 사회주의 세계에서든)는 아직 충분히 역사라 할 수 없다. 현재의 역사는 인간의 이성이 의식적으로 구축한 것이 아니라, 여전히 생물적인 현상들과 야성적인 자연의 연속일 뿐이지, 결코 자유의 왕국이 아니기 때문이다.

24) 아마도 파스테르나크의 이 작품이 주로 다루고 있는 시기는 이러한 주장을 적용하기 가장 힘든 시기일 수도 있다. 집필 기간 동안 파스테르나크는 현재에 대한 그의 관점을 과거에 반영시켰다. 아마도 파르티잔들에게 억류된 상태에서 여전히 자신이 그들의 적이라고 여기면서도 그들과 함께 일하고 투쟁하는 의사의 모습 속에서 파스테르나크는 스탈린 체제 하에서 자신의 조국이 처한 상황을 그려 내고자 했던 것 같다. 그러나 이 모든 것들은 추측일 뿐이다. 우리가 무엇보다 진정으로 알아야 할 것은 파스테르나크가 지바고의 이야기를 의도적으로 1929년에 끝내고자 했던 것인지의 여부이며, 혹은 결국 우리 시대의 이야기로 귀착되는 이 이야기를 시작하면서 그가 어느 순간 자신이 하고자 했던 이야기를 이미 충분히 쓴 것이라고 깨달았던 것은 아닌가 하는 점이다.

이러한 의미에서 파스테르나크의 세계에 대한 개념은 '참'이다. 보편적인 기준을 부정항으로 본다면 세계에 대한 그의 개념은 '참'인 것이다. 에드거 앨런 포나 도스토예프스키, 카프카의 사유가 이런 기준에서 참된 것이듯 말이다. 그리고 그의 책은 위대한 시가 지니는 탁월한 '유용성'을 지니고 있다. 소비에트 사회는 이 작품을 어떻게 이용해야 할지 알게 될까? 세계의 사회주의 문학은 이 작품에 답을 제시할 수 있을까? 이러한 일들은 오직 자기비판 능력과 창조성이 풍부한 세계에서만 이루어질 수 있으며, 또한 훨씬 더 사물에 엄격하게 근접하는 문학에 의해서만 이루어질 수 있다. 이제 '리얼리즘'이라는 말은 보다 깊은 의미를 갖게 된 것이다.(그러나 '리얼리즘'이라는 말은 항상 그러한 뜻을 가리켜 오지 않았던가?)

(1958)

카를로 에밀리오 가다의
아티초크와도 같은 세계

　세계의 실재는 우리의 눈에 다양하고 가시투성이이며, 빽빽하게 겹쳐진 여러 개의 층처럼 보인다. 마치 아티초크[1]처럼 말이다. 문학작품을 대함에 있어 우리가 생각해야 할 것은 무한한 아티초크의 겹을 벗겨 내듯 그것을 읽으면서, 보다 더 새로운 차원들을 발견하고, 그러한 세계를 계속해서 벗겨 낼 수 있는가 하는 가능성이다. 이러한 이유로 나는 오늘날 우리가 중요하고 뛰어난 작가라고 언급하는 이들 중에서 오직 카를로 에밀리오 가다(Carlo Emilio Gadda, 1893~1973)만이 위대한 작가라는 이름에 걸맞은 작가라고 생각한다.

　표면적으로 가다의 『고뇌의 인식(La cognizion del dolore)』은 상상할 수 있는 한 가장 주관적인 작품으로, 시종일관 무의미한 절망을 쏟아 내는 듯

---

[1] 엉겅퀴와 비슷한 국화과 식물.

한 작품이다. 그러나 실제로 이 책은 객관적이고 보편적인 의미를 담고 있다. 한편『메룰라나 가(街)의 무서운 혼란』은 우리 주위의 삶의 초상을 완전히 객관적으로 그려 낸 작품이다. 울창한 나무숲에서 산토끼나 사냥꾼의 형상을 골라내는 어린아이들의 게임에서처럼, 복잡한 설계도의 선 사이에 숨어 있는 자화상의 형상을 그려 낸 대단히 서정적인 작품이기도 하다.

『고뇌의 인식』에 대해 주안 페티트는 매우 시사적인 언급을 했다. 책에서 가장 주요한 감정으로 나오는 엄마에 대한 사랑과 증오라는 양가적 감정은, 바로 그의 조국과 사회적 환경에 대한 사랑-증오의 감정으로 해석할 수도 있다는 것이다. 이러한 유추는 더 확장될 수 있다. 주인공인 곤잘로는 마을을 굽어보는 언덕에서 홀로 고독하게 사는 부르주아로서 자신이 한때 사랑했던 모든 풍경과 가치가 완전히 와해되었다고 믿는 사람이다. 도둑이 들까 염려하며 강박에 시달리는 주인공은 시대의 불확실성을 경계하는 보수적인 감각을 표현하고 있다. 도둑의 위협에 대비해 마을 사람들의 안전을 지키는 경비대가 활동하고 있기는 하다. 그러나 이 조직은 너무나 의심스러워서 결국 곤잘로에게는 도둑에 대한 공포보다 더 심각한 문제가 된다. 파시즘이 꾸준히 언급되지만, 나머지 작품 속 이야기를 알레고리적인 독해로 동결시켜 버리거나, 다른 해석의 가능성을 허용하지 않을 정도로 분명하지는 않다.

(경비대는 퇴역 군인들로 구성되어 있는데, 가다는 이들이 과시하는 애국주의에 대해 의심의 눈길을 거두지 않는다. 이 책뿐만 아니라 가다의 작품에서 가장 근본적인 핵심에 대해 이야기해 보도록 하자. 1차 세계대전에 참전하면서 가다는 전쟁을 19세기에 전면적으로 등장한 도덕적 가치들이 최고의 표현 양식을 찾은 순간이자 그러한 가치들이 소멸하는 시작점으로 보았다.

혹자는 가다가 1차 세계대전에 대해 과도한 사랑과, 그의 내면과 외부 세계 모두 결코 회복할 수 없었던 충격에서 나온 공포를 동시에 느꼈다고 말한다.)

곤잘로의 어머니는 그가 경비대에 가담하기를 원했지만, 곤잘로는 이에 끈질기게 반발한다. 이러한 표면적인 불화 속에서 가다는 그리스 비극에서처럼 견딜 수 없는 긴장을 봉합하려 애쓴다. 그의 위대함은 심리적이고도 실존적이며 윤리적이고 역사적인 의미를 지닌 지옥의 섬광으로 평범한 일상의 순간들을 밝혀내는 능력에 있다.

소설은 곤잘로가 야간 경비대에 가입하여 어머니가 승리를 거두는 것으로 종결되는 듯하지만, 도둑들에 의해 어이없이 마을이 강탈당하고, 그들의 습격 속에서 어머니가 목숨을 잃는다는 사실은 우화의 순환적인 구조 안에서 서술이 끝날 수도 있음을 암시한다. 그러나 가다가 종결보다는 엄청난 긴장을 구상하는 데 보다 더 관심을 기울이고 있음은 누구든 쉽게 알아차릴 수 있다. 가다는 그러한 긴장들을 소설 속의 모든 세부 묘사와 여담 속에도 드러내고 있다.

나는 여기에서 역사적인 측면에서 하나의 해석, 철학적이고도 과학적인 해석을 시도하고 싶다. 가다의 문화적인 배경은 실증주의다. 그는 밀라노의 폴리테크니코 학교에서 공학 학위를 받았으며, 실제적인 기술과 자연과학의 문제들과 전문 용어에 몰두했다. 그리하여 그는 우리 시대의 위기를 안정적인 합리주의와 진보에 대한 19세기의 신념으로부터 어떠한 확실성도 존재하지 않으며, 표현할 수 없을 정도로 복잡한 세계로 이행하는, 과학적인 사유의 위기로 보았다. 『고뇌의 인식』에서 중요한 장면은 마을 의사가 곤잘로를 진찰하러 왔을 때, 즉 과학을 신봉하는 의사의 19세기식 이미지와, 잔인하고 그로테스크한 내면적 초상을 지닌 곤잘로의 비극적인 자의식이 충돌하는 순간이다. 20여 쪽밖에 되지 않는 작품이 대부분이지만(그의 뛰어난 글들 몇 편은 이러한 단편들이다.) 발표작과 미발표작을 합쳐 그가 수없이 쏟아 낸 작품 중에서, 나는 가다가 공학도로서 근대 건축물들에 대해 이야기한 라디오 방송용 원고에 대해 이야기하고 싶다. 근대 건축물들이 철근 콘크리트로 만들어지는 과정을 묘사하면서 가다는 베이컨이나 갈릴레오의 고전적인 구축물들을 언급하기 시작한다. 그러나 그는 이렇듯 기술적으로 정교한 이야기를 하다가 점차 근대 건축물들의 벽이 소음을 걸러 내지 못한다는 점을 설명하면서 흥분조에 이르고, 다양한 언어들을 동원하기에 이른다. 그런 후 그는 심리적인 영역으로 넘어가서 소음이 뇌수와 신경계에 미치는 영향을 설명한다. 그리고 결국 거대한 도시의 아파트 건축물에서 소음에 시달리는 고통에 대해 이야기를 늘어놓는, 불꽃같이 화려한 말잔치로 작품을 끝낸다.

나는 이러한 산문이 가다의 문학 형식이 지닐 수 있는 능력을 보여 줄 뿐만 아니라, 또한 그의 문화적인 중요성, 그러니까 엄격한 기술 과학도의 합리주의에서부터 가장 어둡고 지옥과도 같은 내면의 심연으로 하강하는 데에 이르는, 만화경과도 같은 철학적인 입장의 전 단계를 모두 드러내 준다고 본다.

(1963)

가다의
『메룰라나 가(街)의 무서운 혼란』

카를로 에밀리오 가다는 1946년 『메룰라나 가의 무서운 혼란(*Quer pasticciaccio brutto de via Merulana*)』을 쓰기 시작하면서 탐정소설이면서 철학적인 소설을 쓰겠다는 계획을 세웠다. 탐정소설의 줄거리는 당시에 로마에서 일어났던 한 범죄 사건에서 착상한 것이었다. 철학소설로서 이 작품은 바로 첫 번째 페이지에서부터 시작되는 다음과 같은 개념에 기초하고 있다. "모든 결과에 대해 오직 하나의 이유만을 찾고자 한다면, 우리는 어떠한 것도 설명할 수 없다. 모든 결과는 다수의 원인들에 의해 결정되기 때문이다. 그리고 각각의 원인들은 차례로 끝없이 수많은 다른 원인을 뒤에 숨기고 있다. 그러므로 모든 사건(예를 들어 하나의 살인 사건조차)에는 서로 다른 원천에서 나온 각각의 급류들이 모여 하나의 소용돌이처럼 흐르는데, 모두 진실을 찾는 데 있어 간과할 수 없는 것들이다."

세계를 '여러 체계들의 체계'로 보는 관점은 사후에 출판된 그의 논문

중 하나인 철학적인 단상을 기록한 노트에서 설명되고 있다. 저자는 자신이 가장 좋아하는 철학자들, 즉 스피노자, 라이프니츠와 칸트에서부터 시작하여 자신만의 '방법서설'을 구축해 낸다. 그 '방법서설'이란 한 체계 속의 모든 요소들은 차례로 각각 하나의 체계를 이루며, 모든 체계는 체계의 계보학에 연결되어 있다는 것, 한 요소 안의 모든 변화는 전체 체계의 변화를 함축한다는 것이다.

그러나 보다 더 중요한 것은 이러한 철학이 가다의 문학적 형식 안에 반영되어 있다는 점이다. 대중적 용어와 학문적 용어의 혼합, 내적 독백과 연구에 기초한 산문, 다양한 방언과 문학적인 인용이 뒤섞인 언어 안에서 말이다. 또한 이러한 철학은 사소한 세부 묘사가 매우 중요하게 취급되고 그것이 결국 전체 표면을 잠식하며, 모든 구조를 감추거나 흐릿하게 하는 결과를 초래하는 것으로 끝이 나는 특유의 서사 구조 속에서도 드러난다. 따라서 이 소설 안에서 탐정 이야기는 점차 뒤로 물러나고 잊히게 된다. 아마도 독자들은 누가 살인을 했으며, 왜 했는지를 밝혀내는 데 집중할 테지만, 가다에게는 닭 한 마리와 땅에 떨어진 닭의 배설물을 묘사하는 것이 미궁에 빠진 살인 사건을 해결하는 것보다 더 중요하다.

가다가 탐구하고자 하는 것은 삶이라는 들끓는 가마솥이자, 무한히 겹쳐져 있는 현실의 층들이었으며, 풀 수 없는 앎의 매듭이었다. 아주 사소한 사물이나 사건에조차 반영되어 있는 이러한 세계의 복잡성은 극단적인 격발의 지점까지 이른다. 이 소설이 미완성으로 끝날 운명인지, 아니면 각 에피소드마다 새로운 소용돌이를 열어 보이면서 무한히 계속되어 나갈 수 있을지를 생각해 보는 것은 의미 없는 일이다. 가다는 로마라는 도시를 형성해 가는 단 하나의 복잡한 사물, 조직, 상징이 각 페이지에서 얼마나 복잡하게 뒤얽힐 수 있는지 탐험해 보고 싶었던 것이다.

우리는 즉시 이 소설이 단순히 탐정소설과 철학소설을 결합하려는 의도에서 나온 것이 아님을, 또한 로마에 대한 소설도 아님을 지적해야만 할 것이다. '영원한 도시'야말로 책의 진정한 주인공이며, 그러한 도시 속의 사회 계급들, 즉 중간 계급에서도 가장 중간 계급에서부터 범죄가 빈번한 지하 세계에 이르기까지, 또한 그 방언들 모두가 바로 이 작품의 주인공이다.(이 작품에는 다양한 방언들, 특히 남부 특유의 방언들이 들끓는다.) 즉 그 외향적인 면에서부터 가장 어두운 내면에 이르기까지, 현재와 신화가 숨 쉬는 과거가 혼재하는 로마, 일상적인 사건에서조차 헤르메스와 키르케를 불러들이는 로마, 하인들이나 좀도둑조차 베르길리우스의 작품에서처럼 아이네이아스, 디오메데스, 아스카니우스, 카밀라, 라비니아로 불리는 로마가 주인공인 것이다. 네오리얼리즘 영화에서처럼 소음이 난무하고 밑바닥 인생이 펼쳐지는 로마는 가다의 작품에서 문화적이고도 역사적이며 신화적인 깊이를 얻는다. 이러한 깊이는 네오리얼리즘이 간과했던 부분이기도 하다. 또한 가다는 작품에서 르네상스와 바로크 시대 회화에 이르기까지 예술사적인 면에서 바라본 로마에 대해서도 언급한다.(유독 눈에 띄는 성자의 커다란 맨발에 대한 언급처럼.)

사실 이 작품은 로마인이 아닌 사람이 쓴 로마에 대한 소설이다. 가다는 밀라노 출신으로 자신이 고향의 중산층에 속한다고 생각했다. 가다는 (실용성, 기술적인 효율성, 도덕적인 규범과 같은) 밀라노 특유의 가치들이, 서로 속고 속이며 요란하고 도덕이라고는 찾아볼 수 없는 이탈리아에 의해 전복되었다고 느꼈다. 그러나 그가 쓴 소설들이나 자전적인 소설(『고뇌의 인식』)이 모두 밀라노 사회와 그 방언에 뿌리를 두고 있다 해도, 보다 광범한 대중의 관심을 받은 이 작품은 거의 로마 방언으로 쓰였다. 그러한 방언 속에서 로마는 물리적인 환경과 함께 마녀의 집회처럼 지옥과도 같은 곳으로 비친다.(그러나 『메룰라나 가의 무서운 혼란』을 쓸 당시 가다는 로마에서 바티칸의 난방 체계 감독관으로 일하면서 1930년대에 몇 년간을 살았을 뿐이었다.)

가다는 모순적인 사람이었다. 전기공학도로서(그는 자신의 직업적인 기술을 10년 동안 국외에서 활용했다.) 그는 과학적이고도 합리적인 정신을 통해 자신의 섬세하고 예민한 기질을 통제하고자 했다. 그러나 그것은 오히려 상황을 나쁘게 만들 뿐이었다. 따라서 그는 자신의 글쓰기 속에서 지난 세대의 신사처럼 예의 바른 태도와 공손한 자세로 위장한 채 실제 생활에서는 억누르고자 했던 기질들, 즉 광기와 공포, 인간 혐오증을 드러냈다.

비평가들은 그의 서사 구조와 언어가 가히 혁명적이라 평가했으며, 그를 표현주의자, 혹은 제임스 조이스의 추종자로 평가했다.(이러한 명성은 가장 엄격한 문학평론가로부터 나온 것으로 데뷔 초부터 그를 따라다녔으며, 그를 추종하는 1960년대 아방가르드 진영의 젊은 작가들에 의해 굳어졌다.) 그러나 그의 개인적인 문학 취향은 고전과 전통에 더 가까웠다.(그가 가장 좋아하는 작가는 점잖고 현명한 만초니였다.) 그리고 그가 소설가로서 존경하는 인물은 발자크와 졸라였다.(그는 19세기 리얼리즘과 자연주의의 전통적인 기술들을 사용했다. 신체에 대한 세부적인 묘사를 통해 인물들의 성격과 그 배경 및 상황을 그려 내는 장면과, 점심에 와인을 맛보는 모습을 감각적으로 표현해 낸 이 작품의 첫 장면은 그의 이러한 전통적인 글쓰기 스타일을 설명해 준다.)

자신이 살았던 시대를 과격하게 풍자하고 (작품 속에서 무솔리니의 억센 턱을 빈정거리는 부분에서도 알 수 있듯) 무솔리니를 노골적으로 증오했던 가다는 정치적인 의미에서 어떠한 급진주의와도 완전히 동떨어져 있었다. 오히려 예의와 질서를 준수하는 점잖은 신사로서 법을 존중하고 과거의 안정된 사회를 그리워하며, 1차 세계대전에 참전하여 미봉책이나 무능력 혹은 과도한 야망이 빚어낸 손실에 대해 끊임없이 분개하며 양심적인 장교로서 복무했던 건전한 애국자이기도 했다. 무솔리니의 독재가 시작된 1927년이 배경인 것으로 추정되는『메룰라나 가의 무서운 혼란』에서 가다는 단순히 파시즘을 풍자해 보고자 했던 것이 아니다. 그는 몽테스키외의 3권 분립을 국가가 존중하지 않을 때 일상을 지배하는 정의에 어떤 결과가 발생할지를 매우 면밀하게 분석했다.(여기서 가다가『법의 정신』을 염두에 두고 있음은 명백하다.)

구체적이고 세부적인 것을 중요시하는 지속적인 욕구, 현실에 대한 이러한 취향은 너무나 강렬해서 가다의 글쓰기에 일종의 혼란과 극도의 긴장, 심지어 장애를 초래하기도 한다. 등장인물들의 목소리며 감각, 무의식적인 꿈들은 작가 자신의 끊임없는 현존과 혼재되고, 그의 과민함의 폭발, 문화에 대한 풍자는 복잡한 언급과 함께 뒤섞인다. 복화술사의 행위처럼 이러한 모든 목소리들은 각각 하나의 이야기 안에 겹쳐지며, 때로는 한 문장 안에서 어조가 바뀌거나 리듬이 변형되기도 하며, 모두 가성으로 변하기도 한다. 소설의 구조는 극도로 풍부하게 표현된 물질의 세계와 작가가 부여한 극도의 밀도로 인해 그 내부로부터 변화한다. 이러한 과정에서 살펴볼 수 있는 실존적이고도 인지적인 측면에서의 트라우마는 내재적으로 잠복해 있지만, 희극적이며 재치 넘치며 그로테스크한 변형은 모두, 언제나 불행한 삶을 살았으며 신경증에 고통받으면서, 타인과 관계 맺는 일에 어려움을 겪고, 죽음의 위협을 느꼈던 가다가 자신을 표현하는 자연스러운 수단이었다.

그는 소설의 구조를 혁명적으로 변화시키기 위해 글쓰기의 형식에 변화를 주기로 계획하고 시작한 것이 아니었다. 그의 꿈은 서사의 규칙에서 한 치도 어긋나지 않는 엄격한 소설을 구축하는 것이었으며, 소설을 사색의 도구로 생각하지도 않았다. 그는 수년 동안 미완성한 소설들을 그대로 간직하다가, 그러한 소설을 사색의 도구로 삼는 일을 완전히 포기한 후에야 출간을 결심하곤 했다. 어떤 사람들은 몇 페이지만으로도 『고뇌의 인식』이나 『메룰라나 가의 무서운 혼란』의 줄거리를 마무리하기에 충분하다고 느낀다. 그가 단편으로 쪼갠 다른 몇 편의 소설들은 다시 모아서 완전하게 만들 수 없는 경우도 있다.

『메룰라나 가의 무서운 혼란』은 두 범죄 사건을 추적하는 두 명의 경찰관에 대해 이야기하고 있다. 로마의 중심부에 있는 같은 건물에서 일어난 사소한 사건 하나와 끔찍한 사건 하나. 위안을 필요로 하는 한 과부는 보석을 잃어버리고, 아이가 없어서 위로를 얻지 못하던 한 유부녀는 칼에 찔려 죽음을 맞는다. 성취하지 못한 모성에서 비롯된 강박은 이 소설에서 매우 중요하다. 릴리아나 발두치 부인은 양녀로 받아들인 여자 아이들에 둘러싸여 지내지만 몇 가지 이유로 그 아이들을 떠나보내야만 한다. 릴리아나라는 인물은 피해자인데도 불구하고 소설 전체를 지배하며 그녀가 주변에 흩뿌리는 듯한 암술의 향기는 여성성에 대한 가다의 음산한 관점을 열어 보인다. 자연의 신비한 힘에 대해서 가다는 수 페이지에 걸쳐 자신이 느낀 어지러움을 표현한다. 그 안에서 여성의 육체에 대한 생각은 지리학적이고 기원론적인 은유와 결합하며, '사비니 여인의 겁탈' 이후에 번성하게 되었다는 로마의 기원[1]에 관한 전설과 연결된다. 여성을 오직 생식 기능을 하는 존재로만 폄하하는 전통적인 반(反)여성

---

1) 로마를 건국한 로물루스는 계속되는 전쟁으로 인해 남자의 수가 적어지자, 사비니의 여인들을 강제로 납치, 겁탈하여 혈통을 이었다고 한다.

주의는 여기에서 매우 거친 언어들로 표현되고 있다. 이러한 반여성주의는 플로베르의 『통상 관념 사전』에서와 같은 것으로 보아야 할까, 아니면 저자 자신이 실제로 이러한 견해를 취했던 것일까? 문제를 보다 정확히 규정하기 위해서 우리는 두 가지 상황을 염두에 두어야 한다. 하나는 역사적인 상황이고, 또 하나는 작가의 심리에 관계된 것이다. 무솔리니가 권력을 휘두르고 있었을 때 국가적인 프로파간다가 주입했듯 이탈리아인들의 주요 임무는 조국을 위해 아이를 갖는 것이었다. 오직 아이들을 많이 낳은 어머니와 아버지들만이 존경을 받을 수 있었다. 출산에 대한 이러한 과도한 숭배의 열기 속에서, 여자 앞에서는 온몸이 굳어 버릴 정도로 낯가림이 심했던 가다는 고통스러워했으며 소외감을 느끼면서 여성에 대한 동경과 혐오라는 두 감정 사이를 오가게 되었다. 여성에 대해 동경과 혐오를 동시에 품었던 그의 이러한 면모는, 이 책의 가장 뛰어난 부분인, 마치 성인의 순교 장면을 그린 바로크 회화처럼, 목이 끔찍하게 잘린 여성의 몸을 묘사하는 부분에서 잘 드러난다. 경감 프란체스코 인그라발로는 이 살인 사건에 두 가지 이유로 특별한 관심을 기울인다. 첫 번째는 살해당한 여자가 자신이 아는 사람이었기 때문(또한 그가 욕망했던 여자였기 때문)이다. 두 번째는 그가 남부 출신으로, 철학적인 환경 속에서 자랐고 인간과 관련된 모든 것에 예민한 감수성을 지녔을 뿐만 아니라, 과학에 대한 열정에 이끌리는 사람이었기 때문이다. 하나의 결과를 결정하는 원인들의 복수성에 관한 이론을 정립한 것도 그였다. 또한 그는 이러한 다수의 원인들 중에 반드시 어떠한 형태로든 성(性)과 관련한 원인을 포함시켰다.(물론 쉽게 눈치 챌 수 있듯 그는 당시에 프로이트를 읽고 있었다.)

인그라발로 경감이 저자의 철학적 대변인이라면, 가다가 심리적인 면과 시적인 차원에서 동일시할 수 있는 또 다른 인물이 있다. 바로 은퇴한 공무원인 안젤로니인데, 그는 세상에서 가장 순수한 사람인데도 질문에 재빨리 대답하지 못하고 서투른 태도를 보이는 바람에 용의자로 지목된다. 내향적이고 우울한 젊은이인 안젤로니는 고대 로마의 거리를 홀로 걸으며, 자주 폭식의 유혹을 느끼거나 나쁜 습관에 빠져 든다. 그는 식품점에서 프로슈토[2]를 주문하는 습관이 있는데 이 식품점은 그곳에서 일하는 반바지를 입은 소년들을 시켜 그의 집 문 앞까지 주문한 것들을 가져다주곤 했다. 경찰은 이 소년들 중 한 명을 찾고 있었으며, 이들 중 한 명이 절도 사건의 공모자이며, 살인 사건에 연루되어 있다고 보았다. 안젤로니는 자신의 동성애적 기질이 탄로 날까 두려워하면서 자신의 명예와 사생활을 지키고자 경계하는 인물로, 경찰의 심문에서 무언가를 빼먹고 말하거나 모순되게 말한 것 때문에 결국 실패하여 체포되고 만다.

  그리고 살해된 여인의 조카에게 보다 위중한 혐의가 지워진다. 그는 자신이 어떻게 오팔 대신 옥이 박힌, 훈제 청어처럼 붉은빛을 발하는 진귀한 보석 목걸이를 갖게 되었는지를 설명해야만 했다. 절도에 대한 심문은 더더욱 확실한 증거들을 확보하는 것처럼 보인다. 로마에서부터 시골 마을에 이르기까지(그러므로 이제 관할은 경찰이 아니라 헌병에게로 넘어간다.) 강박적으로 수많은 보석을 수집하던 과부를 자주 방문하던 전기 기사이자 그녀의 기둥서방이던 디오메데 란치아니를 찾는 일에 수사가 집중된다. 이 마을에서 독자들은 아이가 없던 릴리아나 부인이 지극하게 돌봤던 여러 여자 아이들의 흔적을 좇게 된다. 그리고 바로 그곳에서 헌병은 침실용 요강 속에서 살해된 여인이 갖고 있던 보석을 비롯하여 과

---

2) 향신료가 많이 든 이탈리아 햄.

부가 도난당한 보석을 발견하게 된다. 보석에 대한 묘사를(오팔이나 옥에 관한 앞서의 묘사에서처럼) 통해 가다는 형식의 대가(大家)로서 장기를 발휘할 뿐 아니라 현실에 또 다른 차원을 부여해 낸다. 언어학적이고, 음성학적이며, 심리학적이고, 물리적이며, 역사적이고, 신화적인, 또한 미식(美食)적인 차원 외에도 우리는 이러한 광물의 지하 세계로 인도되는 것이다. 숨겨진 보석들, 지리학적인 역사와 더불어 잔인한 살인 사건의 한 가운데서 이 생명 없는 물질도 힘을 발휘하게 된다. 보석의 소유를 둘러싸고 가다는 심리학과 등장인물들의 정신병리학적인 문제 사이에 얽힌 매듭을 단단하게 조인다. 가난한 아이들에 대한 집착을 가다는 "좌절감에 휩싸인 여성들의 전형적인 정신이상 증세"라고 정의하면서, 이것이 바로 불행한 릴리아나가 보석과 함께 '아이들'에 둘러싸이게 된 이유라고 설명한다.

이 소설의 미스터리를 해결하는 방법은 여러 가지인데, 그중의 하나가 초고 형태의 원고에서 4장이었던 부분을 참고하는 것이다. 이 부분은 손에 쥔 패를 빨리 공개하고 싶어 하지 않았던 가다가 작품을 책으로 출간할 때 특별히 삭제하기를 원했던 부분이다. 이 부분에서 경감은 릴리아나의 남편이 이전에 이들 부부가 입양했던 아이인 버지니아와 관계를 가졌던 사실을 밝혀낸다. 이 여자 아이는 레즈비언 성향이 있고(릴리아나와 그녀의 억압된 생식의 설정에서는 사포의 분위기가 감돈다.), 도덕심이 없고, 돈에 대한 탐욕이 많으며, 사회적 야망에 불타며(버지니아는 자신의 양아버지의 연인이 되었지만 결국 그의 돈을 갈취하는 위협적인 인물이 된다.), 증오심을 내비치는 급작스러운 돌발 행동 등으로 눈에 띄던 아이였다.(버지니아는 구운 고기를 칼로 저미면서 잔인한 위협의 말을 내뱉기도 한다.)

그렇다면 버지니아가 살인자인가? 미출간 상태였다가 최근 발견되어 출간된 자료(『부유한 사람들의 아파트 건물』(토리노: 에이나우디, 1983))를 살펴보면 이러한 의심은 쉽게 지워진다. 이 부분은 소설의 초고를 쓰면서 동시에 영화 대본으로 썼던 것이기도 하다. 아마도 가다는 이 부분을 소설을 쓰기 바로 직전이나 바로 직후에 쓴 듯하다. 이 부분에서 전체 줄거리가 드러나고 모든 세세한 부분이 명확해진다.(우리는 디오메데 란치아니가 아니라 에네아 렌탈리가 절도범이라는 사실을 알게 된다. 렌탈리는 좁혀 오는 수사망을 피하기 위해 경찰서에 불을 지르고 이후 총살되는 인물이다.) 이 대본은(피에트로 제르미가 1959년에 만든 영화와는 아무 관련이 없다. 여기에는 가다가 전혀 참여하지 않았다.) 영화 제작자나 감독에게 채택되지 못했다. 그리고 이는 전혀 놀랄 일이 아니다. 영화에 대해 다소 순진한 생각을 갖고 있었던 가다는 페이드아웃만 끊임없이 반복하면서 인물들의 생각과 세부적인 배경 묘사를 전개하고 있기 때문이다. 이 스크립트는 소설을 위한 대강의 스케치로는 흥미로운 읽을거리지만 인물의 행위나 심리에 대해서는 어떠한 진정한 긴장감도 만들어 내지 못한다.

간단히 말해 문제는 '누가 살인을 저질렀는가'다. 그러나 이미 소설의 서두에서부터 우리는 살인 사건을 일으킨 원인이 희생자를 둘러싼 '역학의 장' 전체임을 알게 된다. 살해된 희생자가 발산하는 '운명에의 충동', 즉 희생된 여자의 상황과 이와 관련된 다른 사람들의 상황이 얽힌 사건들이라는 거미줄을 씨줄 날줄로 엮는 '운명에의 충동'이 바로 그것이다. "모든 인간을 둘러싸고 있는 역학과 가능성들의 체계, 즉 보통 운명이라 불리는 것"말이다.

(1984)

에우제니오 몬탈레의 시
「어느 날 아침」

어렸을 적 나는 시를 즐겨 외우곤 했다. 우리 세대는 학교에서 시를 많이 배운 편이었고(요즘에도 학교에서 많은 시를 가르쳤으면 한다.) 나는 수년이 지나도 무의식처럼 다시 떠오르는 그 시들을 평생 마음속으로 되뇌곤 했다. 중학교를 졸업한 이후에는 직접 교과서에 없는 시인들의 작품을 찾아서 공부하기도 했다. 그 당시에는 에우제니오 몬탈레(Eugenio Montale, 1896~1981)의 『오징어 뼈』와 『기회』가 이탈리아의 에이나우디 출판사에서 회색 표지의 책으로 출간되어 널리 읽혔다. 그래서 열여덟 살 무렵 나는 몬탈레의 시 몇 편을 외우게 됐다. 몇 편은 이제 기억 속에서 사라졌지만 나는 오늘날까지도 그때 외운 시들의 일부를 기억하고 있다.

요즈음 몬탈레를 재독하면서 나는 자연스럽게 기억(비워지는 것) 속에 깊게 각인된 시 목록으로 되돌아가곤 한다. 남겨진 것과 기억 속에서 삭제된 것을 분석하고, 내 기억 속에서 시가 어떻게 달라졌는지, 혹은 통째로 변형되었는지를 살피면서 그러한 시들을 깊이 탐구할 수 있었으며 내가 그 시들과 함께 쌓은 관계를 들여다볼 수 있었다.

여기서는 시 한 편을 골라내어 살펴보고자 한다. 몬탈레의 시, 그중에서도 특히 의식적이거나 무의식적인 메아리를 불러일으키거나, 그 주관적인 목소리를 더듬어 보게 하는 시보다는, 내 기억 속에 오래 머물면서 흠이 좀 생기긴 했지만 전적으로 현대적이고 객관적인 독서에 적합한 시 한 편을 고르고자 한다. 여기서 내가 선택하고자 하는 시는 「어느 날 아침(Forse un mattino andando)」이다. 이 시는 나의 정신 속 턴테이블 위에 놓인 다른 어떤 시들보다도 더 자주 연주되고, 매번 처음 읽는 것처럼 어떠한 향수의 떨림도 없이 내게 다시 돌아오곤 하는 시 중 하나다.

「어느 날 아침」[1]은 「오징어 뼈」와 같다. 「어느 날 아침」이 서술시여서라기보다는(몬탈레의 전형적인 서술시는 「쓴 향기를 휘젓는 돌풍」으로 여기에서 행위의 주체는 바람이 몰고 온 돌풍이며, 행위 그 자체는 인간의 부재를 단순히 구체화한 것이다. 그리하여 서술적인 운동은 인간적인 대상의 부재와 무생물의 주체가 나란히 대비를 이루는 데 있다.) 이 시에는 어떠한 대상도, 자연적인 상징도, 특정한 풍경도 없기 때문이다. 이 시에는 추상적인 상상력과 몬탈레에게서 좀처럼 찾아보기 힘든 사유가 담겨 있다.

그러나 나는 내가 기억 속에서 이 시를 다음과 같이 조금씩 수정해 놓았음을 지적하고 싶다. 나는 이 시의 6행이 "나무들 집들 거리들" 혹은 "인간 집들 거리들"로 시작한다고 생각했는데, 사실은 "나무들 집들 언덕들"이 맞는 것이었다. 이는 35년이 지난 지금에야 다시 읽으면서 확인한 정확한 구절이다. "언덕들"을 "거리들"로 바꾸면서 행위를 도시 풍경 속

---

[1] 이하 이 시의 인용은 『오징어 뼈』(한형곤 옮김, 민음사, 2003)를 참고했다.

에 배치했다는 의미이다. 아마도 언덕이라는 단어가 모호하다고 느꼈거나, "돌아서지 않는 사람들"이라는 다른 시 구절에서 행인들의 물결을 떠올렸기 때문인 듯하다. 즉 나는 세계의 소멸을 자연보다는 도시의 소멸로 이해했던 것이다.(나는 이제야 내가 이 시에 '붐비는 거리의 사람들은 이것을 보지 못한다.'라는 시의 이미지를 겹쳐 놓았던 것임을 깨닫는다. 이 시는 「어느 날 아침」보다 앞쪽에 있던 네 페이지나 되는 시로, 「어느 날 아침」과 짝을 이룬다.)

더 자세히 살펴보면 '기적'을 만들어 내는 것은 자연에 속한 어떤 것이거나 겨울 공기의 수정처럼 투명하고 건조한 분위기임을 알 수 있다. 그러한 겨울 공기 속에서는 모든 것이 또렷하게 보이지만, 그렇기 때문에 오히려 더 비현실적으로 느껴지기도 한다.(여기서 나는 다시 몬탈레의 시를, 특히 그의 초기 시를 평범한 해안가 풍경에 놓아 본다. 내 기억 속에 남은 리구리아 해의 풍경을 떠올리면서 말이다.) 이는 풍경을 뒤덮는 안개가 운명과 존재의 무게를 식별할 수 있게 해 주는 것과 마찬가지다. 아니, 정확히 말하면 그것과 같지는 않다. 실제로 유리와도 같고, 그 자체로도 충분히 견고한, 비가시적인 공기의 구체성은 결국 세계를 통과시키고 세계를 소멸시키는 것이다. 이 유리-공기는 이 시의 진정한 요소이며, 내가 이 시의 배경으로 생각한 도시는 점점 더 투명해지다가 결국에는 사라지는 유리 도시다. 이것이 바로 무(無)에 대한 감각으로까지 이어지는 공기의 명확한 본질이다.(반면 레오파르디의 시에서 유리-공기는 비결정성을 의미하지만 그러한 의미가 가져오는 효과는 다르지 않다.) 아니, 보다 정확하게 말해서, 시의 서두를 여는 "아마도 어느 날 아침"이라는 구절은 공중에 매달려 있는 듯한 느낌을 준다. 이것은 비결정성이라기보다는 조심스럽게 고안된 평형 상태, "유리 공기 속을 걷는" 상태와도 같다. 마치 공기 속을 걷는 것처럼, 공기라는 깨지기 쉬운 유리 속을 아침의 차가운 햇빛 아래 우리가 공허 속에 떠 있음을 깨닫게 될 때까지 걷는 것처럼 말이다.

공중에 매달려 있는 상태와 구체성에 대한 감각은 진자처럼 운동하는 리듬감을 만들어 내며 두 번째 구절에서도 계속된다. 두 번째 구절에 쓰인 "콤피르시(일어나리라)"라는 단어는 독자들이 계속해서 '콤피에르시'라고 발음하게 되긴 하지만, 사실 매번 전체 문구가 '콤피르시'라는 단어에 걸려 있음을 느끼게 된다. 이 일상적인 단어는 "미라콜로(기적)"에 걸리는 두드러진 악센트도 무디게 만든다. 이 구절은 내가 가장 좋아하는 구절이기도 한데, 머릿속에서 중얼거리는 것만으로도 어떤 도움을 요청하는 것처럼 들리기 때문이다. 운각이 너무 많은 것처럼 보이지만, 사실은 그렇지 않다. 종종 나는 기억 속에서 맞지 않는다고 생각하는 몇몇 음절들을 버리기도 했다. 특히 기억나는 것이 '리볼젠도미(돌아서서)'를 '볼탄도미(돌아서)'나 '지란도미(회전하여)'로 축약해서는, 이어지는 모든 악센트의 리듬을 망쳐 놓았던 일이다.

내 기억 속에서 이 시가 떠나지 않는(처음에는 대부분 기억하고자 의식적으로 노력하지만 그 후에는 저절로 기억이 되곤 하는) 가장 결정적인 이유는 이 시의 운율이 매우 특색 있기 때문이다. 나는 몬탈레가 운율을 사용하는 방식에 항상 매력을 느꼈다. 세 음절 단어들('파롤레 스드루치올레')과 운율을 맞춘 한두 음절 단어('파롤레 피아네'), 불완전한 운율들, "일 살리센디 비앙코 에 네로 데이/ 발레스트루치 달 팔로(저 꼭대기에서 희고 검은 빛으로 오르내리는 작은 제비들)"와 같이 평범하지 않은 자리에 배치된 운율들이 그러하다.(여기서 "데이"는 "도베 피우 논 세이(더 이상 그대가 없는 곳)"와 운율이 맞는다.) 운율의 놀라움은 단순히 청각적인 문제만이 아니다. 몬탈레는 의미를 지속적으로 울리게 하면서 어조를 높이는 게 아니라 낮추기 위해서도 운율을 구사할 줄 알았던 시인 중 한 명이었다. 사실 그런 시인은 매우 드물다. 두 번째 구절의 마지막 단어인 "미라콜로 (기적)"는 "우브리아코(술에 취한)"라는 단어와 운율을 이루면서 약화된다. 4행시 전체가 어떤 경계선에서 동요하고 기묘하게 흔들리는 듯하다.

'기적'은 몬탈레가 첫 번째로 선택한 주제이자 그 이후로도 결코 포기하지 않았던 주제다. 그 기적이란 바로 이 시집의 서시에 나오는 "그물에서 뜯어진 올", "끊어진 연결"이다. 그러나 이 시는 시인이 경험 세계의 견고한 벽을 넘어 전하고자 하는 '다른' 진리가, 우리가 정의할 수 있는 경험 속에 드러나는 몇 안 되는 경우 중의 하나다. 우리는 이것을 세계의 비현실성이라고 말할 수 있다. 이러한 정의가 정확한 단어로 전달되는 어떤 것을 흐릿하고 포괄적인 것으로 만들지 않는다는 전제 하에서 말이다. 세계의 비현실성은 특히 동양 철학과 종교, 그리고 문학의 기본이 된다. 그러나 이 시에서 이러한 비현실성은 이와는 다른 인식론적인 영역, 그러니까 정신적인 "유리처럼 메마른 공기"처럼 명쾌함과 투명함의 영역으로 향한다. 메를로퐁티는 『지각의 현상학』에서 공간에 대한 주관적인 경험이 세계에 대한 객관적인 경험과 분리되는 경우(밤의 어둠 속에서, 혹은 약을 먹고 어지럼증을 느끼는 상황이나 분열증을 앓는 사람들의 경우)에 대해 훌륭한 글을 쓴 바 있다. 메를로퐁티는 그러한 경우를 두고 이 시를 예로 들었을 법하다. 이 시에서는 공간이 세계로부터 분리되고, 텅 빈 경계 없는 공간 그 자체가 우리 앞에 스스로를 드러낸다. 시인은 이러한 발견을 "일상적인 환영"에 반대되는 어떠한 진리를 얻을 수 있는 '기적'으로 바라보았다. 그러나 이러한 기적으로 인해 그는 또한 "취객의 공포가 서린" 엄청난 현기증을 느낄 수밖에 없다. "유리처럼 메마른 공기"조차 화자의 발걸음을 더 이상 지탱해 주지 않는 것이다. 갑자기 뒤돌아보고 나서 길을 "걷는다"는 표현으로 균형을 유지하지만 이것은 곧 아무 의지할 곳 없는 일종의 비틀거림이 되고 만다.

두 번째 연의 첫 번째 행에 나오는 "갑자기"란 문구는 소멸의 경험을 시간적인 관점에서 일시적인 순간으로 제한한다. 걷는 움직임은 이제 견고하지만 덧없이 사라지고 마는 풍경 속에서 다시 시작된다. 우리는 시인이 같은 공간에서 "돌아보지 않는" 다른 사람들이 움직이는 방향을 따라 움직이고 있음을 알아차리게 된다. 따라서 시는 이제 일정하게 같은 방향을 따르는 거대한 군중의 움직임으로 끝이 난다.

그러나 세계가 사라지는 순간 이 사람들 또한 사라지는 것은 아닌가 하는 의심이 남는다. "각기 제자리를 잡"는 사물들 사이에서 나무들은 존재하지만 그곳에 인간은 없다.(내 기억 속에서는 이 구절이 변형되어 다른 결과가 나왔지만.) 그리하여 사람들은 여전히 그곳에 그대로 남아 있을 것이다. 세계의 소멸이 시인의 자아 바깥에서 벌어지듯, 그것은 그들 또한 그러한 소멸에 대한 경험과 판단으로부터 벗어나게 해 줄 것이다. 텅 빈 공허를 배경으로 인간들은 점점이 산재해 있다. 마치 점과 같은 자아처럼 보이는 그들은 뒤를 돌아보는 순간 자신이 존재하는 곳이 허상이라는 것을 깨닫지만, 계속해서 우리에게 등을 돌린 채 걸어온 길을 의심하지 않고 걸어갈 뿐이다.

이는 인간 존재가 시시각각으로 유연하게 변화하는 듯 보이는 「바람과 깃발들」과는 반대되는 상황이다. 이와 달리 "세계가 존재하는" 것은 다시는 되돌아오지 않는 어떤 순간뿐이다. 여기에서 세계와 그 가치가 사라져 버린 뒤에도 존재하는 것은 오직 인간 존재뿐이다. 인간이 하나의 주체인 것은 절망적인 조건에 처할 때이며, 이러한 상황 속에서 인간은 기만의 희생양이나 공허의 비밀을 지키는 자로 남아 있을 수 있기 때문이다.

이제「어느 날 아침」에 대한 나의 감상이 결론에 이를 때가 되었다고 생각할지도 모르겠다. 그러나 이 시는 여전히 내 안에서 시각적인 지각과 공간의 점유라는 문제에 대한 성찰을 불러일으키며 살아 있다. 하나의 시는 여러 가정들과 이탈된 사유들, 멀리 떨어진 영역의 개념들을 서로 연결시키는 힘을 통해, 혹은 서로 다른 여러 개념들을 불러일으키고 그 자신과 연결시켜 그 개념들이 상호 지시하고 상호 굴절하는(마치 수정체를 통해 보이는 것처럼) 유연한 네트워크를 조직하는 힘으로 지속한다.

"공허함"과 "아무것도 없음"은 나의 "등 뒤"에 있다. 이것이 바로 이 시의 핵심이다. 이것은 소멸에 대한 막연한 감정이 아니다. 오히려 이것은 우리 안에 다른 경험적 모델과 공존하는, 부인하기 힘든 인식론적 모델을 구축한 것이다. 여기에 깔린 전제는 매우 간단하고 엄격한 언어로 말할 수 있다. 우리를 둘러싼 공간을, 눈앞에 펼쳐진 시각적인 영역과 등 뒤에 있는 보이지 않는 영역으로 분리해서 볼 수 있는 것이다. 첫 번째 영역은 기만적인 세계이고 두 번째 영역은 세계의 진실한 실체인 '공허'이다.

등 뒤에 공허만이 있음을 발견하는 시인이 다른 방향에서도 이러한 발견을 하길 원하는 것은 당연한 일일 것이다. 그러나 시의 나머지 부분을 살펴보면 이러한 일반화를 정당화해 줄 수 있는 것은 아무것도 없다. 공간에 대한 이분법적인 모델은 텍스트 상에서 결코 부인되지 않으며, 반대로 셋째 줄("등 뒤에는 아무것도 없고, 뒤로는 취객의 공포가 서린 공허함이 있으리라.")에서 동어반복되는 구절로 다시 강조될 뿐이다. 이 시를 기억 속에서만 떠올렸을 때는 이 반복되는 구절이 무척 혼동되어서, 나는 이 구절을 이렇게 변형하기도 했다. "내 앞에는 아무것도 없고, 내 뒤로는 공허함만이 있으리라." 다시 말해 시인이 뒤를 돌아보고, 공허함을 목격하고 다시 돌아서서 앞을 보았을 때도 눈앞에 펼쳐진 것은 공허함뿐이었다고. 그러나 생각해 보니 공허가 그 어느 곳보다 바로 "등 뒤"에 위치하지 않았다면 이 시의 풍부한 정취는 소실되었을 것이다.

　대상을 범주로 나눌 줄 아는 인간만이 시각 영역을 앞과 뒤로 분리하는 것은 아니다. 그것은 모든 동물들에게 공통적으로 나타나는 기본적인 활동이다. 전체 생물의 관점에서 보자면 이는 생물체가 처음 등장하던 시기부터 시작된 활동이다. 생물체는 방사선 모양의 대칭을 따르지 않고, 신체의 말단 부분을 외부 세계와 연결해 주는 기관들과 더불어 양극으로 발달해 왔다. 입과 말초신경과 같은 부분들 중 일부가 시각 기관의 일부가 된 것이다. 그러한 지점으로부터 세계는 앞쪽 영역과 동일시되고, 여기에 보충적으로 알 수 없는 영역, 관찰자의 등 뒤에 위치한 '공허', '비(非)세계'의 영역이 자리하게 된 것이다. 생물체는 움직이고 연속적인 시각 영역을 서로 결합하면서 전체적이고 일관된 원형의 세계를 성공적으로 구축한다. 그러나 이것은 하나의 귀납적인 모델일 뿐, 결정적인 모델이라고 볼 수는 없다.

　인간은 뒤에 눈이 없기 때문에 항상 곤란을 겪어 왔다. 등 뒤에 무엇이 있는지 확신할 수 없다는 사실 때문에 인간은 항상 자신이 도출해 낸 지식에 대해 불안정한 태도를 취할 수밖에 없었다. 다시 말해 인간은 동공의 왼쪽 끝에서 오른쪽 끝까지 양 지점 사이 밖으로도 세상이 계속 펼쳐져 있는지 확인할 수 없는 것이다. 몸을 움직일 수만 있다면 고개와 몸 전체를 돌려서 세계가 그곳에 계속 지속한다는 사실을 확인할 수 있다. 그러나 이것 역시 인간이 바라보는 시각 영역이 눈앞에 한정된다는 사실을 확인시켜 줄 뿐이다. 아무리 넓게 영역을 펼쳐도, 등 뒤로는 여전히 그에 상응하는 원추형의 공간이 있으며, 그 순간 그곳에는 세계가 존재하지 않을지도 모른다. 간단히 말해 아무리 몸을 돌려 가면서 눈앞에 시각 영역을 펼쳐 놓아도 우리는 시각 영역에서 배제된 공간이 어떻게 생겼는지는 결코 알 수 없다.

몬탈레 시의 주인공은 객관적인("유리처럼 메마른 공기") 요소와 주관적인(인식론적인 기적을 감지할 수 있는 능력) 기능을 조합함으로써 이 일을 해낸다. 재빨리 몸을 돌려서는 시각 영역이 닿지 않는 곳까지 눈길을 돌리는 것이다. 그리고 그는 아무것도 없음을, 바로 공허를 본다.

나는 이와 같은 문제를 보다 긍정적으로 바라보는 이야기를 발견했다. 보르헤스가 『환상 동물학 사전』에서 인용한, 위스콘신과 미네소타의 숲에 사는 사람들에게 전해 내려오는 전설이다. 그곳에는 소위 '뒤에 숨는' 동물이 사는데, 그 동물은 언제나 숲에 나무를 구하러 가는 사람의 뒤를 쫓아다니면서 등 뒤에 숨는다. 아무리 빨리 돌아보아도, 그 동물이 언제나 더 빠르게 움직여 뒤에 숨기 때문에 누구도 그 동물이 어떻게 생겼는지를 볼 수 없다. 하지만, 그 동물은 언제나 뒤에 있다. 보르헤스는 이 전설을 인용했다고 말했지만 그것은 아마도 그가 지어낸 이야기일 것이다. 그러나 이러한 사실이 이 이야기가 지닌 가상의 힘, 그러니까 발생론적이고 범주론적이라고 할 어떤 힘을 깎아내리진 않는다. 몬탈레의 화자는 돌아서서 등 뒤에 숨은 것이 어떻게 생겼는지 보려고 애쓰는 사람이다. 그의 뒤에 있는 것은 다른 어떤 동물보다 공포스러운 것, 바로 공허다.

이렇게 제멋대로 이어지는 나의 생각을 따라가다 보면, 이 시가 20세기에 일어날 인류 역사의 근본적인 혁명을 미리 말하고 있다고 주장하는 독자도 있을 것이다. 그러니까 백미러의 발명 같은 것을 예로 들면서 말이다. 자동차를 발명한 인간은 뒤쪽을 볼 수 있는 눈을 갖게 되었고, 이로 인해 자신의 뒤에 놓인 세계의 존재를 확실히 볼 수 있게 되었다. 나는 다른 어떤 거울보다도 특히 차의 백미러를 이야기하고 싶다. 보통 거울에서는 우리 뒤에 있는 세계가 주변적이고 보충적인 것으로만 보이기 때문이다. 거울이 확인해 주는 것은 바라보는 주체의 존재일 뿐, 세계는 그저 이차적인 배경으로만 보일 뿐이다. 그러한 거울은 거울에 비치는 사람을 내재적인 위험을 감수하면서 객관화시키는 기능을 수행한다. 이러한 거울의 객관화 기능이 초래하는 내재적인 위험이 바로 나르키소스 신화의 핵심이기도 하다. 자기 자신을 익사시키고, 이에 따라 자기 자신과 세계를 동시에 익사시키는 것이다.

하지만 20세기의 위대한 발견으로 인해 인간은, 보이는 것으로부터 자기 자신을 분리할 수 있도록 장치된 거울을 매일 사용할 수 있게 되었다. 자동차에 탄 사람은 생물학적으로 새로운 존재가 된 것이다. 자동차 자체 때문이 아니라 바로 이 거울 때문에. 그의 눈은 이제 차가 앞으로 나아감에 따라 눈앞에서는 점차 더 짧아지고, 뒤로는 더 길게 늘어나는 도로를 바라보게 된다. 거추장스러운 자기 자신의 이미지를 배제시킨 채로, 반대되는 두 방향의 시각 영역을 동시에 볼 수 있게 된 것이다. 마치 세계 전체를 내려다보는 눈을 가진 것처럼 말이다.

그러나 자세히 들여다보면 「어느 날 아침」의 전제가 이러한 지각 기술의 혁명으로 흔들리는 것은 아니다. "일상적인 환영"이 우리 눈앞에 자리하는 어떤 것에든 해당된다면, 이러한 눈속임은 전방의 시야가 볼 수 있는 영역을 모두 아우르게 된다. 그런데 이 전방의 시각에서 일어나는 기만적인 환영은, 거울 속에 자리하는 한, 후방의 시야에도 동시에 적용된다.

「어느 날 아침」의 "나"라는 화자가 유리처럼 메마른 공기 속을 자동차를 타고 달리는 중이라면, 그는 차의 뒷창문 너머로 흰 중앙차선과 함께 거울 저편으로 계속 후퇴하는 풍경이나 방금 지나쳐 간 길의 행로와 자신이 추월했다고 생각하는 다른 차들을 보는 것이 아니라, 경계를 알 수 없는 텅 빈 심연만을 보게 될 것이다.

어떠한 경우라도 몬탈레의 거울 안에서 이미지들은(실비오 다르코 아발레가 「귀고리」와 「연못」에서, 또는 다른 시에서 물에 비치는 이미지들을 통해 보여 준 것처럼) 비쳐지는 것이 아니라 거울을 바라보는 사람을 향해 "저 아래"에서부터 덮쳐 오는 것이다.

현실에서 우리가 바라보는 이미지는 눈에 기록되는 어떤 것이나 우리 눈에 비친 어떤 것이 아니다. 그것은 전적으로 시신경에 의해 전달되긴 하지만, 오직 뇌의 한 부분에서만 그 형태와 감각을 얻을 수 있는 자극을 따라 뇌에서 일어나는 어떤 것이다. 뇌의 그 부분은 이미지 형상들이 자리 잡게 되는 '스크린'이다. 그리고 만약 내가 뒤돌아봄으로써, 다시 말해 내 안에서 몸을 돌려세움으로써 뇌 속의 그러한 '스크린' 너머를 '보는' 데 성공한다면, 즉 감각 지각이 세계에 "나무와 집과 언덕"의 색깔과 형상을 주지 못해도 세계가 어떻게 생겼는지 파악할 수 있게 된다면, 내가 보게 되는 것은 어둠뿐일 것이다. 어떠한 지평도 대상도 없으며 오직 부연 먼지만이 가득한, 차갑고 아무런 형상도 보이지 않고, 떨림만이 느껴질 뿐이며, 암흑 속에 잘못 맞춰진 전파 탐지기가 있는 듯한 그러한 어둠 말이다.

세계의 재구축이 '스크린에서처럼' 일어난다는 비유를 통해 우리는 자연스럽게 영화를 떠올리게 된다. 이탈리아의 시적인 전통에서 '스크린'이라는 단어는 보통 '시야를 흐리는 보호막'이나 '카메라 렌즈의 조리개'를 가리켜 왔다. 몬탈레가 이탈리아 시인으로서는 처음으로 '스크린'이란 단어를 '이미지가 투사되는 표면'이라는 관점에서 썼다고 말한다면 조금 무리한 주장일까? 하지만 나는 이 주장이 틀렸을 가능성이 그리 크지 않다고 생각한다. 이 시가 쓰인 것으로 추정되는 1921년에서 1925년 사이는 분명 영화의 시대에 속했다. 이 시기에 세계는 우리 앞에서 필름처럼 흘러가기 시작했다. 나무들, 집들, 언덕들이 이차원의 화폭을 배경으로 펼쳐진다. 그것들이 ("디 지토(갑자기)") 펼쳐지는 그 놀라운 속도 덕분에 그러한 대상들을 열거하는 것만으로도 움직이는 이미지들을 마법처럼 불러낼 수 있게 된다. 여기에서 그것들이 투영된 이미지인지 아닌지는 문제가 되지 않는다. 그것들의 '아캄파르시(각기 시각적인 지각 영역 안에 제자리를 잡는 것, 이는 실제로 '시각 영역'을 암시하기도 한다.)'는 실제로 이미지의 실체나 모체를 이야기하는 것이 아닐 것이다. 그것들은 스크린에 직접적으로 등장한다.(우리가 거울에서 보는 것처럼.) 그런데 영화를 바라보는 관람객이 보게 되는 환영 또한 스크린에서 나온 이미지들이다.

세계의 환영은 전통적으로 시인과 극작가들이 '극장'이라는 비유를 써서 이야기해 온 것이었다. 20세기가 이르자 극장에 비유되던 세계는 한 편의 영화로서의 세계, 텅 빈 영사막에 소용돌이치는 이미지들의 세계로 대체되었다.

두 가지 속도가 시 전체를 관통한다. 직관을 이해하는 마음의 속도와 스쳐 지나가는 세계의 속도가 그것이다. 이해는 전적으로 뒤에 숨은 존재를 갑자기 놀라게 할 만큼 빠른 속도로 돌아설 수 있는 능력의 문제가 된다. 현기증이 일 정도로 돌아서는 문제, 그렇게 뒤돌아보는 현기증 안에 바로 앎이 놓여 있다. 한편 경험 세계는 스크린 속 이미지들의 익숙한 연속이다. 영화처럼 낱장의 사진들이 연속적으로 빠르게 이어지면서 만들어 낸 시각적인 환영들인 것이다.

이러한 두 가지 속도를 뛰어넘는 세 번째 리듬이 있다. 그것은 바로 명상의 리듬이다. 사유 속에 침잠하여 아침 공기 속에 비밀을 품고 있는 침묵, 직관적인 움직임에 순식간에 붙들린 침묵 속에 떠 있는 듯한 움직임의 리듬이다. 여기에서 할 수 있는 기본적인 유추는 이러한 "말없이 들어가"는 행위를 무(無), 즉 모든 것의 시작이자 결말인 공허와 연결시키는 것이며, "유리처럼 메마른 공기", 즉 그러한 행위에 보다 가깝다고 할 외적인 표현과 연결시키는 것이다. 분명 이러한 움직임은 "돌아보지 않는 사람들"의 행위와 조금도 다르지 않다. 각자 자신의 길을 가면서, 어쩌면 서로를 이해하고 있을 그들 가운데에서 시인은 결국 자기 자신을 잃어버린다. 그리고 이것이 바로 위에서 말한 세 번째 리듬이다. 도입부는 가볍게 시작했다가 시의 마지막 구절은 보다 장중한 걸음걸이로 마감하는 리듬이 그것이다.

(1976)

몬탈레의 절벽

신문 1면에서 시인에 대해 이야기한다는 것은 상당히 조심스러운 일이다. 보통은 그 시인의 세계와 역사에 대한 비전과, 시에 들어 있는 도덕적인 교훈을 강조하면서 '공적'인 이야기를 만들어 내야만 하기 때문이다. 풀어놓는 모든 이야기가 사실일 수 있지만, 사실이라 해도 이런 이야기가 다른 시인에게도 똑같이 적용될 수 있음을 깨닫게 되기 마련이며, 자신의 논의가 그의 시만이 지닌 고유한 음률을 잡아내는 데 실패했다는 사실을 인정할 수밖에 없게 되기 때문이다. 따라서 나는 어떠한 공식 행사도 싫어하고 '국민 시인'이라는 이미지와도 거리가 멀었던 몬탈레의 장례식이 어떻게 나라 전체의 행사가 되는지를 설명하면서, 그 시의 본질에 최대한 가까이 접근하고자 한다.(이는 몬탈레가 살아 있을 당시 이탈리아의 그 어떠한 거대한 '종파'에서도 그를 자신들의 편으로 생각한 적이 없었으며, 오히려 매번 몬탈레가 모든 '성직자'들에 반대하며 거침없이 그들을 풍자

했던 것에 비추어 본다면 매우 특이한 일이기도 하다.)

우선 다음과 같은 사실을 살펴보자. 몬탈레의 시는 정확하고 독특한 구어적 표현과 리듬 및 이미지가 특징이다. "나무와 벽을 하얗게 만드는 불빛/ 순간의 영원 속에서 그들을 놀라게 하는"과 같은 구절이 그러하다. 그가 얼마나 어휘를 풍부하고 유연하게 사용했는지를 말하고자 하는 것이 아니다. 다른 이탈리아 시인들도 높은 경지에서 그런 재능을 보여 주었으며, 오히려 넘친다 싶을 정도로 풍부하게 언어를 구사해 내는 능력은 몬탈레와 정반대되는 자질이기도 하다. 그는 결코 불필요한 어휘를 쓰지 않는다. 그는 정확한 순간에 유일한 표현을 바로 쓰면서 그러한 표현을 대체할 수 없는 그 순간에 고립시킨다. "불안해진/ 우리는 가시덤불을 헤치며 내려왔다./ 그러자 순간 가까이에서 산토끼들이 휘파람을 불기 시작한다."

요점으로 바로 들어가 보자. 포괄적이고 추상적인 언어의 시대에, 모든 것에 사용되는 말, 생각하거나 말하는 데 사용하지 않는 말이 무수한 시대에, 공적 영역에서부터 사적 영역에 이르기까지 널리 퍼진 언어적인 전염병의 시대에 몬탈레는 정확한 어휘를 구사하는 시인이었으며 합리적으로 어휘를 선택하는 시인이었고, 언어학의 관점에서 빈틈이 없는 사람이었다. 또한 묘사하는 경험의 독특한 특질을 잘 잡아내는 시인이기도 했다.("아주 작은 점, 무당벌레 한 마리가 모과나무 열매에 불을 밝히네./ 조랑말을 빗질하는 소리를 들으며/나는 꿈에 잠기네.")

그러나 이렇게 정확한 언어들을 쓰면서 그가 말하고자 한 것은 무엇이었을까? 몬탈레는 심연의 경계에서 동요하는 개인의 도덕성을 지지할 유일한 버팀목이 없는, 디딜 어떠한 단단한 바닥도 없는, 파괴의 폭풍우가 몰고 온 소용돌이와 같은 세계를 말하고자 했다. 이것이 바로 1, 2차 세계대전 후의 세계상이었고, 어쩌면 3차 세계대전이 일어난 후의 세계상이 될 수도 있다. 1차 세계대전의 경우는 다소 이런 그림에서 벗어나 있을 수도 있다.(내가 기억하는 역사 속 시네마테크 안에는 웅가레티[1]의 시 구절이 사라져 가는 영화 장면 아래에 자막으로 흐르기도 했다.) 그가 말하고자 했던 것은 또한 세계의 불확실성이었다. 젊은 몬탈레의 눈에 비친 1차 세계대전 직후의 불확실한 세계상은 「오징어 뼈(Cuttlefish Bones)」의 배경이 되었다. 이는 「기회(The Occasions)」의 분위기를 형성하는 또 다른 재난 상황을 예고한 것이기도 했다. 그러나 재난 그 자체와 잿더미가 주요 주제가 된 것은 「폭풍우(The Storm)」에서였다. 「폭풍우」는 2차 세계대전 이후 나온 시들 가운데 가장 정교한 작품이다. 그리고 이 작품이 진정으로 말하고자 한 것은 '전쟁' 그 자체였다. 모든 것은 전쟁과 연관되어 있다. 전쟁이 끝난 후에 겪게 되는 불안도, 또 오늘날의 공포까지도. 원자폭탄의 재앙("어두운 사탄이 템스 강, 허드슨 강, 센 강변에 내려앉을 것이다/ 지옥의 시간이 왔노라 외치느라 반쯤 닳아 버린 갈색 날개를 퍼덕이며.")과 과거와 미래의 잠재된 포로수용소의 공포("수감자의 꿈")와 같이 현재에도 여전히 우리를 위협하는 공포와 연관되어 있는 것이다.

그러나 이것이 내가 강조하고 싶은 몬탈레 특유의 직접적인 표현과 명확한 알레고리는 아니다. 몬탈레의 알레고리 속에서는 우리가 처한 역사적인 상황이 보편적인 상황으로 제시된다. 시인의 일상적인 관찰 속에서 가장 작은 자연의 존재조차 소용돌이 모양으로 형태가 바뀐다. 여기서 나는 시의 리듬과 운율 및 구문에 이러한 소용돌이와 같은 움직임이 포함되어 있음을 강조하고 싶다. 문장 속의 이러한 리듬은 그의 첫 번째 시

---

[1] Giuseppe Ungaretti(1888~1970). 언어 자체의 이미지에 기초를 둔 순수하고 본질적인 시어로 이탈리아 시에 혁신을 가져온 시인. 대표 시집으로 『시간의 감각』(1933)이 있다.

집에서부터 세 번째 시집에 이르기까지 일관되게 나타난다.("회오리바람은 지붕 위까지 먼지를 일으킨다./ 작은 모래 바람 속에서, 호텔의 반짝이는 창문 아래 매어 놓은 눈가리개를 한 말이 땅에 고개를 숙이고 쿵쿵 냄새를 맡는 텅 빈 광장에 불어오는 먼지바람.")

지금까지 언급한 것은 자신의 연약한 흔적을 언제든 파괴할 수 있는 역사적이며 보편적인 재앙의 묵시록을 견뎌 내는 개인의 도덕성에 관한 것이었다. 그러나 몬탈레가 타인과 공감하고 연대의 감정을 느끼고 교감하는 것으로부터 아무리 멀리 떨어져 있다 하더라도, 그의 시는 타인의 삶과 상호 의존적인 인간의 삶이 항상 현존하고 있음을 분명히 언급하고 있다. "하나의 삶이 있기 위해 너무 많은 삶들이 필요하다."는 구절은 「기회」의 주목할 만한 결론이다. 하늘을 나는 매의 그림자는 모든 생명체와 역사 전체에 퍼져 있는 파괴와 재생의 기운을 일깨워 준다. 그러나 자연이나 인간이 주는 도움은 언제나 환영일 뿐이며, "열기와 황폐함만이 휩쓰는 곳을 흐르는" 작은 물줄기만이 실제적인 도움을 준다고 할 수 있다. 강을 거슬러 올라가 마침내 머리카락처럼 가는 물줄기가 흐르는 곳에서야 뱀장어는 안전하게 알을 낳을 수 있는 장소를 찾는다. 아미아타 산에 사는 호저가 마른 목을 축일 수 있는 곳 역시 "연민이라는 가느다란 시냇가"다.

메마르고 불확실한 존재들의 내면에 새겨진 이러한 반(反)영웅주의는 그의 세대가 처한 시의 위기에 대한 몬탈레의 답변이기도 했다. 단눈치오[2] 이후에(카르두치[3]와 파스콜리[3] 이후에) 어떻게 시를 쓸 것인가라

---

[2] Gabriele D'Annuzio(1863~1938). 19세기 말에서부터 20세기 초까지 이탈리아 문단을 이끌었던 시인이자 소설가.
[3] Giosuè Carducci(1835~1907). 고전적 이상주의 시풍을 수립했던 이탈리아 시인.

는 물음이 제기되자, 웅가레티는 극도로 순수한 단 하나의 단어에 착상하여 문제를 해결하고자 했고, 사바[5]는 모든 감정과 애정, 육체적 감각을 아우르는 내적인 진실성을 재발견함으로써 풀고자 했다. 이러한 것들은 모두 몬탈레가 거부했거나 혹은 드러내 말할 수 없는 것으로 보았던 인류애의 특질들이었다.

몬탈레의 시에서는 적대적이고 탐욕적인 세계의 의식을 받아들이는 것 외에 어떠한 위안이나 용기를 고취하는 메시지도 찾아볼 수 없다. 몬탈레의 글이 그와는 다른 목소리를 가졌던 레오파르디[6]의 뒤를 잇게 되는 것은 그 역시 이러한 험한 길을 따르기 때문이다. 사실 레오파르디의 무신론에 비교해 볼 때 몬탈레의 무신론 경향은 더더욱 문제적이며 위험하다. 회의주의적인 성향 때문에 자신이 쓴 무신론적 언급을 바로 삭제하면서도, 그는 이러한 무신론 때문에 초자연적인 유혹에 끊임없이 시달렸다. 레오파르디가 계몽주의 철학이 주는 위안을 떨쳐 버렸다면, 몬탈레에게 위안을 제시하는 것은 현대의 비합리주의다. 몬탈레는 그러한 비합리주의 경향의 이론들을 하나씩 비교하며 살펴본 뒤 어깨를 으쓱하고는 던져 버린다. 계속해서 발을 디딜 수 있는 바위 면과 몬탈레라는 난파선이 고집스레 매달리는 절벽의 면적을 줄여 나가면서 말이다.

그가 선보이는 주제들 가운데 시간이 흐를수록 더욱 견고해지는 것은 죽은 자들이 우리와 함께하는 길이며, 우리가 사라지게끔 내버려 둘 수 없는 각 개인의 유일무이함이다. "다른 사람의 삶이 아니라, 자기 자신의 것일 수밖에 없는 삶의 몸짓." 이 구절은 자신의 어머니를 추억하며 쓴

---

4) Giovanni Pascoli(1855~1912). 20세기 이탈리아 시에 큰 영향을 미친 시인.
5) Umberto Saba(1883~1957). 페트라르카의 화풍을 이어받아 서정시를 주로 썼던 이탈리아 시인.
6) Giacomo Leopardi(1798~1837). 19세기 초 이탈리아의 염세주의적 시인.

시에 나온 것으로, 그 시에서는 비탈진 풍경을 배경으로 새들, 그러니까 죽은 자들이 돌아온다. 이것은 그의 시에서 반복되는 긍정적인 이미지들의 일부를 이루고 있다. 오늘 이 시를 다시 읽으면서 나는 몬탈레를 추모하는 데 그가 쓴 다음의 구절만큼 더 좋은 풍경은 없음을 깨닫는다. "이제 자고새의 노랫소리가 그대를 영원한 잠에 들게 할 때, 메스코 만의 오랜 언덕 너머로 날아가는 상처 입었으나 행복한 새들의 무리."

또한 몬탈레 시집의 '내면'을 계속해서 읽어 나가는 것이야말로 그를 추모하는 일일 것이다. 그리고 이는 분명 그를 다시 부활시키는 일이기도 하다. 아무리 읽고 또 읽어도, 그의 시들은 첫 페이지에서부터 독자들을 사로잡을 것이며, 영원히 고갈되지 않을 것이기 때문이다.

(1981)

헤밍웨이와 우리 세대

헤밍웨이(Ernest M. Hemingway, 1899~1961)가 내게 하나의 신이었던 시절이 있었다. 헤밍웨이는 내 세대 전후의 수많은 다른 사람들에게도 그러했다. 그 시기는 내게 행복한 기억으로 남아 있는 좋은 시기이기도 했다. 보통 젊은 시절 자신이 몰두했던 일이나 그 당시의 유행을 되돌아보면서 흔히 취하게 되는 너그럽게 빈정대는 태도를 모두 배제하더라도 말이다. 또한 그 시기는 심각한 시대이기도 했다. 우리는 그 시기를 순수한 마음으로 진지하고도 대담하게 살아 냈다. 헤밍웨이의 작품 속에서 우리는 비관주의를, 세상에 대해 개인주의적인 초연한 태도를, 극도로 폭력적인 시대를 방관적으로 대하는 태도를 발견할 수 있었다. 헤밍웨이의 작품 속에는 그러한 것들이 모두 들어 있었다. 그러나 우리는 그 안에서 이런 것들을 보지 못했거나, 머릿속에 다른 생각을 하고 있었던 것 같다. 또 우리는 그에게서 개방성과 관대함, 해야만 하는 일에 대한 기술적이고 도덕적인 참여 외에도, 실제적인 현실 참여, 과감한 시선, 자신에 대한 사색이나 자기 연민을 거부하는 태도, 삶의 가르침을 재빨리 알아채는 능력, 무심한 시선이나 몸짓으로 요약되는 한 개인의 가치를 배웠다. 그러나 이제 우리는 헤밍웨이 작품의 한계와 결점들을 보기 시작했다. 처음 작품을 쓰기 시작한 내게 많은 영향을 주었던 그의 시학과 작품 스타일 등은 다시 보니, 제한적이고 손쉬운 매너리즘에 빠져 있던 것처럼 보인다. 과격한 편력을 거쳤던 그의 삶과 삶에 대한 철학조차 이제는 의심스러워 보이며, 심지어 증오와 구토를 유발한다. 그러나 10년이 흐른 오늘날 헤밍웨이로부터 내가 배운 바를 대차대조표로 따져 본다면, 흑자로 결산할 수 있을 것 같다. "노인 양반, 당신이 나를 속이진 않았구려." 나는 그에게 이렇게 말할 수 있을 것 같다. 그의 스타일을 마지막으로 빌려 말해 보자면, "당신은 성공하지 못했소, 당신은 '나쁜 선생'이 되는 데는 실패했단 말이오."라고 말이다. 헤밍웨이에 대해 이러한 논의를 하는 목적은 사실(헤밍웨이가 최근 노벨 문학상을 받았다는 사실은 그 자체로는 아무것도 아니지만, 머릿속을 맴돌던 이런 생각들을 글로 옮길 수 있는 좋은 기회가 되었다.) 헤밍웨이가 내게 의미했던 것이 무엇이었으며, 지금은 어떤 의미인지, 그의 작품의 어떤 것이 나를 감동시켰는지, 다른 작가의 작품이 아닌 헤밍웨이의 작품에서 내가 끊임없이 찾고자 하는 것이 무엇인지를 밝혀 보려는 것이다.

그 당시 내가 헤밍웨이에게 이끌렸던 것은 그의 작품이 시적이면서 동시에 정치적이라는 점, 그러니까 순수하게 지적인 반(反)파시즘과는 정반대로 반파시즘을, 몸으로 행동하고자 하는 혼란스러운 충동을 담고 있었기 때문이었다. 실제로 헤밍웨이와 앙드레 말로라는 두 거성은 내게 매력적으로 다가왔고, 국제적인 반파시즘, 스페인 내전에 반대하는 국제 전선을 형성하는 하나의 상징처럼 보였다. 다행스럽게도 우리 이탈리아는 단눈치오[1]라는 인물 덕분에 '영웅적인' 행위에 휩쓸리지 않도록 예방주사를 진작 맞은 셈이었다. 말로의 작품을 떠받치고 있는 미학적인 토대 역시 이제 곧 우리 앞에 드러날 것이다.(매우 훌륭하고 다소 추상적인 면이 있는 프랑스의 천재 작가 로제 바양은 헤밍웨이-말로라는 두 작가를 작품의 구성 요소로 삼았다.) 헤밍웨이 역시 단눈치오파라는 딱지가 붙어 있는데, 이러한 명칭이 부적절한 것만은 아닐 때도 있다. 그러나 헤밍웨이의 스타일은 항상 건조하고, 그의 글은 언제나 질퍽거리거나 젠체하는 구석이 없다. 그의 발은 언제나 땅을 단단히 디디고 있다.(그러니까 나는 헤밍웨이 작품에서 '서정미' 같은 것엔 관심을 두지 않는다. 예를 들어 『킬리만자로의 눈(The Snows of Kilimanjaro)』 같은 작품은 헤밍웨이의 작품 중 내가 가장 안 좋아하는 작품이다.) 그는 사물을 다루는 것을 고집한다. 이는 단눈치오와는 정반대되는 특징이다. 우리는 이러한 정의를 기억해야만 한다. 만약 누군가 단눈치오파라고 불리기를 원하는 이유가 오직 행동하는 삶과 아름다운 여자를 좋아하는 것 때문이라면, '단눈치오여 영원하라.'라고 빌어 줄 수밖에. 그러나 문제는 이러한 용어로 정리되지 않는다. 헤밍웨이라는 행동가의 신화는 현대 역사의 또 다른 면에서 출발하며, 오늘날과 훨씬 더 깊은 관련을 맺고 있고 또한 여전히 문제적인 것이다.

헤밍웨이의 작품 속 주인공은 손기술이나 조금이나마 실리적인 기술을 활용하여 자기가 하는 일과 자신을 일치시키며, 자신의 행동 안에서 자기 자신이 되기를 원한다. 그는 어떤 문제에도 휘말리고 싶어 하지 않으며, 또한 특정한 일을 잘 해내는 방법을 제외하고는 어떤 문제에도 관

---

[1] 전쟁을 찬양하며 파시즘을 옹호했다.

심을 두지 않는다. 그가 관심을 두는 일이란 연애를 비롯해, 낚시, 사냥, 다리 폭파, 투우 관람 같은 일이다. 그러나 그 주위에는 그가 항상 도피하고 싶어 하는 어떤 것이 있다. 모든 것의 공허함, 절망, 패배, 죽음에 대한 감각이 그것이다. 그는 자신만의 규율과 어디에서나 반드시 강제적으로 지켜야만 한다고 느끼는 일종의 윤리적 규율이라 할 운동의 규칙을 철저히 지키는 데 집중한다. 상어와 싸우건, 스페인의 파시스트에게 둘러싸여 있건 말이다. 그는 그러한 모든 것들에 매달린다. 그리고 그 밖에는 공허와 죽음만이 있을 뿐이다.(그는 이러한 것들을 직접적으로 언급한 적이 한 번도 없다. 그가 가장 중요하게 생각하는 규칙은 말을 되도록 삼가는 것이기 때문이다.) 헤밍웨이의 『두 마음을 지닌 큰 강(The Big Two-Hearted River)』에 담긴 45편의 단편 중에서도 가장 전형적이면서도 훌륭한 이야기는 홀로 낚시를 떠난 한 남자의 행위를 다룬 이야기이다. 한 남자가 강을 거슬러 올라가 텐트를 치기에 좋은 장소를 찾아서 먹을 것을 조금 해먹고, 강가에 가서 낚싯대를 준비하고, 작은 송어를 잡고, 다시 잡은 고기를 강에 내보내고, 그러고는 조금 더 큰 물고기를 잡는다. 이 이야기에는 행동을 있는 그대로 묘사하는 것 외에는 아무것도 없다. 이 장면에서 저 장면으로 건너뛰기도 하지만 명쾌하게 처리하며, "좋은 느낌이었다."와 같이 주인공의 마음 상태가 기이하다 할 만큼 포괄적이며 불확실하게 서술될 뿐이다. 이 단편은 매우 절망적인 이야기로, 사방에서 그를 포위하는 모호한 불안과 억압에 대한 막연한 느낌이 표현되어 있다. 자연이 얼마나 무심한지, 또 그가 얼마나 낚시에 깊이 몰두하는지와 상관없이 말이다. 이제 '아무 일도 일어나지 않는' 이야기는 새로운 것이 아니다. 그러나 우리 주변에서 최근에 있었던 사례를 생각해 보자. 『나무 베기』에서 카솔라는 아내의 죽음으로 큰 슬픔에 젖은, 한 벌목꾼의 행동을 묘사하고 있다.(카솔라와 헤밍웨이의 공통점이라고는 톨스토이의 소설을 좋아했다는 점뿐이다.) 카솔라의 작품에서 이야기의 두 축이 되는 것은 한편으로는 작품이고, 다른 한편으로는 어떤 상황에 대한 매우 정확한 느낌이다. 사랑하는 사람의 죽음이라는, 언제나 누구에게나 호소할 수 있는 상황. 이러한 형식은 헤밍웨이의 작품과 유사하다. 그러나 그 내용은 완전히 다르다. 헤밍웨이 작품의 두 축은 한편으로는 과제의 의례적인 완수만이 의미가 되는 스포츠와, 다른 한편으로는 미지의 어떤 것, 즉 허무다. 우리는 매우 극단적인 상황에 처해 있다. 매우 정확한 사회의 맥락에, 부르주아적 사고의 위기라는 매우 정확한 순간에.

잘 알려진 사실이지만 헤밍웨이는 철학 따위에는 신경 쓰지 않았다. 그러나 그의 시학이 미국 철학과 연결되는 것을 우연이라고 볼 수도 없다. 헤밍웨이의 형식적인 '구조', 행동의 배경 및 실용적인 개념은 매우 직접적으로 미국 철학과 연결되기 때문이다. 스포츠와 윤리적인 규율에 충실한 헤밍웨이의 주인공들과, 알 수 없는 세계 안에서 유일하게 현실적인 실제는, 닫힌 체계 안에서 사유의 규칙들을 제시하며 그러한 규칙들이 체계 바깥에서는 어떠한 유효성도 획득할 수 없다는 신(新)실증주의와 맞아떨어진다. 현실 속의 인간을 그 사람의 행동 패러다임과 같은 것으로 보는 행동주의는, 인물의 행동을 있는 그대로 묘사해 놓은 목록이나, 포착할 수 없는 감정과 생각이 전혀 드러나지 않는 짧은 대화 등으로 요약되는 헤밍웨이의 작품 스타일과 유사하다.(헤밍웨이 작품 속 인물의 행동과 '발화되지 않은' 대화에 대해서는 마커스 컨리피가 『미국 문학』(펭귄, 1954)에 잘 분석해 놓았다.)

헤밍웨이의 작품 주위에는 실존주의 특유의 공허에 대한 감각이 도사리고 있다. 「불이 밝은 깨끗한 카페에서(A Clean, Well-Lighted Place)」

에 나오는 카페의 웨이터는 '모든 것은 무로 돌아간다.'라고 생각한다. 반면 「도박꾼, 간호사 그리고 라디오(The Gambler, the Nun and the Radio)」에서는 모든 것은 "인민의 아편이다."라는 결론으로 돌아간다. 다시 말해 모든 것은 모든 이들이 앓고 있는 병에서 비롯된 환상에 불과한 피난처라는 것이다. 이 두 이야기는(두 작품 모두 1933년에 씌었다.) 헤밍웨이의 '범박한' 실존주의가 드러난 텍스트로 볼 수 있다. 그러나 우리가 그의 작품 속에서 믿을 수 있는 것은 이러한 노골적인 '철학적' 언급이 아니다. 오히려 우리가 믿을 수 있는 것은 그가 표현하는 전형적인 방식, 그러니까 「피에스타(Fiesta)」(1926)에서처럼 영원한 떠돌이들, 호색꾼, 주정뱅이들의 시대를 통해 직접적으로 현대인의 삶의 부정적인 측면과 무감각하고 절망적인 요소들을 표현하는 그의 방식이다. 헤밍웨이의 작품에서 살펴볼 수 있는 중간 중간 끊어지고 겉도는 텅 빈 대화의 가장 분명한 전신은 바로 체호프 작품의 등장인물들에게서 흔히 볼 수 있는 '딴말하기'다. 헤밍웨이의 이러한 대화 양식은 20세기의 비합리주의를 반영한다. 프티부르주아적인 체호프의 인물들은 아무것도 이룰 수 없지만 인간의 존엄에 대한 의식만은 유지했고, 폭풍우가 몰아쳐도 단단한 지반 위에 서 있었으며, 더 나은 세상에 대한 희망을 간직하고 있었다. 그러나 헤밍웨이 작품 속의 뿌리 없는 미국인들은 전적으로 그러한 폭풍우 안에 들어가 있다. 그들이 자신을 보호할 수 있는 방법은 오로지 스키를 잘 타거나 사자를 잘 사냥하거나, 남자와 여자가 또는 남자와 남자가 좋은 관계를 맺는 것뿐이다. 그러한 기술과 미덕들은 더 나은 세상에서 유용할 테지만, 그들은 그러한 세상이 오리라고 믿지 않는다. 체호프와 헤밍웨이의 시대 사이에는 1차 세계대전이라는 사건이 놓여 있었다. 현실은 이제 하나의 거대한 학살극일 뿐이다. 헤밍웨이는 대학살의 편에 가담하기를 거부했으며, 그의 반파시즘은 그러한 분명하고 명백한 '게임의 규칙' 중 하나이며, 바로 이러한 반파시즘 위에서 그의 삶에 대한 개념이 세워졌다. 그러나 그는 대학살을 현대인의 자연스러운 시나리오로 받아들였다. 시적인 성격이 두드러지는 초기 소설들에 자주 등장하는 자전적인 인물 닉 애덤스의 과제는 야만적인 세계를 견딜 수 있도록 단련하는 것이다. 닉의 이러한 과제 수업은 「인디언 캠프(Indian Camp)」에서부터 시작되는데, 그 작품에서 의사였던 그의 아버지는 낚시용 주머니칼로 임신한 인디언 여인을 수술한다. 그러는 사이 그 여인의 남편은 그 고통스러운 광경을 차마 보지 못하고, 조용히 스스로 목숨을 끊으려 한다. 헤밍웨이의 주인공들이 이러한 세계에 대한 하나의 개념을 표현하고자 상징적인 의식을 원할 때, 할 수 있는 일이 바로 투우다. 그들은 투우를 통해 원시적이고 야만적인 세계를 향해 내려가기 시작한다. 이러한 성격은 D. H. 로렌스의 세계와 연결되며, 일종의 인류학적인 측면에 맞닿는다.

    헤밍웨이의 작품이 놓인 배경은 바로 이렇듯 파노라마처럼 펼쳐지는 문화의 거친 면모들이다. 그리고 여기에서 우리는 다른 작가와 헤밍웨이를 비교해 볼 수 있는데, 특히 이러한 배경에서 자주 거론되는 작가가 스탕달이다. 이는 아무렇게나 선택한 것이 아니다. 실제로 헤밍웨이 자신이 스탕달을 존경했고, 절제된 문체를 선호한다는 점이 닮았기 때문에 이 둘은 비교할 만한 인물들이다. 헤밍웨이의 문체가 훨씬 더 플로베르적이긴 하지만 말이다. 또한 두 작가의 생애의 주요한 사건들과 공간에도 일정한 유사점이 발견된다.(두 작가 모두 밀라노적인 이탈리아를 좋아했다.) 스탕달의 주인공은 18세기의 명료한 계몽주의 시대와 '질풍노도'의 낭만주의 시기 사이, 계몽주의의 감상 교육과 낭만주의의 비윤리적인 개인주의의 찬양 사이의 경계에 서 있었다. 헤밍웨이의 주인공들 역시 100년 후 자신들이 같은 교차로에 서 있음을 발견한다. 부르주아적인 사고는 정점을 지나 피폐해져 갔고(이를 대신해 새로운 노동자 계급의 사고가 들어서지만), 여전히 막다른 골목과 파편적이고 모순적인 해결책들 사이에서 최대한의 힘을 다해 팽창하고 있었다. 옛 계몽주의의 사조로부터 미국의 철학이 확장해 나간 반면, 낭만주의 사조는 실존주의적인 허무주의에서 그 마지막 열매를 보게 되었다. 혁명의 산물이긴 하지만 스탕달의 주인공은, 여전히 자유주의를 탄압하던 신성동맹의 세계를 받아들이고 있었으며 자기에게 주어진 개인적인 세계와 싸워 나가기 위해 그 자신의 위선적인 게임의 규칙에 복종했다. 헤밍웨이의 주인공은 10월 혁명의 대전환이 일어나는 것을 목도했으며, 제국주의 시대를 살아 내면서, 제국주의 대학살의 만행에 반대하며, 빛과 세계로부터의 소외와 결투를 벌인다. 그러나 그의 편이었던 사람은 출발선에서부터 사라진다. 그는 오직 혼자이기 때문이다.

헤밍웨이는 직관적으로 전쟁이 제국주의 시대 부르주아 세계의 '일상적인' 현실을 드러내는 가장 정확한 이미지라는 사실을 깨달았다. 미국이 1차 세계대전에 참전하기도 전인 열여덟 살의 나이에 헤밍웨이는 스스로 이탈리아 전선에 들어가 적십자 병원의 응급차 운전병으로 복무하면서 전쟁의 참상을 직접 체험한다. 그리고 나서 피아베 강가의 참호 사이를 자전거로 오가면서 군부대의 매점에서 일한다.(최근 출간된 찰스 A. 펀튼의 『어니스트 헤밍웨이의 도제 수업』(패러 앤 스트라우스, 1954)에서 밝혀진 것처럼 말이다.)(그가 이탈리아와 파시즘을 얼마나 잘 이해하고 있었는가에 대해서는 긴 연구 논문을 쓸 수도 있다. 1917년에 이미 헤밍웨이는 국가의 '파시스트'적인 면모를 깨달을 수 있었으며, 그의 가장 훌륭한 작품인 『무기여, 잘 있거라(*A Farewell to Arms*)』(1929)에서 그린 바대로 그것을 마주한 민중의 표정을 읽어 낼 수 있었다. 또한 그가 1949년의 이탈리아를 얼마나 잘 이해하고 있었는지, 대중적인 성공은 거두지 못했지만 많은 면에서 흥미로운 소설인 『강을 건너 숲으로(Across the River and Into the Trees)』에서 얼마나 그러한 점들을 잘 그려 냈는지에 대해서도 한 편의 연구 논문이 나올 수 있을 정도다.) 그의 첫 번째 책 『우리 시대에(In our Time)』(1924년에 발표되었지만, 1925년 원고가 추가되어 다시 출간되었다.)의 어조는 세계대전에 대한 기억과 그리스에서 기자로 일하면서 목격한 대학살에 대한 기억을 기반으로 하고 있다. 이 제목 자체는 우리에게 많은 것을 말해 주지 않지만, 그가 『공동 기도서』의 한 구절, "주여, 우리 시대에 평화를 주소서."의 의미를 널리 알리고자 의도했던 것이라면 상당히 신랄하고 아이러니한 어조를 띠고 있다고 말할 수 있다. 『우리 시대에』의 짧은 한 부분에서 말하는 전쟁의 쓰디쓴 경험은 헤밍웨이 작품의 발전 과정에서 결정적인 역할을 했다. 톨스토이에게 『세바스토폴 이야기』에서 묘사했던 인상들이 결정적이었던 것처럼 말이다. 헤밍웨이가 톨스토이를 존경해서 전쟁을 직접 체험하고자 했던 것인지, 전쟁을 겪고 나서 톨스토이를 존경하게 되었던 것인지 정확히 알 수 없다. 물론 헤밍웨이 작품에 나오는 전장의 풍경은 톨스토이의 것과 같지 않으며, 대작가는 아니지만 그가 역시 존경했던 미국 작가 스티븐 크레인이 그려 낸 것과도 같지 않다. 헤밍웨이가 그려 낸 전쟁은 머나먼 땅에서 벌어진 전쟁이며 한 외국인이 일정한 거리감을 가지고 바라본 전쟁이다. 즉 헤밍웨이는 유럽에서 싸우게 되는 미군의 정신세계를 일찍이 형상화했던 것이다.

영국의 제국주의를 찬양했던 키플링이 자신이 태어난 나라와 유대감을 계속해서 간직했고, 그리하여 인도 역시 그에게 조국이 되었다면, 헤밍웨이에게서(키플링과는 달리 사실과 사물을 기록하기 위해서 외에는 결코 미국을 찬양하길 원치 않았지만) 우리가 발견할 수 있는 것은, 어떠한 명확한 동기도 없이, 팽창하는 경제 논리를 따라 세계를 배회하는 미국의 정신이다.

그러나 헤밍웨이의 작품에서 흥미로운 것은 전쟁의 현실에 대한 증언이 아니라 학살에 대한 비판이다. 어떠한 시인도 전적으로 그가 표현하는 사상 자체가 아니듯이, 헤밍웨이 역시 그가 처했던 당시 상황 그 자체로 환원될 수는 없다. 인간의 행동과 인간 자체를 동일시하는 행동주의의 사고방식에서 벗어나, 실존을 확인할 수 있는 가장 정당하고 정확한 방법은 인간이 자신에게 부여된 의무를 수행할 수 있는가의 여부를 살펴보는 것이다. 이는 헤밍웨이 작품의 주인공보다 더 심화된 산업 사회를 살고 있는 현대인들에게 더 설득력이 있는 방법이기도 하다. 헤밍웨이의 주인공들의 행동은 『노인과 바다(The Old Man and the Sea)』에서처럼 고래 사냥과 같은 '특별한' 작업이나 어떤 결투에서 특정한 임무를 지닌 경우를 제외하면 거의 하나의 '직업'으로 드러나지 않는다. 우리는 투우로 무엇을 할 수 있는지, 투우에 필요한 모든 기술들이 무엇에 쓸모가 있는지 알지 못한다. 그러나 인물들이 야외에서 불을 피우는 방법이나 낚싯대를 던지는 방법, 기관총을 다루는 방법에 대해 정확함을 기울이는 진지함이 바로 우리에게 흥미로운 지점이며, 유용한 부분이다. 우리는 헤밍웨이의 더 요란하고 유명한 면모를 따라하지 않고도, 인간이 자신이 하는 행위를 통해 세계와 완벽하게 통합되는 순간에 대한, 자연과 싸워 나가면서 불꽃 튀는 전장에서조차 인류와 화합을 이루며 자연과 조화를 이루는 자신을 발견하게 되는 순간에 대한 답으로 이러한 행위를 할 수 있다. 누군가 어느 날 노동자와 기계의 관계에 대해, 노동자가 정확하게 수행하는 자신의 노동과 맺는 관계에 대해 시적으로 쓸 수 있게 된다면, 그는 다시 헤밍웨이의 이러한 행위의 순간들로 되돌아가야만 할 것이다. 헤밍웨이는 이것을 근대 세계로부터 분리해서 생각했지만, 우리는 가볍고 난폭하며 여행자 특유의 심심풀이로 본 헤밍웨이의 관점에서 그러한 행위의 순간들을 떼어 내어 근대의 생산주의에 기반한 세계라는 문맥에 유기적으로 연결해 회복시켜야 할 것이다. 헤밍웨이는 열린 시선으로, 그리고 건조한 시각으로 어떠한 환상이나 신비주의 없이도 세계를 살아 나가는 법을 이해하고 있었다. 불안해하지 않고 홀로 존재하는 방법을, 홀로 있는 것보다 사람들과 섞여 있는 것에서 더 편안함을 느끼는 방법을. 그리고 특히 그는 삶에 대한 개념을 풍부하게 표현할 수 있는 문체를 개발해 냈다. 때로는 가장 성공적인 순간에 그 결점과 한계를 드러내 보인다 해도(닉 애덤스 이야기에서처럼), 그러한 문체는 근대 문학사상 가장 건조하고 가장 직접적인 언어이자, 가장 간결하고 꾸밈없는, 또한 가장 명쾌하고 현실적인 산문으로 볼 수 있다.(러시아의 비평가 J. 카슈킨은 1935년 《세계문학》에 발표한 정밀한 논문에서 헤밍웨이의 이러한 문체를 소설가로서의 푸슈킨과 비교하기도 했다.(이 논문은 이후 열렸던 심포지엄에서 인용되었으며, 심포지엄 내용은 존 K. M. 맥커페리가 편집하여 『어니스트 헤밍웨이—인간과 노동』(더 월드 퍼블리싱 컴퍼니, 1950)으로 출간되었다.))

사실 헤밍웨이는 신비한 상징주의와 종교적인 색채가 짙은 이국주의와는 거리가 먼 작가였다. 카를로스 베이커는 『예술가로서의 작가, 헤밍웨이』(프린스턴 대학 출판부, 1952, 최근 G. 암브로솔리에 의해 이탈리아어로 번역되어 나왔다.)에서 그가 이러한 경향과 관련되어 있다고 주장하고 있지만 말이다. 이 책은 헤밍웨이가 베이커와 피츠제럴드나 다른 이들에게 보낸 미공개 편지에서 추려낸 매우 정확한 정보와 인용문들을 담고 있으며, (이탈리아 번역본에서는 빠진) 훌륭한 서지 목록도 포함하고 있다.

또한 매우 유용하고 특수한 분석, 예를 들어「피에스타」에서의 '잃어버린 세대'와 헤밍웨이의 관계(헤밍웨이가 단순히 '잃어버린 세대'를 지지했다는 설과는 달리)에 대한 논쟁도 담고 있다. 그러나 얄팍한 비평 공식에 기대는 부분도 있다. 예를 들어 '집'과 '집이 아닌 곳'의 대립, '산'과 '평야'의 대비, 그리고『노인과 바다』속의 '기독교적인 상징주의' 등을 이야기하는 부분이 그러하다.

또 다른 미국 학자의 연구서로는 필립 영의『어니스트 헤밍웨이』(라인하트, 1952)가 있다. 이 책은 베이커의 책보다 좀 더 소박하고, 철학적인 면에서는 다소 경박하다. 영 역시 안타깝게도 헤밍웨이가 결코 공산주의자가 아니었고, '비(非)미국인'도 아니며, '비미국인'적인 성격 없이도 거칠고 비관적일 수 있음을 증명하고자 상당히 긴 분량을 할애하고 있다. 그러나 이 책은 우리가 아는 헤밍웨이를 보편적인 비평의 입장에서 조명하고, '닉 애덤스 이야기'에 근본적인 가치를 부여하면서,『노인과 바다』를 한 권의 위대한 책이 앞서 열어 놓은 전통 속에 위치 시킨다. 즉 소설의 언어, 현실과 모험에 대한 풍부한 묘사, 자연에 대한 감정, 당대의 미국이라는 국가의 사회적 문제에 천착했다는 면에서 마크 트웨인의 위대한 작품,『허클베리 핀의 모험』이 세운 전통 안에 위치 시킨 것이다.

(1954)

프랑시스 퐁주

왕들은 문에 손을 대는 법이 없다. 그들은 익숙한 거대한 판을 부드럽게 또는 거칠게 앞으로 밀어 여는, 뒤로 돌아서 그 판을 제자리에 놓아 문을 닫는 즐거움을, 문을 손으로 열고 닫는 행복을 알지 못한다.

……방을 가로막는 높은 장애물의 배꼽을, 그 도자기 손잡이를 잡는 행복을. 이것은 빠른 결투. 한 걸음 뒤로 물러서는 순간 시야가 열리고 온몸이 낯선 주변에 익숙해진다.

친절한 한 손은 아직 문을 잡고 있지만 이내 완전히 뒤로 밀어 이제 우리를 새로운 방 안에 가둔다.─뻑뻑하지만 기름을 잘 쳐 놓은 용수철이 찰칵 돌아가고 이제 방 안에 갇혔음을 확실히 알려 준다.

'문의 즐거움(The Pleasure of the Door)'이라는 제목이 붙어 있는 이 짧은 텍스트는 프랑시스 퐁주(Francis Ponge, 1899~1988)의 시 세계를 보여 주는 좋은 예다. 퐁주의 시는 가장 소박한 사물과 일상적인 행동을 대상으로 하며, 그러한 것들을 새롭게 보고자 노력하면서 일상적인 습관으로서의 지각 방식을 버리고, 닳아 빠진 언어 메커니즘을 배제한 채 묘사한다. 그리고 이 모든 것들은 시 자체 혹은 이질적인 어떤 것 때문이 아니라(예를 들어, 상징주의나 이데올로기 혹은 미학), 오직 사물 그 자체로서의 사물, 한 사물과 다른 사물 사이의 차이점, 우리와 그 모든 사물 사이의 차이점의 관계를 재정립하기 위한 것이다. 이러한 상황 속에서 우리는 갑자기 멍하니 굳어진 일상에서보다 그러한 사물들의 존재가 훨씬 더 강렬하고 흥미로우며 '진실한' 경험으로 다가옴을 발견한다. 이런 점에서 볼 때 프랑시스 퐁주야말로 우리 시대의 위대한 현인이자, 반복적으로 순환되는 일상에서 벗어나기 위해 고개를 돌려 주목해야 할 몇 안 되는 '주요한' 작가다.

사물을 새롭게 본다는 것은 구체적으로 어떻게 한다는 것일까? 예를 들자면 과일 가게 주인들이 쓰고 버린 과일 상자에 여유롭게 시선을 돌리는 것이다. "시장으로 가는 모든 길모퉁이마다 평범한 나무 상자들이 겸손한 빛을 뿜는다. 여전히 새것이지만, 다시는 돌아갈 수 없도록 쓰레기와 함께 버려져, 자신이 볼품없는 자세로 놓여 있다는 사실에 살짝 놀란, 이 대상은 사실 주변에서 가장 빛나는 물건들 중 하나다. 그러나 이 나무 상자의 최후를 앞에 두고 너무 오래 머뭇거려서는 안 된다." 마지막 결론을 주관적인 판단으로 맺는 것은 퐁주가 전형적으로 쓰는 방식이다. 우리가 사물들 중에서도 가장 낮고 가벼운 이 대상에 우연히 연민을 느꼈다고 해서, 지나치게 그 감정에 매달리는 것은 어리석은 일일 것이다. 그러한 과도한 연민은 모든 것을 망치고, 막 얻어 낸 한 줌의 진실마저 바로 사라지게 하고 말 테니까.

그의 이러한 작업은 초, 담배, 오렌지, 굴, 고기 한 조각과 빵으로까지 이어졌다. 이러한 '대상'의 목록은 채소와 동물과 광물 세계까지 아우르는데, 이는 퐁주를 프랑스에서 처음으로 유명하게 만든 작은 책 한 권에 담겨 있다.(『사물의 편(Le Parti pris de choses)』, 1942) 그리고 이 책은 에이나우디 출판사에서 근래에 출간되었다. 자클린 리셋의 유용하고 정확한 서문이 실려 있는 이 이탈리아어 번역본은 번역문과 프랑스어 원문이 마주 보도록 편집되어 있다.(독자가 자신만의 해석을 창조하게 하는 데 시의 원문과 번역문을 양편에 싣는 것보다 더 좋은 방법은 없다.) 이 작은 책은 주머니 속에 넣고 다니거나 시계 옆 탁자에 올려놓기에 딱이다.(왜냐하면 퐁주의 책이니까. 대상으로서 책의 물질성 자체가 시 속의 사물들처럼 같은 대우를 해 달라고 외칠 테니까 말이다.) 이러한 사실은 매사에 신중하고 칩거하는 성향이 있는 퐁주가 이탈리아에서 새로운 추종자들을 만들어 낼 수 있는 좋은 기회가 될 것이다. 이 작은 시집의 사용법은 다음과 같다. 매일 저녁 몇 페이지씩 읽으면서, 구멍 뚫린 다채로운 세계의 실체를 향해 촉수처럼 언어를 내뻗는 퐁주의 방식과 일체가 되는 것이다.

여기서 추종자란, 무조건적이고 내가 조금은 부러워할 만큼 열정적인 프랑스와 이탈리아의 애독자들을 가리키기 위해 쓴 단어다. 프랑스의 경우 사르트르에서부터 '텔켈 그룹'[1]의 젊은 작가들에 이르기까지, 정반대까지는 아니라 해도 퐁주와 매우 다른 성향의 사람들마저 그의 시를 추종했다. 이탈리아의 경우 웅가레티와 피에로 비곤지아리가 그의 시를 번역했다. 특히 비곤지아리는 퐁주의 가장 열렬한 옹호자였다. 그는 1971년 몬다도리 출판사의 시리즈에 『텍스트의 허리』라는 제목으로 그의 대표

---

1) 1960년 프랑스의 전위적인 문학잡지 《텔켈(Tel Quel)》을 중심으로 포스트 구조주의자로서 활동한 프랑스 지식인들을 가리킨다.

작 선집을 엮어 내기도 했다.

그렇지만 프랑스와 이탈리아에서 퐁주의 시대는 아직 오지 않았다고 나는 확신한다. 퐁주에 대해 아직 전혀 모르지만 도처에 잠재하고 있을 그의 수많은 독자들에게 내가 어떤 메시지를 호소하고자 할 때 제일 먼저 해야 할 말이 있다. 이 시인은 전적으로 산문으로만 시를 쓴다는 사실이다. 퐁주는 초기부터 반쪽짜리 글에서부터 6, 7페이지의 짧은 이야기들을 주로 써 왔다. 최근에는 진리에 보다 가까이 다가가고자 하는 과정을 끊임없이 반영하면서 분량이 확대되고 있다. 진리에 다가가고자 하는 것, 이것이 바로 그에게 글쓰기가 의미하는 바이기도 하다. 예를 들어, 한 조각의 비누와 말린 무화과에 대한 묘사는 그 자체로 한 권의 책으로 확장된다. 또한 풀에 대한 묘사는 『풀밭의 제작(*La Fabrique du pré*)』이라는 한 권의 책이 되기도 했다.

자클린 리셋은 퐁주의 작품을 '사물들'을 묘사한 프랑스 현대 문학의 다른 기본적인 두 경향과 대조하고 있다. 하나는 사르트르의 『구토』에 나오는 구절들로, 그 부분에서 사르트르는 나무뿌리와 거울에 비친 얼굴을 보면서 어떠한 현실 지시적인 문구나 인간적인 의미와도 완전히 결별한 채 불안하고도 혼란스러운 영상을 불러낸다. 또 하나의 경향은 로브그리예의 작품들로, 그는 여기서 일종의 '비인격화된' 글쓰기를 정립하며 절대적으로 중성적이고 차가우며 객관적인 용어로 세계를 묘사한다.

이 두 사람보다 앞선 세대인 퐁주의 글은 사물이 된다는 것이 어떤 것인지를 체험하고자 자기 자신으로부터 빠져나오기라도 하듯 스스로 사물과 일체가 되고자 한다는 점에서 '인격적'이라 할 수 있다. 이러한 글쓰기는 언어와의 결투를 의미한다. 이러한 결투는 너무 좁은 곳에서는 종이를 늘어나도록 당기고, 너무 넓은 곳에서는 접어 놓기를 반복하는 것과 같다. 언어란 언제나 너무 모자라거나 넘치게 마련이니까 말이다. 이러한 퐁주의 글쓰기는 레오나르도 다빈치의 글쓰기를 연상시킨다. 다빈치는 짧은 텍스트 안에 불꽃의 움직임, 줄질하는 모습을 묘사하고자 쓰고 또 쓰면서 노력을 아끼지 않았다.

크기에 대한 퐁주의 감각은(이는 구체성을 지향하는 그의 성격을 드러내는 증거이기도 하다.) 바다를 이야기하기 위해 해안가, 모래사장, 연안을 주제로 삼는 사실에서도 드러난다. 그는 결코 무한에 대해 쓰지 않는다. 오히려 무한은 그것이 그 자신의 경계를 만나는 지점에서만 텍스트 안으로 들어올 수 있다. 실제로 존재하는 그 지점에서부터 말이다.

바다의 양끝은 서로 멀리 떨어져 거리를 유지하기 때문에 바다를 가로지르거나 끝을 구부리거나 뒤집지 않는 한 서로 연결될 수 없다. 이 때문에 바다는 바닷가들이 제각각 자기 자신의 방향을 향하고 있을 뿐이라고 믿게 만든다. 사실 바다는 모든 바닷가에 극히 정중하며, 실제로는 정중한 것을 넘어 극진하기까지 하다. 바다는 무한한 물의 흐름을 그 아래에 숨긴 채, 최대한의 열의와 끊임없는 열정을 바닷가 각각에 보여 준다. 바다는 자신의 한계를 넘어서는 법이 결코 없으며, 넘치는 파도를 스스로 자제한다. 어부가 우연히 자신의 작은 이미지나 표본만을 발견할 수 있게 하는 해파리처럼. 바다는 오직 자신이 닿는 모든 바닷가에 온 힘을 다해 복종할 뿐이다.(「바닷가(Seashores)」)

그의 비밀은 모든 대상이나 요소를 그것들의 결정적인 면모에 고정시키는 데 있다. 대상의 이러한 결정적인 면은 우리가 잘 알아차리지 못하는 부분이며, 퐁주는 바로 이것을 중심으로 자신만의 이야기를 구축한다.

예를 들어 물을 정의할 때 퐁주는 물의 저항할 수 없는 아집인 중력, 자꾸만 낮아지려 하는 습성을 지적한다. 그러나 모든 대상이, 예를 들어 옷장 같은 것도 중력의 법칙을 따르지 않는가? 퐁주는 옷장은 지면에 고정되어 존재하므로 전적으로 다르다고 말할 것이다. 그는 액체와 같은 상태가 어떤 것인지를, 즉 액체는 자신의 중력을 고집하면서 그 법칙만을 순수하게 따르기 위해 어떠한 고정된 형태도 거부한다는 것을 보고자 노력한 것이다.

다양한 사물들의 목록을 만드는 자로서 퐁주는('다양한 사물들(De Varietate Rerum)'이라는 말은 현대에 부활한, 신중한 성격의 루크레티우스라 할 퐁주의 작품을 규정해 온 말이기도 하다.) 이 밖에도 여러 주제를 다루었다. 사물의 다양성이라는 주제는 그가 첫 번째 시집에서 질문한 이래로 같은 이미지와 개념들로 끊임없이 회귀하며 조탁을 거듭했던 문제였다. 그중 하나가 식물의 세계인데, 그는 특히 나무의 형태에 관심을 기울였다. 다른 하나는 연체동물로, 특히 조개껍질, 달팽이, 조가비 등에 관심을 두었다.

퐁주의 글에서는 나무가 인간과 자주 비교되곤 한다.

나무는 어떠한 몸짓도 할 수 없다. 나무는 단지 부처처럼 자신의 손과 팔과 손가락을 늘려 가기만 할 수 있을 뿐이다. 그리고 이러한 방식으로 아무것도 하지 않으면서 나무는 생각의 밑바닥에까지 다다를 수 있다. 그들은 아무것도 숨기지 않으며, 은밀한 생각을 감출 수도 없다. 그들은 완전히, 정직하게 어떠한 제한도 없이 열어 보일 수밖에 없다. 아무것도 하지 않으면서 그들은 모든 시간 동안 자신의 형태를 증식하면서 분석하기에 더 복잡한 형태로 자신의 몸체를 완성해 간다. …… 살아 있는 존재가 자신을 말이나 소리로 표현할 경우 이내 사라져 버리고 말지만 대신, 다른 존재를 모방한 몸짓으로 표현할 수 있다. 그러나 식물의 세계는 자신을 오직 지울 수 없는 문자의 형태로만 표현한다. 이러한 방식은 다시 뒤로 돌아갈 수 없으며, 따라서 한 번 품은 마음을 변화시킬 수 없는 것이다. 어떤 것을 수정하고 싶을 때 할 수 있는 일이란, 거기에 덧붙이는 것뿐이다. 이것은 마치 이미 쓴 글이나 출간한 글을 다시 가져와서 주석을 달아 가면서 수정하는 것과 같다. 그러나 식물은 무한히 더해질 수 없다는 사실을 덧붙여 말해야만 한다. 식물 각각에는 나름의 한계가 있다.

그렇다면 퐁주의 시에서 사물은 언제나 말이나 글로 쓴 이야기로, 언어의 세계에 귀착하기 마련이라고 결론을 내려야 하는 것일까? 쓰인 모든 글에서 글쓰기가 은유하는 바를 찾아내는 것은 너무나 명확한 비평 작업이어서, 그렇게만 한다면 다른 것을 끌어낼 수 없을 것이다. 우리는 퐁주의 언어에서, 주체와 객체를 연결하는, 없어서는 안 될 매개체로서의 언어가 끊임없이 언어 바깥에서 사물이 표현하는 바와 비교된다는 사실을 지적할 수 있다. 이러한 비교 속에서 그 사물은 재평가되고, 재정의되며, 또한 새롭게 가치를 부여받는다. 만약 이파리들이 나무의 언어들이라면 그것들은 계속해서 같은 말밖에 반복하지 못할 것이다.

봄에 나무들은…… 그들이 다른 노래를 부를 수 있다고, 자기 자신으로부터 벗어날 수 있다고, 자연 전체로 뻗어 나가 그것을 껴안을 수 있다고 생각한다. 그러나 그것들은 여전히 수천의 다른 똑같은 것들을, 같은 음표를, 같은 말을, 같은 이파리들을 되풀이해서 내보낼 뿐이다. 우리는 나무의 방식대로라면 나무로부터 벗어날 수가 없다.

모든 것이 구원되는 듯 보이는 퐁주의 시 시계에서 저주받은 부정적인 가치가 있다면 그것은 바로 반복이다. 해안가에 부딪히는 바다의 파도는 모든 같은 명사를 두고 어원 변형을 할 뿐이다. "같은 이름을 가진 수많은 왕들과 공주들이 지루하게 반복되면서 풍요로운 바닷가에서 같은 날 임명식을 치른다." 그러나 증식성은 개별화와 다양성의 원칙이기도 하다. 조약돌은 "사람 나이로 치자면, 개인이 탄생하는, 즉 말을 하기 시작하는 단계에 있는 바위다."

한 사람의 은거를 가리키는 언어(작품)의 은유는 텍스트에서 달팽이나 조가비를 다룰 때 수차례 반복된다. 그러나 무엇보다 퐁주는(특히 「조가비에 대한 노트(Notes for a Seashell)」에서) 인간에게 사물과 그 상징물이 불균형한 것과는 대조적으로, 조가비의 경우는 조개껍질과 그 안에 사는 조개의 몸체가 균형을 이룬다는 점에 대해 찬가를 바친다.

조가비의 작품을 이루는 것 중에 그들 자신에게 이질적이거나 필요하지 않거나, 그들이 요구하지 않은 것은 하나도 없다. 그 어떠한 것도 그들의 물리적인 존재와 균형을 이루지 않은 것이 없다. 그 어떤 것도 필요하지 않거나 필수적이지 않은 것은 없다.

이것이 바로 퐁주가 달팽이를 거룩하다고 한 이유다.

그러나 무엇이 거룩하다는 것인가. 자신의 본성을 어김없이 따르는 그들의 태도. 무엇보다 너 자신을 알라는 것. 그리고 있는 그대로의 자신을 받아들이라는 것. 자신의 결점까지도. 자신의 크기와 알맞게 균형을 이루도록.

지난달 나는 또 다른 현자라 할 수 있는 클로드 레비의 유작(퐁주의 글과는 매우 다른)에 대해 글을 쓰면서 레비가 쓴 달팽이에 관한 찬가를 인용하며 결론을 맺었다. 이 글에서는 퐁주의 달팽이 찬가로 글을 끝맺는다. 달팽이는 인간이 누릴 수 있는 행복을 표현하는 최고의 형상인 것인가?

(1979)

호르헤 루이스 보르헤스

호르헤 루이스 보르헤스(Jorge Luis Borges, 1899~1986)가 이탈리아에서 비평가들의 주목을 끈 것은 30여 년 전부터였다. 정확히 말해 1955년부터였다고 할 수 있는데, 바로 그해에 『픽션들(*Ficciones*)』의 이탈리아어 번역본이 에이나우디 출판사에서 '바벨의 도서관'이라는 제목으로 나왔던 것이다. 그리고 최근 몬다도리 출판사의 메리디아니 시리즈 형식으로 보르헤스 선집이 출간되면서 그의 명성은 정점에 이르고 있다. 내 기억이 맞다면, 보르헤스의 소설을 프랑스어 판본으로 읽고 나서 엘리오 비토리니에게 열정적으로 이야기했던 사람은 세르지오 솔미였던 것 같다. 이후 비토리니는 즉각 이탈리아어로 번역하라는 제안을 건네면서 보르헤스를 잘 이해할 만한 열정적인 번역가로 프랑코 루첸티니를 추천했다. 이 작업 이후로 이탈리아의 많은 출판사들이 이 아르헨티나 작가의 작품을 경쟁하듯 출간하기 시작했다. 근래에는 몬다도리 출판사가 이전에 출간되었던 작품들을 모아 보르헤스 전집으로 출간하고 있는데, 아마도 가장 포괄적인 판본이 될 것이다. 보르헤스의 절친한 친구인 도메니코 포르지오가 편집한 전집 1권이 이번 주에 출간된다고 한다.

출판사들의 이러한 열기는 문학 비평을 통해 그가 얻은 명성과 연관이 있는데, 이러한 명성이 열기를 부추긴 면도 있고, 거꾸로 이러한 열기가 비평적 명성을 북돋운 측면도 있다. 보르헤스와 미학적인 면에서 가장 멀어 보이는 이탈리아 작가들 사이에서도 보르헤스에 대한 존경의 분위기를 확인할 수 있다. 이는 보르헤스의 문학 세계를 비평적으로 정의하기 위해 이뤄진 깊이 있는 분석들을 보더라도 마찬가지다. 또한 그가 이탈리아의 문학 창작이나, 문학적 취향, 심지어 문학이라는 개념 자체에까지 영향을 미쳤음을 생각해 보더라도 충분히 짐작할 수 있는 일이다. 최근 20세기의 수많은 작가들, 특히 우리 세대에 속한 작가들은 보르헤스에 깊이 영향을 받았다고 할 수 있다.

이탈리아 문화와, 여러 문학적, 철학적 유산을 두루 포괄하는 보르헤스 작품과의 이러한 친밀한 만남을 어떻게 설명할 수 있을까? 보르헤스 작품 안의 이러한 유산들 중에는 우리 문화에 친숙한 것들도 있지만, 또 매우 낯선 것들도 있으며, 게다가 그는 작품 속에서 이러한 유산들을 우리의 문화적 유산과 매우 동떨어진 하나의 요소로 변형시켜 놓았는데 말이다.(그의 작품 속의 문학적, 철학적 배경은 적어도 1950년대 황폐했던 이탈리아 문화의 입장에서 보면 매우 먼 것이었다.)

나는 다만 보르헤스가 처음부터 최근에 이르기까지 내게 의미했던 바를 다시 생각해 보면서, 기억을 더듬어 답하려고 한다. 내가 보르헤스를 경험하는 데 첫 지렛대 역할을 했던 것은 『픽션들』과 『알렙(The Aleph)』이라는 두 권의 책이다. 다시 말해 보르헤스적인 단편이라는 특수한 장르를 체험하면서부터였던 것이다. 이후 나의 관심은 내레이터로서의 보르헤스에게서, 작품 속 화자와 쉽게 구분이 가지 않는 에세이스트로서의 보르헤스, 작품 속 서술의 씨앗, 혹은 적어도 사유의 핵심이나 개념의 패턴들을 담고 있는 시를 쓴 시인으로서의 보르헤스에게로 옮겨 갔다.

    내가 보르헤스와 친밀감을 느끼는 가장 큰 이유에서부터 시작해 보자. 무엇보다 나는 보르헤스의 작품 안에 인간의 지성이 구축하고 지배하는 하나의 세계로서의 문학이라는 개념이 들어 있음을 알아볼 수 있었다. 이것은 20세기 문학의 주요 흐름에 거스르는 개념이었으며, 이러한 문학의 흐름이란 다시 말해 실존과 언어 및 사건을 서술하는 구조 면에서, 또한 무의식을 탐구한다는 면에서 무질서한 문학의 한 경향을 제공하는 것을 목표로 하고 있었다. 그러나 여기에는 20세기 문학의 또 다른 한 경향이 있었는데, 특히 산문 작가이자 철학자인 폴 발레리를 거대한 축으로 하는 소수의 경향이었다. 이는 무질서한 세계에 대한 정신적인 질서의 승리를 의미했다. 나는 이러한 방향의 문학에 있어서 이탈리아 문학이 13세기에서부터 르네상스 시대와 17세기를 거쳐 20세기에 이르기까지 기여한 바를 추적해 볼 수 있다. 그리고 이는 보르헤스를 발견한 일이 내게는 언제나 장난치듯 맴돌기만 하던 하나의 가능성이 결국 실현되는 것을 보는 것과 같았다는 사실을, 즉 마치 세계가 지성이 구축한 이미지와 형상들로 형성되고, 기호들이 엄격한 기하학적 질서를 따라 성좌처럼 들어서는 것을 보는 것과 같았다는 사실을 설명해 준다.

    그러나 아마도 보르헤스라는 한 작가가 우리 모두에게 불러일으키는 공통된 느낌을 설명하려면, 그것의 범주를 구분하기보다는 글쓰기의 기술과 보다 정확히 직결된 어떤 동기로부터 출발해야만 할 것이다. 나는 그 첫 번째로 작문을 경제적으로 표현하는 기술을 들고 싶다. 보르헤스는 간결함의 대가다. 그는 단 몇 페이지에 극도로 풍부한 개념과 시적인 요소들을 응축시키고자 했다. 그러한 텍스트 안에서 사건들은 서술되거나 암시되며, 무한성, 그리고 이어지는 개념들은 어지러울 정도로 빛을 발한다. 이러한 밀도 높은 서술은 그럼에도 지나치게 무겁다는 느낌이 전혀 주지 않는다. 그의 문장은 투명하다 할 정도로 명확하며, 장식이 없으며, 열려 있기 때문이다. 이렇게 암시적이면서도 짧은 문체가 다양한 리듬, 문장의 운동감, 언제나 예상치 못했던 놀라운 형용사들을 사용함으로써 정확하고 구체적인 보르헤스 특유의 언어에 이르게 되는 것은 스페인 언어에서 전례를 찾아볼 수 없는 뛰어난 문체가 이룬 기적이라 할 수 있다. 그리고 보르헤스만이 이러한 문체의 비밀을 알고 있다.

보르헤스를 읽을 때마다 나는 그의 간결한 글쓰기의 시학을 설명해 내고 싶은 유혹을 느낀다. 그러한 글쓰기가 장광설의 글쓰기보다 더 우수하다는 것을 말하면서, 이러한 두 양식 중에서 우리가 어느 한 양식을 그 느낌과 개념을 담는 형식 면에서, 내용을 생생하게 그려 내는 관점에서 더 선호하게 되어 있다는 전제 하에 두 양식을 서로 대조해 보면서 말이다. 우선 이탈리아 문학의 진정한 특징은 각각의 단어를 대체할 수 없는 시적인 문장을 더 높이 평가하는 다른 문학과 마찬가지로, 장광설보다 간결한 문장에서 더 잘 드러난다.

간결하게 쓰기 위해 보르헤스가 결정적으로 착안한 방법은 돌이켜 생각해 보면 다소 간단한 것이었다. 그리고 그가 착안한 이 결정적 방법은 보르헤스 자신을 작가로 거듭나게 해 주었다. 거의 마흔에 가깝도록 그가 에세이가 아닌 허구적인 산문의 세계에 뛰어드는 것을 가로막았던 장애물을 극복하게 해 준 그 방법은, 쓰고 싶었던 책을 이미 누군가가 쓴 것처럼 보이게 하는 것이었다. 보르헤스가 꾸며 낸 다른 언어, 다른 문화 속에서 나온 미지의 작가가 쓴 책, 그러고 나서 그러한 상상 속의 책을 다시 묘사하거나 요약, 비평하는 방식이었던 것이다. 이러한 방법을 처음으로 사용하여 썼던 기이한 이야기인 「알모타심으로의 접근(The Approach to Almostasim)」은 보르헤스와 관련된 신화를 남겼다. 그것은, 이 작품이 《수르(Sur)》에 발표되었을 때 독자들이 모두 이 작품이 한 인디언 출신의 작가가 쓴 책을 보르헤스가 훌륭하게 비평한 글로 알았다는 일화다. 이와 유사하게 매번 그가 작품을 발표할 때마다 모든 보르헤스의 비평가들은 그의 작품이 한 겹 혹은 여러 겹으로 텍스트의 공간을 확장하고 있음을 지적해 왔다. 즉 가상의 도서관이나 현실 속의 도서관에서 꺼내어 인용한 다른 책을 통해, 고전 작품이나 혹은 박식한 지식이 나오는 작품, 아니면 단순히 꾸며 낸 작품들을 통해 확장한다는 것이다. 내가 여기서 강조하고 싶은 것은 보르헤스와 더불어 문학의 탄생이 제2의 단계를 맞았다는 점이다. 보르헤스와 더불어 문학은 자신의 제곱근으로부터도 파생하게 된 것이다. 즉 후일 프랑스 문학에서 유행처럼 널리 쓰였던 용어를 빌리자면 문학이 스스로를 '잠재 문학'으로 재규정할 수 있게 된 것이다. 사실상 잠재 문학의 선구적인 면모들은 모두 『픽션들』에서 보르헤스가 꾸며 낸 인물인 허버트 콰인이 쓴 작품들에 드러난 개념과 공식에서 찾아볼 수 있다.

   보르헤스에게는 기록된 글만이 온전한 존재론적인 현실성을 지닐 수 있으며, 그에게 이 세계의 모든 것들은 오직 글로 씌었을 때에만 존재한다는 점은 그동안 수차례 언급되어 왔다. 여기에서 강조하고 싶은 것은 문학의 세계와 경험의 세계의 이러한 관계를 설명해 주는 가치의 순환적 구조다. 경험은 문학에 영감을 줄 때에만 혹은 문학 속의 원형들로 재생될 때에만 가치를 지닌다. 예를 들어 서사시 속의 영웅적이고 대담한 모험과 고대 역사에서나 오늘날의 삶에서 실제로 일어난 그와 유사한 행위 사이에는 상호 작용이 일어난다. 이러한 관계로부터 우리는 서사시 속의 모험 이야기를 실제로 확인하고 현실 속의 일들과 각 에피소드를 비교하며 가치를 평가하게 된다. 바로 이러한 맥락에 윤리의 문제가 자리한다. 그러한 윤리의 문제는 보르헤스 작품의 유동적이며 서로 교환 가능한 형이상학적인 시나리오 안에 항상 단단한 핵처럼 존재하고 있다. 철학과 신학을 오로지 그 외적인 면이나 미학의 관점에서만 공평하게 시험하는 회의론자 보르헤스에게, 윤리의 문제는 하나의 세계에서 다른 세계로 넘어가는 것과 똑같이 용기와 비겁함, 폭력을 일으키는 편과 폭력을 당하는 편 사이에서의 단순한 선택의 문제로 귀결되며, 윤리가 진리 추구를 위한 것일 뿐이라는 점이 여러 차례 되풀이해서 서술된다. 어떠한 심리적인 깊이도 배제하는 보르헤스의 관점에서 윤리의 문제는 마치 기하학의 공식처럼 매우 단순화되어 드러나며, 이러한 수식 안에서 개인의 운명은 선택하기에 앞서 첫 번째로 인식해야만 하는 전체적인 패턴을 형성한다. 그러나 개인의 운명은 꿈의 유동적인 시간이나 신화 속의 순환적이고 영원한 시간 속에서가 아니라 현실에서의 한순간에 결정된다.

이러한 점에서 우리는 보르헤스의 서사시가 그가 읽은 고전 작품뿐만 아니라 아르헨티나의 역사에 의해서도 형성된다는 점을 기억해야만 한다. 보르헤스의 작품 속에 묘사되는 아르헨티나의 역사는 그의 가족사와, 건국 초창기의 전투에서 유명한 영웅이었던 조상들의 일대기와도 겹쳐진다. 「추측의 시(Poema conjectural)」에서 보르헤스는 단테적인 양식으로 자신의 외가 쪽 선조 한 사람의 내면을 상상 속으로 불러낸다. 전투에서 부상을 입고 독재자 로사스[1]의 가우초들에게 쫓겨, 늪에 쓰러져 있는 프란시스코 라프리다. 쓰러진 라프리다는 단테가 『신곡』의 연옥편 제5곡에서 묘사했던 본콘테 다 몬테펠트로의 삶을 떠올리면서 이것이 자신의 운명임을 인지한다. 로베르토 파올리는 이 시를 세밀하게 분석하면서 보르헤스가 인용하고자 했던 것은, 명시적으로 인용한 본콘테의 죽음이 아니라 오히려 같은 제5곡에서 이보다 앞서 나오는 야코포 델 카세로의 죽음이었을 거라고 지적했다. 문학에서 일어나는 일과 현실에서 벌어지는 일 사이의 삼투 과정을 보여 주는 것으로 이보다 더 좋은 사례는 없다. 즉 문학의 이상적인 출전은 사람들의 입으로 전해지기 이전에 일어났던 신화적 사건 같은 것이 아니라 단어와 이미지와 의미 들로 이루어진 하나의 조직으로서의 텍스트다. 서로 응답하는 각각의 모티프들이 이루는 구성, 하나의 주제가 그 변형들을 전개해 나가는 음악적 공간인 것이다.

보르헤스 문학의 특징을 역사적인 사건과 문학적인 서사시, 사건들을 시적으로 변형하는 능력과 문학적인 모티프의 힘이 집합적인 상상력에 영향을 미치며 연속성을 유지하는 것으로 정의할 때, 훨씬 더 중요한 또 한 편의 시가 있다. 이 시는 이탈리아인들과 더 밀접하게 연관된다고 할 수 있는데, 보르헤스가 이 시에서 매우 자세하게 알고 있었던 또 다른 이탈리아 서사시인 아리오스토의 『광란의 오를란도』를 언급하고 있기 때문이다. 이 시의 제목은 「아리오스토와 아랍인(Aristo and the Arabs)」이다. 보르헤스는 이 시에서 카롤링거 왕조 시대의 서사시와 아리오스토의 시에 등장하는 아서 왕 시대의 서사시 사이를 관통해 나간다. 아리오스토의 시는 마치 히포그리프[2]처럼 전통적인 아서 왕 전설의 요소 전체

---

1) 아르헨티나의 독재자(1793~1877). 가우초(카우보이)로 이루어진 의용군을 조직하여 변두리의 인디언들과 싸워 세력을 확장, 1829년 부에노스아이레스 주지사가 되었다. 이후 권력을 장악하고 공포정치를 행하여 많은 망명자와 희생자를 냈다.
2) 상체는 독수리이고, 하체는 말인 상상 속의 동물. 아리오스토의 『광란의 오를란도』에서 처음 등장했다.

를 스쳐 지나가고 있다. 다시 말해 아리오스토의 시는 그러한 전설의 요소들을 아이러니하면서도 여전히 큰 정서적 반응을 불러일으키는 하나의 환상문학으로 변형시킨다.『광란의 오를란도』가 대중적인 인기를 누렸던 사실은 중세 영웅들의 전설적인 꿈이 유럽 문화로(보르헤스는 밀턴 또한 아리오스토의 독자였다고 언급한 바 있다.) 이어졌음을 말해 준다. 유럽 문화의 꿈이 샤를마뉴 대제가 맞서 싸웠던 적들의 꿈, 즉 아랍인들의 꿈으로 대체되기 전까지 말이다. 이후『아라비안 나이트』가『광란의 오를란도』가 지배하던 집합적인 상상력을 대체하면서 유럽 독자들의 상상력 속에 자리 잡게 된다. 말하자면 서양과 동양의 환상문학이 서로 일종의 전쟁을 벌인 것이라고 말할 수 있다. 그리고 이는 샤를마뉴와 사라센 간에 실제 일어났던 역사 속 전쟁의 연장선상에 있다. 이 전쟁에서 사라센 제국은 샤를마뉴 제국과 싸워 승리를 거둔다.

  문자화된 글의 힘은 실제적인 경험과 연결되어 있으며, 그러한 경험에 하나의 시원으로서, 또한 그러한 경험을 종결시키는 것으로서 기능한다. 하나의 시원으로서 기능하는 이유는, 쓰인 글이 사건과 동일한 등가물로, 그러한 글 없이는 경험적인 사건 또한 존재할 수 없기 때문이다. 한편 하나의 종결로서 기능하는 이유는, 보르헤스에게 있어 쓰인 글이란 집합적 상상력에 하나의 강한 충격을 가하는 것이기 때문이다. 기록된 글들은 과거건 미래건 등장할 때마다 기억되고 인지되는 것으로 상징적이거나 개념적인 형상으로 기능한다.

  이러한 신화적, 원형적 모티프들은 몇 가지로 한정되어 있지만, 보르헤스가 즐겨 사용했던 형이상학적인 무한한 주제들을 배경으로 서 있다. 보르헤스는 자신이 쓰는, 혹은 쓸 수 있는 모든 텍스트에서 무한한 것, 셀 수 없는 것, 시간, 영원 혹은 영원한 존재나 시간의 순환적인 성질에 대해 이야기하고자 했다. 여기서 나는 의미 작용이 최대한으로 집중되는 그의 짧은 텍스트에 대해 앞에서 했던 언급으로 다시 돌아가고자 한다. 보르헤스 글쓰기의 고전적인 예로, 그의 가장 유명한 이야기인「끝없이 두 갈래로 갈라지는 길들이 있는 정원(The Garden of Forking Paths)」을 들어 보자. 이는 표면적인 플롯은 열두 페이지 남짓한 분량의, 음모를 둘러싼 이야기에 응축해 놓고 예상치 못한 결말에 이르기 위해 다소 교묘하게 처리한 전형적인 첩보 스릴러다.(보르헤스가 개척한 산문들은 대중소설의 형식을 취하는 것들이 많다.) 이 첩보원 이야기는 그 안에 다른 이야기를 포함하고 있다. 이 또 다른 이야기가 주는 긴박감은 논리적이고 형이상학적인 것과 더 깊숙이 연결되어 있으며, 중국인과 관련된 것으로 되어 있다. 이것은 미로 속에서의 길 찾기와 같다. 이 두 번째 이야기 내부에는 중국 소설들에 대한 묘사가 끝없이 이어진다. 그러나 이렇게 얽히고설킨 복잡한 서술에서 가장 중요한 것은 시간에 대한 철학적인 사색, 혹은 차례로 서술되는 시간의 개념에 대한 정의다. 결국 우리는 우리가 스릴러물의 외양 속에서 읽게 되는 것은 철학적인 이야기라는 것을, 오히려 시간의 개념을 다룬 하나의 에세이라는 사실을 깨닫는다.

「끝없이 두 갈래로 갈라지는 길들이 있는 정원」에 나오는 시간에 대한 가설들은 몇 줄 안에 담겨 있다. 우선 영원한 시간에 대한 개념이 있다. 이것은 주관적이고 절대적인 현재를 가리킨다.("나는 모든 것들이 정확하게 한 사람에게, 정확하게 지금 일어나고 있다는 것에 대해 생각했다. 셀 수도 없을 만큼 많은 세기들의 시간, 그런데 단지 현재에 일들이 일어나고 있다. 육지와 바다 위의 헤아릴 수 없을 정도로 많은 사람들, 그런데 정말로 일어나고 있는 모든 일들이 지금 내게 일어나고 있는 것이다······."[3]) 그다음으로는 의지가 지배하는 시간에 대한 개념으로, 한순간에 그리고 영원히 결정되는 하나의 행위의 시간이 있다. 이 안에서 미래는 과거와 같이 되돌릴 수 없는 것이 된다. 마지막으로 이 작품의 핵심적인 개념인, 모든 현재가 매번 두 가지 미래로 갈라지는 복수적인 시간, 끝없이 가지를 치는 시간이 있다. 그리하여 이는 "어지럽게 증식되는, 분산되고 수렴되고 평형을 이루는 시간들"[4]을 형성한다. 모든 가능성이 모든 가능한 조합 속에서 실현되는 세계의 무한성에 대한 이러한 개념은 이야기에서 벗어난 여담이 아니라, 이야기에 반드시 필요한 조건이다. 시간에 대한 이러한 개념은 주인공이 첩보원으로서 임무를 수행하면서 저지르는 부조리하고 혐오스러운 범죄를 정당화해 주는 것처럼 보인다. 또한 이것이 여러 세계들 중 다른 세계가 아니라 바로 이 세계에서 일어날 것이라고 확신하는 데 필요한 조건, 혹은 지금 여기에서 범죄를 행함으로써 주인공과 그의 희생자가 다른 세계에서는 서로를 친구와 형제로 알아보게 되는 데 필요한 조건이기도 하다.

그러한 갈라지는 시간에 대한 개념을 보르헤스는 무척 아꼈는데, 이러한 개념이 바로 문학을 지배하기 때문이었다. 사실상 이러한 개념은 문학을 가능하게 하는 조건이다. 내가 다음으로 인용하는 예는 우리 모두를 단테에게로 이끌어 간다. 이것은 보르헤스가 우골리노 델라 게라르데스카에 대해 쓴 에세이다. 보르헤스의 이 에세이는 정확히 단테의 『신곡』 중 우골리노에 대한 글에서 "고통보다 배고픔이 더욱 괴로웠다."[5]라는 구절을 설명하고 있으며, 우골리노 백작이 진실로 자식을 먹었을 가능성에 대해 "쓸모없는 논쟁"이라고 말하고 있다. 많은 비평가들의 의견을 다루

---

3) 『픽션들』(민음사, 1994), 황병하 옮김, 148쪽.
4) 같은 책, 164쪽.
5) 『신곡』(서해문집, 2005), 한형곤 옮김, 327쪽.

면서 보르헤스는 이 구절이 우골리노 백작이 굶주림으로 죽었음을 의미한다고 주장하는 다수의 의견에 동조한다. 그러나 보르헤스는 이것이 단테가 우리가 실제로 그렇게 믿기를 원했던 것이 아니라 분명 우리가 우골리노가 그의 자식들을 먹었을 수도 있다는 사실에 대해 "동요하는 불확실함과 불확정성"을 지니고 의심해 보기를 원했던 것일 거라고 덧붙인다. 그리고 보르헤스는 『신곡』의 지옥편 제33곡에 나오는 식인을 암시하는 모든 구절들을 우골리노가 루지에리 주교의 해골을 뜯어먹고 있는 장면에서부터 열거한다.

이 에세이는 마지막 부분의 일반적인 결론 때문에 매우 중요하다. 바로 문학 텍스트는 오직 단어들의 연속이라는 구성으로만 이루어진다는 개념이(보르헤스의 이러한 개념은 구조주의자들의 방법론과 가장 일치하는 부분이기도 하다.) 그것이다. 그리하여 "우리는 우골리노가 서른 개의 3행시로 이루어진 텍스트상의 구조물이라는 사실을 이야기해야만 한다." 또한 이 에세이에는 보르헤스가 이후에도 여러 차례 언급했던 문학의 비개인성이라는 개념과 연결될 수 있는 생각이 드러난다. 이러한 개념에서 보르헤스는 "단테는 우골리노에 대해 자신이 시구에서 이야기한 것 이상을 알지 못한다."고 결론 짓는다. 이제 마지막으로 내가 진실로 강조하고 싶은 것은 분기하는 시간에 대한 개념이다.

현실의 시간에서, 역사 속에서 여러 다른 선택지를 마주한 인간은, 영원히 다른 것들을 지우면서 하나만을 선택한다. 따라서 이러한 현실의 시간은 (희망과 망각의 중의적인 시간과 유사한) 예술의 다의적인 시간과는 같을 수가 없다. 이러한 문학적인 시간 속에서 햄릿은 미쳐 있으면서 동시에 제정신일 수 있었다. 굶주림으로 고통받던 탑 안의 암흑 속에서 우골리노 백작은 사랑하는 자식들의 몸을 먹었으며 또한 동시에 먹지 않았다고 할 수 있다. 이러한 동요하는 불확실성과 불확정성은 그가 구축한 기묘한 문제이다. 이 불확실성과 불확정성이 바로 단테가 우골리노를 두 가지 가능한 죽음의 장면으로 상상한 방식이며, 미래의 세대가 그를 상상하는 방식이기도 하다.

이 에세이는 마드리드에서 2년 전에 출간된 보르헤스의 에세이들과 단테에 대한 강의를 모은 책인 『단테에 관한 강의』에 포함되어 있지만, 아직 이탈리아어로 번역되지는 않았다. 보르헤스는 탁월한 시 해석 능력을 (그의 재능이 이것만은 아니지만) 발휘했다. 그는 이러한 재능을 기반으로 이탈리아의 주요 텍스트를 끊임없이 열정적으로 연구한 결과물과 단테로부터 물려받은 유산을 통해 비평적인 사유와 창작이라는 두 분야 모두에서 성과를 거둘 수 있었다. 우리가 지금 보르헤스에게 경의를 표하고, 다시 한 번 진심으로 그가 남긴 풍부한 지적 유산을 감사히 여기는 이유도 여기에 있다.

(1984)

레몽 크노의 철학

　레몽 크노(Raymond Queneau, 1903~1976)는 누구인가? 이 질문은 얼핏 이상하게 들린다. 20세기 문학이나 프랑스 문학에 식견이 있는 사람이라면 누구나 크노라는 작가를 잘 알 것이기 때문이다. 그러나 우리 각자가 모두 크노에 대해 아는 바를 한데 모은다면, 크노의 이미지는 갑자기 언뜻 보기에도 함께 묶기 힘든 요소들을 끌어다 모은 난해하고도 복잡한 형상을 띨 것이다. 결정적인 특징을 강조하려 하면 할수록, 다각면의 다양한 면면을 하나의 단일한 형상으로 완성하는 데 필요한 또 다른 것들을 놓친다는 느낌이 들 것이다. 마치 친구들과 카드놀이를 즐기려는 순간처럼 우리에게 가장 편안하고 안락한 상태를 마련해 주고, 그 자신과 평등한 위치에 있는 것처럼 느끼게 해 주어, 항상 편안하게 초대하는 것 같은, 크노는 사실 탐구할수록 그 깊이를 알 수 없는 문화적 배경을 가진 인물이다. 또한 그 문화적 배경에는 명시적이거나 내포적인 함축과 전제들이 끝없이 배치되어 있다.

물론 크노의 명성은 기본적으로 파리 지역의 투박하고도 거친 세계를 주로 그린 소설들과 일상적인 구어체 프랑스어 철자를 이용한 낱말 놀이에서 나왔다. 극도로 집요하고도 응축적인 산문 형식의 작품이자 크노 특유의 희극적 우아함이 가장 빛나는 『지하철 안의 소녀(Zazie dans le métro)』가 바로 그런 작품이다. 2차 세계대전 직후의 생제르맹데프레를 기억하는 사람이라면, 크노의 이러한 대중적인 이미지에 쥘리에트 그레코[1]가 부른 "필레트, 필레트……"로 시작하는 노래를 덧붙일 것이다.

크노의 자전적인 소설이자 그의 작품 중 가장 생동감이 넘치는 소설인 『오딜(Odile)』을 읽은 사람들은 그의 초상에 다른 이미지를 덧붙일 것이다. 시인과 작가에게서는 다소 찾아보기 힘든 수학에 대한 지적인 열정이 작품의 배경으로 자리하는 것을 보면, 그가 과거 1920년대 앙드레 브르통을 위시한 초현실주의자들 그룹과 함께할 때의 모습을 발견할 수 있다.(초현실주의자 그룹에 망설이며 가담했던 일, 그 후 다소 급작스럽게 거리를 두었던 사실 등, 그는 초현실주의 그룹과 자기 자신의 근본적인 양립 불가능성을 이 작품을 통해 노골적으로 풍자하고 있다.)

그러나 누군가는 이에 반대하여 크노의 가장 전형적인 작품은 소설들과 시 선집들이 아니라, 그가 개척한 독특한 장르에 속하는 작품들이라고 주장할 수도 있겠다. 『문체 연습(Exerceices de style)』, 『휴대용 소우주론(Petite cosmogonie portative)』, 『100조(兆) 편의 시(Cent mille milliards de poèmes)』와 같은 작품들이 바로 그가 창안한 독특한 장르에 속한다. 『문체 연습』에서는 앞부분에서 몇 문장으로 서술되었던 하나의 에피소드가 아흔아

---

1) 프랑스의 배우이자 샹송 가수(1927~). 2차 세계대전 전후 생제르맹데프레의 카페에서 활동하며 큰 인기를 모았다.

홉 개의 서로 다른 양식으로 아흔아홉 번 반복된다. 『휴대용 소우주론』은 12음절의 시행으로 지구의 기원과 사물의 작용, 생명의 기원, 동물의 진화 및 기술의 발전에 대해 논한 한 편의 시다. 한편 『100조 편의 시』는 소네트를 짓는 하나의 기계다. 같은 운율을 사용하면서 열 편의 기본 소네트가 서로 다른 소네트에서 가져온 열네 개의 구절과 무작위로 조합되는 것이다. 따라서 10의 14승 개(100조 편)의 시가 나올 수 있게 된다.[2]

놓쳐서는 안 될 크노의 또 다른 면모는 그의 공식적인 직업이 25년 동안 백과사전 편찬자였다는 사실이다.(그는 갈리마르의 『플레야드 백과사전』의 편집자였다.) 우리가 그리고 있는 크노의 초상은 이제 너무나 들쭉날쭉해졌고, 생애나 작품 목록에 대한 정보 역시 더해질수록 복잡해질 뿐이다.

크노는 세 편의 에세이집을 남겼다. 『기호, 형상, 문자(Bâtons, chiffres et lettres)』(1950년, 1965년), 『영역(Bords)』(1963년), 『그리스로의 여행(Le Voyage en Grèce)』(1973년)이 그것이다. 이 작품들은 그동안 여기저기 흩어져 있던 글을 모은 것으로 창작의 바탕이 되었던 그의 지적 여정을 살펴볼 수 있는 밑그림을 제공해 준다. 그의 관심사들과 그가 선택한 주제들은 처음엔 다소 산만해 보이지만, 사실 모두 극도로 세밀한 것들로, 그에게 내재된 하나의 철학, 혹은 결코 손쉬운 길에 안주하지 않으려는 정신적인 태도와 조직화의 틀에서 비롯된 것이다.

20세기에 크노는 당대의 주요 경향, 그중에서도 특히 프랑스 문화의 흐름을 거스르는, 지혜롭고 지성적이며 독특한 작가였다.(그러나 그는 결

---

2) 이 시는 일종의 하이퍼텍스트의 선구적인 작업으로 생각할 수 있다. 이 시에 대해서는 영어 번역문과 원문을 함께 싣고, 100조 편의 시가 조합되는 양상을 재현한 다음 사이트를 참조할 수 있다. http://www.bevrowe.info/Poems/QueneauRandom.htm.

코 지적인 자기 탐닉에 빠져 차후 패착이나 어리석은 실수로 보일 수 있는 것들에 이끌리지 않았다. 이는 매우 보기 힘든 사례이기도 하다.) 그는 새로운 것을 창안하고 가능성을 시험해 보고자 하는 끝없는 욕구를(문학 창작과 이론적인 사색 모두에서) 오직 인간만의 독특한 기질이라 할 수 있는 놀이의 유희와 결합시켰다. 그는 그러한 놀이 속에서 자신의 시도가 잘못된 길로 들어서지 않도록 할 수 있었던 것이다.

이러한 자질 덕분에 그는 프랑스와 세계 너머에서 매우 독특한 작가로 자리 매김 할 수 있었다. 이러한 자질들은 머지않아 그를 이 시대의 대가로 증명해 줄 것이다. 대가라 불리는 작가 중에는 한 세기 후면 숱한 결점을 지닌 사람으로 평가되는 사람도 있고, 어떤 부분에서는 성공했지만 다른 면에는 서툴렀던 사람으로, 또는 너무 선의의 목적만을 지녔던 사람으로 평가되는 경우도 있다. 내가 알기로 그리 멀지 않은 시간 안에 크노는 진정한 대가의 반열에 오를 것이다. 그러나 그와 나의 사유가 극도로 가까워서일까, 나는 그 이유를 온전히 설명하지 못하겠다. 이 글을 쓰면서도 사실 이러한 이유를 설명하지 못하는 것이 아닐까 두렵다. 그리하여 나는 그의 언어로 이러한 점을 설명하는 방법을 택하겠다.

크노의 이름을 처음으로 문학 논쟁의 중심에 세운 것은 그가 '신(新)프랑스어'를 정립하기 위해 애썼던 일로부터 비롯되었다. 그는 프랑스어 문어체(문어체의 프랑스어는 엄격한 철자법과 통사론을 비롯한 극도로 부동적인 특성 때문에 유동적이면서 기민한 면이 부족했다.)와 구어체(구어체 특유의 풍부한 창의력과 유동성, 경제적인 표현력과 함께) 사이의 틈을 연결하기 위해 노력했다. 그는 1932년에 그리스를 여행하면서 그리스어의 환경이 프랑스어와 다르지 않다는 사실을 확신하게 된다. 그리스어는 문어에서조차 고전적인 언어(kathareuousa)와 구어적인 통속어(demotiké)가 분리되어 있었다. 이러한 확신으로부터(또한 치누크어와 같은 미국 인디언들의 언어가 지닌 독특한 통사론에 대한 연구로부터) 크노는 자기 자신과 루이페르디낭 셀린[3]이 처음으로 시도했던 민중어에 가까운 문어체 프랑스어를 구상하기에 착수한다.

크노가 민중적인 사실주의나 민중의 생명력을 이유로 이러한 선택을 했던 것은 아니다.(크노는 1937년 "어떤 경우에도 나는 민중, 미래, '생명' 따위를 존경한다거나 생각하는 일은 없다."라고 썼다.) 그가 이런 구상을 했던 것은, 언어와 문학의 모든 위대한 발명은 구어가 문어로 전환되는 과정에서 나온다는 일반적인 믿음을 타파하기 위해서였다.(그러나 크노가 문어의 폐기를 원한 것은 결코 아니었다. 오히려 라틴어처럼 문어는 문어 그 자체로 순수한 언어로서 보존되어야 한다고 생각했다.) 그러나 이보다 더 근본적인 이유가 있다. 크노가 본질적으로 의도했던 것은 철학적인 맥락에서 탄생시킨 형식상의 혁명이었다.

그의 첫 소설인 『개암나무(*Le Chiendent*)』는 (이탈리아어로는 Il pantano로 옮겨졌다. 원어 제목인 'chiendent'은 '개암'을 뜻하지만, 비유적으로는 '고민거리'를 뜻한다.) 그가 조이스의 『율리시스』에서 새로운 형식을 경험하고 난 뒤인 1933년에 쓴 소설이다. 이 소설은 언어와 구조 면에서 위대한 실험일 뿐 아니라(이 소설은 다양한 서사 장르를 모아 놓은 하나의 목록일 뿐 아니라 수비(數秘)학적이며 기하학적으로 대칭적인 구조에 기반하고 있다.), 데카르트의 『방법서설』에 대한 소설적인 주석이라 할 만큼 존재와 사유에 대한 하나의 정의를 시도한 것이었다. 소설 속 행위는 실제가 아닌 상상들을 반영한다. 그러나 이러한 상상들은 세계의 실재에 영향을

---

[3] Louis-Ferdinan Céline(1894~1961). 프랑스 소설가. 대표작으로 『밤의 끝으로의 여행』이 있다.

미친다. 그리고 이때의 세계는 의미가 완전히 텅 빈, 그 자체로서의 세계를 의미한다.

크노가 자신의 시학에 질서를 부여하고 언어 내부에서 하나의 진리를 구하고자 했던 것은 사실상 의미가 사라진 세계의 끝없는 혼란에 맞서 싸우기 위해서였다. 영국 비평가인 마틴 에슬린은 크노에 대한 에세이에서 다음과 같이 말한다.

> 우리는 오직 시를 통해서만 형상 없는 세계에 의미와 질서를 부여할 수 있다. 시는 언어에 기반하며, 언어의 진정한 음악은 오직 살아 있는 일상 구어의 진정한 리듬으로 회귀함으로써만 나올 수 있다.

크노가 시인이자 소설가로서 풍부하고도 다양한 작품을 쓸 수 있었던 것은 경화된 형식을 파괴하고자 노력하고, 표음식 철자와 치누크어의 문장 구조를 새로운 시선으로 발견해 냈기 때문이다. 그의 작품에는 슬쩍 보기만 해도 이러한 사실을 드러내 주는 수많은 사례들이 있다. 예를 들어 'n'est-ce pas?(그렇지 않아요?)'를 'spa'로 'Paul aussi l'a cru.(폴도 그를 믿었다.)'를 'Polocilacru'로, 'D'où qu'il pue donc tant(왜 그들에게서 이런 악취가 나는 거지?)'을 'Doukipudonktan'으로 바꾸어 표기하는 것들을 보라.

'신 프랑스어'는 문어와 구어의 새로운 상관관계를 창안한 결과물이다. 이는 (마틴 에슬린이 말한 바처럼) 세계에 '대칭적인 작은 영역'을 끼워 넣고, 거대한 무질서와도 같은 모든 현실에 오직 인간의 발명(문학과 수학)으로써만 가능한 질서에 대한 감각을 부여하고자 하는 크노의 의도를 보여 주는 특수한 한 가지 사례일 뿐이다.

이러한 목표는 크노의 작품에 핵심적인 것으로 남아 있으며, '신 프랑스어'를 위한 논쟁이 그의 주요 관심사에서 사라지는 듯 보일 때조차도 마찬가지다. 언어학적인 혁명 안에서 그는 자신이 옳다는 것을 증명해 줄 증거들을 기다리면서 스스로와 싸워 나갔다.(이러한 과정에서 셀린에게 영감을 주었던 것은 크노의 것과는 완전히 다른 것으로 밝혀진다.) 그러나 현실의 상황은 이와 정반대였다. 프랑스어는 그가 생각한 것처럼 진화해 가지 않았고 심지어 구어조차도 굳어 가는 경향을 보였다. 또 텔레비전이 등장하면서 규범적인 언어가 창의적인 민중어를 추방했다.(이탈리아에서도 이와 비슷하게 텔레비전은 다양한 언어를 하나의 언어로 통일시키면서 강력한 영향력을 행사했다. 이탈리아어는 프랑스어에 비해 훨씬 더 다양한 지역 방언들이 살아 있었지만 텔레비전의 영향력에 휘둘린 것은 마찬가지였다.) 크노는 이러한 현실을 깨닫고 1970년 선언문 형식의 『에라타 코리제(*Errata corrige*)』[4)]에서 그동안 자신이 주장했던 '신 프랑스어' 이론이 부정확했음을 주저 없이 인정했으며, 이후 이 이론을 다시는 주장하지 않았다.

물론 크노의 지적인 역할이 언어학적인 논쟁에만 국한되었던 것은 아니다. 그가 시작부터 과감한 주장을 펼쳤던 영역은 넓고도 복잡했다. 브르통과 결별한 이후, 초현실주의 그룹에 속했지만 차후 뿔뿔이 흩어진 사람들 중에 그가 가장 가깝게 지냈던 사람은 조르주 바타유와 미셸 레리였다. 그러나 크노는 그들이 발간하는 문학 잡지나 그들이 벌이는 활동에서 언제나 주변적인 역할만을 맡았다.

크노가 그나마 이들과 함께 지속적으로 발간했던 잡지는 1930년에서

---

4) '에라타 코리제'는 라틴어로 정오표(正誤表), 정정문을 뜻한다.

1934년까지 나왔던 《사회비평》이다. 이 잡지는 보리스 수바린이 편집장을 맡은 공산주의 진영의 잡지였다.(수바린은 다른 사람보다 일찍 반체제 인사가 되었으며, 서방 세계에서 스탈린주의가 앞으로 어떻게 될 것인지를 처음으로 예고했던 인물이다.) 크노는 30년이 지난 후에 다음과 같이 썼다.

여기서 우리는 보리스 수바린이 창간한 《사회비평》이 '민주공산주의 그룹'을 중심으로 조직되었음을 기억해야만 한다. 이 그룹은 이전에 골수 공산주의 진영에 가담했으나 추방당했거나 당과 분쟁을 일으킨 사람들이 만든 모임이었다. 여기에 이전에 초현실주의 그룹에 가담했다가 빠져나온 소규모 조직이 합류했다. 바타유, 미셸 수바린, 자크 바롱, 그리고 내가 바로 그런 사람들이다. 우리 모두는 매우 다른 환경에서 왔던 것이다.

크노는 몇 편의 서평을 싣는 것으로 《사회비평》의 발간을 도왔는데, 그나마도 문학과는 거의 상관이 없는 경우가 많았다.(그렇지만 문학과 관련된 경우가 한 가지 있었는데 그것은 레몽 루셀의 세계를 발견하도록 독자들을 초대한 경우였다. "그는 상상 속에서 시인의 합리성과 수학자의 열정을 결합시킨다.") 대신 과학 관련 서평이 더 많았다.(파블로프와 지구과학자였던 베르나드스키에 대한 서평이 그런 경우였다. 베르나드스키는 이후 크노에게 자신의 생물철학 이론을 제안하기도 했다. 또한 그는 포병 장교가 기병의 말 장식에 대해 쓴 책을 논평하기도 했는데, 여기서 그는 이 책이 역사학적 방법론을 혁명적으로 뒤바꾼 작품이라고 격찬했다. 그의 이러한 논평들은 『기호, 형상, 문자』의 이탈리아어 번역본에 실려 있다.) 또한 바타유와 함께 책을 쓰기도 했는데, 이는 잡지에서 함께 저술한 논평을 책으로 '출간'한 것이었다. 그리고 이에 대해 크노는 다음과 같이 고백하고 있다.

1932년 3월호로 간행했던 《사회비평》 5호에 우리는 '헤겔 변증법의 기초 비판'이라는 제목을 붙이고 함께 서명했다. 그러나 실제로는 조르주 바타유가 모든 글을 다 썼고, 나는 단지 엥겔스에 대한 구절과 수학적인 내용이 포함된 변증법 부분에만 손댔을 뿐이다.

변증법을 엥겔스의 정확한 수학에 적용하고자 했던 이 글은 크노가 헤겔을 연구했던 상당 기간의 시기를 부분적으로만 설명해 줄 뿐이다.(크노는 이후 에세이 선집에서 엥겔스를 '수학자들' 부분에 포함시켰다. 그리고 이탈리아어 판본에도 엥겔스에 대한 글이 같은 부분에 실려 있다.) 그러나 헤겔을 연구했던 이 시기는 그가 말년에 썼던 글들을(앞에서 두 차례 인용한 크노의 언급은 이 글에서 나온 것이다.) 통해 보다 정확하게 재구축할 수 있다. 그 글들은 바타유에 전면을 할애한 《사회비평》에 실려 있다. 그 글에서 크노는 바타유를 회고하며 바타유의 「헤겔과의 첫 번째 대결」(《사회비평》 195, 196호(1966년 10월, 11월호))을 다시 불러낸다. 바로 여기에서 크노가 바타유뿐만 아니라, 프랑스적인 사유 전통에서 가장 거리가 먼 철학자라 할 수 있는 헤겔에 대해 어떻게 생각하는지를 보다 밀도 있게 확인할 수 있다. 바타유가 자신은 결코 헤겔주의자가 될 수 없음을 스스로 확신하기 위해 헤겔을 읽었다면, 크노가 헤겔을 읽는 작업은 보다 적극적인 사유의 여정이었다. 그러한 여정 속에서 크노는 앙드레 코제브를 발견했고 코제브의 헤겔주의를 어느 정도 흡수하게 되었다.

이 부분에 대해서는 이후에 다시 이야기하기로 하자. 일단은 1934년에서 1939년까지 크노가 사회과학고등연구원에서 코제브가 강의하는 헤겔의 '정신현상학'을 들었다는 사실만을 말하는 것으로 충분할 것이다. 크노는 이후 이 강의록을 편집하고 출간하기도 했다.[5] 바타유는 다음과 같이 회상한 바 있다. "크노와 내가 그 작은 강의실에서 빠져나와 만나곤 했던 게 몇 차례인지 모른다. 그것도 완전히 탈진한 채로. 코제브의 강의는 나를 완전히 무너뜨렸고 넘어뜨렸으며, 열 번도 넘게 나를 죽이곤 했다.[6]"(그러나 크노는 이와 반대로 조금은 악의적으로, 같이 강의를 들었던 바타유가 별로 열심히 듣지 않았고 때로는 졸려 보이기까지 했다고 말했다.)

코제브의 강의록을 순전히 크노 혼자서만 편집한 것은 아니었지만, 크노가 편집인으로서 맡은 학술적인 과제 중 가장 규모가 큰 일이었다. 그러나 헤겔 수업과 관련한 이러한 글들에서 우리는 간접적으로 크노 자신과 관련한 자전적인 기록과 그가 기억하는 바타유에 대해 정확한 사실들을 살펴볼 수 있다. 여기에서 그 당시 프랑스 철학의 경향과 관련한 가장 섬세한 논쟁에 크노 역시 참여했음을 알 수 있다. 이러한 논쟁의 흔적은 그의 소설에서도 찾아볼 수 있다. 그의 소설들은 때로 풍부한 지식과 이론이 필요한 매우 섬세한 독서를 요구했다. 이후 파리의 학술 잡지나 학회 잡지들에는 그의 소설과 그 배경이 되는 이론에 대한 글들이 수도 없이 실렸다. 그러나 크노는 그러한 이론들을 모두 광대와도 같은 익살과 재주넘기의 향연으로 바꾸어 놓았을 뿐이다. 『피에르의 얼굴(Gueule de Pierre)』, 『혼란한 시간(Les Temps mêlées)』, 『생글랭글랭(Saint Glinglin)』이라는 세 작품은(이후 이 작품들은 조금씩 수정을 거쳐 『생글랭글랭』이란 표제 하에 3부작으로 묶였다.) 이러한 관점에서 세밀한 분석을 제공하고 있다.

1930년대의 크노가 특유의 자제력과 신중함을 유지하면서도 문학의 아방가르드이자 학술적인 전문가로서 논쟁에 적극 참여했다면, 자신의 독특한 사상을 처음으로 직접 언급한 것을 찾아보기 위해서는 2차 세계

---

5) 원주 : 앙드레 코제브, 『헤겔 입문』, 정신현상학 강의, 레몽 크노 편집, 출간.(갈리마르, 1947).
6) 원주 : 「니체에 관하여」, 『G. 바타유 전집 4권』(갈리마르), 416쪽.

대전이 발발하기 직전의 시기까지 기다려야 한다. 그 시기에 크노는《볼롱테》에 논쟁적인 의견을 실었다. 이 잡지는 그가 첫 호(1937년 12월호)부터 마지막 호(1940년, 독일 침공으로 출간이 중지되었다.)까지 참여했던 잡지였다.

이 잡지는 조르주 펠로르송(헨리 밀러도 이 잡지의 편집진이었다.)이 편집장을 맡아 바타유, 레리, 로제 칼루아가(또한 코제브, 클로소프스키, 발터 벤야민과 한스 마이어도 참여했던) 사회학회를 운영하던 시기에 발행되었다. 이 그룹의 논쟁은 잡지에 실린 여러 논평들과 특히 크노가 실었던 논평들의 지적 배경이 되었다.

자신의 사상을 일관되게 펼쳐 나갔던 크노의 논평들은, 1938년의 한 기사에 실린 다음과 같은 인용문으로 요약될 수 있다.

오류를 포함하고 있으면서도 근래 들어 많은 호응을 받고 있는 또 다른 개념은 무의식의 영감 및 탐구와 그로부터의 해방 사이에, 우연과 자동적 반응과 자유 사이에 성립하는 균형 개념이다. 이제 '이러한' 영감은 모든 충동을 맹목적으로 따르기만 하면 되는 것으로 사실상 노예적인 형식일 뿐이다. 익숙한 몇 가지 규칙들을 따름으로써 머릿속에 떠오르는 것이면 무엇이든지 써 내려가며 알지 못하는 다른 규칙들까지 따라야 하는 시인들보다, 비극을 쓰는 고전 작가가 더 자유롭다고 할 수 있다.

초현실주의에 반대하는 근래의 논쟁을 제쳐 두고라도, 여기에서 크노는 자신의 미학과 윤리에 공통되는 수많은 핵심들을 언급하고 있다. 크노는 '영감'이나 낭만주의적인 서정주의, 우연과 자동 제시 기술(초현실주의에서 가장 인기를 끌었던)을 떠받드는 신화를 거부하고, 그 대신 구성되고 완료되며 완성된 작품을 선호하는 미학을 견지했다.(이전에 그는 미완성의, 단편적인 스케치 형식을 옹호하는 시학에 반대하는 주장을 펴기도 했다.) 이뿐만이 아니다. 크노는 예술가란 작품이 따라야 하는 모든 미학 규칙을 충분히 잘 알고 있어야 할 뿐 아니라, 그러한 규칙들의 특수한 의미와 보편적인 의미, 그 기능과 영향까지 잘 알아야 한다고 주장했다. 크노의 글쓰기 방법이 즉흥적이고 익살스러운 변덕을 따라갈 뿐이라고 보았던 사람이라면 그의 이러한 이론상의 '고전주의'에 놀랄 수도 있겠다. 그러나 우리가 지금 이야기하고 있는 글(1938년에 쓴 「예술이란 무엇인가(Qu'est-ce que l'art?)」와 이를 보완하는 글인 「많거나 적거나(Le Plus et le Moins)」가 바로 이에 해당한다.)은 그가 결코 포기하지 않았던 신념을 고백한 글이라는 점에서 의미가 있다.(이러한 공격적이고 훈계조의 혈기 넘치는 어조는 나이가 들면서 점차 수그러들었지만.)

  더더구나 이러한 그가 반(反)초현실주의를 거쳐 유머에 반대하는 주장까지 펼치게 된다는 사실은 놀랍게 느껴진다. 《볼롱테》에 썼던 크노의 첫 번째 글은 유머를 비난하는 논평이었다. 그 호에서 유머라는 주제는 잡지의 전체 주제와 연결될 뿐 아니라 동시대의 관습 문제이기도 했기 때문이다.(그가 문제로 삼은 것은 유머가 전제하는 환원적이며 방어적인 성격이었다.) 그러나 여기서 또한 중요한 것은 '구성적 계기'이다. 그는 라블레[7]에서부터 알프레드 자리[8]까지 이어지는 총체적 희극을 찬양했다.(크노는 2차 세계대전이 끝난 직후 브르통의 블랙유머라는 주제로 돌아갔다. 브르통의 그러한 유머가 전쟁이라는 극도의 공포스러운 경험을 얼마나 잘 견뎌 냈

---

7) François Rabelais(1483~1553). 프랑스의 르네상스 시대 작가. 『가르강튀아와 팡타그뤼엘』을 썼다.
8) Alfred Jarry(1873~1907). 부조리극의 효시가 된 "위뷔 왕" 등을 썼다.

는지를 보기 위해 말이다. 그리고 이후 다시 한번 그는 브르통의 유머가 지닌 도덕적인 면에서의 함의를 상세히 논했다.)

그가 《볼롱테》에 실었던 글들에서 자주 언급했던 문제는(여기에서 우리는 그가 미래에 백과사전 편찬자로 일하게 된다는 사실을 기억해야만 한다.) 인간 존재의 필수적인 부분으로 자리하지 못하고, 근본적인 필요 조건이 되지 않으면서, 현대인에게 쏟아지는 끝없는 대량의 지식에 대한 것이었다.("인간 자신과 인간이 진정 진실로 알아야 하는 것 사이의 동일성…… 인간 자신과 인간이 안다고 생각하는 것, 그러나 진실로 그가 알지 못하는 것 사이의 차이…….")

그렇다면 1930년대 크노가 주로 논했던 쟁점은 두 가지 주요 흐름으로 나뉜다고 말할 수 있다. 영감을 통한 시작(詩作)과 '거짓 지식'에 반대하는 문제가 그것이다.

따라서 '백과사전 편찬자', '수학자', '우주학자'로서의 크노의 모습을 우리는 조심스럽게 규정해야 한다. 크노 특유의 '지혜'는 보편적인 지식에 대한 욕구와 동시에 그 한계를 자각하는 능력에, 그리고 어떠한 절대적 철학도 신뢰하지 않는다는 점에 있다. 1943년에서 1948년 사이에 집필했던 글에서 구상했던 학문의 순환성 이론에서(자연과학에서부터 화학과 물리학에 이르기까지, 그리고 이러한 학문에서부터 수학과 논리학에 이르기까지), 그는 수학화를 지향했던 일반 학문들의 경향이 다시 전도되고, 자연과학이 제기한 문제와 수학이 부딪치게 될 때의 변화 과정을 그려 낸다. 이러한 논의 속에서 우리는 두 방향으로 나아갈 수 있으며, 이는 각각 하나의 원을 이룬다. 이 지점에서 피아제의 이론이 맞는 것이라면, 논리학은 인간의 지성이 어떻게 기능하는지를 설명해 주는 하나의 모델로 제시된다. 여기에 크노는 다음과 같은 논의를 덧붙인다.

그러나 논리학도 하나의 예술이며, 여러 사물에 규칙을 부여하는 것 또한 하나의 게임이다. 20세기 초반 내내 과학자들이 구축한 하나의 이상은 과학을 지식이 아니라 방법들과 규칙들로 제시하는 것이었다. 그들은 (규정할 수 없는) 개념들, 공리들, 상세한 설명들을, 다시 말해 규정들의 체계를 제공하고자 했다. 그렇다면 과학은 체스나 브릿지 게임과 같은 하나의 게임이 아닌가? 과학의 이러한 측면을 자세히 살펴보기에 앞서 다음과 같은 부분을 생각해 봐야 한다. 과학은 지식인가, 과학은 우리가 어떤 것을 아는 데 언제나 도움이 되는가? 수학에만 한정해 본다면 우리가 수학에 대해 아는 것은 무엇인가? 정확히 말해 아무것도 없다. 그리고 알아야 할 어떤 것도 없다. 우리는 전자, 생명, 인간 행동보다 점, 수, 집합, 함수에 대해 더 많이 알고 있지 않다. 일상적이고 구체적인 삶에 대해 '아는' 것보다 함수와 미적분의 세계를 더 많이 알지도 못한다. 우리가 아는 모든 것은 과학적 공동체가 진실이라고 받아들인 (동의한) 방법이자, 기술 제조와 연결된 이점을 지닌 방법일 뿐이다. 그러나 이러한 방법은 또한 하나의 게임이며 보다 정확히 말해 '정신의 활동'이라 불리는 것이다. 그리하여 과학 전체가 완전한 형상을 갖춘다면 그것은 기술이자 하나의 게임으로 우리에게 제시될 것이다. 다시 말해 '다른' 인간 행위, 그러니까 예술과 같은 방식으로 우리 앞에 등장하게 될 것이다.

이 구절에는 크노의 모든 것이 담겨 있다. 크노는 과격한 인식론적인 비관주의를 기반으로 스스로를 예술(기술로서의)과 놀이라는 두 차원에 위치시킨다. 크노의 이러한 비관주의는 그에게는 과학과 문학이라는 두 영역에 모두 적합한 하나의 패러다임이다. 이러한 패러다임 속에서 크노는 한 분야에서 다른 분야로, 두 영역을 모두 하나의 이야기 속에 포함시킬 수 있다.

그러나 앞서 언급한 1938년의 「예술이란 무엇인가」를 잊지 말아야 한다. 이 글은 과학적인 체하는 문학이 끼치는 부정적인 영향을 비난하면서 시작된다. 또한 알프레드 자리를 따르는 문인들이 결성한 '콜레주 드 파타피지크' 내에서 그가 주요한 지위를(이 그룹에서 크노는 '총독(Transcendant Satrape)'이라는 독특한 명칭으로 불렸다.) 차지했던 사실을 상기해야 한다. '콜레주 드 파타피지크' 그룹은 알프레드 자리의 정신을 이어받아 과학 용어들을 풍자하곤 했다.('파타피지크(pataphysique)'는 '상상에 의한 답을 제시하는 과학'으로 정의된다.) 다시 말해 우리는 크노에 대해서 이야기하고자 할 때 그가 스스로 『부바르와 페퀴셰(Bouvard et Pécuchet)』를 언급하며 플로베르에 대해 이야기한 바를 그대로 인용할 수 있다. "플로베르는 오직 회의적이고 절제된 태도로, 방법적이며, 신중하고도 인간적인 방식으로서만 과학을 지향한다. 그는 독단주의자, 형이상학자, 철학자들을 증오한다."

『부바르와 페퀴셰』에 붙인 서문 격의 에세이(1947)에서 크노는 백과사전적인 소설을 수년 동안 연구하면서 지식에서 절대적인 것을 찾고자 했던 등장인물인 두 독학자에게 공감을 표한다. 또한 플로베르가 작품과 주인공들에 대해 취하는 태도에 변화를 보였던 점을 강조한다. 다시 말해 청년 시절에 지녔던 단호함과 폭발적인 정열이 사라지고 성숙함의 징표라 할 수 있는 신중하고 현실주의적인 어조를 갖게 되었다는 것이다. 크노는 후기의 플로베르와 스스로를 동일시하면서 『부바르와 페퀴셰』에서 플로베르 특유의 방법론적인 경계를 안내 삼아 '거짓 지식'과 '끝없는 결론'을 가로질러 지혜의 순환성을 탐구하는 자신만의 오디세이를 발견한 것처럼 보인다.(바로 여기에서 크노는 『오디세이아』와 『일리아드』를 문학의 두 유형으로 보는 개념을 발표한다. "모든 위대한 문학 작품은 『일리아드』이거나 『오디세이아』다.") 크노는 "모든 문학과 모든 회의주의의 아버지"인 호메로스와, 회의주의와 과학은 동일하다는 것을 이해한 플로베르 사이의 또 다른 작가들에게도 명예로운 지위를 수여한다. 우선 그가 동시대적인 작가이자 형제처럼 여기는 페트로니우스, 그다음으로는 라블레다. 크노는 라블레에 대해 "그의 작품은 극히 혼란해 보이지만, 자신이 어디로 가고 있는지, 즉 작품 속 주인공인 거인들이 마지막 부분에서 트랭(Trinc, 신성한 술병)을 얻기까지의 과정을 지도하면서도 그 마지막에 의해 작품의 과정이 압도당하지 않도록 할 줄 아는 인물"이라 평가한다. 그리고 마지막으로는 부알로다. 프랑스 고전주의 문학의 아버지로서 부알로는 이러한 크노의 목록에 등장해야 할 작가다. 부알로의 『시학』은 크노에 의해 "프랑스 문학의 위대한 대작"으로 평가받는데, 이것이 고전주의 문학의 이상이 지켜야 할 문학의 규칙을 따르고 있음을 자각한다면, 그리고 그의 주제와 언어학적인 면에서의 현대성을 떠올린다면 그리 놀라운 일도 아니다. 부알로의 서사시 「보면대」는 "서사시에 종결을 맺어 주고, 『돈 키호테』를 완성시키며, 프랑스 소설을 이끌었으며, 『캉디드』와 『부바르와 페퀴셰』를 낳은 선구적인 작품이다."9)

9) 원주 : 『문인 사전(Les Écrivains Célèbres)』, 2권. 갈리마르 출판사의 『플레야드 백과사전』을 편집하기 전에 크노는 마제노 출판사에서 3권으로 구성된 『문인 사전』을 편집했다. 또한 '저명 문인들의 연대기'를 따로 편집해서 부록으로 출간하기도 했다. 문인 각각에 대한 장별 서술은 해당 전문 연구자나 유명 작가에게 맡겼다. 크노 자신이 집필하기로 선택한 작가들의 목록을 살펴보는 것은 의미가 있다. 그가 선택한 작가는 페트로니우스, 부알로, 거트루드 스타인이었다. 그는 또한 마지막 장의 서문을 썼다. '20세기의 거장들'이라는 제목의 이 서문에서, 크노는 헨리 제임스와 지드,

크노의 문인 목록에 포함된 근대 작가는 프루스트와 조이스다. 프루스트는 『잃어버린 시간을 찾아서』를 축조한 '건축가'로서, 크노가 "잘 구성된 작품"에 대해 지지를 보낼 때부터(《볼롱테》, 1938년, 12호) 관심을 기울인 작가다. 또한 조이스는 "고전적인 작가"로서 "전체적인 구조에서부터 각각의 에피소드들에 이르기까지 모든 것이 결정되어 있지만, 작품 중의 어떤 것도 전체적인 규칙의 제약 아래 있음을 드러내지 않게" 하는 작가다.

크노는 스스로 자신이 고전에 의지해 왔음을 잘 인식하면서도, 제대로 평가받지 못한 무명 작가들에 대해서도 계속해서 관심을 기울였다. 그가 젊은 시절 착수했던 첫 연구의 성과물은 '문학에 있어서 광인'과 공식 문화로부터 미친 사람으로 취급받는 '이단적인' 작가들에 관한 자료를 조사한 것이었다. 이 조사는 어떠한 학파에도 속하지 않는 철학 체계의 창안자들, 어떠한 양식적인 분류에서도 벗어나 있으며, 일정한 논리나 시학 같은 것도 갖추지 않은 채 세계의 모델을 발명한 자들에 관한 것이었다. 그러한 텍스트를 골라 크노는 『부정확한 과학 백과사전』을 구성하고자 했으나 그러한 기획을 받아 주는 출판사는 없었다. 결국 그는 수집한 자료들을 소설 『진흙의 아이들(Les Enfant du limon)』에 사용했다.

이러한 조사의 목표(와 기대에 도달하지 못했던 부분들)에 대해서는 크노가 이 분야에서 자신만이 독특하게 '발견'하여 꾸준히 지지했던 "공상

프루스트, 조이스, 카프카, 스타인에 대해 논하고 있다. 그는 이 글을 에세이 선집에 넣지 않았지만, 나는 이 선집의 이탈리아 번역본에 페트로니우스에 대한 논의와 '20세기 거장들' 부분을 포함시켰다. 크노의 전형적인 서문은 그가 구성하고 편집한 『이상적인 도서관을 위하여』(갈리마르, 1956)에 붙인 서문이다. 이 책은 가장 유명한 프랑스 문인들과 학자들이 가상의 이상적인 도서관에 넣고 싶은 책을 골라 설명하는 식으로 구성한 책이었다.

과학 소설의 선구자" 드 퐁트네를 소개한 부분을 살펴봐야만 한다. '이단적인 작가'에 대한 그의 열정은 멈추지 않았다. 6세기에 문법학자로 활동했던 툴루즈의 비르질이건, 18세기에 미래주의풍의 서사시를 썼던 J.-B. 그랭빌이건, 의도한 것은 아니지만 루이스 캐럴의 선배 격으로 평가받는 프랑스 작가 에두아르 샤날이건 말이다.

이와 같은 작가 중에는 유토피아 이론을 펼쳤던 샤를 푸리에도 있다. 푸리에는 크노가 여러 차례 관심을 표했던 사상가였다. 크노는 푸리에에 관한 에세이에서 푸리에가 주장한 조화로운 사회의 사회적 기획에 기본이 되는 '연속성'의 기이한 순환을 분석한다. 여기에서 크노는, 엥겔스가 푸리에의 "수학적 서사시"를 헤겔의 "변증법적 서사시"와 같은 차원에서 볼 때 염두에 둔 사람이 당시의 유명한 수학자였던 조셉 푸리에가 아니라 유토피아주의자인 샤를 푸리에였음을 입증하고자 했다. 크노는 이러한 주장을 뒷받침하는 여러 주장들을 모은 뒤에 자신의 주장이 잘못되었으며 엥겔스가 말한 것은 실제로 조셉 푸리에였다는 결론을 내린다. 이것이 바로 전형적인 크노식 어법이다. 그는 어떠한 이론이 승리했음을 입증하는 데 관심을 두는 게 아니라 가장 역설적인 명제에서조차 오직 논리와 일관성만을 알아보고 유지하는 데 관심을 두었다. 그렇다면 크노가 엥겔스 역시 푸리에와 같은 천재로 보았을 것이라는 사실 또한 자연스레 알아낼 수 있다. 즉 크노는 엥겔스를 백과사전적인 브리콜라주를 즐기며 공상을 즐기는 사람, 자유자재로 주변의 모든 문화적 재료들을 이용하여 상상의 우주 체계를 구축하여 창안해 낸 사람으로 보았다. 그렇다면 헤겔에 대해서는 어떻게 생각했을까? 크노는 헤겔의 어떤 점에 매력을 느껴서 코제브의 강의를 수년간 듣고 이후 편집까지 하게 된 것일까? 눈길을 끄는 것은 이와 같은 시기에 크노가 고등사회과학연구원에서 H. C.

푸에슈의 영지주의와 마니교에 관한 수업을 들었다는 점이다.(그런데 바타유는 크노와 교제하던 시기에 헤겔주의를 영지주의자의 이원론적 우주진화론의 새로운 버전으로 보진 않았을까?)

이러한 모든 경험을 통해 크노는 상상 속에서 여러 우주들을 탐험하는 태도를 취했다. 파타피지크의 일원으로서 즐거운 시선으로 그러한 상상 속 우주들의 가장 역설적인 세부들을 조심스레 집어내면서 말이다. 그러나 이러한 과정 중에도 그는 반짝이는 독창적인 시적 정신이나 참된 지식을 알아차릴 수 있는 가능성으로부터 항상 자신을 열어 두었다. 이와 같은 정신적 태도로 그는 '문학의 광인들'을 발견하는 작업에 착수했으며, 파리 학계의 저명한 두 학자였던 코제브와 푸에슈의 친구이자 제자로 활동하면서 영지주의와 헤겔 철학에 몰두할 수 있었다.

크노가 (바타유 또한) 헤겔에 관심을 두기 시작한 출발점은 헤겔의 『자연철학』, 즉 역사 이전의 일에 관한 것이었다.(크노는 헤겔의 자연철학을 수학 공식으로 정식화하는 데 무척이나 큰 관심을 보였다.) 그리고 바타유가 부정성의 억압할 수 없는 역할에 대해 관심을 가졌다면, 크노는 그러한 부정성이 도래하는 정확한 지점을 목표로 하고 있었다고 할 수 있다. 즉 역사를 극복하는 것, 역사 '이후'에 도래할 것을 목표로 한 것이다. 이러한 점만 보아도 우리는 프랑스 주석자들의 해석에 따른 헤겔의 초상으로부터 우리가 얼마나 멀리 떨어져 있었는지를 알게 된다. 특히 코제브로부터 이탈리아에서 지금까지 한 세기 넘게 통용되었던 관념주의자 혹은 마르크스주의의 육신으로서의 헤겔의 이미지로부터, 또한 이탈리아에서 가장 널리 퍼져 있었으며, 여전히 통용되고 있는 독일 문화 속에서 보증된 이미지로부터. 이탈리아인들에게 헤겔이 항상 역사 정신의 철학가로 남게 될 것이라면 코제브의 제자로서 크노가 헤겔에게서 찾고자 했던 것은 역사의 종말과 지혜의 도착지에 이르는 길이었다. 이것이 바로 코제브 자신이 크노의 작품에 대해서 강조했던 모티프이다. 코제브는 크노의 세 작품 『내 친구 피에로(*Pierrot mon ami*)』, 『꿈의 피부(*Loin de Rueil*)』, 『인생의 일요일(*Le Dimanche de la vie*)』에 대해 철학적 독서를 제안했다.(《비평》, 1952년 5월, 60호)

이 세 '지혜 소설'은 2차 세계대전 당시 독일이 프랑스를 점령했던 암울한 시기에 쓰였다.(마치 괄호 안에서 산 것처럼 보내야 했던 이 시기가 프랑스 문화에서 독특한 창조성이 발휘된 시기였다는 사실은 그동안 제대로 주목을 받지 못했던 것 같다.) 그러한 시기에는 역사로부터 벗어나는 일만이 인간이 도달할 수 있는 유일한 도착점처럼 보였다. "역사란 인간의 불행에 관한 과학"이기 때문이다. 이러한 정의는 크노가 그 시기에 쓴 또 다른 기이한 소논문인 「역사의 모델(*Une Histoire modèle*)」의 첫 문장에 나온다.(이 소논문은 1966년에야 출판되었다.) 이 논문은 역사를 '과학화'하기 위한 제안, 즉 인과관계라는 기본적인 메커니즘에 역사를 적용시키고자 한 제안을 담고 있었다. "단순한 세상들의 수학적인 모델들"을 다루는 한, 그러한 시도는 성공할 수도 있을 것이다. 그러나 루게리오 로마노가 이탈리아 판본에 붙인 서문에서 말했듯이 "복잡한 사회를 포함하는 역사적인 현상들을 그러한 격자에 맞추는 것은 어려운 일이다."

다시 크노의 근본적인 의도로 돌아가 보자. 질서와 논리를 그러한 것들이 완전히 없는 하나의 세계에 조금이라도 도입하는 문제로 말이다. "역사로부터 벗어나"는 방식을 택하지 않고 이러한 작업을 어떻게 성공적으로 해낼 수 있을까? 이것이 바로 크노의 마지막에서 두 번째 소설인 『푸른 꽃(*Les Fleurs bleus*)』[10]의 주제가 된다. 이 작품은 역사의 포로가 된 주인공이 내뱉는 진심 어린 외침으로 시작한다. 오제 공작은 다음과 같이 말한다. "이러한 모든 역사, 무의미한 말장난과 무질서로 가득한 이 역사는 거의 가치가 없다. 우리는 이러한 역사로부터 빠져나갈 수 있는 길을 찾을 수 있을 것인가?"

미래 시점과 과거 시점으로 역사의 패턴을 바라보는 두 가지 방식은 『푸른 꽃』에서 교차되며 서로 겹친다. 역사란 센 강에 정박한 배에서 한가로이 시간을 보내는 전과자 시드롤랭에게 하나의 도착 지점에 해당하는 것일까? 아니면 시드롤랭의 꿈, 즉 기억에서 억압된 과거를 보충하고자 그의 무의식이 투영된 결과물인 것일까?

크노는 『푸른 꽃』에서 역사의 진보를 부정하고 역사를 일상적인 삶의 차원으로 환원하면서 조롱한다. 『역사의 모델』에서 크노는 역사를 수학으로 전환하여 공리 체계 안에 넣고 역사로부터 모든 경험적인 실제를 제거하고자 했다. 『푸른 꽃』과 『역사의 모델』 각각에서 드러난 역사에 관한 이 두 가지 관점은 대조적으로 보이지만, 사실 사용하는 수학적 기호만 다를 뿐 완벽하게 서로를 보완한다. 그리고 이 두 방식은 크노의 역사 연구가 출발하는 양극단을 대표한다.

더 자세히 살펴보면 크노가 역사에 관해 수행하는 작업은 그가 언어에 행사하는 것과 정확히 일치한다. '신 프랑스어'를 위한 투쟁에서 그는 구어의 진실에 다가가려면 문어가 불변성을 유지해야 한다는 관점이 지닌 오류를 파헤친다. 크노는 수학에 대한 애정(편력이 좀 심하지만 꾸준한) 속에서 끊임없이 산수와 대수를 통해 언어와 문학 창작에 접근하고

---

10) 칼비노는 크노의 『푸른 꽃』을 이탈리아어로 번역하여, 1967년에 출간했다.

자 하는 실험을 계속했다. 또 다른 수학적인 시인 자크 루보는 대수 좌표를 이용해 언어를 분석하고자 하는 사람의 기본적인 과제를 "마치 수학 공식으로 바꿀 수 있는 것처럼 언어를 다루는 것"이라고 정의하기도 했다.[11] 루보는 아르노 다니엘의 시의 6행 6연체의 수학적 구조와 그 발전 가능성을 연구하기도 했으며, '울리포' 그룹의 활동을 활성화시킨 인물이기도 했다. 사실 이러한 분위기 속에서 크노는 1960년 잠재 문학(Ouvroir de Littérature Potentielle, 약자로 Oulipo)의 공동 설립자가 되었던 것이다. 그와 같이 이 그룹을 만든 사람은 말년에 가장 가까운 친구로 지냈던 수학자이자 체스 전문가 프랑수아 르리오네였다. 그는 밝고 유쾌한 성격의 기이한 천재로 언제나 합리성과 역설, 실험과 유희의 중간에서 끝없이 독창적인 결과물을 내놓곤 했다.

크노의 독창성과 유사하게 그의 이러한 결과물들은 진지한 실험과 유희의 중간에서 경계를 긋기 어려운 것들이었다. 여기서 앞서 언급한 두 양극 지점을 이해할 수 있다. 주어진 주제를 언어적으로 독특하게 가공함으로써 재미를 만들어 내는 것, 그리고 시적 사유에 엄격한 형식을 부여함으로써 재미를 만들어 내는 것이 그것이다.(이 두 방식은 모두 말라르메를 참조한 것으로, 크노의 전형적인 몸짓이기도 했다. 또한 이러한 몸짓은 거장에게 바치는 어떠한 경의의 방식과는 전혀 다른 것이었다. 그는 결코 자신만의 근본적인 아이러니의 정신을 잃지 않았던 인물이기 때문이다.)

독특한 언어적 작업 속에서 우리는 다음과 같은 것들을 발견할 수 있다. 시적인 자서전(『참나무와 개(*Chêne et chien*)』)에서 매우 경쾌한 효과를 만들어 내는 것은 바로 다양한 운문 형식이다. 『휴대용 소우주론』에서 공표

---

11) 원주: 자크 루보, 「레몽 크노의 수학적 방법」, 《비평》 359호, 1977년 4월.

된 목표는 관용적인 시적인 운문 형식에 까다로운 과학의 신조어들을 대입하는 것이었다. 또한 아마도 크노의 기획 중에서 가장 단순하다는 점에서 그의 역작이라고 할 수 있는 『문체 연습』 역시 각기 다른 문체 속에서 너무나도 일상적인 일화들이 매우 다채로운 문학적인 텍스트를 만들어 낸다. 크노의 이와 같은 성향을 드러내는 특징을 더 살펴보자. 악마의 기계와도 같은 『100조 편의 시』는 물론이거니와, 시적인 내용을 발생시키는 것으로서 운율적인 형식에 대한 애정과, 새로운 시적 구조를 발명하겠다는 야심(마지막 운문 형식의 작품인 『기본적인 도덕(*Morale élémentaire*)』(1975)에는 그의 이러한 기획이 특히 잘 드러나 있다.) 등이 그의 이러한 경향을 드러내 준다고 할 수 있다.

자크 루보는 다음과 같이 말한다.

수학적인 사유의 생산자인 크노가 가장 좋아하는 영역은 결합 체계의 분야다. 결합 체계는 서구의 수학만큼이나 매우 오래된 고대의 전통에서부터 온 것이다. 이러한 관점에서 『100조 편의 시』에 대한 분석은 이 책을 순수 수학으로부터 문학으로서의 수학으로의 전환이라는 맥락에 위치시키게 한다.

다시 한번 원칙을 떠올려 보자. 그는 열 편의 소네트를 썼고, 각각의 시편은 같은 운율을 지니고 있다. 각각의 문법적인 구조는 다음과 같다. '기본' 소네트의 각 행은 나머지 다른 시에서 같은 행과 교환될 수 있는 문법적인 구조를 지닌다. 따라서 어떠한 시라도 각 행은 열 가지 선택을 할 수 있다. 한 편에 14행이 있으므로, 여기에는 가상적으로 10의 14승 편의 소네트가 만들어질 수 있다. 즉 100조 편이 되는 것이다.

유비를 통해 보들레르의 시 한 편과 유사한 어떤 것을 해 보자. 말하자면 시의 구조를 그대로 유지하면서 한 행을 다른 행으로(같은 시에서나 혹은 다른 행에서나) 대체하는 것이다. 우리는 다른 통사적인 구조의 어려움과 크노가 무엇보다 먼저 스스로 탐닉했던(바로 이 때문에 그의 작품의 구조는 '자유롭다.') 것과 부딪히게 된다. '그러나' 『100조 편의 시』가 우리에게 가르쳐 주는 것은 의미의 가능성이라는 제약을 넘어, 시의 구조가 하나의 시로부터 사실상 구조를 유지하는 한, 대체를 통해 모든 가능한 시들을 창조할 수 있다는 것이다.

구조는 자유다. 구조는 텍스트를 생산하며 동시에 잠재적으로 대체 가능한 모든 시들을 생산해 낸다. 이것이 '잠재적인' 문학이 지닌 다양성의 사유이다. 이러한 생각은 제약으로부터 발전하는 문학을 장려했던 그의 의도에 잠재되어 있던 것으로, 규칙의 제약들로부터 문학은 스스로를 선택하고 자기 자신에게 강제적인 규범을 부과한다. '울리포' 그룹의 방법 중에서 무엇보다 중요한 것은 이러한 규칙의 특질과 독창성과 우아함이라고 해야 한다. 만약 이러한 방식으로 얻은 결과물과 작품들이 곧 모두 같은 특질과 독창성과 우아함을 얻는다면 가장 좋은 일이겠지만, 결과가 어떻든 간에 이것들은 규칙들의 좁은 관문을 통과함으로써만 얻을 수 있는 잠재적인 것들의 사례에 해당한다. 텍스트는 이러한 자동적인 메커니즘을 통해 게임의 규칙으로부터 탄생하는데, 이러한 메커니즘은 초현실주의의 자동적 메커니즘과 완전히 반대편에 있다. 초현실주의의 자동 메커니즘은 우연이나 무의식에 호소한다. 다시 말해 텍스트를 우리가 통제할 수 없는, 오직 수동적으로 따를 수밖에 없는 제한들에 내맡겨 두는 것이다. 그러나 울리포 그룹의 이러한 자동 메커니즘의 엄격한 규칙을 따르는 하나의 텍스트는 모든 텍스트의 '잠재적' 다양성을 열어 놓는다. 이러한 잠재적인 다양한 텍스트들은 규칙을 따라 씌어질 수 있는 가상적인 글들로, 그러한 텍스트들의 모든 가상적인 독서를 보여 주기도 한다.

크노가 이미 자신의 가장 널리 알려진 시학 선언에서 말한 바처럼, "소설의 재료에 모든 숫자의 힘을 부과하는 소설의 형식들이 있다." 그리고 이는 "그러한 작품들에 희미하게 반짝이는 보편성의 마지막 빛줄기나 세계의 조화가 들려주는 마지막 반향을 전해 주는 하나의 구조"를 발전시킴으로써 완성된다.

"마지막 빛줄기"라는 부분에서 우리는 다음과 같은 사실에 주목해야 한다. 조화로운 세계라는 관념은 크노의 작품과는 거리가 먼 것처럼 보인다. 그것은 마치 술을 마시며 테이블에 턱을 괴고 앉아 잔을 바라보는 사람들이 문득 엿보게 되는 것과도 같다. '숫자의 힘'은 숫자 고유의 확실성을 이들에게 강제하는 것처럼 보인다. 특히 그러한 숫자의 성질이 살아 있는 사람들의 두터운 육체를 통과해 내는 데 성공할 때 더욱 그러하다. 살아 있는 사람들의 예측할 수 없는 분위기, 비뚤어진 입술에서 튀어나오는 여러 이야기들, 지그재그식의 논리들, 조롱과 조소와 농담과 발작적인 웃음을 통해서만 표현될 수 있는 개인 차원들과 우주 차원들의 비극적인 만남, 더 나아가서는 크게 떠벌리는 웃음, 웃다가 죽을 것만 같은 사람들, 거대한 차원의 웃음 등을 통과한 투명한 숫자의 힘…….

(1981)

파베세와 인간 희생 제의

　체사레 파베세(Cesare Pavese, 1908~1950)의 소설은 각각 숨은 주제를 중심으로 회전하고 있다. 숨은 주제란 파베세가 진정으로 말하고자 하는 것이지만 결코 말해지지는 않은 것이자, 오직 말하지 않음으로써만 표현될 수 있는 것이기도 하다. 파베세는 그러한 숨은 주제를 중심으로, 볼 수 있는 기호들과 말할 수 있는 단어들을 엮어 직물을 만들어 낸다. 이러한 기호들에는 모두 비밀스러운 면들이 있다.(다가(多價)적이거나 아니면 표현할 수 없는 하나의 의미) 그리고 이러한 면모는 겉으로 드러난 면보다 더 중요하다. 그러나 그것의 진정한 의미는 침묵하고 있는 주제들과 그것들을 연결하는 관계에 자리한다.
　『달과 불(La luna e i falò)』은 파베세가 상징적인 기호들과 자전적인 모티프, 절대적인 언어를 사용한 가장 밀도 높은 소설이다. 거의 넘친다 싶을 정도로 말이다. 과묵하고 간결한 그의 전형적인 서술 스타일에서 벗어난 듯, 이 소설에는 단편 하나를 긴 장편으로 전환시키는 풍부한 대화와 표현이 등장한다. 그러나 파베세가 이 작품에서 내보이는 진정한 야심은 소설을 성공적으로 창작하는 데 있는 것만은 아니다. 이 작품에서 모든 것은 단 하나의 방향으로 수렴되며, 이미지들과 유비들은 강박적이라 할 만큼 하나의 문제를 향하고 있다. 그것은 바로 인간의 희생이다.

이것은 파베세에게 그저 지나가는 관심사가 아니었다. 민족학과 그리스 로마 신화를 실존적인 자전적 이야기 및 그의 문학적 성과와 연결하고자 하는 것은 파베세가 언제나 기획하는 바이기도 했다. 이러한 민족학자적인 기획에 대한 헌신은 그가 젊은 시절 읽었던 한 작품의 강력한 매력에 그 뿌리를 두고 있다. 그 책은 이미 프로이트와 D. H. 로렌스, T. S. 엘리엇에게도 결정적인 영향을 미쳤던 프레이저의 『황금가지』였다. 『황금가지』는 인류의 희생 제의와 불 축제의 기원을 찾아 전 세계 구석구석을 도는 일종의 기행을 그리고 있다. 이러한 인류의 제의나 축제 의식들은 파베세가 『레우초와의 대화(*Dialoghi con Leucó*)』에서 신화적인 요소를 불러오면서 다시 도입한 주제들이다. 지방에서 벌어지는 축제와 죽음을 기리는 제례 등을 묘사한 이 작품의 문장들은 이후 『달과 불』로 가는 길을 열어 주었다고 할 수 있다. 파베세가 이러한 주제를 탐구하는 것은 바로 이 소설에서 끝이 난다. 1979년 9월부터 11월 사이에 쓴 이 소설은 1950년 4월에 출간되었다. 바로 파베세가 아스텍 족의 인간 희생 제의를 언급한 편지 한 통을 남기고 자살하기 넉 달 전이었다.

『달과 불』에서 일인칭 화자는 미국에서 부를 쌓은 뒤 포도밭이 펼쳐진 고향으로 돌아온다. 그가 찾고자 했던 것은 고난에 대한 기억이나 고향 사람들에 다시 편입되는 일, 혹은 어린 시절 겪었던 가난에 대한 복수심에 그치는 것이 아니다. 기억 속의 마을이 지금 이 마을인 이유, 즉 공간과 이름과 세대를 연결하는 비밀을 찾고 있는 것이다. 화자인 '나'에게 어떠한 이름도 없는 것은 우연이 아니다. 그는 버려진 아이로, 순례자 숙소에서 가난한 농부의 손에 의해 몇 푼도 되지 않는 돈을 받는 일꾼으로 키워진 후 미국으로 이주하여 성인이 된다. 미국에서 그는 과거와 거의 단절된 삶을 살다시피 했다. 그곳에서는 사람들이 단지 지나쳐 갈 뿐이며, 자신의 이름을 이야기할 필요도 없었다. 이제 변한 것 없는 고향 마을에 돌아온 그는 자신이 아는 유일한 현실이라 할 수 있는 진정한 실체를 그러한 시골 풍경 사이에서 찾고 싶어 한다.

파베세에게서 볼 수 있는 어둡고 근원적인 운명론은, 그가 운명론을 피할 수 없는 출발점으로 본다는 사실 안에서 바라볼 때만 이데올로기적으로 해석할 수 있다. 그가 태어난, 언덕이 많은 피에몬테 지역(특히 랑게 지역)은 와인과 송로버섯뿐 아니라, 그 지역 특유의 가혹한 고통으로 절망했던 농민들이 많기로 유명했다. 토리노 시의 신문에는 목을 매 자살하거나 우물에 뛰어들거나(『달과 불』 중간에 일화로 등장하기도 하지만) 자기 자신과 가족들과 가축들까지 창고에 몰아넣고 불을 지른 농민의 이야기가 한 주도 거르지 않고 보도되었다.

물론 파베세가 이러한 자기 파괴적인 절망의 이유를 인간 희생 제의를 다루는 민속학에서만 찾은 것은 아니다. 이 산악 지대에 고립되어 사는 소자작농들의 사회적인 배경은 이 작품에서 다양한 계급의 인물을 통해, 자연주의 소설이 사회를 다루는 전체적인 감각으로 그려지고 있다.(자연주의 소설은 파베세가 자신과는 정반대에 있다고 생각했던 문학형식이었으며, 따라서 자신은 그러한 형식을 아예 피하거나 참조 정도만 할 수 있을 것이라고 생각했다.) 버려진 아이가 남의 손에서 자란다는 것은 '시골 농사꾼(servitore di campagna)'으로 길러진다는 의미였다. 이 말은 이탈리아

파베세와 인간 희생 제의 383

사람들 중에서도 피에몬테 지방의 빈곤 지역 주민들 외에는 거의 이해하지 못하는 표현이다.(우리는 이탈리아 사람들이 계속 이 말을 모르기를 희망한다.) 작품 속 화자는 소자작농이나 소작인 밑에서 평균 임금도 받지 못하고 일하면서 먹을 것과, 헛간이나 마구간 같은 잠잘 곳만 겨우 얻어 사는 소년이었다. 그 외에는 계절이나 해가 바뀔 때 약간 돈을 더 얹어 주는 것이 전부였다.

그러나 자신의 경험과는 너무나 다른 경험을 끌어들이는 것은 파베세가 주요한 시적 주제를 표현하는 수많은 비유 중 하나일 뿐이다. 이 책에서 가장 빼어난 장은 파베세가 서로 다른 두 축제를 서술하는 부분이다. 바로 절망에 빠진 어린 소년이었던 주인공이 신발이 없어서 축제를 즐기지 못하고 농장에 남는 장면과 젊은 청년이 된 주인공이 주인집 딸을 축제에 차로 데려다 주는 장면이다. 축하와 해방의 분위가 넘치는 실존적인 생명력과 주인공이 자신이 당한 만큼 되갚게 만드는 사회적인 모욕은 이 장을 생동감 있게 만든다. 이 장에서는 파베세가 자료를 조사한 여러 분야의 지식들이 다양하게 등장한다.

지식에 대한 갈증 때문에 주인공은 고향으로 다시 돌아온다. 지식을 구하기 위한 자료 조사는 세 차원에서 진행된다. 기억의 차원, 역사의 차원, 민속학의 차원이 그것이다. 파베세의 전형적인 특징은 역사와 민속학의 차원에서 한 인물이 화자에게 '베르길리우스'와 같은 안내자 역할을 한다는 것이다. 마을의 음악 밴드에서 클라리넷을 부는 목수 누토는 마르크스주의자로, 불평등한 세계를 인지하고 세계가 변할 수 있음을 아는 사람이다. 그러나 그는 또한 농사 일정을 알리는 달의 질서와, "대지를 일깨우는" 성 요한 축일에 불을 피우는 의식을 믿는 사람이기도 하다. 혁명의 역사와 이러한 신화적이며 반(反)역사적인 제의는 이 책에서 같은 인물의 얼굴로 드러나며, 이 사이로 새어 나오는 하나의 목소리로 표현된다. 누토는 몹시 폐쇄적인 사람이자, 과묵하고 비사교적인 인물이다. 이는 신념을 공개적으로 선언한 것과는 극단적으로 반대되는 모습이다. 소설은 전적으로 주인공이 누토로부터 몇 마디 말이라도 얻기 위해 행하는 노력으로 구성되어 있다. 그러나 이것이 바로 파베세가 진정으로 '말할 수 있는' 유일한 방식이었다.

파베세가 정치를 언급하는 어조에는 언제나 약간은 퉁명스럽고 신랄한 면이 있다. 어깨를 으쓱하며 모든 것이 이미 명백하므로 더 이상 길게 설명할 게 없다는 듯. 그러나 그 어떤 것도 진정으로 이해되지는 않았다. 파베세가 '공산주의'와 선사 시대의 무시간적인 과거를 합류시키는 지점은 명확하지 않다. 파베세는 자신이 20세기의 반동적인 데카당티슴과 타협한 소재들을 다루고 있음을 매우 잘 알고 있었다. 그는 또한 사람들이 농담으로 넘길 수 없는 것이 있다면 그것은 곧 불이라는 사실도 알고 있었다.

전쟁이 끝난 뒤 고향에 돌아온 남자는 유비의 보이지 않는 실을 따라가며 이미지들을 기록한다. 역사의 기호들(가끔씩 파시스트와 파르티잔들의 시체가 여전히 계곡을 따라 강물에 실려 내려오곤 했다.)과 제의의 기호들은 동시대인들의 가느다란 기억 속에서 그 의미를 잃어 가고 있었다.

산티나에는 무슨 일이 일어났는가? 아름답지만 행동이 헤퍼 보이던 주인집 딸은? 그녀는 정말 파시스트의 첩자였던 것일까? 아니면 파르티잔의 첩자였을까? 아무도 확실하게 말해 주지 못한다. 그녀를 데려간 것은 전쟁의 심연으로 스스로를 내맡긴 어떤 알 수 없는 욕망이었기 때문이다. 그녀의 무덤을 찾는 것도 소용없으리라. 파르티잔들이 그녀를 총살한 뒤, 그 시체 위에 포도나무 가지를 쌓아 올리고, 불을 질렀기 때문이다.

"정오가 되자 그녀는 한 줌 재가 되었다. 1년 전쯤에도 그것의 흔적은 여전히 그곳에 있었을 것이다. 불을 피웠던 자리가 남아 있듯이."

(1966)

편집자 주

이 책에 있는 에세이들은 아래와 같은 출처에서 발표되었다. 별표가 붙은 에세이는 칼비노가 직접 제목을 붙인 것들이다. 반면 고딕체로 표시한 것은 칼비노 자신이 훗날 출간할 것을 염두에 두고 붙인 메모들이다.

- 왜 고전을 읽는가 (★), 《레스프레소》(1981. 6. 28).
- 『오디세이아』 속의 여러 오디세이아 (★), 《라 레푸블리카》에 처음 부분적으로 발표되었다. 1981년 10월 21일 이후 『리살리레 일 닐로』에 포함되어 출간되었다. 『신화, 민담, 알레고리』(페루치오 마시니, 기울리노 치아보니 편집, 팔레르모: 셀레리오, 1983)
- 크세노폰의 『아나바시스』, 비블리오테카 유니베르살레 리촐리(BUR) 시리즈의 서문으로 출간되었다 (밀라노: 리촐리, 1978).
- 오비디우스와 우주의 인접성 (★), 오비디우스의 『변신 이야기』의 서문으로 1979년 발표. 서문에 쓴 것에서 수정한 부분은 제목과 33쪽에 나오는 몇 구절을 첨가한 부분이다. "이러한 변신의 기술에 대해"에서부터 시작하여, "곧게 펴지고, 합체되고, 분리되고 등등"으로 끝나는 구절이다.
- 하늘, 인간, 그리고 코끼리 (★), 플리니우스의 『자연사』의 서문으로 발표되었다(토리노: 에이나우디, 1982).
- 네자미의 일곱 공주 (★), 《라 레푸블리카》(1982. 8. 4).
- 티랑 로 블랑, 스페인 문화부가 1985년 뉴욕공공도서관에서 주최한 전시회 '스페인 책의 천 년'에서 출간한 도록 『에스파냐의 보물』에 포함되었다.
- 『광란의 오를란도』의 구조 (★), 1974년 루도비코 아리오스토의 탄생 500주년 기념 라디오 방송을 위한 원고. 1975년 5월 1일에 방송되었다. 칼비노는 제목을 『테르조프로그라마, 2-3』(1974)에 출간되었을 때 썼던 것에서 수정했다.
- 아리오스토의 명시선 (★), 《라 라세나 델라 리테라투라 이탈리아나》, 79:1-2(1975. 1~8).
- 지롤라모 카르다노, 물리학자이자 수학자였던 지롤라모 카르다노 서거 400주년을 기념하는 글, 《코리에레 델라 세라》(1976. 9. 21).
- 갈릴레오와 자연이라는 거대한 책 (★), 불어로 쓴 글, "기호학의 규칙과 관점"이라는 제목으로 『A.J. 그레마스를 기념하는 글 모음집』에 포함되었다(암스테르담-필라델피아, 1985). 카를로 프루테로가 이탈리아어로 번역했다.
- 달나라의 시라노 (★), 《라 레푸블리카》(1982. 12. 24).

- 로빈슨 크루소와 상인으로서 갖춰야 할 덕목에 관한 일기 (★), 『리브리 델 템포』(토리노: 아우로라 자니첼리, 1957).
- 『캉디드』의 서술 속도에 관하여 (★), 파울 클레의 삽화와 함께 출간된 볼테르의 『캉디드』의 이탈리아어본에 붙인 서문으로 발표. BUR 시리즈 (밀라노: 리졸리, 1974).
- 드니 디드로의 『운명론자 자크』, 《라 레푸블리카》(1982. 6. 25).
- 자마리아 오르테스, 『역사의 진실에 대한 계산』(제노바: 코스타앤놀란, 1984).
- 스탕달의 먼지구름으로서의 지식 (★), 「스탕달과 밀라노」. 『제14회 스탕달 국제학회』에서 '은하수의 지식'이라는 제목으로 발표되었다(피렌체: 올치키, 1982).
- 스탕달의 『파르마의 수도원』의 새로운 독자들을 위하여 (★), 《라 레푸블리카》(1982. 9. 8).
- 발자크와 소설로서의 도시 (★), 센토파지네 시리즈에 포함된 『페라거스』의 이탈리아어본의 서문(토리노: 에이나우디, 1981).
- 찰스 디킨스의 『우리 서로의 친구』, 《라 레푸블리카》(1982. 11. 11).
- 플로베르의 『세 편의 이야기』, 《라 레부플리카》(1980. 5. 8).
- 톨스토이의 『두 경기병』, 센토파지네 시리즈에 포함된 이탈리아어본의 서문(토리노: 에이나우디, 1973).
- 마크 트웨인의 『해들리버그를 타락시킨 사나이』, 센토파지네 시리즈에 포함된 이탈리아어본의 서문(토리노: 에이나우디, 1971).
- 로버트 루이스 스티븐슨의 『해변의 별장』, 센토파지네 시리즈에 포함된 이탈리아어본의 서문(토리노: 에이나우디, 1973).
- 콘래드와 선장 (★), 콘래드 서거 30주년을 기념하는 글, 《우니타》(1954. 8. 3).
- 파스테르나크와 혁명 (★), 『과거와 현재』, 3(1958. 6.).
- 카를로 에밀리오 가다의 아티초크와도 같은 세계 (★), 국제 출판사 상 수상식에서 발표한 연설. 1963년 4월 29일, 그리스의 케라키라에서 주최. 가다의 회장직을 지지하는 연설문.(이후 가다는 회장직에 당선됐다.) 불어로 발표한 미출간된 원고를 번역한 것이다.
- 가다의 『메룰라나 가(街)의 무서운 혼란』, 가다의 미국 출판사 편집자가 칼비노에게 의뢰한 서문으로, 페이퍼백으로 출간하면서 새로운 독자들에게 소개를 부탁한 것이었다. 글의 일부는 《라 레푸블리카》1984년 4월 16일자에 실렸다. 여기에 실린 글은 전문이다.
- 에우제니오 몬탈레의 시 「어느 날 아침」, 『몬탈레 탄생 80주년 기념 모음집』(제노바: 보치, 1977). 일부는 《코리에레 델라 세라》(1976. 10. 12)에 실렸다.
- 몬탈레의 절벽 (★), 에우제니오 몬탈레를 기념하는 글, 《라 레푸블리카》(1981. 9. 15).
- 헤밍웨이와 우리 세대 (★), 《일 콘템포라네오》, 1:33(1954. 11. 13).
- 프랑시스 퐁주, 퐁주 탄생 80주년을 기념하는 글, 《코리에레 델라 세라》(1979. 7. 29).
- 호르헤 루이스 보르헤스, 이탈리아 교육부 주최 '아르헨티나 작가 초청'에서 발표한 연설문. 일부는 《라 레푸블리카》에 발표되었다(1984. 10. 16).
- 레몽 크노의 철학 (★), 크노의 『기호, 형상, 문자』의 이탈리아어본에 붙인 서문(토리노: 에이나우디, 1981).
- 파베세와 인간 희생 제의 (★), 《이탈리아 문학 연구 잡지》 2(1966).

옮긴이의 말
— 칼비노의 문학 지도를 따라서

　이 책은 20세기 현대 문학의 거장이자 독창적이고 실험적인 문학 세계로 유명한 이탈로 칼비노(1923~1985)가 자신이 애독하던 작가 및 작품에 대해 쓴 평론 모음집이다. 고대 작가인 호메로스에서부터 유럽의 현대 작가들에 이르기까지 1950년대부터 써 온 서문이나 짤막한 에세이들을 한데 모은 이 선집은 '독자로서의 작가'인 칼비노, 평범한 독자로서의 칼비노를 만날 수 있는 흔치 않은 기회를 선사한다. 또한 그의 독서 편력을 따라가 봄으로써 그의 문학 세계를 이해할 수 있는 실마리를 제공하고 있기도 하다.
　칼비노는 국내 독자들에게도 『반쪼가리 자작』, 『나무 위의 남작』, 『존재하지 않는 기사』로 이어지는 '우리 선조들 3부작'과 『보이지 않는 도시들』 등의 작품으로 낯설지 않은 작가이다. 현대 이탈리아 작가로는 가장 많이 번역되고 소개된 인물인 칼비노는 '환상문학'이라는 범주 아래 보르헤스나 마르케스와 자주 비교되곤 한다. 그러나 보르헤스처럼 포스트모더니즘의 선구자로 추앙받는 문인이나, 마르케스처럼 '마술적 사실주의'라는 일정한 문학 경향의 개척자로 평가받는 작가는 아니다. 칼비노는 재치 있고, 장난기 많은 순수한 '글쟁이', '이야기꾼'에 더 가까워 보인다. 우화나 동화와 같은 서술 구조와 심리적인 서술을 배제한 경쾌한 문체 속에서, 18세기 계몽주의와 과학 혁명에 그 뿌리를 둔 공상과학적인 글쓰기와 실험적인 시도를 끊임없이 해 나가면서도, 여전히 읽는 즐거움을 충실히 전달하는 작가로 자리 매김 하고 있는 것이다. 이런 점에서 칼비노는 보르헤스보다 세속적이고, 마르케스보다 계몽주의적이라고 할 수 있지 않을까? 국내 독자들에게 보르헤스나 마르케스보다 더 알려지지도 않았고, 문학연구자의 관심으로부터도 다소 비껴나 있는 칼비노의 문학세계는, 이런 점 때문에 오히려 더 무한한 해석의 가능성 앞에 열려 있다고 볼 수 있다.

호메로스, 플리니우스, 크세노폰과 같은 고대 그리스·로마 작가에서부터, 18세기 프랑스 계몽주의 시대의 디드로, 볼테르, 근대 소설의 선구자로 흔히 평가되는 『로빈슨 크루소』의 대니얼 디포, 19세기 영국 문학의 디킨스, 19세기 러시아 문학의 톨스토이, 『닥터 지바고』를 통해 현대의 서사시를 창조해 낸 파스테르나크, 이탈리아 중세 르네상스 시대 문인과 현대 작가들, 20세기 현대 문학의 새로운 잠재성을 보여 준 프랑시스 퐁주, 레몽 크노, 보르헤스에 이르기까지 그가 논의하고 있는 작가들의 목록은 대단히 폭넓고 다양하다. 이렇게 문학사에나 등장할 만한 작가 및 작품들에 대한 논의라면 딱딱하고 논증적인 글이라고 지레 짐작하겠지만, 이 책에 실린 에세이들은 전문적인 문학 비평이라기보다는 한 작가가 어린 시절부터 자신이 읽어 온 작가들에게 바치는 열렬한 찬가이자, 그들과의 격의 없는 대화이며, 자신의 삶과 문학적 여정 속에서 오롯이 그 작가의 초상을 되살려내는 무대이기도 하다. 그리하여 우리는 마치 한 문인의 서가를 둘러보며 담소를 나누는 것처럼, 생생하고도 솔직한 작가의 목소리를 듣는 듯한 느낌을 받게 되는 것이다.

이 평론집은 무엇보다 칼비노 문학 세계의 지형을 이해할 수 있는 일종의 문학적 지도라 할 수 있다. 『티랑 로 블랑』이나 아리오스토의 서사시에 대한 칼비노의 논의에서 우리는 중세 17, 18세기를 배경으로 한 '우리 선조들 3부작'을 이해할 수 있는 단서를 찾을 수 있다. 또한 과학, 수학, 기하학적 세계에 관심을 보였던 레몽 크노, 카를로 에밀리오 가다에 대한 심도 깊은 논의를 따라가다 보면, 『티 제로』(국내에는 『제로 사냥꾼』이라는 제목으로 출간된 바 있다.)나 『우주 만화』에서 보이는, 문학과 과학의 경계를 넘나드는 그의 행보를 가늠할 수 있으며, 글쓰기를 통해 새롭게 구축되는 시공간에 대한 그의 관심과 과학과 수학에 기초한 우아한 문학적 형상화의 과정을 이해할 수 있게 된다. 또한 칼비노가 도시와 문학의 관계를 주제로 발자크에 대해 논하고 있는 에세이를 살펴보다 보면, 『보이지 않는 도시들』에서 그가 시도했던 작업을 이해할 수 있게 된다. 그가 분석하듯 발자크가 도시를 살아 있는 유기체이자 온갖 모험과 미스터리가 출몰하는 '괴물'로 보았다면, 보들레르는 그 뒤를 이어 익명의 군중의 도시를 그려 냈다고 할 수 있다. 칼비노는 이러한 해석 속에서 『보이지 않는 도시들』을 통해 도시를 익명의 군중이라는 베일을 넘어 일종의 '기호'로 전환시킴으로써 독특한 시학적 성과를 추출하며, 도시와 문학의 관계를 새로운 경지로 이끌어 냈다.

우리는 이 책에서 수많은 권장 도서나 필독 목록을 '강요'하며 그 당위를 설명하는 지식인의 모습보다는, 한 작품에 대한 순수한 열정과 그 책을 다시 펼쳐 들 때 느끼는 즐거움을 회상하는 순수한 독자로서의 칼비노의 모습을 확인할 수 있다. 그가 이렇듯 독자로서 이야기하는 '고전'의 필요성은 고전이 글쓰기와 읽기에 있어서 일정한 구조이자 규칙으로, 또 다른 잠재적인 가능성의 보고로 자리한다는 점에 있다. 이 책에 담긴 여러 에세이들을 종합해 보자면, 새로운 글쓰기와 읽기는 이러한 '고전'이라는 구조가 펼쳐 놓는 자유로부터 나온다. 고전이라는 일정한 규칙으로부터 나오는 자유는 수사적 놀이와 선행 텍스트에 대한 패러디뿐만 아니라, 문화와 역사의 맥락에서 새로운 실험을 허용하는 것이다. ("구조는 자유다. 구조는 텍스트를 생산하며 동시에 잠재적으로 대체 가능한 모든 시들을 생산해 낸다. 이것이 '잠재적인' 문학이 지닌 다양성의 사유이다. …… 규칙의 제약들로부터 문학은 스스로를 선택하고 자기 자신에게 강제적인 규범을 부과한다." 379쪽) 칼비노는 문학 텍스트를, 질서에서 새로운 무질서가 생산되고, 다시 그러한 무질서 속에서 질서가 창조되는 순환적 구조 안에서 바라보며, 그러한 반복 속에서 새로운 가치가 창출되는 것으로 본다.

칼비노는 하나의 작품 속에서 중심적인 진실을 고집하지 않는 반(反)본질주의적인 독해를 하면서도, 문학의 고전적인 기능, 그러니까 독자들에게 의미를 제시하고 역사와 문화를 대하는 윤리의 태도를 제시하는 일을 중요시하고 있다. 텍스트의 본질적인 중심을 거부하고 표면의 무늬를 섬세하게 읽어 내며 형식과 서술 구조를 탐색하다가, 어느 순간 이미지의 연쇄를 끊고 수직적으로 의미를 통찰해 내는 힘이야말로 칼비노가 작품을 읽는 독창적인 시각이라 할 수 있다.

이 책을 만나게 된 것은 대형 서점의 외서 코너에서였다. 칼비노의 소설들을 흥미롭게 읽었던 터라, 그의 목소리를 직접 만날 수 있는 평론집이 무척이나 반가웠다. 제목 또한 다소 도발적이고 통렬해, 무언가 뜨끔

한 기분에 집어 들었던 기억이 난다. 첫 페이지에서부터 "고전이란 사람들이 보통 '나는 ……를 다시 읽고 있어.'라고 말하지, 결코 '나는 지금 ……를 읽고 있어.'라고는 이야기하지 않는 책이다."라는 문구로 시작되는 재치 있는 정의가 눈길을 사로잡았다. 개인적으로는 『닥터 지바고』를 유리 지바고가 아닌 라라의 이야기를 중심으로 보면서 라라를 일종의 새로운 세계의 가능성의 알레고리로 본 것이나, 도시의 이면을 풍자하는 디킨스의 소설적 문체를 사뮈엘 베케트의 세계와 연결해 보는 부분을 여러 차례 아껴 읽었던 기억이 난다.

하지만 번역을 하는 동안 이 책이 너무 앞서 나오는 것은 아닌가 하는 물음을 떨칠 수가 없었다. 그가 열정적으로 설명하고 있는 아리오스토의 『광란의 오를란도』나 레몽 크노나 프랑시스 퐁주를 비롯한 현대 작가들의 작품은 고전이라는 말이 무색하게 한국어로는 읽을 수가 없는 형편이고 아직 널리 소개되지 못한 형편이다. 이런 토대 없이 칼비노가 익숙한 듯 설명하고 있는 구절들을 어떻게 이해하고 즐길 수 있을 것인가? 그러나 이러한 '미래의 책'이 오히려 19세기 영미 소설에 편중된 고전에 대한 인식의 지평을 새롭게 열고, 우리에게 아직은 낯선 고전들을 소개하는 일에 조금이나마 도움이 되리라 믿는다. 그리하여 이 책은 미래의 독자들을 위한 것이기도 하며, 현재의 우리를 끊임없이 초대하고 자극하는 책이기도 하다.

거창한 비평 용어 없이 때로는 노골적인 경배와 때로는 치밀한 문체 분석이, 또는 역사적 관점에서 주제를 직시하는 혜안이 공존하는 그의 에세이는 고전을 의무감에서 벗어나 새롭게 바라볼 수 있는 있는 기회를 제공하고 있다. 세계문학을 배경 삼아 보이지 않는 기사처럼 숨 가쁘게 문학의 시공간을 종횡무진 누비는 칼비노의 이 에세이집이, 독자들에게 심각한 평론집이 아니라 서가에 비스듬히 놓아두었다가 가끔씩 아무 곳이나 펼쳐 보게 되는, 기억과 망각 사이를 오가는 그런 책이 되었으면 하는 바람이다.

이 책의 이탈리아어 원본인 *Perchè leggere I classici*(Mondadori, 1991)는 칼비노의 아내인 에스테르 칼비노가 그의 사후에 기존에 펴냈던 평론집 『돌멩이 하나 위에』에 몇 편의 에세이들과 표제작인 「왜 고전을 읽는가」를 추가하여 실은 결정판본이다. 이에 번역본으로는 이러한 이탈리아어 판본과 구성상에서 일치하고, 추가된 에세이를 실은 영어판 *Why Read Classics?*(Vintage, 2000)을 중심으로 삼았으며, 프랑스어 판 *Pourquoi Lire les Classiques?*(Éditions de Seuil, 1995)을 참조했다. 본문에 인용된 작품은 한국어 번역본을 인용한 경우 판본과 쪽수를 명시했으며, 별다른 표시가 없는 것은 역자가 옮긴 것이다.

2008년 가을
이소연

옮긴이 **이소연**

연세대학교 인문학부에서 영문학과 불문학을 전공한 후, 같은 학교 비교문학과 대학원에서 석사 학위를 받았다. 논문으로 「바흐찐의 소설성 개념 고찰 —소설 장르의 역사 시학을 향하여」가 있다.

왜 고전을 읽는가

1판 1쇄 펴냄 · 2008년 10월 5일
1판 10쇄 펴냄 · 2021년 11월 17일

지은이 · 이탈로 칼비노
옮긴이 · 이소연
발행인 · 박근섭, 박상준
펴낸곳 · (주)민음사

출판등록 1966. 5. 19. (제16-490호)
서울특별시 강남구 도산대로1길 62(신사동)
강남출판문화센터 5층 (우편번호 06027)
대표전화 02-515-2000 팩시밀리 02-515-2007
www.minumsa.com

한국어 판 ⓒ (주)민음사, 2008. Printed in Seoul, Korea
ISBN 978-89-374-8199-4 03800

* 잘못 만들어진 책은 구입처에서 교환해 드립니다.